现代社会思想论丛

渠敬东 主编

车里摆夷之生命环

陶云逵历史人类学文选

陶云逵 著

杨清媚 编

生活·讀書·新知 三联书店

图书在版编目（CIP）数据

车里摆夷之生命环：陶云逵历史人类学文选 / 陶云逵著. 杨清媚编. —北京：生活 · 读书 · 新知三联书店，2017.3
（现代社会思想论丛）
ISBN 978 – 7 – 108 – 05625 – 2

Ⅰ. ①车… Ⅱ. ①陶… Ⅲ. ①民族学 – 文集 Ⅳ. ① C95-53

中国版本图书馆 CIP 数据核字（2016）第 020578 号

本书出版由亚际书院资助，特此致谢。

责任编辑 冯金红
装帧设计 蔡立国
责任印制 宋 家
出版发行 生活 · 讀書 · 新知 三联书店
（北京市东城区美术馆东街 22 号 100010）
网 址 www.sdxjpc.com
经 销 新华书店
印 刷 北京隆昌伟业印刷有限公司
版 次 2017 年 3 月北京第 1 版
2017 年 3 月北京第 1 次印刷
开 本 635 毫米 × 965 毫米 1/16 印张 24
字 数 320 千字 图 40 幅
印 数 0,001 – 4,000 册
定 价 55.00 元
（印装查询：01064002715；邮购查询：01084010542）

总　序

中国人的现代思想之路走得很艰难。当一种文明处于危亡之时，有志之士往往“憔悴忧伤，继之以死”，有识之人则常感一切运化未明，不可妄断。当一种文明处于再生之际，则必须将外来的新思想、新情势会通于自身文明的本源和历史之中，陈寅恪先生所言“一方面吸收输入外来之学说，一方面不忘本来民族之地位”，乃是最恰切的体现。此间所谓的道器之争、体用之辨，便是其中的艰难所在。

然现代学术之变，终不离中国文明之根本。清末以来虽新学迭出，思想的底色依然是靠经学和史学两个面向来铺展的。先是廖平、康有为取今文经学的路子托古改制，重启公羊三世之说，掀起一番经学革命，将进化之道融于大同说中。后有章太炎拨乱反正，以史为宗，谓《春秋》为史家之实录而非万事之圣经，而铸古文经学为史学，以文史续传民族命脉。严复则应“世变之亟”，鼓呼“群学”，将“善群者”的培育作为通向中国现代道路的起点，并秉承玄奘之志，致力于中西转译和会通的事业。如此等等，说明无经史之变，当无现代学术之变，无对于中国文明本源和历史的诠释与重构，单凭一味的移植或应激反应，便无文明传续和再生的基础。

由此看来，中国现代思想的开与合，不仅是一种采纳学问新法的过程，更是一种自身文明之反省和回归的过程。王国维借充足理由律来疏解新材料，探究殷周制度变革，求的是上古史变与经本的关系，强调中国之所以为中国的制度精神所在。陈寅恪广泛使用考订参证之法，考察中古史胡汉杂糅、民族混融的历史局面，乃是要以文化而非种族来论中国，期望确立一个文化绵续的新时代。史学的更新，一时间可谓百家争鸣，既催生了对于理解中国文明的通观视角，也通过新的观念、方法和材料重新厘定了历史变迁中的关键议题。

而新兴的社会、经济、法律等诸学科，倡导的亦是“中国化”的思想取径，不仅守持着文明结构中的元问题，且牢牢地把握着现代变迁背景下古今续接中的实质性难题。譬如，经济史有关永佃制和包买制的讨论，并未一味地迎合现代权利理论，而是将中国历史与现实中特有的土地关系和社会连带所产生的经济效果呈现出来。“亲属法”论辩，则是在礼法之争的大背景下，将问题的焦点锁定个体本位之现代法律体系与家族本位之传统宗法制度间的张力。即便陶孟和用最新的社会调查手段，针对最新的工人阶级所做的研究，也是通过记账法的方式将研究客体落实在家庭而非个体上。更何况潘光旦用优生学原理，来考察家族世系中的位育问题；杨开道虽倡导农村自治，承接的却是吕氏乡约传统以及朱子加以增损的义理；费孝通所论双轨政治中的皇权与绅权，将焦点放在了基层社会治理中中国所独有的教化面向上。凡此种种，印证的正是现代学术变迁中始终贯彻的一种文化自觉意识。

文化的自醒，靠闭目塞听、唯我独尊是做不到的。王观堂先生曾云：“余谓中西二学，盛则俱盛，衰则俱衰。风气既开，互相推动。且居今日之世讲今日之学，未有西学不兴而中学能兴者，亦未有中学不兴而西学能兴者。”钱宾四先生在谈及佛教东传的历史时也说过：“魏晋南北朝时代民族新分子之掺杂，只引起了中国社会秩序之新调整，宗教新信仰之传入，只扩大了中国思想领域之新疆界。在中国文化史里，只见有‘吸收、融合和扩大’，不见有‘分裂、斗争与消灭’”。当一种文明面临着动荡、转化和再生之处境，士人的心志和胸襟是最重要的，这既是智识上的考验，更是情感上的考验。我们若不能从现代学人那里寻得学问上的缅怀与亲情，何谈更为宽厚持久的文化担当？

中国人向来以父母的生养和血脉的传承为重，可生身的情境易懂，学问的根脉却难明。百余年来现代中国的学术，是文明激荡和混融的产物，前辈学人有如我们学问上的父母，中国人面临的种种现代难题，他们体验过，思考过，省察过，也探寻过新的出路。他们一路走来坎坷而艰辛，忍着伤感、痛苦及难料的时运，采食四处，含辛茹苦，做的都是知识培育和精神生养的努力。且无论此种积淀和建树究竟到何种程度，都是我们这些学问后生必须予以珍视和敬重的。今人耽于健忘的沉疴久矣，常常扮出前无古人、后无来者的样子，视往学于不顾，犹如江湖一般。不知父母，哪来斯文？不知先祖，哪来尊仰？不知学问的谱系，哪能认清自己的位置？不知自己的位置，哪能生发出恰切的情感与责任？

"慎终追远，民德归厚矣。"回归我们自身文明的传统，并在现实经验之中体会到她的好，是今天人文和社会科学要做的双重工作。对于任何一种文明传统，回归即是重塑和再造，要不断追溯其经学理据，考辨制度与精神的基本格局，又要不断研别历史演变的过程，抓住上古、中世以及近代这些关键性的历史环节；要守持一种文明本位和文化自觉的方向，又要保持一种文明开放的视角，将中土与边疆多元一体之共存格局、原生文明与外来文化之相互交融，理解为文明的本源性议题；要把我们的文明理解为面向未来的普遍历史进程，又要恰当准确地把握现实世界的发展情势……所有这些，皆意味着我们的文明依然处在一个亡与存、衰与兴的关口当中，承古知今、推故见新，重建我们自身文明的价值系统，是吾辈学人必须承担的使命。

我们曾经的历史说明，人若学问上无父无母，必成为精神上的孤儿，这也必是一种文明的衰兆。今日学术之兴，必须首先重拾对于前代学人的父子情识，重返经史学问中的文明本题，续写出一种我们自身血脉中的思想传统，方能担负起对于后代学人的生养天责。

中国学术的现代变局，堪比战国、两汉与唐宋，此间众说纷起，各派纠争，却也埋设了各种通往未来之建设可能的学识和洞见，亟待考证辨析。丛书选取了一些在诸多学科中有开创性的思想文献，在付梓重版的同时，又分请新一代学人撰写长篇导论，重新梳理和分殊现代学术的谱系，并与之展开充分的思想对话，以期将中国现代学术变迁之视野、路向和种种难题重现出来，为今人所鉴。

是为序。

渠敬东

2015 年 7 月于北京

目 录

文化理论及其应用

书　信

导读　文化与民族精神

陶云逵及其作为“精神科学”的人类学遗产解读

杨清媚

本书所要介绍的人类学家陶云逵，对于今天中国社会科学界而言是相当陌生的。尽管陶云逵曾是中国首位以“历史人类学”头衔受聘的教授，但是和大多数已经被遗忘的名字一样，他曾经给1940年代中国学界带来的震撼，几乎没留下些微涟漪。重新“发现”陶云逵的理由，在于他是第一位用“文化”理论来做实地经验研究的中国学者，他在实证研究中思考如何保存“文化”自身的神圣性，肯定人的精神价值，对文化之间如何相互沟通和理解提出过精彩的讨论。这些讨论不仅仅是在人类学内部有意义，而且构成了我们与哲学和历史学对话的可能。通过陶云逵对“文化”的理解和运用，我们将重新思考“文化”在与“社会”和“国家”的关系中所处的位置，以及对社会科学未来的研究方向提出探讨。

随着近年来对中国社会科学西学传统的整理工作的开展，陶云逵作为德国民族学在中国的传人也偶尔会被人们提起，但是大多数时候只是作为民国社会科学的一个背景知识，从未得到正眼相待。直到2004年南开大学为迎接八十五周年校庆，其校史研究室着手整理尘封已久的档案，这才在边疆人文研究室的珍贵资料里发现了陶云逵的文章和书信。这批材料不仅首次呈现了陶云逵研究令人惊异的前沿性和独特性，也披露了他与“中研院”史语所同人的密切往来。整理者之一梁吉生在《陶云逵先生边疆人文研究的一生》一文中满怀深情地叙写了陶云逵的生平，尝试恢复这位生前被称为“云南通”的学者昔日的光彩。

2012年李东晔女士整理出版了《陶云逵民族研究文集》，辛勤收集了陶云逵大部分作品。文集立意求全，以陶云逵的人生史为线索，将其短暂的学术生涯划分为三个阶段：（1）1927—1933年，在欧洲求学，做体质人类学研究；（2）1934—1936年，在云南进行民族志调查；（3）1937—1944年去世，以边疆人文研究室为工作重心，集中在文化理论与边政学。这条线索更为清楚地勾勒了陶云逵的学术面貌。多亏有这些基础，使我们有可能进一步深入陶云逵的思想世界，走近那个内忧外患时代的知识分子的内心。

但也正是这些整理工作暴露了我们对陶云逵及其学统的理解，仍旧存在某种程度的误解。

新中国成立以来，国内最早对陶云逵进行回顾和评述的文章应溯至1980年代，陈永龄和王晓义先生所作的《二十世纪前期的中国民族学》一文。他们根据国别传统梳理了中国早期民族学人类学中的主要流派，明确提出其中存在过"德奥传播论学派"与进化论、英国功能主义和美国文化历史学派等并立，而它在中国的传人就是陶云逵。〔1〕陈、王两位先生指出陶云逵的研究特点有三个方面：一是运用文化和历史结合的观点来考察云南民族；二是民族志偏向古典人类学的风格，也即热衷一种"文化百衲衣"式的描写；三是有概括文化理论的抱负，并主张将之运用到边疆建设和社会发展之中，也即对文化与国家的关系有所关注。同时，也对陶云逵提出了批评，认为陶云逵的文化理论运用的实际结果，是推动民族同化的大民族主义，因而是一种主观唯心主义的"设计"。〔2〕

陈、王两位先生的批评确可视为"二战"以来国际学界对德国文化观与历史主义的通常质疑。这些质疑大多针对的是作为文化核心的

〔1〕陈永龄、王晓义：《二十世纪前期的中国民族学》，载中国民族学研究会编《民族学研究》第一辑，276页，北京：民族出版社，1981。

〔2〕同上书，276—278页。

“volksgeist”（通常译为“民族精神”）会导致民族主义，其根源在于“民族精神”被视为一种恒定的存在，不可以被历史所消解，并且一旦与国家结合，就会导致民族国家的意识形态，极端条件下将产生无限扩张的欲望和暴力。[1]

或许受此影响，李东晔在其“导读”中才会回应，对强大国家和民族的渴望其实是当时一代知识分子的理想主义；并且陶云逵的文化理论支持了他的边政学思想，因为文化的内核与外层的互动，使我们可以通过促成文化的变迁来达成边疆社会的改造。[2]这个看法虽然想要维护陶云逵，但实际上延续了陈、王两位先生的批评。

若真如此，陶云逵的文化理论及其实地研究确实不值得我们一再提起。然而这个批评忽略了一个重要的方面，就是尽管陶云逵对边政建设有许多积极的设想，他却一直坚持文化与国家相互疏离；他恰恰反对国家以自己的意志去强力改造边疆社会，也不认为知识分子能够直接参与社会改造的工作，反而强调应该培养专门的边政工作人员，由他们来谨慎地推动地方社会的现代化适应过程——这些人员应对地方社会有充分的了解，或者本身就出自地方社会。[3]

这种文化与国家疏离的观点，揭示了陶云逵的文化观来源并不是黑格尔主义。这需要回到“民族精神”一词的源头来说。

“Volksgeist”这个词被认为是由18世纪来自东普鲁士的思想家赫尔德（Johann Gottfried Herder）正式确立下来并率先使用的。[4]虽然在17世纪晚期和18世纪早期就已经存在一种谈论民族精神、国家精神和其他实体的精神的倾向，后来在伏尔泰那里，“精神”（esprit，或génie）首次与历史思想的解释放在一起，由此创生了“历史哲学”这

[1] 卡西尔：《国家的神话》，范进、杨君游、柯锦华译，323—325页，北京：华夏出版社，1998。
[2] 李东晔：“导读”，见其编《陶云逵民族研究文集》，5—14页，北京：民族出版社，2012。
[3] 陶云逵：《云南土著民族研究之回顾与前瞻》，见《陶云逵民族研究文集》，103页。
[4] Isaiah Berlin, *Vico and Herder: Two Studies in the History of Ideas*. London: Chatto & Windus, 1976, p.145.

一词；但是，使“民族精神”脱离一种外在的、仅仅与统治者的历史相关联的方式，而成为文化整体内在价值观的人，却是赫尔德。[1]其后，黑格尔哲学进一步将原本分开的民族精神与国家精神合成一个，其背后是18世纪德国长期分裂的状态所产生的对国家根源合法性的焦虑，所导出的对普鲁士精神如何成就统一的德国这个问题的思考。这一影响在史学界从洪堡（Wilhelm von Humboldt）后期开始，到兰克（Leopold von Ranke），成为德国历史主义的基础之一。[2]

正如卡西尔（Ernst Cassirer）在《国家的神话》一书中指出，黑格尔把“国家”视为最高的存在、最普遍的真、最完善的实在，这是之前的政治理论从未出现过的。黑格尔甚至首次表达了这样的观念，即每一个历史时期，都有一个并且只有一个民族，是世界精神的代表，这个民族有权统治一切其他的民族；这就为后来的法西斯主义和帝国主义做了准备。[3]卡西尔也谈到，黑格尔的国家学说与现代极权主义国家理论还是有所不同，因为在体现了国家的客观精神之上，还存在着一个更高的阶段，它不应压制其他的精神力量，而是承认它们、给它们以自由，完全显示社会生活和文化生活的差异性，这其实是个体主义的极度发达。[4]

也就是说，民族精神并不是一开始就与民族国家联系在一起，作为文化的内核，它有自己的神话依据并以之为追求，通常会演变为民族文化的一部分。国家也有自己的神话来源，最初正像卡西尔所说的那样，从柏拉图的《理想国》开始获得独立的政治意义，因此是从政治学而非希腊人的自然观念来重新理解“人”，这也奠定了国家理性学说的基点。[5]而黑格尔国家学说的结果，则是支持“国家”占有了

〔1〕 梅尼克：《历史主义的兴起》，陆月宏译，85—90、340页，南京：译林出版社，2009。
〔2〕 伊格尔斯：《德国的历史观》，彭刚、顾杭译，86、109页，南京：译林出版社，2006。
〔3〕 卡西尔：《国家的神话》，333页。
〔4〕 同上书，335—336页。
〔5〕 卡西尔：《国家的神话》，74页。

民族精神的神话源头，这才导致“民族精神”一词的衰败。

陶云逵对文化的理解在概念源头上更接近赫尔德。陈永龄和王晓义先生等人的批评其实没有看到陶云逵的讨论不是从黑格尔之后的民族国家概念出发，而是以文化为出发点的。

虽然陶云逵的文化理论是在 1940 年代前后才被完整地总结表达出来，但这并不意味着此前他对这些问题没有思考。事实上从博士论文研究阶段开始，他就已经有意识选择从文化来解释基因遗传。回国后进入云南进行田野调查，陶云逵一开始的精力主要放在云南区域的文化与历史研究，从地理和族群的垂直分布情况发现并构拟这个文化区的历史层叠。很快，这样一种文化概貌的描述已不能令他满足，他希望进入文化内部去了解观念体系自身发生的变化，及其与具体社会的关系。最直接的入手点是宗教和神话。因此到 1942 年人文研究室成立的时候，他便迫不及待地去考察大寨黑夷的图腾制，继而重新整理车里摆夷的材料。他在突然因病去世前，正在搜集云南诸语族的神话。

可以说，陶云逵是将文化作为研究工具而不是当做本质问题来讨论的。随着经验材料的拓展，他才将之进行理论化，并以之为基础展开应用研究。这也是为什么他的边政学迟至 1940 年代才有集中讨论的原因——如果没有田野经验带来的现实冲击和相应的研究积累，陶云逵不会在吴文藻和傅斯年之间走出一条独特的道路。值得指出的是，近些年来人类学界出现了对德国文化理论的重估，实际重新承认其作为自身传统的一部分。如美国人类学史专家斯托金（George Stocking）通过博厄斯（Franz Boas，又译波亚士）及其第一代弟子的作品研究试图呈现“volksgeist”在洪堡和费舍尔（Eugen Fischer，又译费适）等不同脉络中的理解和影响。[1] 其中，费舍尔正是陶云逵的

---

〔1〕 George Stocking (ed.) *Volksgeist as Method and Ethic: Essays on Boasian Ethnography and the German Anthropological Tradition*, Madison: University of Wisconsin Press, 1996.

博士导师。因此，对于陶云逵的人类学研究进行再研究，本身亦是对20世纪早期中国人类学及其西学源流的多样性加以呈现。关于这段学术史，我们将在下文详细讨论。

陶云逵留下的学术作品可以粗略分为三部分：民族志、文化理论以及文化理论的应用研究——边政学。因此本书在进行选编的时候呼应这三个部分，遴选其中比较有代表性的作品。同时，由于边疆人文研究室成立以后，陶云逵进入学术高峰期，研究风格更为鲜明、突出，我们也将选入这一时期他与研究室同人、史语所同人的来往信件作为补充。这些信件涉及学术和生活上的事情，能使读者形成更生动的认识。这部分材料得益于南开大学校史室，他们在尘封的角落里发现了这些珍贵的书信并翻译出版，于学界功莫大焉！

一 陶云逵的人生与学术

1904年，陶云逵出生在江苏武进。其父陶璐（1872—1927），原名璐，字宝如，号剑泉，曾任河南临颍知县，辛亥革命后流寓京津，曾任财政部秘书。[1]陶宝如性耽书、画，兼工铁笔，尤善画松，在当时亦颇有名气。因有这个家学的关系，费孝通曾揶揄陶云逵，如果论诗画音乐等艺术，除了跳舞，其他方面陶云逵都能成名家，何苦到这荒蛮之地来做这种艰苦的社会科学的学问？[2]陶云逵只回答说，他不愿意和父亲一样。费孝通因此说，陶云逵内心有坚定的学术理想和对这种理想的真诚信仰，去“向他的遗传争斗”。只是这种坚持也未必不是他的艺术家父亲遗传的精神，毕竟为艺术的琢磨与为学问的琢磨

〔1〕 李宝凯：《毗陵画徵录》，常州振群印刷公司铅印本，1933。
〔2〕 费孝通：《物伤其类——哀云逵》，见《费孝通文集》第三卷，145页，北京：群言出版社，1999［1944］。

本质都是同一个道理。因现存资料所限，已很难确知陶云逵从父亲那里获得哪些学识教育，但是他对父亲的感情却非常深，以至1927年父亲亡故给了他重大打击，不久其母亦殁，他伤心之余便选择去国离乡，到陌生的国度求学以平复心情。[1]

陶云逵的中学时代是在南开中学度过的，大约为1920年代初。少年的他广额浓眉，目光炯炯，对上自宇宙人生，下至修辞造句充满了兴趣。[2]1922年，罗常培到南开中学代课，任国文教师，便注意到了这位少年。当时罗常培本人在北大哲学系读二年级，这位后来的语言大师此时不过二十出头，自述“治学方法上颇受实验逻辑‘思维术’的影响，在人生哲学上很被（梁漱溟）《东西文化及其哲学》所倾倒。对于形而上学和纯唯心论反倒不大感觉兴趣”[3]。罗常培代课时间不长，但是和陶云逵相谈甚欢，结下了初步的友谊。两人仅相差六岁，一位是少年早熟，一位是“五四”青年，学问上的讨论无从谈起，只是对时代都共同有了朦胧又热切的激情。罗常培就回忆到，当时南开中学对教学的思想内容检查很严，国文课的教材大都选诸如黄梨洲的《原君》、邓牧《伯牙琴》里的君道臣道等较保守的政论，他自己偷偷选了一篇李大钊的《今》，很快就被教务主任来“检查思想”。[4]可想而知，在这种氛围下，与罗常培的结识给陶云逵带来思想的新鲜感和刺激感，也促使他开始对新知识有向往。

1924—1927年，陶云逵到南开大学念书，读的是矿冶专业[5]，

---

〔1〕 梁吉生：《陶云逵献身边疆人文研究的一生》，见南开大学校史研究室编《联大岁月与边疆人文》，380页，天津：南开大学出版社，2004。

〔2〕 罗常培：《论藏缅族的父子连名制》，载《边疆人文》第一卷第三、四期，1944，3页。

〔3〕 罗常培：《自传》，见北京语言学会编《罗常培纪念论文集》，411—412页，北京：商务印书馆，1984。

〔4〕 同上书，412页。

〔5〕 徐益棠：“徐序”，见陶云逵：《车里摆夷之生命环》，见李文海编《民国时期社会调查丛编·少数民族卷》，204页，福州：福建教育出版社，2005［1948］。

听过李济的课，并得他指点，开始接触人类学。[1]当时南开大学刚成立不久，校长张伯苓在海内外四处延揽人才，延请了一批青年学者来讲授社会科学和哲学，诸如陶孟和、汤用彤、李济等，他们大部分都有留学背景。[2]李济在南开大学开设了人类学、社会学和统计学课程；其中人类学含考古学的内容，在中国乃是第一次讲授，1925 年又在清华大学国学研究院讲，但清华学生对他的课程反响普遍颇冷淡。[3]在南开，情况很可能也差不多，因为李济后来在清华只有“一个半”弟子，“一个”是吴金鼎，“半个”是徐中舒[4]；而南开大学则没有。陶云逵大概是为数不多的对李济的课比较感兴趣的学生，后来他赴德学习人类学，离不开李济的这个“启蒙”。[5]再到后来陶云逵从国外学成归国，将他引介给国内学术界的人，也是李济。

正如岱峻已经注意到的那样，李济在南开时期留下的最大影响，就是把地质学的一套田野工作观念和方法进一步在国内推广，也即运用李提摩太“土层犹书叶”的观点发展来的层位学理论挖掘历史遗迹[6]；这个历史遗迹既是指地下的考古证据，又是指文字记录。李济在 1923 年他的博士论文《中国民族的形成》里已经初步展现了这方面的尝试。他从体质、城市和姓氏的分布来考察人群共同体的移动、混合情况。陶云逵从体质转向文化的时候一开始便借鉴了李济的研究。但是后来的田野工作使他很快又有别于李济，亦有别于傅斯年——对此，我们将在下文讨论。

---

〔1〕 梁吉生：《陶云逵献身边疆人文研究的一生》，见南开大学校史研究室编《联大岁月与边疆人文》，379 页。

〔2〕 同上。

〔3〕 岱峻：《李济传》，42 页，南京：江苏文艺出版社，2009。

〔4〕 同上。

〔5〕 同上书，27 页。

〔6〕 同上书，28 页。

当然，1927年的陶云逵完全不会意识到这些。当他离开中国，登上赴欧洲的邮轮之时，他的心头除了双亲去世的阴霾，还有和青年李济一样的雄心。他立志，要入一流大学，要从一流大师，凡遇任何日本同学，定须超越而胜之。[1]可见他如当时的留学生一般，颇有一些要救国强国的民族情绪。后来他的同事对他最多的评价，就是为人“刚”“直”；他的为学便如其人。

1927—1933年，陶云逵在欧洲游学的六年，现国内几无文献可以查证具体细节。1944年云南学界在《边政公论》上刊载过一些对他生平学历的简介，大概可知他到了德国柏林大学，并如愿以偿跟从当时欧洲著名人类学家费舍尔学习人类学。在今天看来，费舍尔的名声更多地跟臭名昭著的“德意志第三帝国”联系在一起，尤其是作为纽伦堡种族法的合著者之一，费舍尔被认为是使种族理论应用于德国纳粹种族迫害的推手。[2]陶云逵回国后对其在欧学习的这段经历以及他的导师，从未见有任何回忆文字；从与他交往的学人的回忆来看，似乎他平日也鲜少与人谈论这个话题。

1936年，陶云逵发表《华欧混合血种——一个人类遗传学的研究》一文，此后便不再有体质人类学的研究问世。根据瞿同祖的回忆，他认为陶云逵由体质人类学研究转向社会与文化方面的研究大概是在1940年前后担任云南大学社会学系主任期间，其中有三篇文章可视为其转向的标志：一篇是有关端午节的研究，另两篇分别是关于大寨黑夷的宗族与图腾，以及西南少数民族的鸡骨卜；对此，瞿同祖说：陶云逵“由极端的物质方面转变到极端的形而上方面实

---

〔1〕 梁吉生：《陶云逵献身边疆人文研究的一生》，见南开大学校史研究室编《联大岁月与边疆人文》，380页。

〔2〕 弗雷德里克·巴特、安德烈·金格里希、罗伯特·帕金、西德尔·西尔弗曼：《人类学的四大传统——英国、德国、法国和美国的人类学》，高丙中、王晓燕、欧阳敏、王玉珏译，137页，北京：商务印书馆，2008。

足令人惊讶”。[1]

实际这个转变的酝酿可能还要早一些，在1940年之前，陶云逵已经陆续发表《关于麽些之名称分布与迁移》《几个云南土族的现代地理分布及其人口之估计》和《碧罗雪山之傈僳族》三篇文章，开始强调民族与自然地理和历史的关系。可以说，从1934—1944年这段时间是陶云逵学术人生的高峰与结束，他的主要作品都产生在这一时期。这一时期又可分成两段，1934—1939年任中研院史语所研究员，在云南开始田野调查；1940—1944年，先后任职于云南大学社会学系和新创立的南开大学边疆人文研究室主任，这个时候才如瞿同祖所说，他在两个方向上有更明确的意识，一个是宗教研究，一个是对文化理论的讨论。

那么，陶云逵由专攻体质方向到文化和历史的人类学研究这个转变是如何发生的呢?

瞿同祖是在陶云逵到云大任职之后才结识他的，对陶云逵之前的经历和研究未必有深入了解。实际陶云逵在欧洲的求学中不仅有体质人类学的训练，也很可能从那时就接触过有关文化问题的讨论。他的导师费舍尔本人就是兼有体质与文化研究的人类学家，只不过在1930年代后期表现出越发强烈而单一的体质研究特点。

费舍尔早年曾接受民族志专业训练，并在德国的西南非殖民地从事过田野研究。在纳粹时期，德国体质人类学和社会文化人类学有更强的合作趋势。在这个趋势中，出现了功能主义要求取代原来德奥历史传播论的竞争。其中，功能主义中包含的一个基础是有机体范式和社会达尔文主义的结合，与种族主义的生物要求更兼容，同时功能主义也竭力表达它对德国殖民研究更为有用，因此逐渐占了上风。相形之下，历史传播论在施密特之后也正逐渐去除其神学色彩，变为更“世俗化”的文化历史研究。这一派的代表人物仍继

[1] 瞿同祖:《悼云逵》，见《边政公论》第三卷第九期，1944，6页。

续控制大部分学术和博物馆机构。在功能主义和历史传播论双方都要与体质人类学进一步联合的背景下，费舍尔已经早一步受到历史传播论的影响，所以与此派代表人鲍曼（Hermann Baumann）有密切的合作关系。[1]

1927年，费舍尔到柏林大学任教，至1933年成为由纳粹德国任命的第一任柏林大学校长，而正是这一年，陶云逵离开了柏林大学。从费舍尔对种族理论的坚持，我们已缺乏足够信息去了解当年他为何会去指导一位黄种人学生。不过根据当时的材料显示，1933年以前费舍尔并没有明确的排犹言论，但是在1933年之后，他指导下的柏林大学有越来越强的“雅利安化”倾向；到了1941年，他正式出版了反犹论著。[2]可以推测，在陶云逵离开后，费舍尔对待种族问题的学术态度或有变化，并且越来越极端。

从1902年开始，费舍尔就多次和博厄斯一起参加人类学会议，此时他已经是研究种族混血问题的德国首席专家。1913年，费舍尔关于非洲纳米比亚雷霍博特人（Rehobother，也被称为Bastard，即白人与黑人混血儿）的研究，从遗传学角度基于体质人类学与民族学展开讨论。不过，其中民族学的部分常被后人所忽略。斯坦梅茨（George Steinmetz）认为，这一部分恰恰对于理解费舍尔这本书与德国殖民这一背景之间的关系十分重要，因为费舍尔不仅仅是要在19世纪重新发挥孟德尔（Gregor Mendel，又译曼德尔）遗传学，更重要的是他本人对德国及其殖民地的种族混合有强烈的探究兴趣。在这本书中，费舍尔将雷霍博特人置于种族混血问题的焦点，并非依赖他一开始瞄准的孟德尔遗传学，而是通过民族学研究达成的。[3]

---

〔1〕弗雷德里克·巴特等：《人类学的四大传统》，136—141页。

〔2〕George Steinmetz, *The Devil's Handwriting: Precoloniality and the German Colonial State in Qingdao, Samoa, and Southwest Africa*, Chicago: The University of Chicago Press, 2007: pp.232–233.

〔3〕Ibid., p.233.

在此之前，沃特曼（Ludwig Woltmann）[1]曾提出种族混血会导致生物性退化，并且来自不同种族的父母的种族特征只会无序地混合排列在一起，而不能融合成一个有机整体。费舍尔不同意前一个推论，但部分地接受了后者。通过310例雷霍博特人的体质测量，费舍尔发现种族特征并不是全部都遗传的。只有那些持续表现的体质特征来自于决定种族的特殊的等位基因，这些基因在某种人群那里永远都存在。因此雷霍博特人是一种种族混血的特例，而不是一个混血的种族，或言之独立而稳定的种族。

但是，他认为雷霍博特人对于当地政策来说有很多政治价值，雷霍博特人在当地土著黑人面前经常自视高人一等，但无疑他们可以被当作推动本土殖民政策的力量。[2]因为，雷霍博特人处在黑人与白人的中间层次（intermediate thing），他们有着相当稳定的中间（in-between）文化，政治组织介于部落与市政组织之间。[3]费舍尔将他的研究的一章命名为“Ergology of the Rehobother Bastards”，主题是人文造物对雷霍博特人的精神和身体的影响之研究，在这里，他似乎要指出，通过“教化 / 文化”（nurture，例如雷霍博特人的文化）的力量来克制“自然”（nature，例如雷霍博特人的基因遗传型）。比如这些混血的雷霍博特人在社会文化生活中同时采用白人和本土黑人两种方式，无论在服装、器物、建筑、丧葬等方面，都能明晰地辨别出两种文化要素并存。但是在最后，费舍尔又再度断言，基因的力量要高于文化，他又回到种族决定论，重复有关雷霍博特人的老调——雷霍博特人混血儿拥有比他们的“原装”黑人亲戚更高的精神天赋和特质，

---

〔1〕沃特曼，德国社会人类学家，种族主义者，以他为核心人物的他的学生和同事成为在20世纪前期的德国推动北欧种族主义的主要力量。

〔2〕George Steinmetz, *The Devil's Handwriting: Precoloniality and the German Colonial State in Qingdao, Samoa, and Southwest Africa*, pp.233–234.

〔3〕Ibid., pp.234–235.

但是由于他们的黑人遗传又使他们天生就比白人低贱。[1]

费舍尔早期这个雷霍博特人的经典研究至少表明了，在他这里，“文化”并非一开始就毫无立足之地。问题在于，到底是文化与精神的联系更强，还是基因与精神的联系更强？费舍尔有过短暂的犹豫，最后选择了体质；不过这个选择并没有完全否定文化与精神的联系，只是将它的重要性降至体质之下。

陶云逵则把这一点反了过来，把文化与精神的联系视为更重要的层面。他在《华欧混合血种——一个人类遗传学的研究》这篇文章里也用孟德尔定律来推导，却得出与费舍尔不同的结论。[2]这篇文章的材料全部来自他留学期间在欧洲的调查。

文章开篇，陶云逵声明自己并非从“种族”的概念出发，而是从遗传的角度考察不同体质特征的人结合之后发生的遗传结果和规律。自19世纪中叶中西交通日渐发达以来，华人到欧洲经商读书的越来越多，当时以英国和荷兰最多，均达数千人。由此蕃生的华欧混血儿大约数百人。陶云逵认为通常我们会把中国人、高丽人、日本人、蒙古人都看作是蒙古人种，但其实对此还应更谨慎。这些人表现出来的共同体貌特征，要经过遗传律检验才知道是隐性还是显性，而这两种遗传性质是根本不同的。比如蒙古褶的遗传型，中国人有，非洲南部的荷特图特人（也即费舍尔研究的雷霍博特本土黑人）也有。费舍尔认为由于荷特图特人与荷兰人生子无此眼褶，显然这个基因是隐性的，因而荷特图特人比较低级；陶云逵则指出，华人与欧洲人生子一定有此眼褶，这正说明基因显性，两种情况一比较，由此证明华人与荷特图特人并非同源，更不能说明谁高级谁低级。陶云逵相信世界上

---

〔1〕 George Steinmetz, *The Devil's Handwriting: Precoloniality and the German Colonial State in Qingdao, Samoa, and Southwest Africa*, p.235.

〔2〕 陶云逵：《华欧混合血种——一个人类遗传学的研究》，见中山文化教育馆编《民族学研究集刊》第二期，长沙：商务印书馆，1936，69—103页。

没有所谓的纯种，但是华人如果和体质特征差异大的欧洲人混血，则要比华人与马来、日本、菲律宾等近东地区的人群混血更能提供比较的证据，因为异质基因混血后的特征表现得更明显。

陶云逵在这篇文章里已经显示了日后影响他的民族研究的基本观念：1. 由生物性来界定的“种族”概念其实并没有坚实的生物遗传学基础；2. 文化是否如同一个生物体的基因一样，亦带着自己的遗传密码，也即内在精神？ 3. 正如生物混血必不可免，文化是否也在不断经历同样的吸纳和淘汰基因的变化过程？所以，这篇文章应该被视为陶云逵的学术起点。〔1〕

回国之后，陶云逵在1930年代后期有关云南民族与地理分布的几篇文章，亦曾参考过费舍尔在1920年代有关“人种”与“民族”的区分，认为“人种”（也即“种族”）是个生物学名词，而“民族”是个社会学名词，指的是一群人有相同的文化特征，例如语言、宗教、政制等，这些特征为此人群特有而与其他人群不同。〔2〕在后来的写作中，他选择了他的老师当年放弃的道路，但也部分地接受了费舍尔有关“中间”形态的文化的讨论。在写完《几个云南土族的现代地

〔1〕 基于客观原因，目前还无法找到陶云逵当时的博士论文。《华欧混合血种——一个人类遗传学的研究》这篇文章是在陶云逵回国两年之后发表的，但是内容可能与他的博士论文密切相关。据徐益棠所记，1930年夏天在欧洲适逢陶云逵从柏林到巴黎调查，听陶云逵说起他的家世和治学，以及当时正在研究华欧人婚配后所生子女，柏林的材料已经搜集完毕，来巴黎继续搜集，之后还要去伦敦调查（徐益棠：“徐序”，见陶云逵：《车里摆夷之生命环》，见李文海编《民国时期社会调查丛编 · 少数民族卷》，204页）。徐益棠认为陶云逵当时做的这个研究就是这篇《华欧混合血种——一个人类遗传学的研究》。1930年陶云逵已经开始材料搜集工作。到1931年，他发现柏林、汉堡两地的华德混血儿不超过60人，于是在柏林测量了20例，同年在巴黎又测得50例，并将测量结果即研究分别发表在当年《优生学》（*Eugenik*）和《形态学与人类学》（*Zeitschrift für Mophologie u. anthropologie*）杂志上（陶云逵：《华欧混合血种——一个人类遗传学的研究》，中山文化教育馆编《民族学研究集刊》第二期，72页）。据常理推测，他为此研究花费偌大精力和时间，很可能是为博士论文准备的，同时他的这篇混血儿研究很明确在和费舍尔在南非的经典研究对话，因此这篇文章即使不是与他的博士论文完全一致，在材料和内容上应该也会有很大的重合性。

〔2〕 陶云逵：《几个云南土族的现代地理分布及其人口之估计》，见《中央研究院史语所集刊》第七本第四分册，1987［1938］，419页。

理分布及其人口之估计》之后，陶云逵对处于民族堆积层中间层次的摆夷人产生了莫大的兴趣。只不过在费舍尔那里，与这种中间形态的文化对应的民族精神，必然是一种不可调和的分裂症，它在具体时期能够提供一个更大社会范围的整合动力，但对更长远的历史而言，则必然是这一整合的阻碍，因为它永远无法实现自身的完整统一。但是在陶云逵看来，云南的田野对他最大的刺激，恰在于这种中间文化在历史中不断演化出新的东西，它的精神内核不是一种永恒遗传的二分对立，如同等位基因式的，而是一个不断消化外来压力同时释放原有文化因素的浑然一体的所在。[1]

1933年回国之后，陶云逵继续沿着他所关心的文化与精神之关系的问题来思考。他加入中央研究院历史语言研究所，参加史语所组织的滇缅边界未界定民族考察。这次调查从1934—1936年持续了两年，成为后来陶云逵民族学田野的基础。毫无疑问，费舍尔教给他较为系统的人类学田野训练——从他独立完成在欧洲的田野调查可见一斑，同时也教给他以材料说话的科学实证的态度。因此，陶云逵一参加工作立即以极大热情投入田野之中。

调查组分成两路。凌纯声、勇士衡一路，向东南至河口、麻栗坡（位于今文山壮族苗族自治州）、蒙自、金河（位于今红河哈尼族彝族自治州），西至大理、腾冲，北至鹤庆、丽江、维西一带。陶云逵和赵至诚一路，也赴河口、麻栗坡，往南至普洱、澜沧（位于今思茅市），至腾冲及其北部的泸水、兰坪（位于今怒江傈僳族自治州），以及更北部的丽江和维西（位于今迪庆藏族自治州）。[2]如其自述："自叶枝往西，走北路澜沧江越碧罗雪山、怒江、高黎贡山至毒龙河，然后走南路向东渡越同名的山江之南段到达小维西这条路线及其所包

〔1〕 陶云逵：《社会与文化之性质及其研究方法》，见《边政公论》第三卷第九期，1944。
〔2〕 李东晔："导读"，5页。

括的区域，很少有人到过。”[1]所经人群有三类：蒙克穆语系（民家）、泰语系（摆夷）和藏缅语系（傈僳、麽些、曲子、怒子、窝尼及其支系）。[2]之所以选择这些道路阻隔重重的区域，陶云逵的想法是，寻找汉化最浅的区域及民族；在如今汉化趋势越来越紧急的情形下，或可以为将来的研究保留一些可供参考的材料。[3]

《关于麽些之名称分布与迁移》（1936）这篇文章就是此次调查最初的成果。陶云逵在这篇文章中结合了方志与田野。但是和历史学研究不同，陶云逵并不依从史志来推断民族流动和融合的过程。他认为只有依据田野资料才能展开这些过程细部的讨论。

首先，古籍记载丽江一带的民族都称为“麽些”，但其民族自称为“那希”；对这两个称呼有三种解释：一是两个称呼指的是两个民族，二是两个称呼指同一个民族，三是两者之中，一个是另一个的分支。陶云逵赞成第三种。他根据木氏土司的宗谱来证明“麽些”与“那希”都称呼同一个民族。但是，现实中这两个称呼覆盖的地理区域并不太一致，“那希”仅限于丽江一带的“麽些”，而“麽些”则不限于丽江的这些民族。所以，陶云逵的第二步是要证明“哪希”是“麽些”的一个分支，“麽些”是这些人群的总称。当时学界通常的看法是认为据史料和今天的对勘，“麽些”是在云南丽江和四川盐源一带。但陶云逵在云南境内的实地调查发现，散布在澜沧江流域山头的人群，被称为“猓黑”或“喇呼”的其实也是“麽些”人，他们不仅分布在云南西北，也分布在上缅甸地区，其社会风俗有许多相近之处。陶云逵的第三步，是讨论关于“麽些”的古今分布及其原因。他认为元代在云南的军事和政治作为，极大地改变了云南的民族分布格

[1] 陶云逵：《俅江纪程》，见李东晔编《陶云逵民族研究文集》，57页。

[2] 陶云逵：《几个云南土族的现代地理分布及其人口之估计》，见《中央研究院史语所集刊》第七本第四分册，1987 [1938]。

[3] 同上。

局，但朝祚太短，只是开了个头，而继之的明清两代则真正把西南纳入国家版图之中，将这些地方社会视为“边疆”来对待。到民国进一步加强对当地的同化和控制，结果一方面造成了这些民族不断反抗，另一方面又不断迫使他们迁往缅甸。历次迁徙中，最初分别迁往姚州和丽江的两支麽些，逐渐分散成若干小支，后来在姚州的复迁丽江。也就是说，同源的文化在传播过程中经历不同历史阶段，既存在从祖源地向外传播，也存在向祖源地回传的可能，因此一地的文化表现就是多重历史积累呈现出来的面貌。[1]

这些研究带有明显的德奥传播论色彩。前文已叙，陶云逵的导师费舍尔和传播学派有密切的关系，混血儿研究其实是要看文化接触中的体质和文化变异，而不是像功能主义那样只关心存在的合理性。从1918年第一次世界大战结束到1938年奥地利被德国占领，施密特（Wilhelm Schmidt）领导的维也纳学派一直占据着德语区主流学术的地位。1938年，施密特和博厄斯等人被纳粹驱逐出境，一方面是因为德国占领奥地利加剧排犹，另一方面则是施密特的文化圈理论被认为是天主教的神学变体，构成了纳粹“泛德意志精神”的障碍。尽管文化圈理论一直努力吻合天主教法西斯与墨索里尼、佛朗哥的方向，但它所追求的“原初的一神论”，持续为独立的奥地利实体提供思想基础，因而为纳粹思想家们所不容。相反在德国内部，文化圈理论由于格雷布纳（Fritz Graebner）并没有这样明显的神学追求而得以保存下来，仍具有相当势力。[2]

施密特称自己的方法为“文化史”。[3]在他的考虑中，“起源”和“传播”并不是唯一的问题，而是如何在历史和区域的基础上考察宗

〔1〕陶云逵：《关于麽些之名称分布与迁移》，载《中央研究院历史语言研究所集刊》第七册，北京：中华书局出版社（商务印书馆1936年发行），121—135页。

〔2〕弗雷德里克·巴特等：《人类学的四大传统》，135页。

〔3〕施密特：《原始宗教与神话》，萧师毅、陈祥春译，上海：上海文艺出版社（据辅仁大学1948年版本影印，原名《比较宗教史》），1987［1948］。

教的堆叠层次问题，地理、语言和宗教乃是这一文化史的三大基本要素。从这三方面来看，陶云逵后来的写作，包括他对边疆人文研究室研究框架的设计，都有非常明显的“文化史”特征。

从滇西北到滇南，陶云逵是在丈量一幅立体的民族地理图。在此次行程中，体质和文化均是陶云逵关注的重点。当他在高黎贡山以西的毒龙河流域发现所测量的曲子缺乏明显的蒙古人种特征的时候，欣喜至无以复加，自言对组成中国人民之种族中的非蒙古种成分素感兴趣。〔1〕陶云逵学体质人类学出身，此次入滇所获人种测量资料后来一直没有发表，因此在他 1944 年因病突然辞世之后，史语所吴定良即刻写信给他生前好友罗常培帮忙索要这批资料，说去年陶云逵曾给自己写信，声称“‘弟虽学过体质人类学，奈因兴趣改变，今后恐不能致力此道，前集材料，兄如需要当奉赠’，并谓‘关于我国种族源流支派问题，体质与文化双方研究均极重要，吾人异轨同趋，希若干年后，对此问题能获较清楚之答案’”。〔2〕由此可知，这个问题与史语所诸人所关心的上古史问题关系密切；也就是华夏文明的起源究竟是来自东部蒙古人种的一元论，还是早就有西来的高加索人种混血？不过陶云逵对非蒙古人种感兴趣，这与他当时的领导傅斯年的关注点不太一样。

当时傅斯年手下做体质人类学的已有李济这员大将。从 1928—1937 年，傅斯年和李济的重心都放在殷墟考古上。1929 年秋，李济在安阳殷墟第三次挖掘现场挖到一片彩陶，这也是 25 万片陶片中唯一的一个彩陶片。〔3〕这让李济非常兴奋，因为它预示着仰韶的彩陶文化与安阳黑陶文化很可能属于两个不同的文化群体，而不像安特生的

〔1〕陶云逵：《俅江纪程》，见李东晔编《陶云逵民族研究文集》，73 页。

〔2〕吴定良：“吴定良致罗常培函（1944 年 2 月）”，见南开大学校史研究室编《联大岁月与边疆人文》，498—499 页。

〔3〕岱峻：《李济传》，75—76 页。

“彩陶西来说”所认定的，中国文化只有西来一途。虽然李济承认，仰韶彩陶文化“满布秦岭以北的黄河流域一带，由西而东，将近山东境界，转向北及东北，直达热河及南满洲。由甘肃向西北探查，中国的彩陶，似乎与中亚、小亚西亚及多瑙河流域一带的遗址所出的类似陶器有些不可忽视的关系；这虽是些未定的推测，彩陶文化的国际性是很显然的”〔1〕。但是，小屯的黑陶比仰韶彩陶年代晚若干世纪，这仅有的一片彩陶显示殷商文化不太可能从仰韶文化继承而来——后者被认为是属于夏文化，而可能自有起源。那么，两者之间的历史关系究竟说明什么？

傅斯年给出了一个相对明确的上古史框架。大约1934年，他发表《夷夏东西说》一文，认为在汉代以前，中国文明的格局不是以南北之分而是以东西之分，其中夷与商属于东系，夏与周属于西系，东西对峙，而相争相灭，便是中国的三代史；在夏之时的夷夏之争，夷东而夏西。在商之时的夏商之争，商东而夏西。在周之建业，则为商东而周人西。〔2〕他以地理和民族代兴来重新阐释上古史。然而其中关键的部分却诉诸神话学，把商人“吞卵生人神话”与后来史书所载北夷、高句丽、朝鲜所出的同类神话并置，尤其将《清太祖武皇帝实录》的佛库伦吞朱果生满人先祖布库里雍顺，放在同一序列之中，意在证明华夏最后一个征服王朝的满族统治者与殷商文化有历史延续性。其深意兴许是通过重构满人与华夏更早的历史渊源，从而肯定清代对中国的统治，继而肯定民国所继承的清代疆域具备领土合法性。〔3〕

如若综合傅斯年和李济的研究发现，我们可以描绘出一个涵括了历史学、考古学和体质人类学的文明史假定：

---

〔1〕 李济：《李济学术随笔》，李光谟、李宁编，137页，上海：上海人民出版社，2008。

〔2〕 傅斯年：《夷夏东西说》，见刘梦溪主编《中国现代学术经典·傅斯年卷》，188页，石家庄：河北教育出版社，1996。

〔3〕 同上书，188—196页。

西　　　　　　　　　　东

夏—仰韶文化（彩陶）—高加索人种　VS　商—安阳文化（黑陶）—蒙古人种

周……　VS　秦……

……　清

李济所做的工作就是不断往这个历史钟摆里一层层地填充地下证据。在小屯发现彩陶之后，1930年他又赴山东章丘挖掘城子崖，这个东北大平原的中心点，出土了更精美完整的黑陶。所以说，傅、李二人基于东部考古重新括定的文明史范围，一开始就不是仅仅限定在上古史。重要的是说明当下的国家——从帝制中国到民族国家的历史过渡需要借助民族史来搭建。

对于傅斯年上古史研究的这个观点，陶云逵是赞同的——他的《麽些族之羊骨卜及𦙶卜》正是通过骨卜将殷人与亚洲东北民族源流联系起来；但是对于傅斯年其后民族国家历史脉络的单一叙述，陶云逵并不完全同意。

这一点通过他与李济的对话可以略窥一二。李济认为，云南的民族堆积层次以藏缅语族为最下一层，即汉代时他们就在云南居住，后来大约到唐中叶时期，泰语族移居至此，藏缅语族的势力随之发生衰落；而到了宋代，蒙克穆语族迁移至此，迁徙潮一直持续到明末。〔1〕在这三大语族中，又以泰语族的掸人最易为汉人同化，蒙克穆语族最难，藏缅语族居中。〔2〕

陶云逵则认为，李济这套分类从丁文江而来，主要从史料和语言学角度来做，不如戴维斯（H. R. Davies）从田野所得可靠。他对三个民族堆积层次的判断正与李济相反，以蒙克穆语族为第一层，泰语族为第二层，藏缅语族为第三层；并且民族堆积层的形成并不如李济所

〔1〕 李济：《中国民族的形成》，张海洋、胡鸿保译，273—281页，南京：江苏教育出版社，2005［1928］。

〔2〕 同上书，280页。

设想的那样为覆盖式，而是民族板块之间的挤压造成的。

根据云南民族的地理垂直分布现状，陶云逵认为，除了民族之间的力量争衡之外，还应考虑民族自身对自然环境的适应，也即他们原来的文化习惯对其择居的影响。例如从青藏高原迁徙而来的藏缅语族会首先选择凉爽的高山地带，而不是湿热的河谷，他们所熟习的刀耕火种的方式也是与高山地区的农耕形态相适应的，因此并不是被泰语族移民赶到山上去。泰语族的生产方式则不同，他们很早就懂得在平原谷地进行密植耕作，有人工灌溉和梯田，依赖河流定居，因此不会与藏缅语族争山地。泰语族到来之前，当地已有包含了蒙克穆语族成分的土族居住，这些蒙克穆语族也依赖平原农耕，因此与泰语族有竞争。但他们的竞争力似乎不如后来者，起先有一部分被藏缅语族所同化，泰语族到来之后，又有一部分受其同化。同时，泰语族也有一部分同化到藏缅语族之中。

自汉代开始，汉人逐渐移居云南，占据了自滇池至洱海一带凉爽肥沃的大平原，泰语族被迫南迁，继而继续挤压已经南迁的蒙克穆语族，使得他们有一部分迁往山上较高的地方，大约平均在1000—1200米，而原来喜住高山的藏缅语族则普遍在1500米左右的更高海拔。这部分蒙克穆语族仍旧在山坡上继续他们的农耕生活，只不过将原来的平地作业改成了梯田。另有一部分蒙克穆语族则被汉化。后来的汉人因其定居方式的缘故，实际对高山藏缅语族的生存并不构成根本压力，相反，从汉初到晋初，他们得到不少汉人的文化熏陶，酝酿出强盛的东西爨氏部族；到唐代乃有泰语族与藏缅语族混合的南诏。自元代忽必烈灭大理之后，当地土族复成一盘散沙，而明清两代大规模的殖民和汉化政策，则使西南非汉语部族普遍受到挤压，山下的泰语族尤甚。[1]

---

〔1〕 陶云逵：《几个云南土族的现代地理分布及其人口之估计》，见《中央研究院史语所集刊》第七本第四分册，1987［1938］，419—441页。

之所以要将李济的云南民族页层颠倒过来，乃是因为陶云逵的出发点立足于一个涵括西南中国、缅甸、暹罗（泰国）、安南（越南）的文化区域，而非由东部考古确立的华夏主轴的文明体。[1] 藏缅语族被认为与上古西方的夏关系密切，掸人被认为是源自东夷的人群，只有蒙克穆语族比如卡瓦，这些在地理垂直分布上居于藏缅语族和泰语族之间的人群，构成两人解释的关键难点。如果从李济之说，这是一个东部夷族不断向西部推移的过程，蒙克穆语族之所以最难汉化，是因为到此地时间最短。而如果从陶云逵之说，蒙克穆语族同时受到东部和西部的挤压，就被抬升到页层中部。形象一点来说，李济认为民族史的历史页层是一层层往上叠加，而陶云逵设想的民族史构造是板块推挤的填山造陆运动。

李济论述三大语族的堆积层次，目的是要讨论中华民族融合的问题。他认为现代中国人的形成是由五种主要族群成分构成：黄帝的后代、通古斯人、藏缅语族、孟－高棉语族（也即蒙克穆语族）和掸语语族（也即泰语族）；他所关心的是这五种族群在不同历史时期的迁徙流动如何造成了一种以汉族为核心的“我群”意识。[2] 而陶云逵讨论的重心有所不同，他更关心具体历史中某一人群共同体接受另一种外来文化因素与否，以及决定其接受或排斥的依据。他认为在明清之前，中原朝廷对这个地方的开发并非以汉化同化为主，而是保留当地的民族多元化；明清时期对边疆地带强力控制之下，反而削弱了地方整合力量，导致地方衰落。从这点来看，陶云逵对同化政策持反对态度是比较明确的，他对“国族”和“国家”并没有像李济当时寄予的那种高度热情。

1937 年 11 月，迫于侵华日军的炮火，北京大学、清华大学和南开大学三校联合南下，先往长沙不久又迁往昆明，一路辗转。终于在昆明

〔1〕 同上页注所引书，419—447 页。
〔2〕 李济：《中国民族的形成》，305—306 页。

大西门外寻觅得一块荒地建校，始更名“国立西南联合大学”，由北大校长蒋梦麟、清华校长梅贻琦、南开校长张伯苓共同署名，组成校务委员会。[1]此时大半个中国都已沦陷，西南边疆的滇缅和滇越铁路成为中国连接国际的交通命脉。云南省政府决定再修筑一条铁路，从滇南石屏通往佛海（今勐海），来连接滇越铁路，等于打通美军对华的援助线。这条铁路名字就叫石佛；其筹备委员会愿意提供一笔经费委托给一个学术机构，来帮助调查铁路沿线的社会经济、风俗文化、语言等各方面情况。原南开大学的秘书长黄钰生和南开大学哲教、历史系主任冯文潜拿到了这笔经费，决定借此机会创办一个边疆人文研究室，在完成石佛沿线调查的同时，为南开大学创办一个人文科学研究基地。[2]冯文潜包揽了一切研究室的物资后勤事务，多方设法继续筹措经费，而把“室主任”郑而重之地交给了陶云逵。是年，陶云逵仅38岁。

研究室有一个非常详细的章程，拟建设边疆语言、人类学（包括社会人类学及体质人类学）、人文地理、边疆教育四组。第一步工作计划，是在西南地区选择几个关键区域做调查。这个区域的选择依据的是陶云逵发现的那个立体民族页层，从1941年7月至10月，先做泰语系和藏缅语系的调查研究。[3]按照工作计划的设计，这些调查内容应该逐渐铺开，直到做完四个方面：（1）本社区内的人口调查以及杂居人群之分布；（2）本社区的自然环境与社会人文环境的情况；（3）本社区主要人群的文化概况，包括亲族组织、社会团结形式、政治制度、经济与技术方式、法律机构、教育制度、宗教与语言并衣食住用等物质生活；（4）本社区之主要人群与区内少数及区外邻近他语

---

〔1〕张怀瑾：《联大岁月拾零》，见南开大学校史研究室编《联大岁月与边疆人文》，214页。

〔2〕邢公畹：《抗战时期的南开大学边疆人文研究室——兼忆关心边疆人文研究的几位师友》，见南开大学校史研究室编《联大岁月与边疆人文》，358页。

〔3〕南开大学档案：《南开大学文学院边疆人文研究室研究计划与工作步骤》，见南开大学校史研究室编《联大岁月与边疆人文》，344—345页。

人群之社会关系，及他语人群对主要人群在生活各方面之影响。[1]

仅从上述四个方面而言，研究室所做的是较为普遍的民族社会文化情况搜集。较为不同的是对他语人群的影响进行调查，这可不是仅凭观察就能发现的，需要有专门分析的向度。而"边疆教育"这一块则进一步显示了陶云逵对研究室有自己独特的定位。从教育入手既有强烈的应用研究色彩，又能很好地结合陶云逵对文化观念体系的研究兴趣。章程中说："(要)注重各人群教育制度彼此之影响及人格之过程"，具体有：(1)制度，包括理念、知识、传授与接受机构；(2)内容，包括教材以及广义的非意识形态的教育内容，即社会生活的样法；(3)政府在本地推行的现代化教育制度与概况；(4)本社区主要人群对这些教育政策的反应；(5)改进政策的可能策略及其假定实施后的效果评估。

陶云逵意图以教育作为理解整个社会系统的一条线索。这个社会系统是一个相互关联的功能体系，某一部分的变化可能引起其他部分的递变。在陶云逵看来，教育直接涉及文化理念如何在个人身上实现，因此在整个社会系统中占据更重要的位置。他更倾向于从广义来理解教育的内容，细致一点来说，有空间上的因素，如家庭、学校、各职业与宗教团体之所在地及娱乐的场所；时间上的因素，如教育的年数、月数、日数、季候与期律；进行教育的具体方式，如个人、团体、公开、秘密、年龄、男女同学、男女分学等；教育的媒介，如口述、文字、行为、神示、梦悟等；与教育过程有关的仪式，如入学、考试、升学、毕业及其社会功用等；教育的名分，如各别知识、理念之传授者与接受者名分与社会地位。[2]总体上，陶云逵关心的是具体社会中按照知识体系来组织的各种方式，宗教也被纳入这个范围来讨论。

---

〔1〕 南开大学档案：《南开大学文学院边疆人文研究室研究计划与工作步骤》，见南开大学校史研究室编《联大岁月与边疆人文》，344 页。

〔2〕 同上。

1941年第一次调查的时候，陶云逵自己的题目是鲁魁山区纳苏的社会组织与宗教；1942年第二次调查的时候，由于石佛铁路南端深入到西双版纳西南部，于是他继续跟随做沿线调查，关注的是元江上下游的摆夷（即今傣族）社会组织、宗教与手工艺的研究。

这个时候大概是陶云逵一生中最愉快的时光。他新婚不久，周围又多学界同人，大家因抗日战争迁校而聚居一处，很快形成了学术讨论的小团体。同时，边疆人文研究室草创，虽然物质条件非常艰苦，总共只有五六人，但是他们平均年龄不足三十岁，都是一群充满了干劲的年轻人，研究室充满了蓬勃朝气。[1]随着边疆人文研究室的工作展开，陶云逵在云南学界很快声名鹊起，不仅得到史语所的重视，也得到燕京大学社会学的主力吴文藻与费孝通的关注。费孝通自述，他与陶云逵讨论甚多，也收获甚多。尽管双方在学理上互不相让，但也因此结下深厚的情谊。

此时，史语所的领头人物傅斯年和顾颉刚因“中华民族是一个”的论辩，已经与吴文藻、费孝通等人的“燕京学派”形同决裂[2]，在此等情形之下，陶云逵能同时得到双方的肯定，确是一个耐人寻味的异数。在这场论辩中，傅斯年和顾颉刚认为，在抗日形势如此危难的情况下，应以国家利益为先，主张尽量别用“民族”二字，对内不要区分民族，对外只说“中华民族”。费孝通则认为，不应把国家与民族画等号，要谋求政治统一，不一定要消除各民族团体之间的界限，而是要消除因这些界限引起的政治不平等，要从健全自身的社会组织开始做起。[3]

陶云逵并未直接参与到论辩之中。如前文所述，他的民族研究与

---

〔1〕 邢公畹：《抗战时期的南开大学边疆人文研究室——兼忆关心边疆人文研究的几位师友》，见南开大学校史研究室编《联大岁月与边疆人文》，362页。

〔2〕 周文玖、张锦鹏：《关于“中华民族是一个”学术论辩的考察》，载《民族研究》第3期，2007，20—30页。

〔3〕 同上书，24页。

傅斯年、李济已经有所不同，在保留文化自主性方面可能更偏向费孝通。另一方面，从这一时期他写作的数篇边政人员训练的文章来看，他也对统一国家有要求，希望借由现代化的推进，完成对民族地区的文化转型。而且重要的是，他对这个文化转型的考虑，与吴文藻、费孝通也不一样。首先，他批评功能主义的文化观，认为理解文化的意义是首要的，应该从内部进行解释而不是从功利主义的角度出发。其次，在这个基础上，他的边政研究竭力避免殖民主义的影响，而先去拷问引发某种社会变迁是否是当地社会真正需要的。这点尤其不同于吴文藻——在后者看来，人类学的应用价值之一体现在有助于殖民治理。

总体而言，陶云逵最有价值的书写其实是他在实地研究中开辟了研究精神世界的道路，从而将“文化”落实为可以思考现实和历史问题的方法论。他的研究特点可以归纳为以下四个部分：（1）从解释学角度确立的文化理论，明确了“文化”与“社会”之间的区别与联系；（2）从文化史的角度处理区域历史的结构与变迁问题；（3）从宗教与神话入手考察具体社会组织与其观念结构的关系；（4）进入某个文化观念体系内部考察其结构。

可惜的是，陶云逵的生命太短暂，来不及将每一步的思考都做系统的整理和表述。1944 年他因病去世之时，《边政公论》专辟一期刊登学界同人对他的悼念文章，可以想见他当年在学界的分量。

二　陶云逵的“文化”观及其应用

陶云逵在 1943 年左右完成的“文化论四篇”当属他最重要的理论作品。这四篇文章分别是《文化的本质》《文化的属性》《个人在文化中的参与》和《社会与文化之性质及其研究方法》，其中后两篇是在他去世后才发表的。

《文化的属性》讨论的是文化的形式、创造、意义及价值，并关注形式创造与意义价值之间的关系。《文化的本质》讨论的是文化作为观念图式如何与外在勾连起来，也即内在于个体的观念如何得以表达出来。《个人在文化中的参与》提出文化的内核这一概念，以此来思考个体的生命过程如何在文化过程中展演。《社会与文化之性质及其研究方法》，着重讨论文化如何作为社会的灵魂，注入群体之中，并关注在不同的历史时期，这种文化精神与社会制度之间的对话关系。总的来说，从《文化的属性》《文化的本质》，到《个人在文化中的参与》和《社会与文化之性质及其研究方法》这四篇文章，所讨论的逻辑顺序，是从文化各个历史阶段的深层结构问题，进入到文化的表现之规律，再进入到这些文化借由表现的两种外部存在——个体与社会。

1　解释何以可能：文化的表达

文化本质上是一种借着身体以及身体以外其他物质去表现、发扬的心理现象。[1]这与可从外部测量和触摸的物质不同，由文化产生的作品可以被毁灭，但是只要还有承载文化的个体在，就能再度创造出这些作品的物质形态。当文化作用在这些作品上时，它往往体现为一整套生活样法和文物制度，也即文化特质丛。[2]简言之，文化的本质是一种人类的精神活动或称观念，文化特质丛并不等同于文化本身，而是文化的思维表达出来的形态。

> 一个文化就是一个已经（借着身体以及身体以外的物质）表现于行为之外的，为社会中分子可应用的理念体系（A System

〔1〕 陶云逵：《文化的本质》，见本书，314页。
〔2〕《文化的本质》，见本书，313页。

of Ideas)。这里包括一套一致的人生观与宇宙观。其蕴藏于内者为一套理念体系，其表现为外者，自其形式或内容上看，为一套人与人、人与自然（物质的）以及人与超自然（“超自然”一词颇为不恰，我想译为神圣的“不可见”。这“不可见”当名词用。译成西文，似通为英文 the sacred invisible）的一致的、不矛盾的行为模式。一个社会把这一致的、不相矛盾的理念体系表现于行为之外，则这个社会，从其整个来看，也就是一个合整的社会。[1]

陶云逵在这里提出了一个值得注意的问题：文化需要被“表现”才能够被认识。这种观点源自狄尔泰（Wilhelm Dilthey）奠定的解释学。狄尔泰提倡“精神科学”（Geisteswissenschaften）的研究，认为我们的心灵经验——感情、激情、思维都倾向于得到某种外部表现，例如思维伴随着说或写，悲伤或欢乐伴随着面部或身体的某些动作；对他人心灵的理解过程，也就是解说这些表现的过程，这就提供了从内在来理解人的可能。[2]在他看来，人是通过一种表达和理解的相互关系来认识自己的，只有通过所有各种有关我们自己的生命和其他人的生命的表达，把我们实际上所体验到的东西表现出来，才能理解我们自己。[3]陶云逵的想法与狄尔泰从内在理解文化表现的思路接近，这也使他后来更集中于宗教和神话研究。

文化由内在而被表现为外在，因而带来了三个方面的问题：一是文化表现的范畴和内容是什么，二是文化从不可见表现为可见的规律是什么，三是文化所关联的外在的部分是什么。更进一步地，基于这三个问题，在田野研究中如何得到落实。

[1] 陶云逵：《文化的本质》，见本书，317 页。
[2] 沃尔什：《历史哲学导论》，何兆武、张文杰译，50 页，北京：北京大学出版社，2008。
[3] 狄尔泰：《历史中的意义》，艾彦、逸飞译，9 页，北京：中国城市出版社，2002。

关于文化表现的范畴和内容，陶云逵在《文化的属性》一文中进行了讨论，认为文化得以表现的内容包含四个范畴：创造、形式、意义与价值。[1]

所谓创造，是指人为的行动作用在外物上的体现和结果。这些外物包括自然和人工产品。当人把自己的价值投射到自然之上时，这种自然就具备了文化的意义，人与自然发生的这种关系就是一种创造。它是一个不断运动的过程。创造的表达一定要呈现出某种形式，也许是语言、协定或技术产品等，这些形式不一定是纯粹的物质形态，但是却可以为社会共同体所认识和接受。那么，附着在这些形式上的创造力的凝结，可以称为意义；而某个文化对这些意义的重视与否或者判断，则为价值。

其次，他认为文化的属性中，形式较不容易改变，意义与价值变迁较大。这关系到文化和历史的关系这一问题，也即文化在不同历史阶段的嬗变和传递的机制。这个问题又与文化从不可见表现为可见的规律联系在一起，或者说，是这一规律在具体历史中的展演。

2 种子与历史：文化的生死观

在《文化的本质》一文中，陶云逵曾谈到，“只要有人存在，当一个文化衰老的时候，已经埋伏了另一个文化的种子，生长，壮大。就是说，文化一般或文化类体，是和人类一样继续不断地绵延下去……总括一句，文化是一种与人类生命、但不与个人生命相始终的，借着身体以及身体以外的物质表现出来的，时在变迁之中的心理现象。”[2]

文化犹如植物，会生，也会死，而且更重要的还会再生。这便

〔1〕 陶云逵：《文化的属性》，载《自由论坛》第二卷第一期，1943。
〔2〕 陶云逵：《文化的本质》，见本书，316页。

是文化表现的规律。陶云逵认为，文化包含两个部分，一个是结实、合整而较恒久的心核，另一部分是围绕着心核流动的未整合的观念；在任何历史阶段，文化的心核提供给文化体思考和行动的模式，外层则给文化以适应性和发展可能性，两者永远保持相互予取（give and take）的关系；所谓旧文化的死亡，乃是原有心核的部分被外层替代掉。[1]

将文化比喻成种子，这种观念的人文科学化早在赫尔德那里就开始被落实下来。他以种子来比喻人性中向神靠近的天赋，“正如人类出生时不是自己从子宫里冒出来，如何运用他们自己的思维能力，也不是他们自己生出来的。我们内在禀赋的种子，就像我们身体的构造一样，是遗传的；不单如此，这种子的每一步成长都是命运使然，它把我们播在这片或那片土地上，依着时间和场境的不同，赋予我们成长的手段。”[2]这颗种子可以以神话的形式表现，因为神话“给我们提供了一个民族最古老的符号学及他们动情和运思的方式。……其对象正是人类关于神、世界、创造、秩序、命运、目的、历史变迁以及我们眼见及假想之万物起源的思考”[3]。也即，神话是民族精神的依据。

与之相关，宗教作为人类对神圣性的表达，其源头也在于这颗种子。但是与神话不同的是，宗教是普遍性的、超民族的，“宗教是我们之人性的最高表达……即便最原始的民族也如此，因为世上还没有全无宗教的民族，正如没有哪个民族彻底没有理性的能力、人形的躯壳、语言和婚姻、某种形式的社会道德和风俗。”[4]与民族相关的是教义，“宗教与所有各种教义区别开来，让它们各有自己的位置。但宗

---

〔1〕 陶云逵：《个人在文化中的参与》，见本书，329页。

〔2〕 赫尔德：《反纯粹理性——论宗教、语言和历史文选》，张晓梅译，17页，北京：商务印书馆，2010。

〔3〕 同上书，60页。

〔4〕 同上书，64—65页。

教不希望变成教义。教义令人相分和争斗，而宗教将人联合一体，因为在一切人心中，宗教都只有一个。”[1]

在赫尔德看来，宗教、语言和理性三者都是同时产生的，自人类诞生之时起，便作为神对人的规定，蕴含在普遍的人性之中。这种神与人的关系——人的被造感的源泉，永恒地决定了人与人的关系，而神与人的关系是要在历史中获得表达。

种子是无历史的，一旦它开始萌芽生长，历史便展开了。种子与历史的存在，使两种教化（Bildung）出现可能：一种是由神的启示展开的民族历史，历史本身就是一种教化，历史发展的意义和目的是实现人性[2]；另一种是人与神的直接合一，通过人用“心”的语言将自己交付给神，也就是在人心中自觉意识到神的存在。[3]值得注意的是，赫尔德尽管表现出对基督教极大的热情和赞颂，但他关于种子和植物的比喻，却是来源于北欧神话中的通天树。[4]这使赫尔德的知识建构本质上是基于至上神观念而不仅是基督教新教的一神论；后者被认为是基督教文明的基础。[5]

陶云逵的文化心核论与赫尔德的“种子”说有诸多相同之处。在陶云逵看来，这个心核的神圣性来源于种子，也即民族精神的原型。他在民族志中通过结合区域、社会、文化等不同要素，来看这个心核的表现和变化。而这种变化与外部变迁之间往往不是因果关系所能解释的。在这个过程中，历史这一维度因此变得极为必要，因为除非通过种子生长的过程去“还原”人性对神圣性的向往，否

---

〔1〕 赫尔德：《反纯粹理性——论宗教、语言和历史文选》，75 页。

〔2〕 同上书，380—381 页。

〔3〕 同上书，87 页。

〔4〕 赫尔德描写道：“我站在万能之父伟岸大树的荫庇之中，他的树冠伸展到一切天际，他的树根深入全部世界和渊极。难道我是展翅翱翔于其上的雄鹰？或者是一只乌鸦，栖于神的肩头，每个傍晚为他从凡间带来献物？”这个通天树来自北欧神话《埃达》（同上书，15 页）。

〔5〕 特勒尔奇（又译特而兹）：《基督教社会思想史》，戴盛虞、赵振嵩译，章文新、许牧世校，香港：基督教文艺出版社，1960。

则我们相互之间便不可真正理解。应该说，陶云逵所说的文化包含了某种心理因素，但又不是从心理学角度或者认知角度来讨论的；而是需要社会和历史来具体表现，因此本质上既不是哲学分析概念，也不是个体化概念。

对于文化的历史变迁，陶云逵将其描述为从心核外层到心核内层的流动。要理解文化的变迁，就要同时关注两个方面，一方面是构成文化心核的那些普遍的和专门的知识，例如语言、服装、居住房屋的形式与分配等，它们是具体历史的精神呈现，另一方面是围绕这一心核的那些并用的知识，例如对超自然环境的信仰，往往有佛教、道教、天主教等多种宗教形式，它们为文化变迁提供适应性和发展可能性，也是新旧竞争、交替以及促生融合的地带。[1]一般性的知识和专门的知识与具体社会紧密扣联，并用的知识和个人发明则常常超出某一社会的范围。

3 文化的外部表达：文化、个体与社会

对陶云逵而言，文化、个体与社会三者的关系是民族志研究中需要澄清的前提，因为个体与社会是“不可见”的文化传达为可见符号体系所依赖的两个重要因素，也是民族志研究直接面对的对象。

他认为：“文化虽是由社会产生，但是文化却无法从‘社会’去表现。它必得借‘个人’的行为去表现。个人集多人创造于一身。个人可以离开他本来的社会而到另一个可以生存的地方（当然他也得有个社会）去生活，于是文化也就可以离开它的产地，随着个人生存而生存下去。”[2]

首先，文化与社会是不相重合的两个范畴。文化可以由个人的流动而脱离原来的社会，到另外一个社会去旅行——它可以在不同社会

〔1〕 陶云逵：《个人在文化中的参与》见本书，326—327 页。
〔2〕 陶云逵：《文化的本质》，见本书，315 页。

之间流动。

同时，组成团体的个人之间形成了分工合作的关系，这种分工合作的行为有其内容和模式，而这些模式要形成对外一致的反应，即要求一致的态度与评判，此则为全体信奉的生活理想，只有在这个意义上，才能有团结的意识将个人联系成一个功能的团体，也就是社会。[1]因此，社会是由两个密不可分的部分组成，一个是纵向的、整体性的、具有普遍性的行为原则，可以称为“社会体系”，其核心是价值观念；另一个是横向的、特殊的、在一定范围内的行为规定，可以称为“社会制度”，例如亲族制度、政治制度、法律制度等，它同时还是历史变化的。[2]社会制度关注的是人与人之间、个人与团体、团体与团体之间的由价值理念决定的行为模式，而文化则要关注人与人、人与自然以及人与超自然的行为模式。[3]

陶云逵所说的这种纵向的价值体系和横向的制度体系之间，存在一种对应关系：“任何社会体系都有一个推动行为方式的理念原则，这理念原则给意义、给价值标准指挥行为。一个社会体系的原则也可以说是这个社会体系的灵魂（Seele，genius）……根据这个原则，把意义与价值标准灌注到行为模式之中，于是这行为方式，由于所灌注进去的意义也就有了意义，也就染着了这精神或灵魂的色彩，普通我们就管它叫这个社会的特征，更适当一点的名词是这个社会的‘gestalt’（其社会在某个时代中的gestalt）。在另一方面，这个社会的秩序乃得维持，一个社会体系即一个idea的体系。总归起来一句话，一个社会的社会体系是一个理念的体系（system of ideas）。”[4]

---

〔1〕 陶云逵：《社会与文化之性质及其研究方法》，见本书，334页。
〔2〕 同上文，见本书，335页。
〔3〕 同上。
〔4〕 同上文，见本书，335—336页。

文化作为观念图式给予社会内在的精神支持和神圣性，是社会行动的依据，这是陶云逵对文化与社会关系的一个基本判断。社会是文化的温床，但是，文化并不依附或局限于某一个具体社会内部，相反，它可以为不同社会所分享。

其次，个人是文化的载体。因为个人已经经历了社会化的过程，具备文化人的资格。陶云逵举了华侨的例子。当一个华侨漂泊去海外时，身无长物，但只要在当地扎根下来，就会把原来国内的生活方式重新表达出来，例如门上贴着红纸的对联，八仙桌上摆着腊味，即使他娶的是个土妇，他也会把夫唱妇随的那套生活样法重演。[1]实际这个华侨在另一个陌生的社会扎根，首先是社会化，然后才可能把文化的样法表达出来。

陶云逵具体讨论过两种“社会”形态，一种是和文化高度重合的体系，一种是与文化重合程度比较小的体系；前者是关于一种地方性文化的思考，后者是针对移民社会的探讨。在前者，个人的身份和行动是由社会给定的，包括性别、年龄、家庭、禁忌和等级等；而在后者，个人的身份和行动需要得到社会的承认，因此是争取来的。[2]也只有在后者，出现了个人突破社会的可能。这一可能，最先是从文化开始的。“至于（个人与社会）有冲突的原因，即为（1）个人特性与发明新理念，（2）外来的新理念的传播进来……旧有理念体系不能适应不能保持本社会的生存与团结，于是乃发生所谓变迁。等到新的理念体系普遍化，为大多数人所采之后，这个社会又稳固起来，互相又适应，而成为一个完整的 integrated 的社会，然后再不断地变迁、完整，所以社会是一个整合与变迁的循环体。”[3]

这两个社会之间有所冲突，在前者，社会限制性别、年龄、生

---

〔1〕 陶云逵：《文化的本质》，见本书，313 页。
〔2〕 陶云逵：《社会与文化之性质及其研究方法》，见本书，338 页。
〔3〕 同上文，见本书，336 页。

籍、阶级间的各个人之竞争，也就是限制社会之流动性，流动性越少则社会越安定；而在后者，有些特定才能的人物，能够打破社会等级，争取新的社会身份，他们个人天赋的发挥，成为逐渐形成的新社会阶层的基础，因此改良社会成为可能。[1]这种中间路线的确很难平衡，因为在前者而言，由于文化作为理想型的存在，“社会”容易被“文化”所吃掉，而变成一个没有历史的存在；在后者来说，这种个体主义的实践理性具有很强的现实号召力，又会要求“社会”把“文化”吃掉——但实际通常是，这种个体主义与民族国家理想的结合，往往导致“国家”要把“社会”“文化”和“个人”都吃掉。

最后，文化与个人的关系。陶云逵认为，文化必须由个人来体现，却不与个体生命共始终；一个文化可以经历两代或多代人的生命。[2]

文化、社会和个人三者构成了一个类似回路的关系。文化核心的道德伦理和价值判断都是由个人承载的，而约束、教育和确认个人道德资格的是社会，这是围绕文化核心的地带，也是不断给文化带来新鲜血液的内外交流的中间地带。

4 意义与功能：主位视角下的边疆与边政

陶云逵在《文化的属性》一文中对功能主义进行了回应。首先，功能不等于“用处”或实际上是“效用”，后者指的是工具性的作用或有效性，而功能则是附着在文化行为或产品的意义之上。例如斧子是用来砍树的，则它的效能是为满足此社会中采取燃料或制作家具的需要。而当功能附着在一系列文化行为上时，就涉及文化的翻译的问题。例如，我们看到巫师进行驱鬼治病仪式，在巫师看来，他行为的意义

---

〔1〕 陶云逵：《社会与文化之性质及其研究方法》，见本书，341 页。
〔2〕 陶云逵：《文化的本质》，见本书，316 页。

是驱鬼，其行为的目的是使病人恢复健康，那么只有我们将这套仪式翻译成“使病人恢复健康”，我们才能理解这套行为的意义。至于执行这套行为是否能够达到恢复健康的效果，这就进入观察者客位的价值判断。也就是说，我们判断某种行为或产品的有效性，通常基于“用处”的客位观点，而不是从“功能”出发的。一个文化事项之所以有功能，是因为它有意义，要了解行为的功能，就要先理解行为的意义。这与马林诺夫斯基正好相反，在马氏那里，文化之所以有意义，是因为它有功能，在于它对人们生活所起的作用。〔1〕

基于这点，陶云逵主张，在田野调查中，我们应把所观察的各种行为逐一询问当地人，其行为的意义是什么——相当于询问当地人“做什么”；然后把他们主观的对于行为的用处和功能的说法也收集起来——相当于询问当地人“为什么”，则可以得到一套当地社会的文化意义体系。通常，当第二个问题当地人不能给出答案的时候，也就是当地人说不出其文化功能的时候，就需要调查者进行诠释。这需要在对整个社会的生活样法进行整体把握的基础上，才能将意义和其行为对应起来。他批评当时功能学派调查容易有一个倾向，即忽略当地人对自己行为意义的表达，而用一种客位的观点构建一幅所谓客观的意义体系，实则是对当地文化的误解。〔2〕

再者，功能产生于需要，而需要也是要接受文化的价值调控的〔3〕。这是针对马氏的另一个关键概念“需要”来说的。马林诺夫斯基区分了三种需要：基本（生物）、派生（社会）、整合（精神），其中生物的需要是最基本的动力〔4〕。陶云逵则认为，在人类社会，即使是普遍的生物需要，也会被不同文化赋予不同的价值观，在这些价值

〔1〕 马林诺夫斯基：《文化论》，费孝通译，15—16 页，北京：中国民间文艺出版社，1987［1940］。
〔2〕 陶云逵：《文化的属性》，见本书，323 页。
〔3〕 同上文，见本书，324 页。
〔4〕 马林诺夫斯基，《文化论》，96 页。

观的调控下，不同社会的需求就不能以其生物需要的层面来进行解释。他以“食”为例，诸如佛教密宗、回教，一年之中就有若干日子或时辰没有“食”的基本需要。还有例如通常我们认为社会要保持个人身体的舒适安全，但是在许多社会中，人们会在特殊场合和时间残伤自己的身体，忍受肉体的巨大痛苦。〔1〕陶云逵所举的例子，都是与神圣性有关的。他实际想表明，人类社会得以存在的根据，不是一种生物本能，而是人性内在的东西，由于这种内在，使人相信高于自己的神圣性存在，从而可能去节制自己的本能和欲望。宗教无非是将这种内在充分表达出来的一种方式。

对文化的功能的讨论直接关涉到当时学人对边政现实问题的处理。吴文藻大力引进功能主义，认为其源自西方的殖民经验将会对边疆建设有所贡献，从而促成民族国家一体化。但是，陶云逵对国家的思考并不是直接从政治和制度对地方的控制来谈的，而是建立在如何保全文化、社会和个人的生存空间的基础之上。

1941 年，陶云逵在《论边政人员专门训练之必需》一文中谈到，首先，“边疆”（frontier）含义甚广，通常一国之内毗邻的政治边界（boundary）之地带称为边疆，一国的国民移民他处自成一社区，其居住地亦可以称为其国之社会的边疆。因此边疆包含两国毗邻的边界地带和海外社区。〔2〕其中，同属边疆，江浙闽粤和蒙藏滇桂的边疆问题又有不同，在这些地方，居住着若干非汉语人群，各自有其独有的语言与文化模式（culture pattern），这若干种人群即可称为边疆社会或边疆民族，构成了一种“文化的边区”（cultural marginal area）；而海外华侨社会则是“社会的边疆”（social frontier），分布在一国疆界诸省则是政治的边疆（political frontier）。〔3〕

---

〔1〕 马林诺夫斯基，《文化论》，235 页。
〔2〕 陶云逵：《论边政人员专门训练之必需》，载《边政公论》第一卷第三、四期，1941，1 页。
〔3〕 同上书，2 页。

其次，边政的重心在于造就一个统一的文化体，这是民族国家的要求。但是，陶云逵认为这种统一不等于同质化，而是需要将一种以现代化为特点的文化理想型，与各非汉语民族社会并接，以促成其社会的变迁。他强调，在这方面，必须由经过专业训练的边政人员来操作和建策。[1]

陶云逵强烈反对任何文化同化，例如移民塞边。他认为大规模的移民垦殖往往带来另外一种文化的整体侵入，反而会强化社会边界，激起文化对抗。因此引导边疆社会变迁的前提，恰恰可能是控制汉人移民的进入。

他以车里摆夷（即今西双版纳傣族）社会为例，讨论政治、教育、宗教和战争等各方面的变迁措施，认为关键在于对文化和社会制度的存和去有所选择，既要充分发现当地文化和制度中已有的，发挥着与现代社会相同功能的部分，又要去除现实中已经难以继续存在的部分——比如土司制度。例如他看到佛寺在当地承担了教育、宗教、礼仪等功能，那么新式教育可以就原有寺院作为施教地点，在原有教育中增加一两门新教材，不宜即刻废止佛寺，另起新校。[2]在经济上，可以由纺织技工到摆夷社会中原有手工纺织的家庭中传授，渐渐使当地人接受这种技能和观念，然后才开设技术学校。总的来说，陶云逵想要加以促成的是摆夷的团结，然后是与汉人的团结，而这种当地族群的团结与其说想要造成一个实体民族，不如说是要造成“社会”这一形态的繁荣。一个合整的社会，在他看来是文化的理想型和社会制度之间趋向吻合。由于历史变迁本质上被视为教育过程，所以他的设想中对制度的变化考虑极细微，并延伸至文化观念的变迁中。

〔1〕 陶云逵：《论边政人员专门训练之必需》，4 页。
〔2〕 同上书，7 页。

陶云逵的这个讨论基于他对历史上国家如何处理与这一带边疆之关系的理解。在《16世纪车里宣慰使司与缅王室之礼聘往还》一文中，陶云逵注意到车里摆夷在文化上受印缅影响很大。[1]在政治上，从明后期开始，车里土司需要中华帝国和缅甸双方的封建承认，即“天朝为父，缅朝为母”。直到民国时期，车里尽管政治上被认为隶属中国，但其上层的土司对缅甸仍有亲近感，下层的民众对缅甸的佛教文化也有认同。陶云逵认为，车里的双重封建在历史中养成了一种双重心态，政治上偏向中原，而社会上偏向缅甸，两者与其说互相排斥，不如说互相牵制且互相支持。由于这种双重心态，使得车里成为中缅之间的缓冲地带。但是，随着近代以来边疆的收缩和固定化，民国政府对边疆地区推行保甲制度等强力控制，这种双重心态便会要求对政治的抵抗，其表现是在文化上对泰化的渴望，也是回归“母体”的渴望。陶云逵对车里的双重心态予以承认，表明他没有将民族国家视为至高的权力；中国边疆建设要允许这种双重心态才是合理的，也是现实的。由此也表明他所主张的是一种有限制的国家，它对世俗权力的运用要有自觉的限制，让渡出给宗教和文化自由发展的空间。这也与吴文藻所说的“政治的国家、文化的民族”大相径庭。[2]后者客观上助长国家的权力制约文化，很可能导致极权国家统治下的文化平庸和人的精神枯萎，助长贪欲和掠夺。

三 文化史：时间与空间关系中的文化

1934—1936年，陶云逵调查了民家、摆夷、傈僳、麽些、曲子、

---

〔1〕 陶云逵：《16世纪车里宣慰使司与缅王室之礼聘往还》，载《边政公论》第三卷第一期，1944，40—44页。

〔2〕 吴文藻：《民族与国家》，见《吴文藻人类学社会学研究文集》，35—36页，北京：民族出版社，1990［1926］。

怒子、窝尼和阿卡，调查区域跨越滇西北云岭雪山、碧罗雪山、高黎贡山，向南沿澜沧江而下，穿过澜沧江和怒江流域中间地带，最东南至红河流域的元江县。[1] 1942年，在云南新平杨武坝调查大寨黑夷。[2]

发表于1938年的《几个云南土族的现代地理分布及其人口之估计》一文，是陶云逵回国后第一篇关于国内田野的论文。这篇论文为他此后在云南所有的民族志研究奠定了一个最基本的框架：在一个地理区域内，在近代形成的文化格局和族团关系格局，如何滋养了不同社会。陶云逵在1940年代集中探讨的宗教、神话问题——同时也是他最精彩的研究，都得益于此文铺开的空间。

这篇文章也显示出陶云逵的民族志研究中的一个显著特点，即文化史的研究路径。"文化史"顾名思义就是考察文化的历史变化。由于文化通常为若干族团所共享，其历史变化常会涵盖民族史。若从具体民族的角度来看，就会呈现出文化传播和接触的动态。

前文已述及，施密特最早提出文化史学的概念，认为，文化史学组合材料大概有四个步骤：1. 对各种文化的"时间"和"空间"关系的建立；2. 文化圈的空间关系的建立；3. 各文化层的时间关系的建立；4. 在前三步的基础上，对于文化成分的来源与发展进行解释。[3]

具体地说，首先是假定文化元素与文化丛之间有历史关系。陶云逵解释过，所谓"文化元素"或称"文化特质"是指文化行为的单位，如云南倮倮人中的"弓"为一特质；合两个及两个以上的文化特质乃成为一个文化丛，如"弓"与"箭"两种特质合为一个特质丛；

---

〔1〕 陶云逵：《几个云南土族的现代地理分布及其人口之估计》，见《中央研究院史语所集刊》第七本第四分册，419—447页。

〔2〕 南开大学校史研究室：《南开大学文学院边疆人文研究室章程及文件》，见《联大岁月与边疆人文》，346页。

〔3〕 施密特：《原始宗教与神话》，283—292页。

合数个特质丛为一活动，如弓丛、盔甲丛、矛丛、训练武艺丛等合整起来，可称之为打猎活动；而种种活动合整起来，可以称之为生活的物质方面或社会的物质生活。[1]施密特认为，文化元素和文化丛的分布通常不相连接且范围很广，依照量的标准和形式的标准的加强程度，可以进一步去证明这些文化历史上有关系。假如我们在介乎两个文化间的中间路线上能找到同样或相似的文化成分的民族，那么这两个文化从前有关联的可能。这些文化成分在质与量方面的相似性愈增加，愈能证明两个主要区域之间有一种历史的关系。这种历史关系是说两个区域曾经发生过接触，接触越多，就越可能出现文化混合；混合的部分通常发生时间较晚。[2]

其次，是要确定文化圈的空间范围。假设在一个大的地理区域，例如一个洲，通过上述方法已知某种文化区及其混合与接触的形式，便可由此察知混合接触的区域和原来的文化区；在这些区域中，如果各文化成分之间的关系密切、整合度较高，在这几个区域相似点明显，那么这种混合是比较晚近的，这从语言上看比较明显。以此寻找多个文化特征相似点之后，可以证明这些文化分区在过去是属于一个文化圈的。若从形式上看，物质的、经济的、社会的、伦理的以及宗教的生活，这些文化成分在文化圈中总是联合在一起的。[3]

再者，确定文化层的时间关系。这是考察文化圈的接触和混合之历史。这个时间长度大概是文化史能够抵达的最大限度，涉及人类的起源及其世界性的迁徙分布。

陶云逵对历史的考察远远不到这个长度。他在考察云南民族历史地理时，表明自己只是对从 20 世纪到 1935 年调查的这 35 年有把握，

---

〔1〕 陶云逵：《文化的属性》，载《自由论坛》第 2 卷第 1 期。
〔2〕 施密特：《原始宗教与神话》，285—286 页。
〔3〕 同上书，287 页。

超出这个长度的历史他无法做臆测。[1]由于文献传抄的缘故，这35年实际可以延伸至17世纪末——陶云逵注意到他所使用的1901年（清光绪）版《续云南通志稿》，其内容最初大部分来自1736年（清乾隆元年）和1691年（清康熙三十年）出版的《云南通志》，总共约200年。[2]他的文化史研究大概是在施密特的第一步和第二步之间，即文化区域的接触与混合。

对于云南这个区域的情况，陶云逵描述道："云南土族分布的最引人注意的一点就是在不同的高度，居住着不同的人群。这与云南地理形态很有关系，就是说在不大的区域中，地形的高度有很大的差异，这种现象为中国任何省所无，亦为全世界所少见。恐怕只有南美洲的地形，及其民族的分布，可以与之比拟。"[3]这种民族地理垂直分布的情况由自然和历史原因造成，其中，有两个问题是此文关注的重点。一是，如何确定分布于不同海拔地带的人群属于何种民族；二是，民族流动和分布的文化特征。

在陶云逵之前，已有不少学者对云南民族进行分类，他们的主要依据是语言学。其中，戴维斯、丁文江和凌纯声三人的分类得到陶云逵的重视。他认为戴维斯的分类比较可靠，丁文江基本根据戴维斯的分类来做，但是把其中戴维斯认为是蒙克穆语系的几个民族拆散，归到三处，似有不妥。凌纯声的分类在语系上大概无差，但是对于支系的分类可能有问题。四人的分类情况可以归纳成下表（表1）[4]：

---

〔1〕 陶云逵：《几个云南土族的现代地理分布及其人口之估计》，见《中央研究院史语所集刊》第七本第四分册，423页。以下这一小节凡引自陶云逵此文，均不再注出页码，直引或特殊情况说明除外。

〔2〕 同上书，424页。

〔3〕 同上书，419页。

〔4〕 这些民族称谓都是音译，文中无论戴维斯、丁文江、凌纯声、陶云逵所用译词并不统一，所幸这里讨论的重点在于分类，而不是具体族称，同时为尊重原著，均采用文中原来的用法。

表 1

语系	戴维斯	丁文江	凌纯声	陶云逵
蒙克穆语系（Mon-Khmer family）	（甲）苗、瑶 （乙）民家 （丙）瓦、拉、蒲蛮、崩竜、卡母	苗、瑶	（甲）僰子、民家、蒲蛮 （乙）卡拉、卡瓦、崩竜 （丙）苗子、猺人	民家
掸语系（台/泰语系）Shan family	掸或泰	摆夷、民家	（甲）狆家、侬人、沙人 （乙）摆夷、吕人（或水摆夷）	摆夷
藏缅语系（Tibeto-Burman family）	（甲）藏 （乙）西番、麽些或那希、怒子或阿侬 （丙）罗罗、栗粟、罗黑、窝尼（包括麻黑、卡多、布都、必约、阿卡、山头、苦葱及其他云南南部土族） （丁）阿昌、马鲁、喇猓（La-shi）、系（Zi）或阿系 （戊）卡箐	（甲）爨人 （乙）缅人 （丙）藏人	（甲）罗罗、窝尼、栗粟、罗黑、阿卡 （乙）西番、麽些、怒子 （丙）藏人、古宗 （丁）犹子、马鲁、喇溪、阿系、阿昌、野人（或开钦）	栗粟、麽些、曲子、怒子
交趾类		（甲）安南人 （乙）蒲人		

根据海拔从高到低的民族分布情况为：藏缅语系、蒙克穆语系和掸语系。影响这三大语系分布的自然原因包括：云南山地高且多，高山集中在滇西北，滇东北为平原，滇南为低地和盆地；与这种地理条件相关的气候也不同，西北部高山地带气候较寒冷，但是夏季凉爽，南部及西南低地较热，但也有较冷的季节，等。

由上表可看到，在陶云逵调查的民族中，民家属于蒙克穆语系，摆夷属于掸语系，倮倮、麽些、曲子、怒子属于藏缅语系。这些民族并非纯粹的单一民族，其中有的比较明显是文化混合的民族。例如民家是受摆夷、罗罗、汉人同化了的民族，虽还可划在蒙克穆语系下，但是其蒙克穆语系的民族标记已经很微。其中垂直分布界限最明显的，是摆夷和藏缅语系的人群之间，以及藏缅语系与其汉化的部分之间。从总体上说，他认为三大语系之间的关系犹如地层堆叠，依据历史由远至近，最下一层是蒙克穆语系，中间是泰语系，最上一层是藏缅语族。

造成这种地层堆积的历史原因并不一样。藏缅语族之所以住在高山，是因为他们的老家是在青藏高原，采用的是刀耕火种的生产方式，当他们从西北部迁来的时候，总是从一个山头到另一个山头，不愿意下山定居。摆夷住在平原，他们很早便有发达的农耕技术，用水牛犁地，有人工灌溉并采用集中耕作，因此能够在一地久居，不会和藏缅语族去争山坡。摆夷原来所居之处应该是凉爽的平原，但是由于后来采取同样农耕生活方式的汉族进入，他们被迫迁徙。云南南边的平原低地虽然湿热，但是至少还能保持农耕的可能，所以逐渐定居此处。这一民族挤压而产生的流动大概从汉武帝时就开始了。

陶云逵注意到汉化的趋势正沿着山脚往上走。不同于住在山顶的倮倮，同是藏缅语系的麽些已经采用汉人的农耕方式，他们原本住在山坡上，因此开始在山坡开垦农田，而这些地方原来是倮倮刀耕火种之地。在此趋势下，一部分倮倮已开始汉化，他们有的已迁到江边居住。陶云逵认为这一汉化的趋势并不见得是好事，他担心不久以后当地的多样性会消失，这些民族全都变成单一的文化形态。那将会是文化的灾难，也是生态的灾难。

综合上述情况可知，无论是哪个语系的民族，他们在迁徙中总是尽可能保持自己原来的文化形态，尤其是其中最核心的东西。文化往往不为某一民族所单独占有，而是为一个语系所共享，在与另一个文化接触的时候，它们的交叠会通过具体民族的社会表现出来。陶云逵更关心这些不同语族之间推挤的历史过程，对他而言，思考一个区域中文化图式的多样性，及其与族团之间的历史关系才是重点。

四　宗教与神话：观念图式的研究

从 1942 年创立南开大学边疆人文研究室以后，陶云逵民族志研究的重点集中在宗教方面，而到 1944 年他逝世前开始关注藏缅语族的创世神话。《大寨黑夷之宗族与图腾制》《西南部族之鸡骨卜》《几个云南藏缅语系土族的创世故事》是其中比较重要的几篇。他的宗教和神话研究试图站在宗教和神话内部去看其观念图式的表达，这也是他研究中最有突破的地方。

1　祖先与图腾

《大寨黑夷之宗族与图腾制》[1]发表于 1943 年，考察的是鲁魁山区的大寨黑夷（也即纳苏，约为今之纳西族），通过当地人的姓氏与宗族图腾之关系来考察其社会的观念图式。

陶云逵将家庭以上的单位称为“族”，称实行父系继嗣的群体为宗族。大寨黑夷共有 112 户人家，其中 12 户是汉人。其余黑夷共有九个宗族，一个宗族有一个夷姓，这些夷姓均取自一类动植物或器物的名称，例如：绿斑鸠、黑斑鸠、饭箩等。同时黑夷还有汉姓；汉姓是可以重复的。黑夷宗族均实行族外婚和婚后从夫居制。但是，现实中鲁魁山的黑夷并不是聚族而居形成村落，而是每村都有多姓杂居。

〔1〕 以下这一小节凡引自陶云逵此文，均不再注出页码，直引除外。

大寨黑夷社会实行长子继承制，长子得以额外继承一份祖公田和供奉神主的资格，其余田产由诸子平分。神主是家庭的历代祖先。如果某一个家庭无子而招赘上门的话，由女婿担任继承人，条件是女婿必须改女方的姓。姓氏对于大寨黑夷而言极为重要，它通常与禁忌联系在一起，某一宗族的黑夷人不能食用、杀害或触摸这一姓氏同名之物。陶云逵称之为“图腾”。当一个人入赘黑夷家又不愿改姓夷姓的时候，当地人就发明了一种折中的方法，就是将两家的夷姓取消，合并双方的汉姓成新的夷姓，以称呼入赘的女婿。陶云逵举了一个有趣的例子。有一个汉姓为罗、夷姓为黑甲虫的黑夷男子，入赘到一家汉姓为范、夷姓为水牛的黑夷人家，此男子不愿放弃原姓，于是就新取名为范罗。恰好，当地汉人称呼黑夷盛饭用的器具也叫“饭箩”，两个发音相同。由于姓氏禁忌的原因，每当社区里有姓范罗的人参与的宴会，主人家都会另用器物盛饭放在范罗族人所坐的桌边。

这个故事表明，姓氏与禁忌联系在一起的原因，不是由于姓氏本身有神圣的历史可循——“范罗”就是一个新创造的宗族姓氏，而是因为黑夷人通过将自我等同于某种神圣外物来确认自身这种观念。

继而，陶云逵论述了在宗族这一更大的社会组织中，这种观念是如何表达的。一个宗族有一位族长，他负责保管宗谱和主持祖先祭祀。宗谱，当地汉语称之为“祖公”，是一个宗族最神圣之物，它记录着天地祖先及族源起源，各代祖先的名字、居住地及历代迁徙路线并沿途遭遇，直到新近死亡的宗族成员，以死亡顺序记录，女性及30岁以下者不录。分支出去的宗族通常也会记录自己的宗谱，并选举产生新的族长。每个宗族祭祀祖先的日期并不一致，有的每三年一次，有的每年一次。祭祀地点通常在族长住所附近的山坡上。在祭祀仪式中，由族长取出保存的宗谱，巫师念祭祖经并补登上次仪式之后死亡之人。仪式完结后宗谱仍归族长保管。

陶云逵发现，过去的族长既是巫师又是宗族首领，不仅掌管神圣的宗谱还负责处理具体的社会事务，但是现在族长的职能已经缩小，仅限于保管宗谱和祖先祭祀。过去各个宗族都有专门的祖公田供祭祀所用的消费，但是在祖公田消失了之后，族祭便失去了经济基础，于是这部分花费全部转移到族长身上，产生了族长这种“夸富宴”式的仪式行为。这也使客观上族长由过去的世袭变成选举。但是，当地并没有任何一个有资格担任族长的人因此而推卸这个职位。这表明宗谱的神圣性赋予族长在当地社会最高的威望。和姓氏一样，宗谱也是宗族精神的核心。

大寨黑夷用神话来解释他们的姓氏和宗谱，这种既神圣又禁忌之物的来源，实际是表明他们的道德观和价值观。大寨黑夷的九个宗族对于各自姓氏的来源也即祖先传说有相同的故事梗概，大致是说某一宗族的祖先遇难，得到某物相助获救，于是此后便以某物为姓。这位神秘的守护者，陶云逵认为并非泰勒（Edward Burnett Tylor）所说的“万物有灵”的灵魂，而是来自当地人都相信的“në”，他译为“精灵”。这种精灵是无形且不可见的东西，借着老祖公的身体表现时，就有了祖源神话，借着姓氏表现时，就有宗谱，与此对应，逐渐衍生出一整套社会组织与社会制度。不可见的“në”也就是陶云逵在其文化理论中讨论的，作为理念的文化图式，其道德训诫在于相信人是被某种外在力量所关照和约束的，并不能够完全凭自己欲望和力量来控制整个世界。作为社会组织的单位，每一个家庭和每一个宗族都分享这一文化图式的意义，并据此发明各种社会禁忌，例如族外通婚、禁止接触姓物等来维护这个图式的完整。尽管陶云逵同意涂尔干有关图腾与社会对应的观点，但他并不认为社会组织的结构方式决定了图腾，或是相反，而是认为文化图式提供了社会最初创建自身的基础，两者在历史中的互动形成了今天大寨黑夷的社会状态，并且这一过程还将继续。

最后，陶云逵提及汉人姓氏要避帝王讳和尊者讳的情况，认为正如黑夷的图腾与宗族关系一样，汉人也用姓氏作为宗族的标记，只是汉人使用了文字符号，不同于黑夷以物为姓。他猜测，在中国古代或许曾有过剧烈的文化与社会变革，导致人们以另一种符号和团体形式来替代，正如他在今日黑夷社会中看到的汉人进入带来的变化所启示的那样。不仅如此，在陶云逵看来，这种相信外在于人的力量——例如自然、社会外部的他者对人自身的限制是一种普遍的观念，在许多文化中都存在，例如印度、中国、美洲、澳洲等非西方世界。陶云逵书写的背后深藏着赫尔德一脉人文主义的传统；这一传统一直在反对近代西方哲学的唯理主义思潮。他未必是要替西方人书写，毋宁说他其实在试图以中国的田野和概念，来探讨西方社会科学界同样关心的普遍问题。

2　占卜与观念结构

《西南部族之鸡骨卜》[1]一文是陶云逵的成名作，它在1943年甫一发表就引起学界重视。[2]罗常培高度评价此文，认为其“综合堪究，胜义殊多”。[3]在这篇文章里，陶云逵考察了鸡骨卜在西南区域内的传播和流布。文中所涉及的田野材料来自陶云逵亲自考察和同期他人的调查资料，地点和民族涉及：云南新平县鲁魁山大寨黑夷、同县赵米克寨纳苏部族、□□寨阿卡人、四川雷波昭觉之间金□□支黑夷、云南新平县花腰摆夷、云南峨山县青苗、武定禄勒黑夷、元江县大羊街车库寨耿马土司地、孟连土司地摆夷以及当地卡瓦人。他经考察发现鸡骨卜在西南三大主要语系的族群中均流行，每个族群均有若干部族使用。

---

〔1〕以下这一小节凡引自陶云逵此文，均不再注出页码，直引除外。

〔2〕陶云逵：《西南部族之鸡骨卜》，见南开大学校史研究室编《联大岁月与边疆人文》，518—538页。

〔3〕罗常培：《悼陶云逵教授》，见《边政公论》第三卷第九期，台北：台湾大通书局印行，1944。

所谓鸡骨卜由三个部分组成，一个是占卜的文字，一个是由鸡骨头和竹签做成的占卜工具，还有一个是占卜时呈现出来的兆象。陶云逵认为，占卜的文字说什么其实只对具体社会有解释作用，并不具备普遍意义，因为兆象与吉凶均毫无标准可言。但是假如把这三个部分看成是三个文化的符号系统，可以看到，它们之间的具体联系在不同社会之中是不同的。比如，阿卡的鸡股骨卜是很注重竹签之偏正，向内向外，倾斜或直竖；而大寨及赵米克寨纳苏人的鸡骨卜所载的兆象只注重两骨签数及上下方向与距离疏密。在占卜吉凶的内容上，都不离死、病、盗、吉等内容。

以新平县鲁魁山大寨黑夷的鸡骨卜为例。当地社会有两种类型的鸡骨卜，一种是以一只鸡的左右两股骨平头并排，用细麻束紧，以极细的竹签插入股骨原有的小孔窍中，作为普通占卜时候用。一种是以12只鸡的左右股骨共24支，每一只鸡的一副股骨为一对束在一起，一共12副，这是为特殊占卜用，例如关系到全寨的祭祀、防御匪患、卜选“官白马”（负责全寨占卜事务的巫师）、大迁徙等。这12副鸡骨卜放在一个大竹筒中，由“官白马”两手拱摇3次，将其中一副摇出，以为占卜的卦象。由于骨头上的孔窍多寡与位置不同，其窍内的倾斜度也不同，竹签插入随孔窍之原来形状，因此露在外面的部分所示方向、疏密多寡、偏正均不同。这种表现即为兆象。查看兆象要依据卦书。但重要的是，左骨为“主”或“我”，即卜事之人，右骨为“客”或“人”，为所卜之事。

大寨黑夷的鸡骨卜共有26个卦象，陶云逵从主客骨的签数多少、主客骨竹签位置对称与否这两个方面来试图总结卦象吉凶的规律。他发现这两个指标不是恒定的，在有的事务上，主多客少为吉，而在别的事务上则相反；有的是以主客位置均衡为吉，而有的则反之为吉。例如送鬼、婚姻、盖房、疾病均以主多客少为吉；献神、出行、牲畜、打猎则以主少客多为吉；献神、叫魂、婚姻、盖房、打猎，主客签数相同位置对称也为吉；送鬼、疾病以主客数相同位置对称则为不吉。他认为主客表示两种力量，签数多则力量大，数相同、形相称则力量均衡。至于这种力量对比是吉还是凶，则由所卜的事项类别而定。只有下述情况一定为凶：如主客骨中任何一骨的签孔全缺，或者签孔数目过多，前者表示力量完全失去均衡，后者表示异象，宇宙将有大变。

赵米克寨纳苏人的鸡骨卜制作方法大同小异，只是每个骨头上的签数最多为5个，兆象为23个。而在附近阿卡人那里，鸡骨卜卜法与黑夷相类，但是以右骨为“主”，左骨为“客”。

陶云逵还找到了历史上西南民族使用鸡骨卜的记载。汉语文献最早的相关记载见于《史记·孝武本纪》，汉武帝因听说南越人信鬼用鸡卜占卜有效，就令南越人巫师立越祠祭祀天神百鬼，用鸡卜占卜。汉武帝所用之“鸡卜”很可能就是鸡骨卜，是从南越民族中传入，并非汉人社会原来所有，自汉以后渐废止不用。有意思的是，陶云逵在田野中看到现代与云南阿卡人杂居的汉人，又从阿卡人那里学会了鸡骨卜，只是将其16个兆象中的4个转用汉语表达而已。

《西南部族之鸡骨卜》是一项基于区域的对文化观念图式的研究。无论是哪一支的西南民族，尽管他们的鸡骨卜形式上会有各种差别，但是陶云逵揭示了其中共同的观念图式，就是对于主客二元结构的运用。陶云逵所说的兆象传达的“主客关系”，其实等于我们常说的自我与他者的关系，基于这种关系来判断人的行为是否适当。由于基本上鸡骨卜的内容都是关于社会与超自然力量的关系，有的时候这种神圣他者的力量要超过社会才是合适的，而有的时候则相反。

那么陶云逵试图从中寻找的社会科学的意义是什么？从他对兆象与各事项吉凶关系的归纳来看，主客多少与吉凶关系之对反往往发生在献神与送鬼之间。这意味着神与人的秩序和鬼与人的秩序有所不同，前者与打猎、牲畜同属一类事项，因此也是基于自然的宇宙秩序，后者与婚姻、盖房同属一类事项，其实更多是社会秩序本身。这两套秩序——宇宙秩序和社会秩序都要在同一个社会里得到表达。良好的宇宙秩序要求客胜于主或者客等于主，而良好的社会秩序则要求排除那些对社会不好的影响，主要胜于客。陶云逵谈到，当主客关系极端失调的时候，也就是主客骨有一方的签数完全没有或者过多，都是绝对的不吉，将会导致宇宙大变，其实意味着宇宙秩序的破坏。这也意味着绝对的道德秩序即宇宙秩序。社会秩序必然要服从这种绝对的道德秩序，才能保有自己充分的自由和独立性。

其实分析到此处，陶云逵这篇文章的意义已经不言而喻，他对主客二元关系的观念图式的研究，关注的是人的精神世界的本质问题，无论在当时还是今日，其创新之处和研究水准都不可忽视。只是长期以来学界对将德国民族学简单等同于“传播论”的误解使我们未能充分发现其光彩。

值得一提的是，陶云逵对占卜这个主题特别关注。除了鸡骨卜之外，早期他对藏缅语系麼些人的羊骨卜和吧卜进行过研究。[1]他研究涉及的麼些人居住在丽江一带，即今天所说的纳西人。在麼些人那里，羊骨卜、吧卜都与东巴教密切相关，其占卜书系用东巴文写就。在陶云逵调查的时候，东巴文已经成为国际学术界的一个热点。1913年法国藏学家巴克（Jacques Bocot）已经出版了《纳西研究》一书；1920年代，美籍奥地利植物学家洛克（Joseph F. Rock）来到丽江，在此地前后居住长达27年，系统收集和整理了《纳西英语百科辞典》。在国内，刘半农指引其学生方国瑜进入东巴文研究领域；方国瑜在1936年完成《纳西象形文字谱》的初稿。

和鸡骨卜研究一样，陶云逵感兴趣的不是这套占卜文字本身，而

〔1〕 陶云逵：《麼些族之羊骨卜及吧卜》，《中央研究院史语所集刊·人类学集刊》第一卷第一期，1948。

是占卜方式、卦象与解释内容三者的关系。

比如羊骨卜。他把所能搜集到的全部卦象按照结果的解释分为上、中、下三类——上为吉，中为平，下为凶，然后比较骨头上的炙点、裂纹与吉凶的关系。他发现：（1）上、中、下三类，上最少，中其实是一种特殊的凶，可以通过各种禳解方式化解；（2）炙点、裂纹与吉凶之间没有必然关联，也就是说裂纹的规整曲直与否、炙点是否在裂纹上，都有可能解释为上、中、下；（3）只有炙而不裂才是绝对大凶。

陶云逵认为，卦象与文字解释之间没有必然性，但是是由记载文字解释的卜书规定了吉凶的判词，这是历史决定的。他指出，灼骨卜是渔猎或畜牧社会的文化产物，在亚洲东北、北部以及中央亚细亚、康藏高原一带流行，这些人群不但占卜观念相同，所用介物与方法都是在一个观念体系之中。其演变源流正如凌纯声所说，最初用天然兽骨，只求其兆，后来演进成文字，要将文字刻在骨上，肩胛骨虽经磨刮光滑，毕竟不如龟腹甲平正，所以殷代骨卜多用龟甲。[1]意思是说，这套文字系统最初是骨卜裂纹形成的卦象，本身既是神示，又是对神示的解释。后来这套文字在殷人那里通过换用了龟甲而进一步脱离了骨卜的原始形态，在此基础上一步步演变成甲骨文。这时候这种炙裂纹已经有了自己独立的意义。在其他民族中，也许也发生了相似的演化过程，比如东巴文，但不同的是，东巴文产生以后并没有进一步脱离载体而符号化，而是反过来制约宗教行为，从而也将自己限制在宗教内部发挥作用。

此文作于1938年。通过麽些骨卜将殷商与亚洲东北民族源流联系起来，这其实是傅斯年《夷夏东西说》关注的核心问题。这个时候陶云逵的研究意识还在史语所的主流里，没有像后来鸡骨卜研究那样

〔1〕 陶云逵：《麽些族之羊骨卜及肥卜》。

提出自己明确的关怀。不过，从这篇文章可以看到，陶云逵对占卜的分析已经显示出解释学的特点，尝试破解符号的意义体系。

3 语言与神话

《几个云南藏缅语系土族的创世故事》是在陶云逵去世之后发表的。[1]这篇稿子在他生前交付徐益棠主编的《边疆研究论丛》，文中记录了云南藏缅语系土族，麽些、倮倮、俅子、阿卡等关于人类、鬼怪、虫鱼、米谷、烟酒等来源16个故事，但没有任何具体分析。从他自己的序言里可以看出，他对神话研究的兴趣并非一时兴起，大概将来还有比较研究的计划，但可惜他没有机会再写下去，这篇文章成为他唯一的一篇神话研究论文。

陶云逵对神话的理解，大概和赫尔德所说的"神话是民族理性之宪章"[2]很接近，他认为，"从神话，我们不难窥见其人群之信仰，道德和规定社会行为的法则。"从这篇神话的标题，依稀可以了解陶云逵神话研究的方向，他是根据语系来搜集神话的。可以说，他通过把语言与神话关联在一起的方式，来理解人的观念。这种关联的方式原来也出自赫尔德，他曾指出，只有母语能够最为准确、全面和深刻地表达一个民族的宗教感和神圣感。[3]

在陶云逵关注语言与神话关系的时候，历史语言学和结构语言学都已经有相当发展，不过他在这方面的思路似乎有自己的考虑。首先他对探索音韵规律的语言学研究并不感兴趣，而更关注长篇语料，语言研究

---

〔1〕 陶云逵：《几个云南藏缅语系土族的创世故事》，载《边疆研究论丛》，成都：金陵大学中国文化研究所编印，1945。原文无页码，因此这一节中凡引此文不再标注。

〔2〕 赫尔德：《反纯粹理性——论宗教、语言和历史文选》，60页。

〔3〕 赫尔德："人心将自己交付与诸神，用的是哪一种语言，才最亲爱无间？难道不必得是心的语言，也就是我们的母语？我们爱、祈祷和梦想所用的语言，就是我们的宗教语言。……若这种（外来）语言不适合表述我的理念，若它不是源自我自己的需要和情感，那么无论它对别人来说如何有力，始终也不是我的宗教语言。"（《反纯粹理性——论宗教、语言和历史文选》，88页）

很大程度上是服务于神话等材料收集和翻译。同时，他不愿意使用“词汇调查表”，而更重视指物而问，实际是要了解物在当地人生活中的文化意义。他的重点是一个区域内基于共同母语的民族如何以神话表达其观念图式。简言之，他通过这些神话试图关注的是族团的宇宙观。

在《几个云南藏缅语系土族的创世故事》一文的开篇，陶云逵即表明他搜集这些神话的范围，并附上麽些、倮倮、俅子、阿卡这几个藏缅语族的分布地图。麽些、倮倮、俅子分布在滇藏交界毒龙河、怒江、澜沧江、金沙江流域的高山上，大约在海拔1400—2200米之间的地带；阿卡分布在滇南的车里，由于这一带海拔本来不高，他们所居山地大约在海拔1010—1210米，其山脚下是摆夷人聚居的河谷低地。麽些、倮倮是比较纯的藏缅语族，他们通常住的海拔最高；俅子体质中有非蒙古种的成分，他们有一部分被藏人同化，有一部分被倮倮同化后成为倮倮的一支。阿卡从车里北部的墨江迁来仅一百年左右，还有继续向南迁徙的趋势，陶云逵认为他们与缅甸的阿柯（A'Ke）人有亲缘关系。[1]

大概在陶云逵的脑海里，对云南三大语系民族的地理分布和迁徙历史有相当清晰的了解和判断。他列举神话的顺序，正符合上述藏缅语族逐渐和他族混合的程度，及其地理垂直分布的情况。这些神话的内容提示，他对区域中民族流动的历史有关联思考的可能。首先，麽些、倮倮和俅子中均有洪水神话，但阿卡人可能没有，因为陶云逵并未列出。其次，洪水神话通常与兄妹成婚神话在一起，而麽些人的洪水神话没有兄妹乱伦的故事，变成了人和天神之女联姻，而且其故事的细节和完整性都显示出较其他民族复杂的故事加工，更近似于民间故事。再者，除了麽些人的故事只有一个，并且是在县里收集之外，其余民族的创世神话均出自数个村落，而且故事均无完全相同者。假

---

〔1〕 陶云逵：《几个云南土族的现代地理分布及其人口之估计》，见《中央研究院史语所集刊》第七本第四分册，1987［1938］，429—433页。

设神话最初是由民族的母语来表达，那么同一母语的民族所讲的创世神话存在着不同版本，则是民族迁徙、分化或融合的历史之产物。

其中值得注意的是，阿卡人的语言虽然也属于藏缅语系，但他们的神话中没有洪水神话，而且他们创世神话中的英雄旅行是走向世界尽头和地下世界，不同于麽些、倮倮和俅子的神话所讲述的，英雄是要上天寻找伴侣。结合前述陶云逵认为藏缅语族有一个共同特点，即使不断迁徙，他们也会尽量选择居住在高山上，采取刀耕火种的生产方式，阿卡人亦如此。[1]那么阿卡的神话是否表达了他们与低地的泰语系民族接触的历史，因而不同于麽些、倮倮、俅子？可惜陶云逵没有时间完成这项研究，因而也就无法回答这个问题了。

陶云逵谈道："神话故事在简单社会中不只是茶余饭后说一说的消遣品，乃是认为在以往真发生过的事实。他们看神话就像中国人的相信三皇五帝的黄金时代一样。"他所记录的这16个藏缅语族的神话故事总体上并不像是人类无忧无虑的黄金时代，而是人类劫后余生，开始与神、鬼和自然界分开的历史，这种分离给人类带来了文明的可能，同时也带来了许多烦恼。神话重复这种分离，原本也是一种道德训诫。至于针对神话本身的分析来进一步呈现藏缅语族的观念图式，其实还需要许多工作。至少，陶云逵在这篇文章中表明，通过神话来研究民族精神是一个可能的方向。

五　"民族精神"及其困境[2]

在陶云逵所有民族志中，最完整、最成熟的是对车里即今西双版

---

〔1〕陶云逵：《几个云南土族的现代地理分布及其人口之估计》，见《中央研究院史语所集刊》第七本第四分册，1987［1938］，429—433页。

〔2〕有关陶云逵此文的田野再研究，参见拙文《从"双重宗教"看西双版纳社会的双重性——一项基于神话与仪式的宗教人类学考察》（《云南民族大学学报》2012年第4期）。

纳地区的研究。《车里摆夷之生命环》完成于1943年，是陶云逵晚期的作品。这篇文章呈现了对一个文化理想型的探讨，并首次进入到民族精神的内在结构，是一个文化史与宗教史的综合研究。

文章的主旨是“叙述摆夷自生至死，一生中生活的各方面，即所谓‘生命环’。以生命环为经，以生活的各方面为纬。因为摆夷社会有贵族与平民两个阶级，两者在生活上有很大的差异。故所以在叙述本题之先，把他们的社会体系，如阶级、政制等，加以阐明”，但由于经济等方面的材料不足，尚不能说是对其社会体系全面的研究，而是一个“ideal type”。[1]陶云逵分别从贵族与平民的角度来描写他们各自的生命环，也就是看文化如何决定个人的生活方式。其中，固然有的仪式和礼仪是贵族和平民共同的，但也有的仪式是要以贵族为主的。

陶云逵注意到，车里的政治—宗教结构由三个要素组成：土司、佛爷和巫官。土司作为政治领袖，需要接受中缅双方的共同封建，因此在制度、名称和含义上都存在双重性。佛爷和巫官分别是当地两种宗教的祭司，前者属于摆夷社会中占主导地位的南传上座部佛教，后者则是以勐神祭祀为核心的一系列丰产仪式，包括祖先崇拜、谷神祭祀等。

土司作为全勐之主，似乎具备至高无上的王权，但实际上无论在政治还是宗教方面，他的王权都受到节制。

首先，从12世纪开始车里最高土司接受中原王朝的册封，册封原则是嫡长子继承制，但是兄终弟及制在当地现实承袭中同样合法。[2]前者是父系继嗣的原则，后者是母系继嗣的原则。两种并行的承袭制度是西双版纳长期上演王位争夺战的直接原因。

其次，佛教作为缅甸来的宗教进入西双版纳，至今成为当地社会

〔1〕 陶云逵：《车里摆夷之生命环》，见本书，183—184页。
〔2〕 陈序经：《泐史漫笔——西双版纳历史释补》，78—82页，广州：中山大学出版社，1994［1965］。

的主导宗教，它也面对着这种世袭之争。而它所采取的策略是容纳了被父系继嗣排除在外的王储。根据1955年西双版纳的社会历史调查，最高一级的佛爷“阿嘎门里”只有召片领的血亲——勐级的人才能担任，次一级的“松领”也只有宣慰使的儿子才能担任。[1]这意味着佛教的治国意识形态与当地社会结构紧密结合在一起。

作为一项主张普遍性的宗教，佛教不可能彻底本土化，不过，它通过教会组织得以促进当地社会的发育，使自己“外来人”的身份最终能包含本土社会。陶云逵的论述当中缺乏对佛教自身的组织体系之关注，他的兴趣集中在讨论文化或观念图式与个人之间的直接关联，当地人对寺庙的参与被纳入到人生礼仪之中，消融为一种文化现象。整体的社会如此隐晦不彰。这大概是德国文化理论容易犯的唯名论的通病。韦伯（Max Weber）在20世纪初所做的“新教教派与资本主义精神”已经在思考诸如教派、社团和俱乐部如何在文化精神与个人之间搭建桥梁，表明对“民族精神”的研究走出了极有价值的一步。[2]遗憾的是陶云逵可能没有看到这一步，缺少这一步，他的文化理论对田野的解释困境便始终难以克服。

“生命环”一词本身意味着时间。陶云逵的描述展示了当地社会生活周期实际是三种时间节律相互干扰的结果：自然的干湿交替、巫的时间（农耕周期）和佛教的时间。其中，自然周期是无历史的，也是绝对的，巫的时间和佛教的时间都是文化性的，加诸自然赋予其历史意义，也即社会存在的意义。

---

〔1〕 刀国栋、吴宇涛译：《叭贞以后各代的历史记载——根据勐康土司藏本》，见《民族问题五种丛书》云南省编辑委员会编《傣族社会历史调查（西双版纳之三）》，102—103页，昆明：云南民族出版社。

〔2〕 韦伯：《新教伦理与资本主义精神》，苏国勋、覃方明、赵立玮、秦明瑞译，121—140页，北京：社会科学文献出版社。卡尔伯格在注释中谈道：“韦伯在本章里通常给（民族性格）这个术语加上引号，其目的是表明：必须将民族性格理解为各种社会力量（而宗教力量尤为重要）建构的产物，而非某种遗传倾向。韦伯的立场是与其时代的政治领域以及主要学术流派中广为传布的那些观点相对立的。”（254页）

在傣历12个月中出现的傣历新年（泼水节）、关门节、开门节、祭勐神、赕塔等重要节日，分别是佛和巫双重时间体系作用的节点。由于巫的宇宙观追求丰产，因此它的时间向度符合稻作的生长周期，是循环再生的；佛教追求的是现世彼岸的永恒，对现世生活要求有道德节制，因此它的时间向度是由生到死（朝向永恒），是直线式的。因而在稻谷生长期也即雨季的时候，佛教安插了关门节，禁止社区婚嫁、建造新房等生产活动，以求对巫的时间有所控制，其道德意义在于防止过度丰产。而由于这个干扰，社区时间其实出现了反向逆时针的运动，构成了一种时间的钟摆状态。

这种双重时间体系在个体的生命史中也有所体现。陶云逵特别注意到小和尚的入寺礼中，包含了同时保存丰产和道德的双重含义。

当地男孩子通常在10岁的时候便要进入佛寺当小和尚，16岁左右升为二和尚。当了二和尚以后，他便能随同长老或大和尚外出做佛事，掌管寺中的杂务。〔1〕大概在他18岁这年，他已充分具备这个社会的成员应有的素质，这时便面临一个选择，或者继续升为大和尚，有望进修为一寺的长老，或者还俗回到社会之中。〔2〕通常选择升大和尚的人都有继续修行的决心，一旦成为长老便不可能再还俗了。可以说从二和尚开始是个分水岭，分开了神圣和世俗的两条道路。

人的生命周期正如水稻，孩子进入佛寺的时候经历的是从种子到秧苗的阶段，而18岁正处在他从青春期走向成年的过渡时期，好比稻谷抽穗的时节，下一步应该是结婚生子，完成社会再生产，如此连绵不绝。从这个角度说，佛教设立关门节的意义，是为修行者的道路留下空间。同时佛教也意识到，要保持它对社会的控制，就必须宽容生产作为一个社会的基础。

---

〔1〕 陶云逵：《车里摆夷之生命环》，见本书，256页。
〔2〕 同上书，见本书，262—264页。

陶云逵的这篇民族志呈现了与他的文化理论相矛盾的地方。文化单一的核心解释不了车里社会和心态上的双重性，而这种双重性恰恰是在历史中，由外部的文化力量进入形成的。对于这个问题，陶云逵并没有提供答案。但是它值得我们进一步探讨，因为它从经验研究的角度呈现了关于民族精神的最核心的争论：只有将民族精神历史化地看待，看到民族精神有其产生和依赖的历史和社会条件，才可能避免陷入一种恒定不变的民族精神假设中，从而将民族精神与民族主义拆分开来。

六　结语：重新恢复“文化”的独立意义

当我们回到1940年代费孝通总结他与陶云逵之间的争论时，费先生谈到的英国学术与德国学术对文化理解的根本差别，实际展示了两种人类学取径：作为经验科学的人类学与作为精神科学的人类学。两者之间固然存在着张力，但客观上也表明，这两种研究的共存和对话构成民国学术思想的一个重要格局。在前者那里，拥立“社会”为核心，以文化作为服务社会的工具；而在后者那里，把“文化”视作关键，以社会作为关联文化与个人的桥梁，和同时实现文化价值与个人价值的工具。这样一种格局随着政治形势的变化而被打破，新中国成立以后，对“社会”的建设热情成为意识形态的追求，“文化”逐渐失去了它的声音。这个格局的变动表现为社会学、民族学和人类学三者的复杂关系，后又逐渐演变成今日三科并立、几难沟通的局面。

1949年，中央研究院随国民党政府的溃败迁台，随同带走了一批民族学家、人类学家和历史学家，他们中有许多人曾力主“文化”救国，例如钱穆、柳诒徵等。同时，燕京学派的成员几乎全部留在大陆，广泛参与到新中国的民族研究工作、农村土改等新社会建设中。李安宅、林耀华在西藏，谷苞在新疆，陈永龄在北京南苑华美庄调查协助土改，杨堃在云南武定彝族和苗族地区调查民族社会和生产发展情况。[1]此外还有从学法国的杨成志到中央民族事务委员会资料组，编辑有关中国少数民族区域、人口、文字、旧有政权情况的资料，提供给有关决策部门。[2]1950年代初期，中央民族学院研究部筹建工作与全国社科院系大调整同期展开，其结果，有学者认为是造成了一种共同的“马列主义民族学”流派。[3]进化论和唯物论无疑构成了这一“流派”的基础。这时候的民族学获得前所未有的官方正统的地位，但它也与此前陶云逵等人所从事的民族学有了很大差别。

这种格局变动的结果，使“文化”被压抑在国家学的框架之中——后者是以“国家”作为集权主义的政治依据，而“社会”作为民主权利的政治依据所形成的政治权力格局。“文化”及其表述均为这个框架所规定。这似乎正如华勒斯坦所说，“社会科学一向是围绕着国家这个中轴运转的。”[4]其意是指国家权力对知识生产的决定作用，因而他提倡“世界体系”理论，是要追求超越国家。但是问题在于，这个超越国家的体系依然是个权力体系。

陶云逵对文化的思考没有再落入华勒斯坦的窠臼。他追求的是以历史文化为主体建立知识体系，追求“文化”对政治的超越。从他的边政学思考中，我们可以看到“文化”对“国家—社会”的制约关系。从他对宗教的研究中，看到“文化”“社会”和“个人”在他的文化理论中一个也不能少，没有任何一个能够单独保全——也因此三者都能得以保全。其中可贵的是，由于确立了文化作为精神核心的意义，社会才得以从政治性的国家概念中摆脱。这也使我们能够发现外在于现实生活的超越性和神圣性。最后，通过陶云逵对车里的研究，

---

〔1〕 王建民、张海洋、胡鸿保：《中国民族学史（下卷）》，28—30、46—48页，昆明：云南教育出版社，1998。

〔2〕 同上书，30—31页。

〔3〕 同上书，67页。

〔4〕 华勒斯坦：《开放社会科学》，刘锋译，87页，北京：生活·读书·新知三联书店，1997。

表明文化与文明之间存在着相互制约关系。作为文化内核的双重时间体系制约了社会和王权扩张，由于这种双重性内在于社会，所以它也即社会和王权的自我限制。同时，由于这种双重性形成于多种宗教传播和政治统治的历史过程，因此其根源又是来自外部文明的制约。

也许，这些都可以视为陶云逵对中国社会科学未来的理想——如何重建一个文化、国家—社会与文明相互包含、相互约束的动态体系，构建一种更为均衡、宽容的社会科学，以同时保全文化、社会、个人与文明。

历史与民族志研究

华欧混合血种——一个人类遗传学的研究

一　导　言

自1900年德佛里（H. de Vries），郭润司（C. Correns），及崔马克（A. Tschermak）把曼德尔（Gregor Mendel）在1866年所研究出来的植物遗传定律重新发现而后，遗传问题便成了生物科学研究的焦点。裴得生（Bateson）及居诺（Cu'enot）于1902年研究动物的遗传，证明曼德尔氏的植物遗传定律也可以应用到动物上。体质人类学（Physische Anthropologie）或人种学是生物科学之一。所以人体各现象如身体、发、肤的遗传问题，在最近二三十年来也成了人种学上的研究重心。虽然高而登（Sir Francis Galton）在最早以前对于人体及智力的遗传已很注意并有较缜密之研究，但是极有系统的较更精确的人类遗传研究却在曼德尔氏定律推广以后。

曼德尔氏遗传律，就是说生物的遗传现象有一定的规律。可以用数字表现出来。知道了构成的原子，可以预定其将来的结果。为明了这种遗传律起见，我们不妨举个简单的例子，俾不读生物的人，容易了解本文。因为本文的内容，就是要证明曼德尔遗传律之可以用在华欧血种混合的遗传现象上。野茉莉花（mirabilissinensis）有两种：一种是白花瓣，一种是红花瓣。若单讲花色之红、白的遗传。则将此两种交配，其第一代为粉红色。此粉红色，名为中间性（intermediär）。种类不同的两种植物相交合。在第一代，并不是普遍的成为中间性的现象，仅只限于某几种生物有这种现象。这种在第一代就成为中间性的现象的，我们称之为一律律（uniformitätsregel）。但此第一代的粉红花与另一个有同样来源的粉红花交配，其所出的后裔中，并非皆粉红色，而是50%为粉红，25%为白，25%为红。如是其原来之红色及白色，又可现出。这个比例是一定的，我们名之为分化律（spaltungsregel）。

在第一代不表现中间性的，如两种圆螺（helixhortensis），一种的壳是白色，另一种的壳是白色带有五条黑道的。我们将这两种交配，其生下第一代的壳色若是白的，那么白壳而有黑道的现象，就是被纯白壳的现象压下去了。这种在第一代现出来的白色性质我们名之为显性（dominant）。在第一代没有现出来的白壳而有黑道的性质，名之为隐性（recessive）。再让两个同是第一代的白壳圆螺交配。其所出的后裔，75%为白壳，25%为白壳而有黑道者。是则上代之白壳而有黑道的性质又出现。此第二代之75%中之50%为含有黑道性质者，设其中之两个彼此交配，则其所出后裔仍为75%为白壳，25%为白壳而有黑道者。其第二代之25%的白壳者，设与一其他有同样来源之白壳者交配，其后裔均为白壳。其第二代之25%的白壳而有黑道者，设与一其他有同样来源之白壳而有黑道者交配，其后裔均为白壳而有黑道者。

上面所举的例子，只是指研究对象上的一种性质——颜色——的遗传而言。但除颜色而外，若加上其他性质如形状等等，则其遗传现象甚复杂，其复杂的地方乃在其每个性质彼此交错表现的繁多，至其遗传的规律，如显性、隐性、分化等是始终相同的。且在遗传上，每个性质的遗传型（erbgang）是独立的，不与其他相混合。以上所述，仅曼德尔氏定律之大概。晚近对于遗传研究，非常发达，自莫根（Th. Morgan）将遗传律与细胞学（cytologie）打成一片，遗传研究，更有大的进展。

三十年来曼德尔遗传律在生物遗传研究上，节节胜利。但曼氏遗传研究之方法，其最大便利即是研究者能任意选择对象的种，使其彼此交配，取其所生后裔，加以比较，以为遗传研究。这层在植物动物上是不难办到的。人类学家研究的对象是人。但研究人的遗传，人类学家却不能像动植物学家去任意选种（种的定义见下），使其交配。换言之即是不能用实验的方法去研究人。因此必在自然中去取现成的材料。研究人种遗传最好的材料便是杂种（hybrids）即是两个不同种族的人，结配后所生的子女。其次为有病态性质之家族。现在先把杂种之所以成为研究人类遗传的好材料的原因，略说一下。

人类可分成许多种，正如猪狗之可以分成许多种一样。大体说来，我们在分别其种族的时候，是看他们彼此间在身体上，如皮肤、毛发、头形、身躯等的差别。这就是说，“一个种族是一群人，在身体上有许多同样的，而且是属于遗传的性质；这些性质是与其他的一群人不同”[1]（如深棕色的皮肤、黑而卷的头发、乌目珠的、扁鼻的非洲人，与白色皮肤、金黄波纹的头发、蓝眼珠的北欧人）。这是现代在人种学上普遍认为最适当的种的定义。若纯从生物学的立场上去看，狭义的“种”的意义，则每个人便要成为一种。这个分法在人种学上是不合用的。但照上面的定义，去分别种类，又有许多困难。因为在分种的时候，如以多数性质作为比较的标准，则人种的数目很多而每种的人数一定很少。如果只单以很少的几个性质作为标准，则全人类的人种的数目一定很少。而每种的人数又必甚多。究竟应当以多少个性质去作为分别人种的标准，到现在尚无定论。本研究则根据以上所说的人种的定义为标准。因为本文是偏重于人类遗传，而不是讨论人类分种的研究。既然两个不同的人种是两群人在身体上有许多不同的遗传性质的话，则要研究这些性质的遗传型，其最好的材料，便是这两个不同的种族结合后所生的杂种。真正的纯种在现代人类中是

---

〔1〕 Kultur der Gegenwart Ⅲ, Teil, Ⅴ. Abt. Schwalb u. Fischer: Anthropologie. Leipzig 1922.

找不到的，那只是个理论上的名词。若找两个在体貌上相差很远的种族，如黑人与白人或白人与黄人结配的子女，我们称他们为杂种，因为他们的区别很显明。但“杂种”若从狭义的解释则触目皆是，只要两个不同性质的人结交后所生的子女即可名之为杂种。而我们现在所谓的杂种只要在交通便利，或商业发达的地方，都可以找到。但是因为年代久远了，混合的血统太复杂。于遗传研究，是不适宜的。真正适合于遗传研究的，仅仅是混合了年代尚不久，或混合的祖代尚能追记清楚的杂种。这个，在材料的寻找上，却是极困难的一件事。也正是因为这个困难，在人类遗传研究上成绩尚少，而动植物学可以让研究人任意配偶，所以已有很大的进步，特别是普通或常态性质（Normale Eigen-schaften）的遗传。因为这种研究，几乎完全靠着杂种的研究。所以杂种是极可宝贵的材料，同时杂种研究，也成了学术上的珍品。

上面说过，人类遗传研究，除了杂种外，病态性质的家族，也是好材料。病态性质（如六指、色盲等等）的遗传研究，比较起来成绩已很可观。而且曼德尔氏遗传律应用到人类上的第一个研究，即是研究一种病态性质的遗传。费拉白（Farabee）在 1905 年曾发表过关于短指（Brachydactylie）的遗传研究。短指是种病态，每个手指上只有两个骨节，普通的人手指上有三个骨节。病态性质的遗传研究之所以有如此成绩，其原因是：（一）病态现象，很容易引人注意。而且在每个种族之中，即可找到适当的材料而不必远求。（二）病态性质的研究，多半是单因子的（Monomerie）而不是好几个因子（Polymerie）所促成的。在常态性质，如皮色、身高等之表现，多是好几个因子促成的；因此病态性质遗传，研究起来，方便而易得结果。关于病态性质之遗传的主要结果，可阅 Baur, Fischer, Lenz: *Grundrissder Menschlichen Erblish-Keitslchre und Rassenhvgiene*（第四版），1936。本文是华欧杂种研究，是常态遗传问题。所以关于病态方面，仅提示一下，不多述。

应用曼德尔定律去研究人类常态性质遗传的，首推戴方伯（Ch. Davenport）及赫特（C. C. Hurt）之眼睛颜色之遗传（1907—1908）。而大规模的，有统系的常态性质之遗传研究，要算费适（E. Fischer）之荷兰人与非洲南部之荷特图特（Hottentoten）之杂种研究，即有名之Rehobother Bastarden。[1] 由此研究之结果断定了许多常态性质之遗传型，如身高、肥臀型（Steaopygie）、头形、面形、眼皮形、鼻唇、耳形及皮色、发色、鬓色、眼睛色等等。自此而后，有许多关于杂种之研究，如罗登洼（Rodenwaldt）、陆起－哥丁（Lotzy-Goddyin）、邓（Dun）、戴方伯、威廉司（Williams）等人的工作。其中有的是关于黑白人的，有的是白人与印第安人的，有的是白人与南洋群岛人的；至于关于华人（即蒙古种人）与白人或与他种人的杂种研究，虽间或有些零星的观察，但做成统系的研究者，尚付阙如。然蒙古种与欧洲种人的杂种，确是研究常态性质遗传的一种好材料。因为这两个种族，有许多的性质是不同的，相差很远的。著者感觉到这个问题的重要，所以三年前在欧读书时，时常留心去搜集这种研究的材料，遂集成这篇华欧杂种的研究。

自 19 世纪中叶，东西交通日渐发达，华人到欧洲经商的，读书的日渐增多。在欧战以前，因为商业及政治关系，人数以在英国及荷兰为最多。即现在在英国之伦敦、利物浦、卡狄夫（Cardiff）等处的约有千余人。在荷兰之安士屯（Amsterdam）及罗特屯（Rotterdam）等处的约有二千人。经商者多半为广东人及浙江人。在欧战期中，华工赴法比参战者，人数在三四千以上，多为河北、山东人。战时一部分人即回国，一部分人仍在法谋生久居。现在散居巴黎、马赛、勒哈佛（Le Havre）者尚有千余人。战后，在法之华工，亦有一部分，变

〔1〕 Fischer, E.: *Die Rehobother Bastards und das Bastardierungsproblem beim Menschen*. university of Michigan Library. Jena 1913.

成商人，跑到德国，连在德汉堡（Hambury）之中国水手在内，现在德柏林、汉堡等地散居之华人，有五百余人。此数千在欧各国之华人，娶欧妇而生子女者，颇不乏人。在荷兰有汉血之子女约有五百。在英，以伦敦一隅而论有三百人，其他利物浦等亦有不少。法全国计二百五十人，在巴黎则一百余人。最少为德国，柏林汉堡两处总共不过六十人。因接触时间较晚，代数尚可追求，故每一杂种之血份来源，得以调查清楚。此予遗传研究一莫大方便。笼统估计，在英、荷、德、法之华欧杂种，总数在千人以上。著者乃于1931年春，着手测验在柏林之华德杂种，共得二十人。是年秋赴巴黎，得测验五十人。在德法所得材料之研究的结果已有两文。一载Eugenick 1931 Bd I，一为较周详的报告，Feitschrift für Morphologie u. Anthropologie 1935 Bd XXXⅢ Heft 3。[1]在德法杂种研究工作完竣后，复于1932年冬，赴英伦继续做杂种研究。得测验七十人。至于搜集材料之详情，测验及研究之方法，容后详述。

在人种学上看，中国人、高丽人、日本人、蒙古人等都属于蒙古种（Mongolen-Rasse）。美洲之印第安人及格林兰之爱斯奇摩人（Eskimos），因为他们有许多身体上的性质，很像蒙古种，因此有许多人种学家，把他们归入为蒙古种，但有些谨慎一点的学者，称他们为“近蒙古种人”（Mongoliden）。究竟应当怎样去分，不在本文讨论的范围之内。但因为本文是研究几个身体上性质的遗传，所以凡与本研究有关的各性质，我们都应当讨论到。因此凡带有蒙古种特性的人群，如爱斯奇摩人〔发直而黑，眼有蒙古褶（Mongolen fold），均是蒙古种的性质。换言之，也是中国人体质上的特性〕与其他种族交配所生的子女，是应当研究的，以便与中国人或与其他种族交配所生的子女作

〔1〕 Tao, Y. K.: *Chinessen-Europaer-Mischlinge*, Eugenick Bd. I. Berlin, 1931.
——:*Chinessen-Europaerinnen-Kreuzung* (*Anthropologische Untersuchungen an Fl-Mischlingen*) Zft. f. Morphologie u. Anthropologie Bd. XXXⅢ. Heft 3 Stuttgart, 1935.

比较，看他们的遗传型，是不是相同。由于这个比较，我们甚或可以断定中国人是否与另一个有蒙古特性的种族同出一源。因为往往有些在表面的性质上，两种人相同，而在遗传型上不同。这样，我们可以断定，这两种族在血统上是无关系的。譬如蒙古褶的遗传型，中国人是普遍有的，非洲南部的荷特图特人也是有的。据费适之研究，荷特图特人之蒙古褶，其表形与中国人同，而其与无此眼褶之荷兰人结配，所生杂种，无此眼褶，换言之即此褶之遗传型为隐性。然中国人之蒙古褶与欧洲之无眼褶者结配，其所生子女第一代，均有此褶，是其遗传型为显性。由此可以证明，中国人与荷特图特人，虽有表面上相同之性质，而在血统上则无关系也。

因为上述的原因，所以在未述我自己的华欧杂种研究以前，把历来关于蒙古种人，与非蒙古种人交配所生之杂种之各研究，述说一下。一方面可以看到关于此种研究之历史，一方面可以将其结果，与本文作个比较。

二　关于蒙古种与非蒙古种之混血研究的摘要

中国人：据著者所知道，牛豪司（R. Neuhaus）在1885年，发表他在夏威夷岛中国人与坎那卡（Kanaka）人的观察。[1]断定"半中国人"有细斜眼（geschlitzte augen）及突出的颧骨。1906年哈根（B. Hagen）有《东亚及米兰纳系各民族的头脸形态》一书。这是算在"曼德尔期"以前的一部最好的关于杂种的工作。其中有一章关于中国人与马来人的杂种。交配后的第一代的子女，较其父母之头长略减短，而同时头阔放宽，结果是宽或圆头（Barchycephalic）。此第一代复与中国人交配所生之子女，头复又长出，与其父系相同，因此

〔1〕 Neuhaus, R: *Verhandlungen*, Zft. f. Ethnologie, Bd. 17. 1885.

纯种故有的形态又出来了。甚或他们的指数超过其父系。此外，细窄的中国眼形，及黑直的中国发形，在杂种上可以看到，即是说，它们是显性的。[1]璧安（R. B. Bean）在1911年发表其关于菲里滨人之头发研究。是研究几个中国人与土著他加罗哥（Tagalog）及尼格里陀（Nigrito）与菲里滨人之混血家族。这是第一次从曼德尔氏遗传律的观点，去研究中国人与非中国人的杂种。关于发的形状，他是按显微镜观察出发之横切面之厚薄而定，设其横切面长为100—90之多。则名之为直发，设为100∶70—90则名之为波形发，设为100∶70则名之为卷发。中国人之直发与菲里滨之波发及卷发交配，中国人之直发似为显性之遗传型。[2]恩格兰（Engerrand）观察中国人与墨西哥女子结合所生的杂种，证明此杂种头发有“渐黑”（Nachdunkeln）的现象。[3]所谓渐黑，即发之颜色，由浅色随年龄而渐渐变成深色，如由金黄而变成棕色，或由浅棕变成深棕，或由深棕变成黑等。其原因是属于生理的。据最近之研究，发之色素，与性腺有关，在身体未发育前，其色素浅；身体发育，性腺起功用后，其色素亦随之增加，因而发色渐次变深。[4]关于中国人与异族配合之杂种研究，最大的是邓氏1927年于夏威夷岛，所测验之107个华异杂种。其中有夏威夷与南中国人的杂种75个，夏威夷与北中国人杂种29个，此外有8个日本人与夏威夷杂种。其结论是，测验的性质（Messmerkmale）多是中性的（Intermediar）遗传型。夏威夷的宽头，及中国人之比较稍长之躯干，直发及蒙古褶，在遗传上是显性的。[5]拉逊（Larssen）及哥德菲

〔1〕 Hagen, B.: *Kopf-und Gesichtstypen Ostasiatischer und Melanesischer Voelker*. Stuttgart 1906.

〔2〕 Bean, R. B. :*Heredity of Hairform among the Filipinos*. Amer. Natural. vol. 45. 1911.

〔3〕 Revue Anthrop. S.122. Paris 1912.

〔4〕 Lenz, Fr.: *Muss das Nachdunkeln der Haareals Dominanzwechsel Aufgefasst Werden*? Archivfuer Rassen-u.Gesellschaftsbiologie B1.16.1925.

〔5〕 Dun, L.: *Some Results of Race Mixture in Hawaii*. Eugenics in Race and State Baltimore 1923. *An Anthropometric Study of Hawaiian of Pure and Mixed Blood*. Papers of Peabody Museum of American Archeololgy and Ethnologie. Harvard University. vol. 11.no.3.

（Godfrey）研究在夏威夷的各种不同的杂种的臀痣（Sacralfleck）。有700个杂种，自新生到12岁者。根据这个研究，拉哥两氏创了一个说法，去解释臀痣的现象。他们认为这个性质的出现，是由两个因子促成的（Bifactoriell）。[1]关于此点，我们以后还要详细的讨论。最后我们还要提一提费雷鸣（Fleming）女士的华英杂种研究。其研究的人数未说出。其结论为中国人的皮色、眼睛色似为显性。其所研究的杂种孩子中，无一个有像英国孩子一样的金黄头发的。只有一个孩子的头发是卷的。杂种中有47.2%是中国式的发形，只有几个是介乎华英之间的发形。其中之一半是有中国的宽扁鼻子和厚嘴唇。其头形85%为长头，只有15%为圆头。[2]

我们所知道的，关于中国人与非中国人的杂种研究，仅止上述。

日本人：日本人杂种之研究，更为稀少。据我所知，白尔兹（E. Baelz）1885年在他著的《日本人种》一文[3]中，曾述些关于日本与欧洲人杂种的观察。但亦只述及关于臀痣及皮色、发色观察所得之印象而已。最近有戈尔斯密（R. Goldschmidt）1927年关于在波宁岛（Bonin）上对杂种之观察。其杂种是日本人、白人、黑人、波来纳系（Polynesien）人杂交之结果。各种人之特性在遗传上之分化，有几个杂种，几乎完全是日本人的样子，“甚至于和纯粹日本孩子分别不出来”。同时他看到许多蒙古种的特性在遗传上是显性的。[4]以后魏刚赛（Wagenseil）专往该岛，做人种学的测验，据云不久将有详细报告出来。

此处，本应当把芬兰、挪威等地的拉莆人（Lappen）与欧人的杂种和在东欧、中亚及北亚的鞑靼及其他蒙古人与欧洲人的杂种叙述一

〔1〕 Larssen, N.P. and L.St. Godfrey: *Sacral Pigment Spots, a Record of Seven Hundred Cases with a Genetic Theory to Explain its Occurrence*. Amer. Journ. Phys. Anthrop. Vol.10. Nr. 2. 1927.

〔2〕 Fleming, H.: *Anthropological Studies of Children*. Eugenics Review vol. 18.1927.

〔3〕 Baelz, E.: *Die Koerperlicen Eigenschaften der Japaner*. Mitt. der Deutschen Gesellschaft Fuer Natur u. Voelkerkunde Ostasiens.1885.

〔4〕 Goldschmidt, R.: *Neu Japan*. 1927.

下。不过因为他们混合年代已久，成分极为复杂，于遗传研究上，已不适合。故弃而不述。

爱斯奇摩：爱斯奇摩的杂种研究。多半是旅行者观察得来的印象，或者是有些未受过人种学训练的学者的记载。如诺登休（Nordenskiold）1886 年《格林兰》一书中，有几处述及昔日游人观察到的爱斯奇摩的形状。说有一部分爱斯奇摩人的头发、皮肤色素很浅。身体亦伟大，有直高鼻子，毛发亦很多。他们认为这群爱斯奇摩人是诺曼人（Normanen）的后裔。[1] 史蒂蕃逊（Stefanson）1912 年观察到爱斯奇摩人（Kupfer Eskimos）的色素很浅，也以为是受诺曼人的影响。[2] 费令格（Fehlinger）1926 年观察在阿拉司克（Alaska）的爱斯奇摩人与俄人混合之杂种，谓完全无欧人形状。在彭爱罗（Ponte Arrow）的观察也相同。只是很少的几个有亮浅眼色的。其发色是黑的，胡须很少，与纯爱斯奇摩人同。[3] 葛兹（Gates）1929 年，有关于爱斯奇摩与丹麦人的杂种观察，谓可显然看出皮色、眼色、发色及形态，在遗传上之分化现象来。[4]

印第安人：波阿司（Boas）1895 年将纯印第安人之身高，与半血印第安人之身高，作比较之研究。其半血人（即欧印杂种）之身高，较其父母两系（即法人及印第安人）之身高均高。此外，在曲线表上可以看出：在幼时，印第安人的身高比半血孩子大，而发育成年以后，半血人身高超过纯印第安人。又可看出头宽与面宽有正比例。印第安人的许多种族性质似乎是显性的。[5] 杨克司（A. G. Janks）1916 年研究印第安人与白人之杂种。谓杂种之皮色、发色、眼色、须色、

---

〔1〕 Nordenskiold: *Groenland*. 1886.

〔2〕 Stefanson: *My life with the Eskimos*.1913.

〔3〕 Fehlinger, H. :Geschlechtsleben und Fortpflanzung der Eskimos. Abh. d. Ges. d. Sexualforschung. Bd.4. H. 6. 1926.

〔4〕 Gates, R. R.: Mendelian Heredity and Racial Differences. Journal Roy. Anthrop. Inst.vol. 55.1925.

〔5〕 Boas, Fr.: Zur Anthropolgie der Nordamerikanischen Indianer Zft. f. Ethnologie Bd.27.

发毛多寡、头面之阔，恰恰介乎父母两系之间。葛兹 1929 年研究白人与俄吉背（Ojibway）及克鲁（Cree）印第安人杂种的几个特性，并分析两族的族谱。葛氏谓：性质在遗传上的现象，是很显明的；并且说明了一个推论。谓印第安人的皮色是由两个或两个以上的因子所促成的。其中的一个因子，是能影响于眼的颜色，所以较黑的皮色，总和黑的眼睛并在一起出现。[1] 1931 年威廉司发表其关于西班牙与马牙印第安人之杂种研究。他研究在玉恰滩半岛（Yucatan）上之西与印杂种，885 例男人，694 例女人。因为血种混合，已有 350 年之久的历史，所以杂种的代替数目，及其血族的成分，均已无从稽考。且其祖上，两种族血的参合成分，多寡不等。因此，这群杂种，不适于研究遗传分析。威廉司氏认为这研究的目的是要在这个混合的人口（population）中，分别出几个系型来；而由此可以证明，在这个混合人口中，已渐渐造成几个较纯的种型来（即是新种）。威氏把此杂种人群，按几个特性，分他们为五部或五系：A，B，C，D，E。其中 A 与 B 是多近于印第安人的，D 与 E 是多近于欧洲人形性的。凡是不能归属于 A、B 和 D、E 的，即算他为 C 系。威氏的结论是，认为在这个混合的人口中，其种型很复杂，而其变化（variation）亦甚大。并谓，因为所区别出的种型的性格的平均数彼此间的差别，较比区别出的种型的性格平均数与全体玉恰滩人口为大，所以可以管他叫作“种”了。至此研究之关于遗传上的结果，则显性的是，西班牙人的较高的体高，较狭的鼻阔；印第安人的较大的头阔，和较小的头高。此外，印第安的直发为显性，西班牙的波纹发为隐性。黑发色为显性，但在女性不如在男性表现得清楚。黑的眼色也是显性，但在男性不如在女性表现得强。在此人群中，比较浅色素的头发及睛色，是

〔1〕 Gates, R. R:A Pedigree Study of Amerindian Crosses in Canada. Journ. Roy. Anthrop, Inst.vol. 18. 1929. *Heredity in Man*. London 1929.

由于有浅色的西班牙人带来的。此为纯因子的（Homo Zygatisch），是由于两个隐性合成的。[1]

以上所述，是迄今关于蒙古种与非蒙古种杂种研究之撮要。其中有些因为是“曼德尔期”以前的作品，和旅行时普通的观察，是很不能作为标准的。但是我们述及它，至少它们有历史上的价值。据上述，我们看到，各种混合杂种，以关于中国杂种的研究为最多。但其所研究的混合，多半是中国人与其他一个不纯的，或很复杂之种族，如马来人、夏威夷人等。且他们有许多的性质，与中国人相差不多，如发色、睛色、头形、鼻形等等。但无论如何，我们可以把他们这些研究，与个人的华欧研究作个比较。

三　个人之华欧混合血种研究

个人之华欧杂种研究之材料，共为 140 人（父母除外）。其中有 10 人因记录不精确，弃不讨论外；20 人（14.3%）为华德杂种，是在柏林搜集的；50 人（35.7%）为华法杂种，是在巴黎搜集的；70 人（50.0%）为华英杂种，是在伦敦搜集的。

关于华人在欧殖民的情形，前面已略述及。华人到欧洲去，既然是晚近的事，结配婚偶，自然也不会早，所以杂种的代数，至多到第三代。而以第一代的居大多数。我的材料，也以第一代为最多（计 95%）。且年龄多是在 12 岁以下的（75%）。这材料，虽然有许多的缺欠，然著者觉得以这种材料去工作，不是劳而无功的，因为：

（一）第一代的杂种，设如其父母两系，是属于两个较远的不同的种族，则由于配合而遗传到第一代后裔上的性格，正可以立刻发

〔1〕 Williams.: Maya-Spanish-Crosses in Yucatan. *Papers of Peabody Museum of American Archeology and Ethnology*. Harvard University vol. 13. no. 1.

现其性格的遗传型来。即可断定，哪些是显性，哪些是隐性，或中间性。

（二）本材料多半在童龄，然童龄材料并非完全无优点的，特别是在华欧杂种上。因为杂种有许多性质，在童龄未能有充分的发展，如体高、头形，然有许多性格是童龄专有，而在长成后便消失，或起变化，如臀痣、眼褶、发色等等。

（三）我们此外尚可将杂种儿童每年龄之性质的研究结果，与纯种儿童之同年龄者，作比较之研究。

本文的材料，不是一次搜集的，但测量及观察时所用的仪器，填写的表格，每次都是用同样的（见下）。整理方法，则华德、华法成为一组，华英自成一组。其不同之点，就是在华德、华法材料中，除杂种本人外，其父母在可能范围之内的，都加以测量研究。至于华英，则只测量杂种本人，这是个很大的缺陷，实在是很不得已的。所以不测验其父母的原因（详见下）这是在事实上的不同，加之华德、华法杂种的父亲多是河北省、山东省人，而华英杂种的父亲全是广东省人。所以著者在材料整理上，也分开作为两个部分。河北人、山东人和广东人在体质上，有很多的区别，这是我们应该注意到的。

甲　华德华法杂种

著者在柏林读书，因注意此项研究，常与混合家庭往来。乃于1931年春共得测验20例杂种，出于13个家庭。20人中，第一代者16人，第一代复与中国人结配而生者1人，第一代复与德国人结配而生者2人，复与法国人结配而生者1人。13户家庭中之9户，父为中国人，母为德国人。1家，父为中国人，母为荷兰人；1家，父为中国人，母为英国人。又1家，父为中国人，母为俄人。只1家庭，父为德国人，母为中国人。父之职业，61.6%为商人，38.4%为学界及政界，工人无。

第二批材料，则为1931年秋，在巴黎所搜集。因为著者对巴黎情形不熟悉，所以初去时，颇感困难。适在巴黎附近之比映古镇（Billancourt）有华侨学校一所。经友人章熊先生及法里昂大学刘大裴先生之介绍，得识比映古华侨学校主任孟棱崖先生。比映古及其临近，自欧战以还，居有华工250人。与法妇结婚者甚夥。杂种生焉。由于中国父亲之建议及里昂大学之襄助，比映古华侨学校，乃于1929年成立。推孟棱崖先生为主任。至1931年，学生在30人左右。承孟先生之引导，著者得将全校学生及其家长测验观察。不但在校之学生及家长；尚有年龄过幼，尚未进校之学生及其家庭，经孟先生之绍介，亦得测验研究。因此得测验32户家庭，共计50个童孩，其年龄自4个月起到12岁止。其父均为中国人（河北、山东省人），母为法人（其中两个是波兰人）。其母之职业，大多数为工厂工人，少数为家庭佣人。父均工人。

柏林巴黎两处总算起来，共45户家庭，男子之职业，11.1%为学界，17.0%为商人，72.0%为工人。女子之职业，大抵与所嫁夫相同。在1931年研究时，其父亲年龄，平均是38.7岁；母亲为32.5岁。每家平均，生有子女1.5个（45个家庭，共有71个子女）。其子女，有几个因为种种困难，未能测量。此71个子女中，男孩40人，女孩31人，女孩中，有一对是孪生。流产无闻。其结合大部分是经过官厅注册，小部分是自由同居。大体上看去，夫妇间尚能相安。因为外面的环境，是纯欧洲的，所以家庭一切生活方式，完全欧化。德柏林的家庭，因为父亲们的收入较多，家庭里很为整齐。巴黎比映古，则因父母均是工人，所以家庭住室的情形，极为简陋，对于子女的教养亦很忽略。

至研究方法，除测验杂种本身外，其父母在可能范围内，均加以研究。因为我们的研究，是关于遗传问题；父母子女同时测量，则可将子女的性质，和父母性格比较，以视其遗传型。这个比较用多数人统计方法；将许多杂种性质之统计平均数的结果，和其父母两系的杂种的性质比较，来得详细得多，结果也比较能准确些。特别是两个父母系种的成分很复杂的，如在我们材料中的法国人，他包着欧洲各种不同的种族。不过在事实上，完全无缺的作整个家庭研究，是非常困难的。特别是在杂种上，因为其父母的结合，有许多是非正式的。所幸华德、华法的婚姻，还算比较得有规则。此点，在谈华英杂种研究时，再过细叙述。

因为材料多半是在童年的杂种，所以除了测验而外，特别注意描写，今将所研究的各性质列之如下：

皮色　发色　发形　体高　两膀　伸长　坐高　头形　头宽　颧宽　腮宽　形态脸长　生理脸长　内眼角宽　眼长　鼻长　鼻宽　鼻深　嘴宽　手长　手宽　体格状态（Körper-bautyp）

所用之仪器：人体咪达尺、马丁（Martin）氏滑尺（Gleitzirkel）、摩尺（Tasterzirkel）、马丁氏眼色表（Augentafel）、费适—萨勒（Fischer-Saller）氏发色表（Haartafel）、软尺。

研究的结果

关于本材料之研究的详细情形，请参阅上述拙著。兹将其重要结果，录之如下：

Ⅰ　观察

（一）皮色：第一代的杂种，在童龄的，其皮肤颜色是介乎父母两系之间的。而成年的皮色则是中国人的黄皮色。中国人的黄皮肤，和欧洲人之白皙皮肤交配，在遗传上，中国人的皮色，是显性。

（二）臊臭：与汗腺及毛发很相关的一种气味，这种气味，有种族上的分别；在本种人中，是感觉不到的。我们普通感觉到欧洲人有种特别气味，平常名之为“狐臊臭”。在成人的第一代杂种，及第一代人复与欧人交配之子女身上，都可嗅到。而第一代杂种之尚在童龄者，则无之。因为成人的材料太少，不能很肯定的判断他的遗传型，不过按所研究过的事实看来，其遗传型可以说是显性。

（三）雀斑：雀斑是在中国人和欧洲人中都有的，也许平均多寡有差，但是他不是个种族的特性。罗登洼在他的奇萨（Kisar）杂种中，曾看到这种较大的脸上斑点，并说："像这样强和多（指在奇萨的杂种而言）是我在欧洲人中所未看到的。"罗氏以为这是由于异种交配的结果，是在皮肤色素发展时，失了平均力的缘故。[1]这种解释，似嫌过早。所研究的杂种家庭中，有11个欧洲母亲有雀斑，其中国父亲没有。但11个家庭中之当在童龄之子女均无之。但一个44岁之第一代女子，则有雀斑。一个40岁之第一代男子，有较普通雀斑大的黑痣，散在脸庞上。再，有一个70岁第一代男子，脸上有棕色斑点，这种斑点较普通雀斑大得多。其形亦复杂，圆长不齐。不过这个现象在年老的中国人及欧洲人中间都可看到就是了。雀斑普通在遗传上，是显性的。本材料中，第一代的杂种（其母为有斑者），无此性质，其原因大概是年龄尚幼的关系。

（四）臀痣：按西曼研究（Chemin）（见博瑞曼［J. Brenneman］文中）[2]，中国小孩中，1岁者，89%。2岁者，71.3%。3岁至8岁者，19%有此臀痣。马蒂门（Maticmon）研究（亦见博瑞曼文内），则中国孩子，自2岁半至4岁有99%至98%有臀痣。过了4岁，计有10%—12%有此痣。过了5岁，则只有很少数有此痣。在所研究之60个12岁以下的杂种中，有19个孩子有，即是31.6%。痣的颜色很淡，好像不如"纯"中国孩子那样的深。痣的边缘，和四周的皮色很模糊。我的观察的结果，和白尔兹对于日本欧洲杂种的观察，和拉逊、哥德菲在夏威夷之杂种研究的结果，很相符合。至说在我研究的杂种孩童中，

---

〔1〕 Rodenwaldt, E.:Die Mestizan auf Kisar Batavia 1927.

〔2〕 Brenneman, J.:The Sacral or So Called Mongolian Pigment Spots of Ear Liest Infancy and Childhood with Special Reference to Their Occurrence in the American Negro. Amer. Anthrop. vol. 9.1907.

按其年龄，设如是纯中国孩子的话，此痣应当存在，而今痣已消失，大概因为是杂种的关系，所以消失得早些，拉逊及哥德菲也有同样的结论。他们为去解释这个性质的遗传型，想了一个假设，说这个性质的出现，是由两个因子促成的。他们用P代表色素的原子；缺乏色素，用p去代表。用o去代表此痣之出现，用O去代表此痣之缺乏。因此，有此痣的人，必要有因子PPOO，或Ppoo，至少必得有一个P，才能使此痣出现。那么，有色人种是PPoo，北欧人为ppOo。这个假设，和日人足立（Adachi）氏的研究的结果相合。足立由组织学方面研究欧洲人小孩，找到他们臀上部，也有此色素细胞。照他们的话，则中国人，与北欧人结配，其所生的杂种，在第一代，应当有50%是有此痣者。我们材料中，只31.6%有，则仅1/3有之。这个结果，却不是与他们的说法相悖的。因为，一方面，这个性质在杂种，较纯中国人，消失得早。二因为材料太少，不能求其平均数。三因为有些是依据杂种家长的叙述（譬如著者在研究时，未见到此痣。只有问询其家长，是否在幼时，曾见有此类斑痣等等）。这是不能完全可靠的。

（五）发色：我们知道，欧洲人的头发颜色，在幼时呈黄棕色，等年龄大了，其发色渐渐变成深色。这个现象，白尔兹在日本小孩之中也曾经找到过。费适在他的荷兰人与南非荷特图特杂种中[1]；罗登洼在他的奇萨岛的杂种研究[2]都看到同样现象。这个现象，最初大家依费适氏的意见，以为显性的变化（Dominantwechsel），以后联兹（Lenz）研究，以为这是由于内分泌的作用。幼年未发育时，色素浅，以后随身体之发达由性腺之作用而变深。[3]我们的材料，父为黑色，母大多数为浅棕色，其子女，多半在12岁以下的，发色

[1] Fischer, E.: *Die Rehobother Bastards und das Bastardierungsproblem beim Menschen.* university of Michigan Library. Jena 1913.

[2] Rodenwaldt, E.: Die Mestizan auf kisar Batavia 1927.

[3] Lenz, Fr.: *Muss das Nachdunkeln der Haareals Dominanzwechsel Aufgefasst Werden*? Archivfuer Rassen-u.Gesellschaftsbiologie B1.16.1925.

之分布如下表。

家庭数目	父	母	第一代数目	第一代
4	黑（x—y）*	深黄至浅棕（J—O）	9	2—浅棕（L—M） 7—中棕（P—t）
6	黑（x—y）	中棕（P—t）	10	1—深黄（M） 3—中棕（Q—t） 6—深黄（U—W）
5	黑（x—y）	深棕（U—W）	19	1—浅棕（W） 7—中棕（P—t） 11—浅棕（J—o）
7	黑（x—y）	?	12	4—浅棕（J—o） 5—中棕（P—t） 3—深棕（U—W）
4	黑（猜度）	深棕（U—W）	6	1—中棕（R） 5—深棕（U—W）
3	黑（猜度）	深棕（U—W）	5	2—中棕（t） 3—深棕（U—W）

* 字母是表示色之深浅（依马丁眼色表）

表中头三行杂种的发色是介乎其父母之间的；7 家中的 9 个孩子，其发色甚至较其浅发色之母亲们尚浅些。不过他们的年龄是 6 个月、9 个月、1 岁半、2 岁半、3 岁半、4 岁半、5 岁半。其父母未经研究的，或只研究父母中的一个的；这些杂种孩童的发色是：17.3% 为浅棕，82.6% 为棕及深棕。这种现象，我们只能看它为暂时的，因为他们都在童龄，发色之将变深，是可预料的。而且在本材料中，年龄较大的第一代，在研究时，发色已重，然照其父母所保留的他们幼年的头发上看，则那时的头发的颜色浅得多。且观察到的 5 个年龄大的第一代，其发色为深棕至黑。这个是发色随年龄而变深的一个证明。第一代的杂种，复与欧洲人交配的所谓回交（Rüuck kreuzung）材料只有两家。其一家中所生二子，其一之发色为深棕至黑，与其母同，另一之发色为浅棕。另一家，则其子之发色，与父母同为深棕色。此可以看到性质在遗传上的分化。总之，我们可以说，在12岁以下的第一代杂种，其发色是介乎父母之间的。但其发色，将来定渐变黑，而黑色是显性的。

（六）发形：发形是个很复杂的东西。本材料中所测量的31个中国父亲，其中有25个是直发，有6个是波纹发形。〔这个现象是很可注意的，普通在人种学上，总是说中国人是直发的。著者在31人中即找到6个不是直发的，李济之《中国人之构成》书中说111人中，看到8人的头发是波纹形的。[1]（但需要注意的是此8人中，有4个是广东人。）是则其百分数甚高。若作有统系的中国人头发的研究，亦是很有价值的。〕欧洲母亲的头发，大多数是波纹形，少数是软直形。杂种孩童中，87.5%为直至软直发，12.5%为波纹发。但是他们的直发，比父亲们的软细得多。这种现象，与年龄也有一部分的关系。在中国小孩中，也可以看到，他们的发比成人的细软，虽然在形上同是直的。费适在欧洲人中，也有同样的观察。他说："在欧洲孩子中，发形卷的很多，即是有旋卷，而在他长大以后，则完全变成直形了。"[2] 著者颇认为杂种们的头发，现在在童龄时虽然是软直形，而在其将来长大后，一定是会变成粗直形的。况且即在孩童之中，已有很多是像父亲的直头发。所以可以说，直头发的中国男人与非直头发的欧洲女人交配，中国人的直发，在遗传上是显性的。这个结果，和哈根、璧安、邓诸氏相同。

（七）眼睛色：父亲们的睛色是黑至深棕色。杂种孩子们的则如下表：

---

〔1〕 Li, C. :*The Formation of the Chinese People*, Cambridge 1928.

〔2〕 Fischer, E.: Versuch einer Genanalyse des Menschen. Zft. f. ind. Abstam Mungs-und Vererbungslehre Bd. 54. 1930.

家庭数目	父亲睛色	母亲睛色	第一代子女睛色	
			数目	
14	黑至浅棕（1—3）*	深棕至浅棕（2—6）	12	4，黑至深棕（1—2） 8，深棕至中棕（3—4）
5	,, *	浅？至浅棕（7—11）	7	4，黑至深棕（1—2） 3，深棕至中棕（3—4）
5	,,	蓝（12—16）	10	2，深棕（2） 8，深棕至中棕（3—4）
7	,,	?	11	5，黑至深棕（1—2） 5，深棕至中棕（3—4） 1，浅棕（7）
1	中棕（4）	?	1	1，深棕至中棕（3—4）
1	黑（推设）	深棕（2）	1	1，深棕（2）
3	,, ,,	深棕至中棕（3—5）	3	1，黑（2） 2，中棕（4）
3	,, ,,	?	5	4，？棕（3） 1，浅棕（5—6）

* 数目字是表示色之深浅（依费适—萨勒发色表）

由上表看来，我们看到杂种孩童的睛色一大半是黑（纯黑是没有的，只是很深的棕色）至棕色的。黑和蓝睛色的相交配，有 20% 为深棕色，80% 为棕色，没有蓝色的。可注意的是有 4 个杂种的睛色较其父的色调尚黑，他们都在幼龄（10 个月、13 个月、17 个月、12 岁者各一）。我们得个印象，好像在乳龄的杂种，比较大的杂种孩子的睛色深些。而且在睛的边缘上发青。白尔兹在日本小孩中，曾找到同样的现象。他说："日本的新生子的眼睛是有种很难描写的深黑，蓝黑或绿黑的颜色，所以人们很难在眼睛中把瞳仁分别出来。等到几个月以后，眼睛渐渐成了棕色，瞳仁亦渐渐的分别出来。"[1] 著者觉得

* 原文如此，"同上"的意思。——编者

〔1〕 Baelz, E.: *Die Koerperlicen Eigenschaften der Japaner*. Mitt. der Deutschen Gesellschaft Fuer Natur u. Voelkerkunde Ostasiens.1885.

在纯粹中国孩子中，他得到同样的印象。费适曾在他的荷兰人—荷特图特杂种中观察到孩童的睛色，比成年人的睛色黑。詹纳司（D. Jennes）看到爱斯奇摩孩童的睛色，比成人的黑。[1]卡维（Karve）观察锡巴蕃—婆罗门人（Chitpava–Brahmanen）说：他们的眼色较他种婆罗门的来得浅，并谓在很小的孩子中，深棕色眼的成分，比较成人的大。[2]我们可以说，睛色随年龄而减。即是渐渐由深变浅。父母没有测量的杂种子女的睛色，除了一个浅棕色外，其余是深棕至棕色的。没有蓝睛的。成人的第一代，其睛色为深棕至浅棕色。至于第一代杂种和欧人结婚者则有两家。其1家，母为第一代杂种有浅棕色眼（4—5），父德人亦为浅棕色眼，但有绿边缘（5—6），他们生2子。其一为浅棕色（5—6），另一为蓝色（14），如北欧种（Nordische Rasse）。然其另1家，有1子，其睛色为浅棕（5—6），其父为第一代之杂种，年70睛色棕（4—5），其母法人睛棕而有蓝边（8）。照上例看，则其睛色，多半是倾向于父亲的。第一代杂种复和中国人结配者有1家，生1女，1岁，其睛色为黑（1—2）。由我们的材料上看来，黑睛色的中国人（父亲），和浅棕色的欧洲人（母亲）交配，其遗传型，中国人的黑睛色是显性。照费雷鸣女士的观察，说华英杂种中，有68%是黑睛的，只有一个孩子的睛色是蓝的。[3]这个观察，如按照著者的材料研究的结果，是不可能的。因为纯因的（Homozygotisch）中国人的黑睛色，和纯因的蓝睛色，或复因的（Heterozygotisch）棕色的欧洲女子结配，绝对不会有蓝眼睛的孩子出来，女士所说的那个蓝眼睛的孩子，不是第一代杂种生的，便是一个观察上的错误。葛兹认为印第安人的皮色是两个因子促成的。其中之一，是影响到睛色，其另一则否。因此很重的（即是较黑）皮色，总

〔1〕 Jennes, D.:The Blond Eskimos Amer. Anthrop. vol. 23.1921.

〔2〕 Karve, J. : Augenfarbe der Chitpavans Zft. f. Morphorlogie u. Anthrop. Bd. 28. 1930.

〔3〕 Fleming, H.: *Anthropological Studies of Children.* Eugenics Review vol. 18.1927.

和黑眼睛一同出现。[1]在我们的材料中，中国人的皮色较重，睛色是重的。杂种的皮色是介于父母之间的，但他们的睛色则是较父亲们的浅。这个现象，似乎是给葛兹氏的推论一个佐证，他的推论也可以用在华欧杂种上。

（八）眼白：所测量过的中国父亲的眼白，在他的透明翳（Konjunktiva）上，有几个是有黄棕色小斑的。其欧洲母亲没有，至少是不显明。杂种孩子们没有斑点。成人的第一代杂种中，有几个有这个斑点，这个斑点，也许与年龄有关。罗登洼在他的奇萨岛上的杂种研究中说，在纯粹的成人的奇萨土人中有87%有这种斑点，在杂种中有58.2%有此斑点。他以为“这种区别是由所研究的纯奇萨人大多数是在25岁以上。好像25岁的年龄，是个界限，过了这个年龄，眼白上就要起变化的。”[2]我们的材料虽少，然而是给这个说法一个佐证。这个性质的遗传型，我们可以说是显性，而此性质是在年长而后才表现出来的。

（九）眼的位置：眼的位置，我以为是和眼褶不相关的另一个性质，但因为我们的材料中，几乎每个都有眼褶（详见下），所以对于眼睛位置，就是说，位置斜不斜，很难下个断语。有了眼褶的人，总好像眼睛的位置是斜的，外眼角在上，内眼角在下。至于有盖褶（Deckfalte）（就是在眼的外角上的上眼皮垂下来）则觉得好像内眼角高，外眼角低。因此，著者在测量观察时，极力避免这种错误。

6个成年的第一代杂种都是斜位置的眼。由下表看，斜与平直交配（第一至第四行），其子女之大半为斜，但其斜的度数，尚不够多，但我们因此也就可以说斜位置的眼的遗传型是显性。斜与斜交配（第五至第六行），则其子女眼位置之斜直比例，正可以使我们认为他们的父

---

〔1〕 Gates, R. R:A Pedigree Study of Amerindian Crosses in Canada. Journ. Roy. Anthrop, Inst.vol. 18. 1929. *Heredity in Man*. London 1929.

〔2〕 Rodenwaldt, E.:Die Mestizan auf Kisar Batavia 1927.

母的眼的斜度是复因子的。父亲平直与母亲斜上的交配，其后裔半数为平直，半数为斜上。这个显然告诉我们，其母亲是复因子的。平直与平直交配，其后裔应皆为平直，我们材料中，有一个是斜的。原因很难讲。又斜上与斜下交配，其后裔为斜上，是则斜上为显性。

行　数	家庭数目	父　亲	母　亲	第一代杂种	
Ⅰ	15	斜上 *	平直	22 斜上 5 平直	77.5%斜上 22.5%平直
Ⅱ	5	斜上	平直 （推测）	4 斜上 2 平直	
Ⅲ	2	斜上 （推测）	平直	1 斜上 1 平直	
Ⅳ	3	斜上 （推测）	平直	4 斜上 1 平直	
Ⅴ	4	斜上	斜上	5 斜上 2 平直	75%斜上 25%平直
Ⅵ	1	斜上 （推测）	斜上	1 斜上	
Ⅶ	1	斜上	斜下 **	1 斜上	
Ⅷ	1	斜下	斜下	1 斜下	
Ⅸ	2	平直	斜上	2 斜上 2 平直	50%斜上 50%平直
Ⅹ	4	平直	平直	3 斜上 1 平直	85.7%平直 14.3%斜上
Ⅺ	1	平直	平直 （推测）	3 平直	

*＝外眼角向上　**＝外眼角向下

整个看起来，我们不能说斜位置的遗传型是隐性。但其斜位置也不是由于一个因子（Monofactoriell）所造成的。再就是第一至第四行中的几个父亲的斜，和第五至第六行的父母亲的斜是复因子的，也许中国人的斜，和欧洲人的斜，是由两种不同的因子所定。费适氏对于欧人—荷特图特人杂种的斜认为是隐性，而且小孩们的眼较大人们更来得斜。

（一〇）眼之宽度：中国人的眼缝，是小而狭的。我们材料中的欧洲母亲，其眼缝大而宽。杂种子女之眼缝，像他们的母亲。因为全体皆如此，没有例外，所以我们可以说，大而宽的眼缝，在遗传上是显性。

（一一）蒙古褶：在中国人中，蒙古褶普通都有的。在我们研究到的30个中国父亲之中，有25个是有纯蒙古褶，5个没有。2个有盖褶的。所谓纯蒙古褶者，即是在眼的内角，有一个小褶纹，这个褶纹，由上往下伸去。而与下眼皮不相连。欧洲母亲，没有这个纹褶。在60个杂种小儿中，有50个有此褶，10个人没有。在本材料中，其父无此褶，或仅有盖褶者，其子女亦有之。这个褶纹之形成，与年龄又有关系。费适氏的杂种材料中，此褶纹在幼年时的成分较在成年时的成分多。在我们材料中，6个成年人中有3个（两位男子，一位18岁，一位40岁，一位女子20岁）纯蒙古褶。其另3个（一位男子70岁，两位女子，一位41岁，一位44岁）都无此纯蒙古褶，而有盖褶。但由他们幼年时代的照相看去，是曾经有过纯蒙古褶的。本研究的结果，可以证实蒙古眼褶在遗传上是显性。但是它的表现的程度，与年龄很有关系的。

（一二）眼毛：欧洲人的眼毛，在普通是较蒙古人种为长。我们可以看到有时候，太长的眼毛，甚而至于往上翻着。蒙古人眼毛之短，并不是由于他们有蒙古褶，把眼毛遮蔽；乃是眼毛本身就是短的。因此杂种孩子的眼毛都是长的，虽然他们也有蒙古褶。我们可以说，长的眼毛在遗传上是显性。

因为所研究的杂种，多在童龄，所以关于身体上毛发多寡，是很难说的。似乎我们在平日看欧洲小孩的脸额上、脖颈上、腿上所看到的毛发，在杂种的身上没有。

Ⅱ 测量

因为材料多在童龄，其各部分的发育均未成熟，所以测量的结果，不能与其父母系种的测量比较，而作遗传之研究。我们只能将其结果与父母两种系之相同年龄之子女作比较。但又因为我们的数目太小，不能得其足以代表华欧杂种之平均数，所以只能把测量的记录，暂为保留（已有一部分在德文拙著中发表，只是记录而无结论）。希望以后能得更多的材料，以便作比较的研究。兹仅将成年的杂种，及少数几个可以作比较的孩童测量的结果，摘要述说一下。

（一）体高：成年者第一代及其父母。

父	德　人	49 岁	1730 厘 *
母	华　人	42 岁	1590 厘
子	第一代	18 岁	1790 厘

是则其子之体高较父母均高。其余的成年的第一代杂种则：

性　别	年　龄	体　高
男	40 岁	1690 厘
	70 岁	1620 厘
	20 岁	1570 厘
女	41 岁	1540 厘
	44 岁	1715 厘

第一代杂种与欧人配合者。则其后裔之体高为：

父	德　人	43 岁	1670 厘
母	第一代	41 岁	1540 厘
子	Ⅰ	23 岁	1550 厘
	Ⅱ	21 岁	1690 厘

* 此处“厘”不是“厘米”，是广东话里等于毫的意思。——编者

父	第一代	70 岁	1620 厘
母	法人	71 岁	1600 厘
子		28 岁	1690 厘

按以上三个例子看来，则显然可以看出，性质之分化现象，及子女之较父母的量数增高。这种现象，是否由于普通所谓杂种之丰裕(luxurieren)，抑是一个多原子遗传之复现(transgredieren der multipler allelie)是很难断言的。

(二)头长，头阔及其指数。成年者：

人	年　龄	头　长	头　阔	头指数
父德人	49 岁	193	152	78.7
母华人	42 岁	175	155	88.5
子	18 岁	197	161	81.7

是则两个绝对数量，其数均较父母为大。其指数则介乎父母之间。另外五个成年杂种，则为：

性　别	男		女		
头　长	188	196	176	177	180
头　阔	149	150	147	147	150
头指数	83.5	76.5	79.2	83.0	83.3

是则，有二女一男为圆头，一女二男为中头。

第一代之杂种复与欧人结配而生者则：

人		年　龄	头　长	头　阔	头指数
父德人		43 岁	185	160	86.4
母第一代		41 岁	176	147	83.5
子	Ⅰ	23 岁	170	151	88.8
	Ⅱ	21 岁	181	157	86.7

此家，两子中之一的头长，较小于父母；而其头阔则介乎父母之间。其另一子则长宽均介乎父母之间。两子之头指数，均较父母为大。又一家则：

人	年　龄	头　长	头　阔	头指数
父第一代	70 岁	188	149	78.2
母法人	71 岁	185	151	81.6
子	28 岁	190	154	80.6

此家，其子之头长头阔均较其父母为大，而其指数则介乎父母之间。

至于杂种之在童龄，其父母均被量过者，其结果如下：

家庭数目	父指数	母指数	第一代人数	第一代指数
4	75.1—78.3(中)	75.1—78.9(中)	6	1=79.1（中） 5=82.9—89.1（圆）
2	80.2—80.4(圆)	75.6—79.6(中)	4	81.0—84.9（圆）
4	74.2—79.0(中)	83.7—89.7(圆)	5	83.4—91.5（圆）
8	80.7—85.7(圆)	80.0—87.5(圆)	13	80.5—93.5（圆）

由于以上的几个结果，而即去下肯定的断语，似乎是不很对的。但在第一代，好像其长宽度均增加，在第一代与欧人配合所生的，有几个性质，可以看出上代隐性之复现。照上面的表，我们可以看到，第一代的孩子，除了一个是中头外，其余的均是圆头，甚且有几个父亲是中头，而他们都是圆头。我们的结果，与罗司德（P. K. Roest）所研究的荷兰爪哇杂种小孩，是很相符的。因为在他的材料中，其第一代杂种小孩的圆头的指数较其父母的圆头的指数还大。但是我们应当注意到的是，孩童的头形，较成人的头形本来为圆。总起来可以说，较大的指数，在遗传上是显性。

（三）面长，面阔，及面指数。成年杂种：

			面长	面阔	面指数
父	德人	49岁	133	145	91.7
母	华人	42岁	115	150	75.3
子		18岁	125	150	83.3

又：

父	德人	43岁	107	145	70.3
母	第一代	41岁	106	132	80.3
子	I	23岁	104	135	77.0
	II	21岁	104	140	74.2

又：

父	第一代	70岁	131	138	92.2
母	法人	71岁	113	142	81.8
子		28岁	125	145	86.2

至于在童龄之杂种，其父母亦经测量过者，面指数如下表：

家庭数目	父指数	母指数	第一代人数	第一代指数
5	78.3—81.5（宽）	73.0—81.5（宽）	7	65.8—80.9（宽）
4	78.3—83.5（宽）	86.3—86.9（中）	8	1=89.4（长） 7=71.3—82.4（宽）
9	84.0—95.1（中—长）	73.9—84.0（宽）	12	11=63.7—82.0（宽） 1=84.2（中）

这27个孩子中，其面指数为92.5％属于圆或宽面（euryprosop），3.7％属于中面（wesoprosop）。因为孩童的面形，本来就较圆宽些，所以很难说出这个性质的遗传型来。其成年的面指数，是介乎父母之间的。

（四）最狭额阔。成年第一代杂种：

父	德 人	49 岁	115
母	华 人	42 岁	114
子		18 岁	110

第一代之杂种，复与欧人结配者：

父	德 人	43 岁	106
母	第一代	41 岁	101
子	Ⅰ	23 岁	100
	Ⅱ	21 岁	105

又：

父	第一代	70 岁	104
母	法 人	71 岁	107
子		28 岁	113

第一代杂种之最狭额阔较其父母均小。由后两个例子的结果上看，又可以证明在遗传上的分配。

（五）颧额指数。成年杂种：

父	德 人	49 岁	79.2
母	华 人	42 岁	76.0
子		18 岁	73.3

第一代复与欧人配合所生之杂种，其颧额指数为：

父	德 人	43 岁	70.3
母	第一代	41 岁	76.5
子	Ⅰ	23 岁	74.0
	Ⅱ	21 岁	75.0

又：

父	第一代	70 岁	73.3
母	法 人	71 岁	77.5
子		28 岁	77.9

由以上结果，可以看出，第一代杂种之额阔，较父母为小。回交中，可以看出其分化现象。史来纳（Schreiner）在他的脑威芬兰（Loppen）杂种研究，也找到杂种的额阔，较其父母均小。费适、罗登注在他们的杂种研究中，讲到此性质之分化现象。

（六）鼻长、阔深及其长阔指数。成年之杂种：

			鼻长	鼻阔	鼻深	长阔指数
父	德人	49 岁	58	33	31	56.9
母	华人	42 岁	52	38	22	73.0
子		18 岁	49	34	23	69.3

其余的 5 成年杂种。

鼻 长	40	48	52	55	63
鼻 阔	35	32	31	33	34
鼻 深	20	23	19	19	23
长阔指数	76.0	68.6	59.6	60.0	53.9

以上所述之 6 个成年人，5 个是狭鼻（leptorhine），1 个是中鼻（mesorhine）。

第一代杂种之复与欧人结配所生之后裔：

			鼻长	鼻阔	鼻深	长阔指数
父	德人	43 岁	54	33	19	80.5
母	第一代	41 岁	55	34	25	60.0
子	I	23 岁	48	34	21	70.8
	II	21 岁	48	36	21	75.0

又：

父	第一代	70岁	63	34	23	53.9
母	法人	71岁	50	35	25	70.3
子		28岁	59	36	23	61.0

是则回交之子的指数，介乎父母两者之间。

由于以上的数目记录，我们对于鼻形的认识，实不及详细描写来得清楚。关于鼻形的遗传，费适在他的荷兰人—荷特图特人杂种上研究过。结果认为在鼻子上有6个性质是各自独立遗传的。他的结果，以后又经戴方伯、邓、罗登注等证实。在我的材料中，可以看到：（一）第一代的杂种孩子，特别是5岁以上的，鼻梁较纯华人小孩为高；而鼻孔则较欧洲小孩为大。（二）在成年的第一代杂种，鼻根、鼻梁，较纯华人的高；鼻梁是直的，亦有弯者。鼻尖则大而且圆，鼻孔亦大，均像华人。因此我们可以说，欧洲式的高鼻根，直的，及弯的鼻梁，在遗传上是显性。而中国式的较圆鼻尖和大而圆的鼻孔，是显性的。由于这两种鼻形的结合，即成为鼻梁高和鼻头圆尖的形式，这往往给我一个犹太鼻子的印象。第一代之杂种与欧人结配所生之后裔，在我的材料中，可以看出鼻上各性质在遗传上的分化现象。这个结果与邓、费适、罗登注等研究均甚相符。

（七）嘴及嘴唇。6个成年第一代杂种之嘴阔为：44厘，45厘，44厘，35厘，49厘，51厘。嘴唇则较纯欧人为厚。第一代的杂种小孩，其唇似乎较欧人者为厚。回交之子，则不同。此可看出遗传上之化分。

（八）下颌。第一代之杂种，成年及小孩，均为欧人式之下颌，即是长出。这我们可以说，它在遗传上是显性的。

乙　华英杂种

材料是1933年春在伦敦搜集的。共得70人，均为第一代杂种。

计男性35人，女性35人，彼等之父为广东人（除两浙江人及一日本人外），母为伦敦人（其中有犹太女二人）伦敦材料之搜集，较德法均为便利，盖一因人数本多，二因有两所已经创立有年的中华学校，其中学生，均为杂种。著者承中华学校校长邹德高，并该校董事长，伦敦中国总领事陈维城先生之赞助，所以在很短的时间，能得较满意的结果，是非常感激的。特别要感谢的是伦敦中华俱乐部总干事何艾龄女士，在测量及其他工作时的帮忙，及许多有价值的建议。

华英杂种，所得到的，在数目上，等于华德、华法两部相加的总数。在年龄上也是童龄者居多。但华英杂种研究的最大缺欠，就是没有测量到他们的父母。其原因之一是在材料本身：我们上面已经略略提及，就是德法的中国父亲，多半是工人、商人；他们居有定址的，有家庭形式的。所以男女的性生活，比较的有纪律。因此予遗传研究，很大方便。就是说，我们可以不必去怀疑这个孩子的父亲是谁。测量其父母以与其子女作比较，是很可靠的。在伦敦，则父亲多是海员，他们是萍踪浪迹。所以在婚姻上，也是不拘形式。杂种的母亲们，行多夫制乃是常例，为父的也认为是理所当然。因此无须去测量这些不可靠的父亲的，就是测量了，亦只会把材料混乱。另一个原因是外来的：这个就是为什么母亲也没有被测量到。在德法的杂种，其母之所以得到测量的，实在是靠父亲们的热心。他们的家庭形式比较的坚固，所以有许多是很听丈夫的话。而伦敦，则母亲们绝对拒绝测量，一方面因为没有她们亲近的人去疏通，其二就是因为当时有个谣言，说著者要测量她们，照相片，预备在报纸上去发表，好赚钱。她们不愿意去“现眼”，同时觉得人家利用她们，所以断然拒绝一切。至于本研究所搜集的材料，是否都真有中国血，是否确实是第一代？则著者可以很肯定的说，他们毫无疑义的是第一代的华英杂种。由于以前的经验，看他们的性质，可以断定有中国血；由于多方面的探询，知道他们是第一代。

华英杂种测量的方法，所用的仪器，及所研究的各质性，均与前列相同。兹将其重要结果，分述如下；并将几个重要点，与华德、华法杂种研究之结果，作一比较研究。

I 观察

（一）皮色：华英杂种的父亲们，多半是广东人（用多半两个字，是因为无法去切实调查，而在伦敦的华侨多半是广东人）。据个人所得的印象，广东人的皮色，在普通，是比较的重些，即是黄棕色，英国的母亲，皮肤的色素普通是很浅的。其第一代的子女，给我们一个介乎父母种系之间的皮色，而年较长的，皮肤多偏于黄（即是色素较重）。这个或者可以算给我们一个指示，就是色素较重的中国人的皮肤，在遗传上是显性。与华法、华德杂种研究的结果相同。皮色是个很复杂的遗传现象，其遗传型的最后决定，要赖许多的材料，特别是成年的。

（二）臊臭：在上述华德、华法研究下，结论是臊臭的遗传型似是显性。华英杂种中之13个16岁以上的成年人中之6个男性，似有此味。女性中，有一位18岁者，味甚强，余未得研究。

（三）雀斑：70实例中，有9人显有雀斑。计男3人，女6人。因未观其父母，无由断其遗传型。大块之棕色雀斑，在此70人中，从未看到。在华德杂种上，有70老翁（第一代有之），已详述之。

（四）臀痣：5岁以下之儿童计有5人。其中有一个4岁女性；有臀痣。其位置是在腰臀弯处，色素甚淡，有中国的大铜圆大。

（五）发色：由下表可以显然看出，年龄越大，其色素越变重。此非偶然，实由于内分泌之关系，详见上述。此可证明，中国人之黑发，在遗传上为显性，而其充分之表现，在发育成后，始能见。有两可注意者，即是一个9岁女性，有浅棕色之发。其发之所以呈此色，因其父母未得观察，无由知其来源。至其确为中国血，则由其有蒙古眼褶及其他性质上可以断言无疑。其另一特别现象即是一个12岁男性。其发色不均匀。头右边前面有两大拇指大之发色为浅棕（L），而其余部分均为黑色（X）。此种现象，在关于杂种研究之书中，罗登注、邓及马丁（R. Martin）之《人种学汇典》（*Lehrbuch der Anthropologie* 1928）中均无记载。只费适在其遗传原子之分析（Fischer, E.：Versucheiner Genanalyse beim Menschen 1930）一文中，述及两个与此实例相反之现象。其一为：金黄发人，在其头发前部额上，有一卷棕黑发。另一个是黄头发，而在其头之后部中间，有一块黑发。其身体上其余部分的发色均是黄的。而其右手上，有根全黑的毛发。费氏认为这种黑发现象，正如在动物上可以见到的所谓"乌化"（Malonism），如黑松鼠、黑山狸（schwarzes puma）的黑；在遗传上，可以和其他家畜动物上的花纹原子（fleckungs-faktor）相提并论。但作者所得的这个实例正与之相反。据此一例而产生种种推论，似有不当。兹仅录出，不过是要说明在华欧杂种中所看到的一个实例而已。

（六）发形：广东人之发形，是很复杂的，是与整个广东人人种构成相关的问题。据一般人的观察，在广东人中，有不少的成分，如波形发，或卷形发。史禄国（Shirokogoroff）曾略提及，认为此类发形在南中国常见。[1]李济测量在美国的华侨111人中有8个人是波形发。而其中4个是广东人。单算111人中之广东人数，为28人，除此4个为波形发外，余均为直发，是则此4人占全广东之28人之14.2%所量人数，虽嫌过少不能作为所有广东人发形之标准；然已可见一斑。华英杂种之父亲则大多数为广东人。其母系之发形，则为柔直与波形，为普通英国人的形态。关于第一代杂种之发形，今按年龄及性别作表如下。由表上，我们看到，不论年龄性别，以柔直形占大多数（8.42%）。是则显然表出直形发之为显性；与华法、华德杂种相同。若依年龄去分，则波纹形在14岁以前，较以14岁后者多。且14岁以上之"非直

〔1〕 Shirokogoroff, S. M.：*Anthropology of Eastern China and Kwantung Prov.* Shanghai 1915.

发色	号数	年龄/性别	4	5	6	7	8	9	10	11	12	13	14	15	16	17	18	20	21	29
中棕Ⅰ	R	♂																		
		♀						1												
中棕Ⅱ	S	♂																		
		♀																		
中棕Ⅲ	T	♂																		
		♀	1			1														
深棕Ⅰ	U	♂	1	1				4	1	1	1									
		♀		1	1	1			1											
深棕Ⅱ	V	♂			2	1					1	1	1							
		♀			1						1	1								
深棕Ⅲ	W	♂						1		1	1	1	1	1	1		1	1	1	
		♀			1			2	2	3			2			3				
黑Ⅰ	X	♂							1		1*	2		1		1				
		♀			1	1		1	1	1		2			1		2			1
黑Ⅱ	Y	♂								1	2									
		♀									1		1							
黑Ⅲ	Z	♂																		
		♀																		

形发”，亦非波形，而为卷形（计男性3人，17、18、21岁各一）。此3人极可注意。按年龄在16岁以上，而其发形为卷因均是男性，故无烫发嫌疑）。设其父为直发，则按以前经验，直发为显性，则第一代成年绝对不会有卷发。因此可推定，其父系之发，非直形；即使直形，也必定不是纯原子的（Homozygotisch），而是复原子的（Heterozygotisch）。即是说，他的直发只是现象上（Phäntypisch）的，而内中却含有祖上遗传下来的卷发性。这个，在广东父亲中，不是不可能的。

发形	年龄 / 性别	4	5	6	7	8	9	10	11	12	13	14	15	16	17	18	20	21	29
卷波纹	♂														1	1	1		
	♀																		
波纹	♂	1								1									
	♀			1			1	1	1	1		1							
柔直	♂			2	1		2	2	1	3	3		1	1				1	
	♀	1		2	1		3	3	1	1	1	1		1	1	2			1
刚直	♂		1				3		2	2	1	2	1		1				
	♀		1	1	2				2		2	1			1				

（七）眼睛色：色素重的眼睛色，和色素浅的眼睛色交配；在遗传上色素重的是显性。这个我们在以前关于华德、华法的研究上，已经看到。华英杂种的眼睛色之分布如下表：

睛色	性别 / 年龄	4	5	6	7	8	9	10	11	12	13	14	15	16	17	18	20	21	29
深棕	♂	1		2	1		2		3	3	2	1	1			1	1		
	♀	1	1	2	1		3	4	1	1	3				1	2			
棕	♂						1	1						1	2			1	
	♀			1						2		1							1

续表

睛色	性别 / 年龄	4	5	6	7	8	9	10	11	12	13	14	15	16	17	18	20	21	29
浅棕	♂		1				2	1		2	2	1	1						
	♀				2		1		3			2		1	1				
棕蓝	♂																		
	♀			1															

由这个表上，我们可以看到，除一个棕色而有蓝圈眼睛之6岁女孩外，余多棕色，以深棕色之成分为最多。计：深棕54.3%、棕15.7%、浅棕28.5%、棕蓝1.5%。总括起来，则此现象与前此研究之结果相似。即是色素重的则为显性。其一棕蓝睛色之女孩，则或由于父亲有较浅之色素。至如费雷鸣女士所云在彼之华英杂种孩童中曾观察到有蓝色眼睛者，则在著者材料中，绝未见到，是颇能证明费氏所谓之蓝睛，或由于观察不确，或由于孩童之非为杂种也。

（八）眼白：眼白薄翳在中国人多有黄色斑点。已见上说。在华德、华法杂种中，其成年者，多有此现象。在幼年者，则甚少见。是则此现象之发生，与年龄甚有关系。在华英杂种中，则如下表：

年　龄	现象 / 性别	有	无
4	♂		1
	♀		1
5	♂		1
	♀		1
6	♂	1	2
	♀		3
7	♂		1
	♀		3
9	♂	1	4
	♀		4

年龄	性别	有	无
10	♂	1	1
	♀	1	3
11	♂		3
	♀	1	3
12	♂		5
	♀	1	2
13	♂	2	2
	♀	1	2
14	♂	1	1
	♀		2
15	♂	2	
	♀		
16	♂	1	
	♀	1	
17	♂	2	
	♀	2	
18	♂	1	
	♀	2	
20	♂	1	
	♀		
21	♂	1	
	♀		
29	♂		
	♀	1	

由上表看去，则似可将有此斑点者，定为显性。关于此斑点之组织学上之研究，据著者所知，在中国尚付阙如。是一极有科学价值之问题。

（九）眼之位置：眼之位置，在中国人多为由内角向外角高起，故给我们一个斜的印象。详见上。在华德、华法之研究上，因为观察了杂种的父母，我们曾断定，斜形的眼的位置，是显性；其结果，是与费适氏的杂种研究正相反。在费氏之研究，结果是直平的眼的位置，在遗传上是显性。华英杂种第一代的眼的位置，其结果如下表：

年龄	性别＼现象	平直	斜上	斜下
4	♂		1	
	♀		1	
5	♂		1	
	♀		1	
6	♂		3	
	♀		3	
7	♂		1	
	♀		3	
9	♂		5	
	♀	2	2	
10	♂		2	
	♀	2	2	
11	♂	1	2	
	♀		4	
12	♂	3	2	
	♀		3	
13	♂	2	2	
	♀		3	
14	♂		1	
	♀		2	
15	♂	1	1	
	♀			
16	♂	1		
	♀	1		

续表

年龄	性别＼现象	平直	斜上	斜下
17	♂	1	1	
	♀	1	2	
18	♂		1	
	♀	1	1	
20	♂	1		
	♀			
21	♂			
	♀			
29	♂		1	
	♀			

由此表，可以看到，位置斜上者，为大多数。然按曼德尔氏定律，若一性质在遗传型为显性，则其第一代，必须皆有此性质。今则只71.4%有此现象，是则其余28.6%必由于其父系的关系而生。即是说，其父系中必有平直眼位置也。是必待有多数之实例，统合计算之后，始能确定其究为显性，抑为隐性。唯按上华德、华法研究，因其父母，均加测量，故可定其遗传性质，为显性。

（一〇）蒙古褶：蒙古褶之在华英杂种中，其分布如下：

年龄	性别＼现象	蒙古褶	盖褶	欧式	三褶*
4	♂	1			
	♀	1			
5	♂	1			
	♀	1			
6	♂	3			
	♀	2		1	

续表

年龄	现象 性别	蒙古褶	盖褶	欧式	三褶*
7	♂	1			
	♀	3			
9	♂	4		1	
	♀	3		1	
10	♂	2			
	♀	4			
11	♂	3			
	♀	3		1	
12	♂	5			
	♀	2		1	
13	♂	3			左右
	♀	2			
14	♂	1		1	
	♀	2			
15	♂	2			
	♀				
16	♂	1			
	♀			1	
17	♂	2			
	♀	2			
18	♂	1			
	♀	2			
20	♂	1			
	♀				
21	♂				
	♀				一左
29	♂				
	♀	1			

＊三褶，是平常第二层眼皮之上，又加一层。

由上表可以看到蒙古褶在遗传上是显性的。因为只有绝少数人无此现象，此或由于其父系之无此褶也。（关于在成人的中国人之此褶之统计调查，尚缺乏。但据个人之观察，在中国人中有无此褶者，绝不如马丁氏人种学汇典中所载，南中国人，人人皆有之也。）[1] 在华英杂种中，有2人，一男性，其两眼上，第二褶之上复多一褶；一女性，其右眼为欧式，即是无蒙古褶，而左眼则眼褶之上，复有三褶。此种小褶，我们可以名之为第三褶。是在普通不常见的。但在年老人中，往往可以看到。至在杂种中，则有一第一代40岁之男性，其右眼有蒙古褶，而左眼则有三褶。此种不一致（asymmetrie）的现象，是否由于异种相交而生，则颇难断定。

（一一）眼缝，眼毛：中国人的眼缝是窄小，欧人则较为宽大。华英杂种之眼，著者所得的印象是，眼缝很大，是欧洲式的。同时中国人的眼毛，较欧洲人的眼毛为短。华英杂种第一代之眼毛甚长，是欧洲式的。所以我们可以说，欧洲人的眼阔，及眼毛是显性。这个结果，和以前的研究相符合。

Ⅱ 测量

因为人数过少，年龄不一，无法与各“纯种”比较，故测得之记录，暂为保留，以备将来材料增多时，再作比较的研究。

附录

所研究之杂种及其父母，凡属可能，均为之摄影。兹择数张，附后。

〔1〕 Martin, R.: *Lehrbuch der Anthropologie*. Berlin 1928.

华德第一代女（102）

×

华男（101）

华女（132）× 德男（134）

回交女（103）

华德第一代男（135）

华男

（138F）

英女

（138M）

华英第一代男

（138．19岁时）　　（138B）

（138） × （139）

约 41 岁时　约 42 岁时

（138）

70 岁

（140）

1 岁时

（138） × （139）

70 岁　71 岁

回 交 男

（140）

29 岁

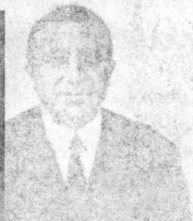

荷 女　(130M)　×　华 男　(130F)

德 男　(129)　×　华荷第一代女　(130)

回交两男幼时　(131)(132)

14岁　(131)　　13岁　(132)

法 女
(266)

×

华 男
(265)

(268)

(267)

华 法 第 一 代 男

华 男
(201)

×

法 女
(202)

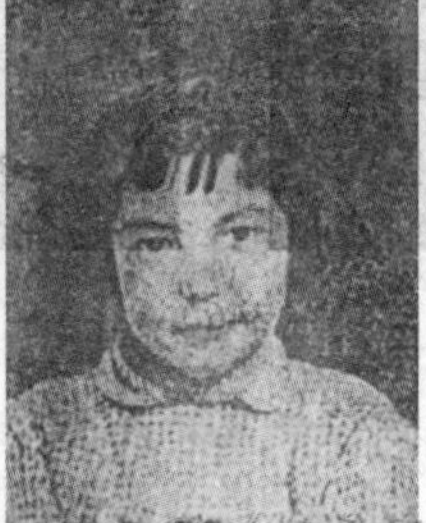

(203)

(204)

华 法 第 一 代 女

（310）　（307）　（334）

（330）　（3112）　（3114）

（3111）　（303）　（312）

（336）　（344）　（346）

华英第一代男女

（本文原载《民族学研究集刊》第二期，1936）

几个云南土族的现代地理分布及其人口之估计

本文分作两部分。第一部分是叙述作者1934—1936年实地调查过的几个云南土族的地理分布，在这部分中，又分两层，一是地理的或区域的分布，二是地形的或垂直的分布。云南土族分布的最引人注意的一点就是在不同的高度，居住着不同的人群。这与云南地理形态很有关系，就是说在不大的区域中，地形的高度有很大的差异，这种现象为中国任何省所无，亦为全世界所少见。恐怕只有南美洲的地形，及其民族的分布，可以与之比拟。第二部分是这几个土族的人口的估计。

在未谈本问题之先，我们要把几个名词弄清楚。现在先说“族”。在近来的中国书上，很常见的名词是“人种”或“民族”。这个新名词是袭自欧美的。欧美在最初对于人种和民族这两个名词的定义，本很含糊，因此在问题的整理上，闹出许多争执和错误，特别在分类问题上。近年来人类学已经进步到一个独立的阶段，而且在这门学科中，因为内容太广泛，又分出几个支系来。于是“种”与“族”的意义，才有了一个较清楚的定论。一个人种是一群人，有相同的，遗传上的体质的质性，这些质性及其配合，是和另外的人群不同的。换言之，“人种”是个生物学的名词。一个民族是一群人，有相同的文化上的质性，为语言、宗教、政制等等，而这些质性是和另外的人群不同的。换言之，“民族”是个社会学的名词。[1] 我这里说云南“土族”，自然是在后一个

---

〔1〕 Fischer, E.: Spezielle Anthropologie oder Rassenlehre S. 124. Kultur der Gegenwart Ⅲ. Teil 5.

定义的范围之内。关于云南土著人群的体质上的分类，就是说从测量及观察他们的体质上的质性而分出他们的种或“态谱”（Type），及其彼此的关系，将另文讨论。

说到云南土族，自然要牵连到分类问题。中国书籍中，记载云南土族最详的是《云南通志》（道光十五年即1835年出版）[1]及《续云南通志稿》（光绪二十七年即1901年出版）。[2]但是它的分类，没有一定的标准，把土著分成127种，自然不能用为根据的。比较科学的，而且是直至今日关于云南土族分类最妥当的，是英人戴维斯的分类。戴氏是从语言上去分各族，及其支系。[3]丁文江参照了戴维斯的意见，就各种语言的性质，有一个分类。[4]最近凌纯声，本其实地调查，并参考戴、丁两氏的分类，有文发表。[5]兹将戴、丁、凌三氏的分类，录之如下：

戴维斯之分类（原文有汉语系，删去）：

（Ⅰ）蒙克穆语系（Mon-Khmer family）

（甲）苗猺组　　1. 苗或蒙（Mhong）2. 猺

（乙）民家组　　1. 民家或白子（Pe-tso）

（丙）瓦—崩竜组　　1. 瓦（Wa）2. 拉（La）3. 蒲蛮（Puman）
　　4. 崩竜（Palaung）5. 卡母（Ka'mu）

（Ⅱ）掸语系（Shan family）1. 掸（Shan）或泰（Tai）

（Ⅲ）藏缅语系（Tibeto-Burman family）

（甲）藏人组　　1. 藏人或Pê或Pö，西番语中的一部分在内

（接上页）Abt. Anthropologie 1923.

V.Eickstedt, E., Rassenkunde u.Rassen geschichte der Menschheit S. 9-11. Stuttgart 1934.

〔1〕阮元等编：《云南通志》，道光十五年。

〔2〕王文韶等编：《续云南通志稿》，光绪二十七年。

〔3〕Davies, H. R., *Yunnan, the Link between India and the Yangtze*, Cambridge, 1909.

〔4〕丁文江：《爨文丛刊》自序，商务，民国二十五年。

〔5〕凌纯声：《云南民族的地理分布》，《地理学报》，钟山，民国二十五年。

（乙）西番组　1. 西番　2. 麽些或那希（Nashi）3. 怒子或阿依（A-Nung）

（丙）罗罗组　1. 罗罗　2. 栗粟　3. 罗黑　4. 窝尼，包括麻黑、卡多、布都、必约、阿卡、山头、苦葱及其他云南南部土族

（丁）缅甸组　1. 阿昌　2. 马鲁（Maru）3. 喇猤（La-shi）4. 系（Zi）或阿系（A-zi）

（戊）卡箐组　1. 卡箐（Kachin）或箐跑（Ching-Paw）

丁文江之分类：

（Ⅰ）掸人类

（甲）摆夷

（乙）民家

（Ⅱ）藏缅类

（甲）爨人　子. 猓猓　丑. 窝尼　寅. 傈僳　卯. 西番　辰. 喇乌

（乙）缅人　子. 缅甸人　丑. 野人

（丙）藏人　子. 藏人　丑. 怒子

（Ⅲ）苗猺类

（甲）苗人

（乙）猺人

（Ⅳ）交趾类

（甲）安南人

（乙）蒲人

凌纯声之分类：

（Ⅰ）蒲人类

（甲）蒲僰人群　　1. 僰子　2. 民家　3. 蒲蛮

（乙）瓦崩群　　1. 卡拉　2. 卡瓦　3. 崩竜

（丙）苗猺群　　1. 苗子　2. 猺人

（Ⅱ）藏缅类

（甲）罗罗群　　1. 罗罗　2. 窝尼　3. 栗粟　4. 猓黑

5. 阿卡

（乙）西番群　　1. 西番　2. 麽些　3. 怒子

（丙）藏人群　　1. 藏人　2. 古宗

（丁）缅人群　　1. 狇子　2. 马鲁　3. 喇獇　4. 阿系

5. 阿昌

（戊）野人群　　1. 野人（或开钦）

（Ⅲ）掸人类

（甲）狆家群　　1. 狆家　2. 侬人　3. 沙人

（乙）摆夷群　　1. 摆夷　2. 吕人（或水摆夷）

以语言为标准去分类，实际上是语言的分类，民族学家只是轻轻地将语言学者研究的结果，移用到他的问题上罢了。上述三氏，虽对语言有相当知识，但均非语言专家，所以这个复杂的，以语言为标准的分类问题，还要待专家去分析，才能得个较清楚的图像。以上三个分类，丁文江的分法，把戴维斯所认为属于蒙克穆语系的几个民族拆散，而归到三处，我认为是不妥当的。至少民家同苗、卡瓦、卡拉、崩竜是属在一个系统，虽然猺人是否属于蒙克穆语系，当成问题。戴、凌二氏的分法，大同小异，都是把云南及其邻近地带的土族，分为三大类。这个三类分法，在大体上是无错误的，虽然其支系上，不免有问题，而在三大类之外，在云南土族的语言中，当含着有什么语系的成分，是要待专家去研究。我现在把所要说的几个土族，及其应属于三大类中的哪一类，列之如下。所要说的几个土族是：民家，摆夷，栗粟，麽些，曲子，怒子，窝尼（布都，补孔，卡多，必约，西摩罗，麻黑包括在内），阿卡。

民家……………蒙克穆语系

摆夷……………泰语系

栗粟
麽些
曲子
怒子
窝尼及其支系 } 藏缅语系

“族”这个名词，及我们要说的几个民族的应属的系统，已如上述。现在再说一下“现代”这个名词的范围。人群居住的分布，不是固定的，是个自然的事实。促成其迁移的原因是很多的，如水灾、旱灾、地震、战争，以及有计划的政策的迁移等等。自道光二十七年到同治十一年（1847—1872）之间，云南有一次极激烈的纷扰，就是回乱。这次回乱，在时间上有二十五年之久，而所被乱的区域，蔓延到云南全省。《续云南通志稿·戎事志》上，有很详尽的记载。末尾一句说：“杜逆据大理僭称元帅十八载，攻陷五十三城，至是（同治十一年十一月）始平。”[1]骚扰最甚的是永昌、大理、楚雄、昆明、昭通、临安六府地。顺宁府属亦波及，惟不如上述各地之甚。但在回乱平靖以后，自光绪十三年（1887）至二十九年（1903），顺宁府属地，今之缅宁、双江、澜沧等县地，有罗黑之乱。经十六年之久，滇西南全部骚动。关于罗黑之乱，《顺宁府志》及《普洱府志》均有记载，但不甚全（此两府志在罗黑叛乱结束以前即编纂）[2]。兹不一一细叙。总之，从回乱及罗黑之乱上，我们可以推测云南土族的分布，于此期间，当有变动，即是说，当有迁移事实发生。但自1903年以后，迄至现在

〔1〕王文韶等：《续云南通志稿·戎事志》上，光绪二十七年。

〔2〕党蒙等：《顺宁府志》，光绪三十年。

陈宗海等：《普洱府志》，光绪二十七年。

（1935），云南的状态上，无论是天然的，或人造的，都没有能促动人民迁移的事实，反正及护法，均限于省垣附近诸地，而且是对外的（省外的）。云南因为地理及气候的关系，很少有旱灾或水灾，至于地震，民国十四年（1925）在迤西大理一带颇激烈，但这件事，在实际尚未能达使人民迁移的程度。因此我们所谓的“现代”是自1901年至作者调查的时候1935年之最近的三十五年。

谈民族的分布，特别是画一个——虽然不一定很详细的——图，是件困难的事。因为除了自己亲自涉历的地方而外，其他只可参考书籍上的记载，和较可靠的口头报告。但云南土族是很零星分散的，我虽有两年的时间，并只限于几个民族，而且关于这几个民族，只先求一个普遍的调查，然而相信一定还有许多遗漏的地方，这些遗漏的地方，以后有新事实，当随时补正。我既然把“现代”范围到最近三十五年，所以关于这几个民族分布所用的参考书，必为1901年以后出版的，其所记载的事实，亦必为此时期之中的。在此期中，出版的书，与我们问题有关的，较详细而概括的多的只有光绪二十七年（1901）出版的《续云南通志稿》和1909年出版的H.R. Davies:*Yunnan, the Link between India and the Yangtze*，此外尚有几种零星的记载，兹不一一叙述，在说到每族时，再例举。这两部书中，《续云南通志稿》，虽是1901年出版，除去它所载的事实须待清理之外，而在时间上也是1901年以前的事实。不但如此，这部书上所载的百分之九十是抄自道光十五年（1835）出版的《云南通志》。《云南通志》又是转录乾隆元年（1736）及更早的康熙三十年（1691）出版的《云南通志》。除《通志》外，《续通志》间有转录县志，县志稿的地方，但此各县志，自必在1901年以前出版，且《续通志》对于种人的记载，实当不如道光十五年《通志》的详尽。因此《续通志》虽出版在1901年而可供我们本问题（现代分布）参考的，实在很少很少。戴维斯的《云南》，附有《云南民族分布图》。作者所调查的区域及民族，有一部是戴氏所没有经历过的，此外戴氏所调查过的，关于它的分布上，也有一部和作者调查的稍有出入，如民家、罗黑、栗粟的分布，戴氏显有错误及忽略的地方（详见下）。因此，本文所述的几个土族的分布，可以说百分之九十是根据作者的实地调查。

I 云南之一般地理及其相关之自然现象

从西藏高原有五条河，像手指形的向东南、南、西南伸开。这便是金沙江（扬子江上游）、澜沧江、怒江、大金沙江（即伊洛瓦底江）和布拉玛普德拉江（雅鲁藏布江下游）这五条江，除了扬子江先南而后转向东，布拉玛普德拉江向西而外，其余的三条江——澜沧江、怒江、伊洛瓦底江，均是向南，入于海。这五条江，穿过云南境内的却有三条，即扬子江上游的金沙江和澜沧江、怒江。头一条是自西而东为川滇分界水，后两个是自北而南，沿滇西边。在滇省中，除此三条江外，尚有红河、黑河、太平河及瑞丽河，此四条，均发源于本省。但云南地理的特点不在这几条大川上，而在他的山。山之高和多，是使云南的土族，分化成为许多的小簇组及能保存其原来的身体上和文化上的形态之较完整，而不全被强族（如汉族）所同化的原因之一。据戴维斯的估计，云南的150000方英里的面积，$\frac{14}{15}$是山地，只有$\frac{1}{15}$是平原。他说："平原区域之少，致使我们在较小的地图上，看着到处是山而平原被山给蔽埋了。"[1] 山以西北、西及西南部为多，上述的几条河，便在这些山中，蜿蜒穿流。西北部的高山，有自4500—6000公尺高，如碧罗雪山、高黎贡山、云岭雪山，也是作者所翻越过的，我所越的是孔道，自然不是其山的最高点，反是其山之可交通的路的最低点。我日记上记录我所经过最高点（即孔道的最高点）如：

---

〔1〕 Davies, H. R., *Yunnan, the Link between India and the Yangtze*, Cambridge, 1909.

云岭雪山——2120公尺（自中甸到维西）

碧罗雪山——3560公尺（自茨宗到白汉罗）、3580公尺（自腊早到坪子）

高黎贡山——3940公尺（自四季桶到所且）、3560公尺（自黑普到党八）

此是海拔高度，而山的本身高，据戴氏记录，自其最高点计，则有3000—4000英尺（900—1200公尺），其山下冰谷，在海拔7000英尺（2100公尺）左右。自北而南，地势渐低，到南部，高度约为5000英尺（1500公尺），高度虽是减低，但不是山少。云南的平原，是在中北部，即是北纬25° 50′，东经99° 55′以南至于大理，东南至于北纬23° 40′，东经102° 35′（约石屏县境）。滇东北，及黔滇交界，仍保持其平原状态，但也不是没有山，只是较少，势较平缓。上述是云南地理的一般情势。

与地理相关的气候。云南的气候，与其说与纬度有关，不如说它与高度有关。虽然云南近乎热带，但是它的中北部（大平原）因为地高，所以气候是很凉爽的，如昆明，高为6200英尺（1990公尺），平均最低温度为4℃（39°F），夏季平均最高温度为20℃（79°F）[1]。西北部在北纬27°以北，靠近西康，与康藏相连的地高，有8000—12000英尺（2400—3700公尺）之高，如中甸平原，高2880公尺（作者记录），气候很寒。在西北高山上，如云岭雪山、碧罗雪山、高黎贡山，则几乎是寒带，山峰上有终年不化的雪。作者1935年8月31日，自澜沧江右岸越碧罗雪山，午时经过一段有积雪的地方，地高为3003公尺，中午温度为49°F。9月10日至12日，经过高黎贡山的绕洞（高3060公尺，午后6时温度42°F）、女娲拉卡（高3940公尺，午后6时40°F）、辨板党（高3410公尺，午后7时，大雨，44°F），连路看到邻近山峰上有积雪，所以我们都改着皮袍前进。在10月21日赶着离开怒江复越碧罗雪山南道，到四季桶地方，远望着曲江怒江分水岭高黎贡山上，已是一片白雪。当时我们很替静生生物调查所的王启无先生担忧，因为那时他还在曲江采集未出山，而一

[1] Cressey, G.B., *China's Geographic Foundation, A Survey of the Land and Its People*, N. Y., 1934.

场雪后，便不会融化而封山，以待来夏了。这是西北部，寒冷区域的极端情形，但是我们离来西北向南走，至北纬23° 50′以南，山虽不见得少，而地的一般高度，却低得多了，特别是沿澜沧江云南境内的下游，和红河流域，平地高度有在600公尺以下的，如元江县只400公尺，车里600公尺。气候自然是很湿热。即山中盆地如勐海（即佛海县地）1008公尺，勐遮（南峤县地）1188公尺，勐莽（南峤县地）727公尺，孟连（澜沧县地）800公尺，我们调查这个区域是在1935年的12月，1936年的1月、2月、3月。是冬季。在这一地带，冬季在所谓干季之内，天天大晴天，中午温度总在74°F—77°F之间，但是夜间和天明，是很凉，约在50°F—55°F之间。云南的一般气候，仍是大陆气候，午热，夜寒的。由于以上两个极端区域的比较叙述，我们可以看出，云南的温度与地高的关系来。但我们不要忘记，西北部高地带，并非全是四季如冬，而南部及西南的低地带并非全是四季如夏，在西北部的江边，如曲江怒江边，也有闷热的日子，西南部的山巅，也是较凉爽的，这个事实，仍然去说明高度与温度有密切关系的。这种因为高度不同，而生的气候变异，以及因此而生的其他自然现象如植动物，农作方法的不能一律，是促成云南各民族的分布在垂直上有分别的原因之一。

II 土族的分布

甲 民家 自称为僰子（Bertz），因此有许多汉人又呼之为白儿子。其现代分布中心是在滇西环洱海各地，即东经99° 50′—100° 30′，北纬25° 30′—26° 40′之间，但其西及于东经99° 30′，即云龙县境之澜沧江沿岸地，西北及北纬27°，维西县地。东则自凤仪县起，沿大理至昆明之交通大道各县，即祥云、弥渡、镇南、姚安、楚雄、广通、禄丰、安宁，以达于东经12° 35′昆明县地，每县均有民家村落，但数目不多，戴维斯称（《云南》374页）祥云以东即无民家，当是疏忽之过。

南则除在红河流域之元江县地因远坝地方有民家外，其余分布，则未过北纬25°，北亦只沿昆明大理路线。民家分布地的大部分为平原，地高在6000英尺左右，气候温和，土地肥沃。为汉人居住最多的地方，民家也是汉化最深的云南土族，除语言外，文化的其他方面，可以说完全汉化。（表一）

乙、摆夷 自称为泰（Tai）。说泰语，以及说与泰语在一个系统的语言的民族的分布是很广的，在中国境内的如獞人狆家、侬人、沙人，在安南如牢（Lao），在缅甸如撣（Shan），以及暹罗的大部分。我们这里所讲的分布，只是被汉人在云南省内称为摆夷的人群，其他如侬人、沙人及獞人、狆家不在其内。我之所以这样去限制，一方面自然是因为我实地调查过摆夷，在另一方面，我认为摆夷在云南说泰语的诸族中是比较原来的，换言之，沙人、侬人、獞人、狆家是较后迁到云南来的。摆夷是一个支系，而沙人、侬人、獞人、狆家是另外的几个支系。摆夷的现代分布中心是在东经99°—104°，北纬23°以南。但在怒江之西，达于中缅交界，此北达北纬25°左右。换言之，即云南之西南，及西部之边缘。戴维斯在昆明之北，普渡河沿岸，遇到少数摆夷村落，戴又转录嘉纳（Garnier）氏云曾在雅砻河与金沙江交叉处，遇到摆夷。[1]但均为少数，虽为少数，而此发现，在研究土族迁移问题上是很重要的。摆夷虽在云南西南边境各县（共为二十五县，详见人口估计节）都有，但其地，除摆夷尚有其他土人，摆夷所占的，只是低平原和江河流域。普通是在4000英尺以下的地带。兹录作者所调查过的摆夷最多的区域的高度如下：

耿马（顺宁县属）	970公尺
猛猛（双江县属）	940公尺
上勐允（澜沧县属）	920公尺

〔1〕Davies, H. R., *Yunnan, the Link between India and the Yangtze*, Cambridge, 1909.

下猛允（澜沧县属）	880 公尺
孟连（澜沧县属）	800 公尺
勐莽（南峤县属）	730 公尺
勐遮（南峤县属）	1190 公尺
勐海（佛海县属）	1010 公尺
车里（车里县属）	600 公尺
元江（元江县属）	400 公尺

在这种低高度湿热烟瘴的山中平地及江河沿岸地，摆夷颇能适应，以利用此气候及土地去耕种。这是藏缅语系的各族，及汉人（除去光绪末年及民国初年由暹罗、安南及直接由广西迁到孟连、勐莽、勐遮、勐海、车里的少数"统有七十余户"两粤人，其中有几家是獞人）所不敢到的。但在这些山中平地的四山上，却住着藏缅语系的罗黑、阿卡、窝尼诸族。（表二）

丙　罗黑　自称为La'hu。现代分布中心是在东经99° 50′—100° 50′，北纬22°—24° 30′之间，即澜沧江、怒江之间，顺宁县以南，佛海县以北一带。[1]澜沧江右岸景谷、镇沅县地，也有少数罗黑。从地域上看，罗黑的分布和西南部摆夷分布在经纬方位差不多，但是实际上，此两族并不杂居，摆夷普通是住在高度4000英尺以下的平坝子里，而罗黑则在1200公尺以上的山上。山上的气候是比较凉爽的，兹将作者所调查罗黑最多的地方的高度，录之如下：

双河（双江县属）	1820 公尺
上改心（双江县属）	1220 公尺
户脑（双江县属）	1280 公尺
允昌（澜沧县属）	1460 公尺
离柴寺（澜沧县属）	1800 公尺

〔1〕除调查外，参考 Cazetteer of Upper Burma and the Shan States Vol. Ⅰ, Pt.1, Rangoon,1900。Scott, *Burma, A Handbook of Practical Information*. Davies, H. R., *Yunnan, the Link between India and the Yangtze*, Cambridge, 1909.

邦葳（澜沧县属）　　　　1620公尺

在罗黑居住的山头上，往往有汉人掺杂其间。澜沧县山头的汉人，原籍多为湖南，他们的迁移到此，是最近一百年的事，最初是从军，渐改经营鸦片。今有两千户，因卡瓦山的鸦片价廉物美，所以至今仍不远千里自湖南源源而来。罗黑因为自1887—1903年间屡次谋乱失败，加之汉人增多，所以渐渐向缅甸迁移了。〔1〕（表三）〔2〕

丁　阿卡　自称为阿卡（A'Ka）。现代分布中心是在东经100°—102°之间，云南南部边界。从地域上说，这一带也是摆夷分布中心之一部，但阿卡与摆夷居住分配的情形，和罗黑与摆夷相同，即虽在同一地域中，而高度上是不同的。摆夷住平原低地，阿卡住山上，较高的地带。兹将作者所调查的阿卡最多的地方的地高，述之如下：

酒房（澜沧县属）　　　　1010公尺

大树湾（澜沧县属）　　　1140公尺

班中（澜沧县属）　　　　1060公尺

班南（佛海县属）　　　　1030公尺

葩亮（佛海县属）　　　　1210公尺

这几个地方的地高，看去好像并不怎样的高，但是我们要明白阿卡到这一地带是晚近的事［阿卡有背诵家谱的习惯，据他们多数的传说，是从他郎（墨江县），在四五代以前，迁来的］，而南峤、佛海、车里一带，平均地本不高。同时澜沧县的高山均为罗黑所据，所以只能在现在的地域居住，同时并有向南迁移的趋向。至于在阿卡未来此地以前，山头上居住着什么民族是很难定的，作者疑心是现在在缅甸的阿柯（A'Ke），阿卡的一个分支。〔3〕（表四）

---

〔1〕除调查外，参考 Cazetteer of Upper Burma and the Shan States Vol. I，Pt.1, Rangoon,1900。Scott, *Burma, A Handbook of Practical Information*. Davies, H. R., *Yunnan, the Link between India and the Yangtze*, Cambridge, 1909.

〔2〕表三及表六与拙著《关于麽些之名称分布与迁移》一文中之附表略有出入，今以本表为准。

〔3〕Scott. J. G., *Burma and Beyond*, London, 1932.

戊　窝尼　自称为窝尼（Wonni），在这个名称之下包括卡多、布都、布孔、必约、西摩罗、糯必、麻黑。窝尼的现代分布中心是在北纬22°—23° 30′ 之间及东经102°左右，即红河以西，元江、黑江、江城、宁洱诸县域及把边江沿江高山上。此各地带除元江沿岸之摆夷区外，山中平地现均为汉人所住，高山上均为窝尼（元江县江河右岸山上及建水县属江河以西之山上杂有罗罗）。汉人居住之山中平地之地高，亦在1200公尺以上，如黑江县为1400公尺，宁洱县为1370公尺（作者记录）。兹将居住窝尼最多的地方之地高，录之如下：

大羊街（元江县属）	1520公尺
猪街（元江县属）	1560公尺
土得寨（元江县属）	1500公尺
车铺（元江县属）	1520公尺
碧朔寨（墨江县属）	1320公尺
土堑街（墨江县属）	1640公尺
左所（墨江县属）	1460公尺
哈普路（墨江县属）	1320公尺

（表五）

己　麽些　自称为那希（Na-shi）。其分布中心是在东经99° 20′—100° 20′，北纬26° 30′—27° 10′ 之间，即金沙江南岸，丽江县境，永北县属之永宁设治局，中甸县沿江山上，维西县境北至叶枝，及兰坪县，亦有麽些。丽江县平坝中，汉人已多，但四山上均为麽些。维西县境之较平坦地域，则为汉化了的麽些居住，山上则为栗粟。不幸的很，我们所带的高度表，因为马惊，砸坏了，所以关于丽江及所调查的麽些村落的地高，无从记录。后由赵至诚君，连同其他事物，带往昆明修理，往返两月。幸喜丽江以后的调查，复有记录。丽江是较高的地带，普通在海拔1800公尺以上。（表六）

庚　栗粟　自称为栗粟（Li' Su）。其现代分布中心是在东经

98°—99° 30′，北纬 25°—27° 30′之间。即云南西北，毗连藏康高原地带。栗粟却又住此高地带的山巅，即云岭雪山、碧罗雪山、高黎贡山，分属于维西县、贡山、康乐、碧江、泸水等设治局。[1]在金沙江右岸之武定、元谋，据戴维斯、白朗思、佛来塞，均称有栗粟。[2]北纬 26° 以南，腾冲县及其毗连，亦有栗粟，但其中心，则在首述地带，在此一地带居住的，非栗粟一族，尚有麽些、民家、西番、怒子等族，但他们虽在一个区境中，而居住的，高度上的分配是不同的。麽些（在维西）及西番住较平的山地，民家则沿澜沧江岸低地，怒子则占怒江两岸的低地。据佛来塞的调查，在腾冲一带的栗粟，也是住在高山上，平地及河边为他族所居。兹将作者调查的栗粟最多的村落的地高，录之如下：

维西罗锅（维西县属）	2200 公尺
大村（维西县属）	2230 公尺
勇多（维西县属）	1900 公尺
坪子（维西县属）	2040 公尺
坡脚（维西县属）	3000 公尺
党八（贡山设治局属）	2500 公尺
黑洼底（贡山设治局属）	1620 公尺
四美久（贡山设治局属）	1740 公尺
腊早（贡山设治局属）	1340 公尺
吉朗当（贡山设治局属）	1400 公尺

（表七）

辛　怒子、曲子　这两个人群的分类上的地位很难定。有人把

〔1〕尹明德等：《云南北界勘察记》，卷一至卷八，外交部，民国二十二年。

〔2〕Rose, A.and Brown, J.C., *Lisu(Yawyin) Tribes of the Burma-China Frontier, Memoirs of the Asiatic Society of Bengal* Vol. Ⅲ, No. 4, Calcutta, 1910.

Frazer, F.O., *Handbook of the Lisu (Yawyin) Language*, Rangoon, 1922.

《云南边地问题研究》卷上，昆明：昆华民众教育馆，民国二十二年。

怒子分在西番群中（戴维斯，09；鲁易斯，19；凌，36），[1]有人把他分在藏人群中（丁，35）；[2]至于曲子，鲁易斯及凌纯声均把他放在缅人群中，戴维斯、丁文江的分类上，均未提及曲子。作者的观察，认为怒子和曲子原本是一个民族，怒子是被他族所同化了的曲子，怒江北部，靠近西康一带的怒子为古宗（即藏人，麼些人称之为古宗）所同化。南部，在27° 以南，为栗粟所同化，并为之所吸收而变成栗粟的一支，泸叭（Lu-Pa）或怒叭（Nu-Pa）。从语言上比较，怒子语和曲子语相同的较和栗粟语相同的多，其与曲子不相同的部分，我们可以认它为曲子语的怒江方言。作者曾记录此三族350个字，50句话，关于此点的详细，将另文讨论。从大的语系上说，怒子、曲子、栗粟以及古宗，均属藏缅语系，但在曲子语中，或含有少数更西方民族语言的成分，因为从体质上看，曲子族中显然是含有非蒙古种的成分的。此点亦另外详述。

怒子自称为阿怒（A-Nu），其现代的分布是在东经99°左右，北纬26°—28° 30′ 之间，即怒江流域，亦即高黎贡山之东麓及碧罗雪山之西麓，为贡山、康乐、碧江三设治局之地域。[3]此一地带，原亦为栗粟分布之中心，但栗粟是住在山上而怒子则住在江边较低地方。怒子村中或杂有栗粟人家，而高山上栗粟村中则无怒子。兹将所经过的怒子村寨地高，录之如下：

格咱（贡山设治局属）	1540公尺
永拉嘎（贡山设治局属）	1480公尺

---

〔1〕 Davies, H. R., *Yunnan, the Link between India and the Yangtze*, Cambridge, 1909.
Lowis,C.C.,*The Trubes of Burma,Ethnographical Survey of India Burma* No.4, Rangoon,1919.
凌纯声：《云南民族的地理分布》，《地理学报》，钟山，民国二十五年。
丁文江：《爨文丛刊》自序，商务，民国二十五年。

〔2〕 尹明德等：《云南北界勘察记》，卷一至卷八，外交部，民国二十二年。
《云南边地问题研究》，昆明：昆华民众教育馆，民国二十二年。

〔3〕 同上。

左美（贡山设治局属）	1500 公尺
顶腊（贡山设治局属）	1560 公尺
咱湾（贡山设治局属）	1530 公尺

（表八）

从这个记录上看，其海拔均在 1400 公尺以上，但我们要知道这几个地方，都在北纬 28° 以北，毗连西藏高原的地方，而此地带的地高本是很高。这几个村落却都是靠近河江的岸边的。实际上这个记录本不足以作为栗粟与怒子在垂直分布上的区别，作者本想到 27° 以南，康乐、碧江两设治局地去调查，奈因当时康乐地方的栗粟叛乱，邻近各县调兵围剿，所以不能前往。但怒子喜住江边是事实。

曲子自称毒龙（Dulong）。其族现在的分布是在东经 98° 50′ 往西至 97° 50′，北纬 27° 至 28° 之间，即毒龙河流域，毒龙河本为大金沙江源泉之一，处于高黎贡山与江心坡之间。[1] 中缅北段界线至今尚未划定，而中国现在势力仅达于东经 98° 20′ 即不考王河，南及 27° 50′ 木刻嘎地方，此点而西而南，均有英兵驻扎。所以作者关于曲子的调查，只能限于中国势力范围之内。又因为关于曲子的书籍，无论中西，可参考者极少，即有零星记载，亦用不得。所以在此族的分布图上，只能画出我所调查到的区域。毒龙河地高本较澜沧江、怒江为低（在所且村下河边测量 1350 公尺），狭处高山之间。气候较澜沧江、怒江上游（27° 以北）来得温暖。曲子居处，无显著的，高度上的选择。即是说有沿河边住的，有在山上的，兹将所调查的曲子村落的地高，录之如下：

所且（贡山设治局属）	1470 公尺
薪藥（贡山设治局属）	1460 公尺

〔1〕 尹明德等：《云南北界勘察记》，卷一至卷八，外交部，民国二十二年。
《云南边地问题研究》卷上，昆明：昆华民众教育馆，民国二十二年。
Heine-Geldern, R., Südostasien in Illustriete Voelkerkunde. Ⅲ. Bd. ötuttgart, 1923.
夏瑚：《怒狭边隘详情》。

木且王（贡山设治局属）	1440 公尺
孔丁（贡山设治局属）	1425 公尺
亲尊（贡山设治局属）	1410 公尺
永王图（贡山设治局属）	1400 公尺
茂顶（贡山设治局属）	1380 公尺

（表九）

上面已经把所调查的几个土族的地理分布，分别叙述了。现在再综合的，把他们分布事实，试着加以解释。特别要解释的是他们垂直分布的现象。我们所叙述的这几个民族，可以归纳到三大类，一说蒙克穆语的民家，二说泰语的摆夷，三说藏缅语的栗粟、麽些、怒子、曲子、罗黑、阿卡、窝尼及其分支。这三类中，民家已是受了三层烘染的土族了，即是受摆夷、罗罗、汉人同化了的（详下）。他之能称为蒙克穆语系的民族的标记，已是很微。他的生活一切，远不如蒲蛮、卡瓦、苗族等之足以代表蒙克穆语系的人群。所以在居住的分配上也无甚特征可述。在我所调查的土族中，垂直分配界限分得最清的，是摆夷与藏缅语系各族人群，及藏缅语系之彼此间汉化比较的各部情形，此外汉族与摆夷在区域及垂直上也值加以解释。我们在上面看到，在云南西南部，摆夷是住在低热但肥沃的山中平地及河畔，藏缅语各族是住在高爽但贫瘠的山头上。

解释民族居处在垂直上及土地肥瘠上之不同的事实，不外以下两点：

一，由于民族强弱的不同而生的社会选择现象。

二，生活习惯不同。

质言之就是强族占据了肥沃的地方而把弱族撵到土地贫瘠的山上，或是土地肥沃的地方已经有人占据，却又无力去驱逐，只能居住在贫瘠的地方。或是因为生活习惯不同，身体与生存方法已经经过若干千年的天然选择而能完全适应某种环境，设如换了这种环境便会被淘汰死亡。

摆夷与藏缅语诸族的垂直分布上的区别我认为应当用第一种解释，即是说因为这两族系的生活习惯不同，所以才有这样垂直上的分别，而不是强弱的社会选择的现象。

藏缅语系各族的老家是在西藏高原，气候凉爽的地带。凡是研究此各族的人们，均异口同音的作如是结论。而此各族之农业方法最重要的一点就是广种法（Extensive Methode）[1]或刀耕火种，他们不知道人工灌溉，连带着也没有阶形阡陌（Terrace-Bau）及犁与牛之利用。气候与农产方法对于一个人群的生存是很有关系的。使一个人群去适应一个新的气候，特别是从凉爽的改到温热的，需要经过很多牺牲，才能将抵抗或适应力强的剩下来生存下去。但是在尚有凉爽地方可居的时候，绝不愿去冒险牺牲。同时农产方法的改良，在初民社会中，也是件不易的事。因为农产是生命相关的事情，其方法质言之也就是这个社会的智力结晶。要使他抛弃旧法而去模仿他族的，虽然较有效，事半功倍的，但是较复杂的方法，是件极难的事。这种情形不但在文化简单的藏缅语系各族，即以汉族而论，现在政府要想用科学方法去改良种作方法及农种等，均遇到极大的反对，因为这是关系生死的问题。广种法或刀耕火种是需要有极广的区域，有森林，少莠草。这样条件，山地是最合适的。所以无论气候或农产，对所述各族，只有山地才合适。所以在此各族由西北部高原迁移来时，他们是从一个山头到一个山头，他们并不下到山中平地或河边去，因为那里气候热燥，地域狭小，森林已被原有居民砍光了而蔓草随时可生的。即便说在一些已经受了他族影响，由刀耕火种的迁移不定的生活，渐改为犁耕灌溉的，永久定处的农产方法及生活，而他们居住高山的习惯仍是不改的。譬如在澜沧江、怒江流域，维西县、贡山、康乐等设治局属地方一部分受了汉化的栗粟，他们的田地尽管是在江边，他们的村落却在山头，设如山头尚有空地可住的话，宁愿每日上下数千尺的来回

〔1〕 克勒脱纳（Credner）：中山大学地理学系《报告集刊》第一卷第一号，民国十九年云南地理考察报告第一篇。

跑，也不愿住在河边。同样，在缅甸的卡箐也是如此。[1]在佛海、南峤一带的阿卡，有些给在山中平地居住的摆夷作佃户，但是一俟工作完了之后，他们仍急归山。而敢到平地来做工的也是少数分子，或竟出于摆夷土司的强迫。居住在低平原，的确可以促其族的灭亡。佛来塞叙述腾冲一带的栗粟，可以做个例子。

上述的刀耕火种的方法，自然不能永久维持下去，特别是在人口日渐增加的情形之下。从山地中取出如许多而不加以肥料的培养，土力自然是渐渐用竭了，森林也砍光了。栗粟于是离此地，任其荒废，去找新地，向有森林的地方迁移。容易走的，阻力小的自然是向较低的地方迁移，靠近卡箐或摆夷地域，所以在伊洛瓦底河畔蜜支那平原，已经有一个小小的栗粟殖民区了。在这种高度上，生活是很容易维持的，地土肥沃，气候温暖。但是这个并不是适合栗粟，他们自己也知道。他们很容易为热地带的疟疾的牺牲，死亡率很高，特别是在小儿中间。因为怕这个，所以阻止了他们之中的许多人迁移到热地方。作者在一个地方听了两句谚语说："如果你不怕饿，上去，到高地去住，如果你不怕死，下来，到低地来住。"但即那些能在低热地住的人，也是退化了，他们变成懒惰，无能力，体格羸弱，外貌苍白，疲暗。栗粟的本色，则是那些在冷地方居住的人们，在这些冷地方，低平原的熏风湿雾均为高山所隔而吹不过来。男女都很强健、活泼、聪明。小儿们也健康，有红面庞。[2]

---

〔1〕 Scott，J.G., *Burma and Beyond*, London, 1932.
Heine-Geldern, R., Südostasien in Illustriete Volkerkunde. Ⅲ. Bd. ötuttgart, 1923.

〔2〕 Frazer, F.O., *Handbook of the Lisu (Yawyin) Language*, Raogoon, 1922.

藏缅语各族的生活样法，大体上都相同的，所以我说在云南西南部，藏缅语各族之住高山较贫瘠的地带，摆夷之住平原肥沃地带，并无社会选择现象在内，就是说并不是摆夷强而把藏缅语各族撵到山上去，像老派的人类学者如巴斯典（A. Bastian）等的说法，认为住在高山贫地的民族是较原来的，弱的土族，住在平原肥地是后来的强族。

藏缅语系人群之喜住高山虽不是社会选择现象，但是摆夷与汉族在区域高度分布之不同，却是民族强弱的一种表现。我们知道现代摆夷多居低热的平原及河边。摆夷的耕种方法是较进步的，假如我们认为耕种方法的演进是由掘地到犁地。[1]摆夷是用水牛犁地，并用人工灌溉及筑阶形阡陌，所谓集种法（intensive method），在这种情形之下，人民能在一地久居，而不必像上述的民族，在一块地种植了几年，土力用竭便须另找一块地，如左近没有且须往远处迁移。但摆夷这种集种法是需要平坦的地特别能有川河流贯其间。如倾斜度过高的山坡，则无所用其技了。因此摆夷是绝不会去争山地。所以现在摆夷与藏缅语族有此垂直分布而能相安无事的现象。但今摆夷之分布，均在云南西南部，地高极低的地带，平常所谓烟瘴湿热的地方。此族之所以能安居此地，是为此一地带，尚有平坦之地可以耕种，至其湿热则绝不是因为本来能耐受这种气候而是因为被他族所迫而不得已的。所谓他族，即汉族。在两者不能兼得之时，只能但求有平原可耕而不顾气候了，此处显然是民族强弱不同之社会选择现象。于是经过若干年的淘汰，牺牲之余，剩下现在的，抵抗力强的，能耐湿热的摆夷人群。自然在摆夷未到以前，必当有弱土族，一方面被摆夷驱逐南迁，而一方面当亦有不少分子被吸收混血。这个较早的民族是什么很难定。但依

---

〔1〕 Habu, Ed., Von der Hacke sum Pflug, Leipzig, 1914, *Die Eutstehung der Wirtschaftliche Arbeit Heidelberg,*1908.

Krause,Fr., *Die Wirtschaftsformen der Volker*, Leipzig, 1928.

云南民族堆积的层次而论，当有蒙克穆的成分在内（详下），至说摆夷是在平原而又凉爽的地方，被迫而迁到湿热平原，我们有很多事实，可以证明。我们知道，耕种技术之精良，是汉族文化特征之一。汉族在耕种上所需要的也是平地，气候自然愿意凉爽健康的。汉族正式开辟云南是在纪元前122年（汉武帝元狩元年），此前自亦必有商贩来往及小规模的和平的移殖，并有楚庄跻王滇的记载。自武帝而后，渐次占据了自滇池到洱海一带凉爽肥沃的大平原，将原来的土著，一部分驱逐到边荒山地或热地带去度其余生，其能适应汉族文化方式的，便被吸收而变成汉人。在汉族未到以先，滇池到洱海的大平原，已经有我们所提到的三个大族系的堆积。说到这里，我们不能不插几句话讲讲此三大族系在云南民族堆积层次先后的问题。关于亚洲南部，特别是中国西南部，缅甸、暹罗、安南一带民族堆积的层次之研究，可供我们参考的有：戴维斯的《云南》[1]，海纳给尔登的《东亚南部之人种与民族》[2]，鲁易斯的《缅甸土族》[3]，李济的《中国人之构成》[4]。设我们只说此三族系的层次而不管此三族系以前的人层，则上述四人有以下意见：

层次＼著者	戴维斯	海纳给尔登	鲁易斯	李济
Ⅰ	蒙克穆语族	蒙克穆语族	藏缅语族	藏缅语族
Ⅱ	泰语族	藏缅语族	蒙克穆语族	泰语族
Ⅲ	藏缅语族	泰语族	泰语族	蒙克穆语族

但此著作中，海纳给尔登与鲁易斯多偏重于缅甸（但对云南各族之层次，也附带作同样的结论），李济则仅由书籍之参考，得此结论。就作者实地调查

〔1〕 Davies, H. R., *Yunnan, the Link between India and the Yangtze*, Cambridge, 1909.

〔2〕 Heine Geldern, R., Südostasien in Illustriete Volkerkunde. Ⅲ. Bd. ötuttgart, 1923.

〔3〕 Lowis,C.C.,*The Trubes of Burma,Ethnographical Survey of India Burma* No.4, Rangoon,1919.

〔4〕 Li Chi（李济）, *The Formation of Chinese People*,Haward,1928.

及研究所得，颇觉足以佐证戴维斯的结论之是（此问题之详细，当另文述之），即是说三个族系之中，最下一层是蒙克穆语族，其次一层是泰语族，再上一层是藏缅语族。在汉族到时，蒙克穆语族当已受第二层的泰语族及第三层的藏缅语族的同化，以后又受强烈的汉化，同化了的这一支，就是遗留到现在的民家，换言之，民家即以蒙克穆语族为基础而加了泰语族、藏缅语族及汉族同化的人群。其未受同化的，或其在较西南部分的，成为现代的蒲蛮、卡瓦，在缅甸的他郎（Tailang），安南的占婆之克穆。至于泰族，则其时当有一部分为藏缅语族所同化，其余被驱逐向南迁移。已在南方之蒙克穆语族此时再被泰族冲散（据凌纯声，云南民族的地理分布中称，蒲蛮等蒙克穆语族之居住在垂直上是高于摆夷而低于藏缅语族但由占婆及缅甸之蒙及克穆，均是住在低平原，而且是用集种法耕种，所以我认为在云南的较纯的蒙克穆族如卡瓦、蒲蛮本也是喜居平原，后为摆夷所驱而逃到山上较高地方），七零八落，这个程序一直到现在还进行着。所以在《史记》《汉书》，及其他纪元3世纪（魏）以前的书籍，关于云南土族的记载，所述多为藏缅语系诸族的生活样法。[1]但所述哀牢夷当为泰族之一支。此支的地域，当时已在较西南的地方，今保山、蒙化一带。自汉初至蜀汉，汉族对西南夷的经营是很努力的，所以滇中土族，特别是当时据有高爽大平原的藏缅语族，在文化上得到不少汉化的熏陶。到晋初乃孕育出东西爨氏部族的强盛，[2]至唐代乃有泰语族与藏缅语族混合而成的南诏之产生，[3]自唐末到宋末六百余年中，汉族对云南少有政治上的经营，但自忽必烈灭大理（宋理宗淳祐二年，1253）而后，土族人群复成一盘散沙，明清两代乃急转直下，作大规模的殖民及汉化政策，于是土人范围日益缩小，而在较高平原如蒙化、保山、景东、云州、石屏、建水、墨江、普洱等地的摆夷（现为汉人居住的大理、蒙化、景东、蒙自等名称，实是泰语的译音，又云州、缅宁、普洱、思茅等

[1] 司马迁：《史记·西南夷传》，班固：《汉书·西南夷传》。
[2] 常璩：《华阳国志·南中志》。
[3] 樊绰：《蛮书》；杨升庵辑：《南诏野史》。

县，泰语另有土名），便迁流到更南的地带。自然在北部高平原，甚至在北纬26°—27°之间各地，在清初，据《云南通志》中可靠的记载，尚有摆夷居住，而戴维斯且曾亲自在普渡河流域遇到过。[1]作者在建水、石屏之北区，亦曾调查过摆夷村落，但均为少数，而大宗的则均挤到南方西方低热的地方（这个向南的迁移，当然在元代以前各时代均有的），于是渐次建立国家，如暹罗及缅甸、安南、云南各摆夷土司地。[2]关于摆夷迁移路线是自北而南，我们有很多的证据，并从作者这次到云南所搜集来的摆夷原文的土司历代大事记中，也可得到不少材料。总之，摆夷是需要平原的民族，它之现代在低热的南方，不是因为生性喜欢热而是高爽的平原被汉人占据到，他们只得在低热的地方生活。是上述的两种解释的第一种，即是民族强弱不同的社会淘汰现象。

现在我们转到云南西北方（北纬25°以北，东经101°以西）。在西北方我们说了四个民族的分布，即麽些、栗粟、怒子、曲子。此外尚有自大理一带迁到澜沧江边居住的民家。这一地带在垂直分布上值得我们解释的是限于北纬26°以北，东经100°以西高黎贡山以东的区域。我们在上节看到，栗粟是住在山头上，而麽些（在维西）是住在较平坦的山中平地及山坡。民家（在澜沧江）住在沿江地带，怒子（在怒江）住在江边。至高黎贡山以西的毒龙河流域，只有曲子，无他族。麽些本是喜欢住高山的，在丽江较纯的麽些均如此。但到维西一带的麽些已是汉化了的，特别在耕种方面，是采取了汉人的方法，用犁、牛、人工灌溉，以及阶形阡陌。麽些的政治组织及宗教等均较栗粟优胜，所以迁移去，是择其最适当的地域居住。这些山中平地，及倾斜较小的大山坡，气候是很凉爽的，在以前未尝不是栗粟的很好的牧场，现在变

〔1〕 Davies, H. R., *Yunnan, the Link between India and the Yangtze*, Cambridge, 1909.

〔2〕 Parker, E.H., *Burma, Relations to China*, 1893.

Wood, W. A.R., *A History of Siam*,Bengkok, 1933.

Le Boulanger, P., *Histoire du Laos Français*; Paris, 1931.

了麽些的田地。民家之迁移到澜沧江边，与栗粟当无任何竞争。民家是利用犁、牛，人工灌溉的。至于在怒江边的怒子，我在前面已经说过，恐与栗粟曾有一番争斗。因为栗粟、怒子均是从西藏高原迁移来的，而耕种方法也是所谓刀耕火种。现在怒子居住地带，在江边，尚不知利用犁、牛及人工灌溉。但有园艺的经营。这种园艺（即在住处附近，种植菜蔬、豆类），在曲子族中也很盛行（我在上面已经说过，怒子实是与曲子同为一族而怒子是受他族同化了的支系）。园艺经营是否是曲子、怒子受了他族的影响是很难断定。如是受他族影响，则必是从西方，即阿萨木诸民族中传来的（栗粟、麽些，以及其他较纯的藏缅语族，均无园艺之经管）。有许多汉化的栗粟已渐渐迁到江边居住了。

末了我还要说，我们这次调查（除了民家居住地方而外），均是找汉人最少、汉化最浅的区域及民族。用意自然很显明的，毋庸申说。但现在在云南各土族中，无论哪个区域，多多少少总有汉人的踪迹，而土族汉化的趋势一天一天紧急。一方面是政府有这种政策，一方面他们自己也不愿认为是土人。所以本文附的分布图上的线条，不久以后，便会变成一律的形样。幸喜在现在尚能得这个记录，以作若干年后，研究这个问题的参考。

Ⅲ　人口之估计

关于云南人口调查，有民国二十二年云南民政厅出版的《云南省户口总调查统计报告书》。此调查之可靠性到如何程度自然很难说。但是这是依据“部定格式，认真办理”，竭数千人之精力，历11月之时间，耗40余万之库帑的结果，而也是目前唯一最近的调查。我们在无其他更可靠的调查可以凭借时，只有根据这个报告以估计我们所谈到的几个民族的人口约数。这个全省人口调查是不分土汉的。

作者在1934—1936年在云南做实地调查时，调查表中附有县人口总数，各土族的人数及其他人口上的问题。这些人口问题之中，比较能有点把握的，是土族的约数，至说性别、生死率等等，非有长时间而且专去调查，才能有结果。关于土人人口，我们先到每县的县政府，问其县的全人数，然后土人与汉人的比数，每类土人与全县人口之比数。得到县政府的答案以后，再到县中每区的区公所做同样的询问。将各区的答案综合起来，以与县政府的答案做比较。问题的主要是想知在此一县中某一土族占全县人口的百分之几，然后将有此族的各县，综合计算之。譬如说摆夷，（一）他占甲县百分之三十，然后到乙县，他占全数百分之十，等等，末了把这有摆夷的几县的人口相加，摆夷在这几县的百分数相加或由每县百分数除得之数相加，而看现代摆夷的约数是多少，及其与此数县之全人口之百分数若何。（二）以摆夷之总约数与云南全省人口相比，求摆夷在全省人口之百分数。在调查每县及区的土族人口约数时有个难题就是县区公所对土族的分类同我们的分类是否相同，县政府与区公所的分类是否相同。关于此点我们是先采取了他们的分类，然后归纳到我们所分的类别中。如在墨江县，当地认为有很多种的土人，如布都、补孔、必约、西摩罗、独角兽、卡多、麻黑、窝尼等等。实际上这些小簇组只是在服饰上有分别，语言上是彼此可以相通（虽然不一定完全相同），都是属于窝尼系统的，所以我们把这些小簇组，通通归到窝尼一族里，虽然我们不能不承认他们彼此间是有小分别的。现在把调查的结果，列表如下。最后我还要声明，这只是个估计，其分类是按我的分类，时间是我所调查的时间。但是是一个忠实的报告。

表一　民家

县　名	人口总数	民家之%数及人口约数	
大　理	92558	65	60163
永　平	44403	10	4440

续表

县名	人口总数	民家之%数及人口约数	
祥云	121710	30	36513
洱源	53832	50	26916
邓川	40061	55	22034
云龙	77434	20	15487
凤仪	58634	10	5863
漾濞	28091	10	2809
弥渡	109987	10	10999
鹤庆	86560	45	38952
剑川	71335	45	32101
姚安	105310	3	3159
大姚	82231	3	2467
广通	44347	1	443
楚雄	143432	1	1434
镇南	90354	1	904
禄丰	41064	1	411
昆明	184552	5	9228
宾川	107721	50	53861
		总数	328184
以上各县人口总数 1583616之20.72%			
云南全省人口总数 11795486之2.78%			

表二　摆夷

县名	人口总数	摆夷之%数及人口约数	
宁洱	70476	5	3524
景谷	87840	35	30744
墨江	118314	3	3549
思茅	24224	10	2422
元江	76002	35	26601
新平	53997	8	4320

续表

县　名	人口总数	摆夷之%数及人口约数	
澜　沧	156225	30	46368
镇　沅	58656	5	2933
缅　宁	92322	5	4616
江　城	25288	25	6322
双　江	54332	36	19560
车　里	41159	80	32927
五　福	25108	80	20086
佛　海	22314	85	18967
镇　越	17604	50	8802
六　顺	31238	55	17181
龙　陵	98056	40	39222
顺　宁	215623	15	32343
保　山	371733	3	11152
镇　康	126367	35	44228
靖　边	72772	30	21832
金　河	31226	35	10029
文　山	181231	15	27185
云　县	129757	5	6488
临　江	8885	50	4442
腾　冲	291349	35	101972
		总数	549215
以上各县人口总数　2482098 之 22.13%			
云南全省人口总数　11795486 之 4.66%			

表三　罗黑

县　名	人口总数	罗黑之%数及人口约数	
顺　宁	215623	8	17250
云　县	129757	5	6488
缅　宁	92322	10	9232

续表

县　名	人口总数	罗黑之％数及人口约数	
双　江	54332	35	19016
澜　沧	156225	35	54679
五　福	52108	10	5211
		总数	111876
以上各县人口总数　988739 之 11.32％			
云南全省人口总数　11795486 之 0.95％			

表四　阿卡

县　名	人口总数	阿卡之％数及人口约数	
五　福	52108	10	5211
澜　沧	156225	20	31245
佛　海	22314	10	2231
临　江	8885	8	711
车　里	41159	15	6174
镇　越	17604	18	3169
		总数	48741
以上各县人口总数　298295 之 16.34％			
云南全省人口总数　11795486 之 0.41％			

表五　窝尼

县　名	人口总数	窝尼之％数及人口约数	
墨　江	118314	53	62706
元　江	76002	20	15200
建　水	198165	24	47560
新　平	53997	5	2700
镇　沅	58656	3	1760
宁　洱	70476	20	14095
思　茅	24224	8	1938
江　城	25288	15	3793

续表

县　名	人口总数	窝尼之 % 数及人口约数	
		总数	149752
以上各县人口总数　625122 之 23.96%			
云南全省人口总数　11795486 之 1.27%			

表六　麼些

县　名	人口总数	麼些之 % 数及人口约数	
中　甸	28591	5	1430
丽　江	132582	50	66291
维　西	42628	30	12788
兰　坪	51588	10	5159
永北（永宁在内）	116113	30	34834
		总数	120502
以上各县人口总数　371502 之 32.44%			
云南全省人口总数　11795486 之 1.02%			

表七　栗粟

县　名	人口总数	栗粟之 % 数及人口约数	
元　谋	39136	5	1957
华　坪	79589	7	5571
武　定	129274	7	9049
中　甸	28591	5	1430
云　龙	77434	10	7743
维　西	42628	55	23445
康　乐	14680	80	11744
碧　江	14956	75	11217
泸　水	17098	30	5129
腾　冲	291349	15	43702
贡　山	8333	20	1667
		总数	122654

续表

县　名	人口总数	栗粟之 % 数及人口约数
以上各县人口总数　743068 之 16.51%		
云南全省人口总数　11795486 之 1.04%		

表八　怒子

县　名	人口总数	怒子之%数及人口约数	
贡　山	8333	30	2500
碧　江	14956	25	3739
康　乐	16480	20	3296
泸　水	17098	15	2565
		总数	12100
以上各县人口总数　56867 之 21.28%			
云南全省人口总数　11795486 之 0.10%			

表九　曲子

县　名	人口总数	曲子之%数及人口约数	
贡　山	8333	50	4167
		总数	4167
以上各县人口总数　8333 之 50.00%			
云南全省人口总数　11795486 之 0.04%			

（本文原载《中央研究院历史语言所集刊》

第七本第四分册，1936）

大寨黑夷之宗族与图腾制

一 引 言

大寨是鲁魁山上19个寨子之一。鲁魁山坐落在新平县扬武坝之东，山上各寨属该县第二区管辖。居民除少数汉人外均为黑夷，自称纳苏（nasu意为黑人），乃倮罗部族之一部。本文所述是根据作者卅一年夏季的实地调查，材料以大寨为主，鲁魁山其余各寨并元江县三马头之幺机、都独、楻柏、搓得罗四寨及天宝山大明庵寨黑夷为辅。元江材料系本室邢庆兰先生在该地调查语言时所得。

二 宗 族

这一带黑夷的社会组织中根据血缘形成的团体以家庭（hrer）为最小单位。系小家庭制，包括父母及未婚子女，男婚女嫁各立门户。大寨112户居民（其中有12户汉人，约占全寨户数十分之一强，但所谓汉人是不能从血统上计算的，只能凭口头上的报道）平均每户3.2人。这112户共有八姓，计黑夷：张姓45户，方姓41户，范姓7户，罗姓4户，杨姓3户，共100户。汉人：赵姓5户，张姓4户，郭王谭三姓各1户，共12户。这100户黑夷除了汉姓之外，还有夷姓，均取动物或器物之名为姓。

婚姻为单偶制。100夷户中只有两个张姓及一方姓，各纳一妾。

行族外婚，即同一夷姓之男女不得通婚。女嫁从夫姓同夫居。子女从父姓同父居。目前财产各家私有。以前有为全族祭祀之全族祖公田，为族长所有。父为一家之长，家庭中财产事务由父掌管，即所谓父权。父未死，诸子婚后虽另居，但不分产，子耕父田，所获依半各批分。父死财产平分诸子，但长子除应得的一份外尚得一份祖公田，设其父本为长子，则父死，长子所得者，即其父之得之于上代者。设父非长子，如有三子，则将田地分为四份，余一份即为长子应得之祖公田。祖公田为祭祀祖先之用。设父无田地，长子只承继祀奉其祖先（及亡父）之神主。神主形式与质料颇有讲究，与汉人所有者甚不相同。当另文详述。鲁魁山黑夷各宗族之家庭中所供神主之形式质料均相同，未见有特殊之宗族标识。女子无继承权。设本人无子女，财产由其最长弟或长侄承继，神主亦由其祀奉。设无子而有女办法同上。妻女由弟抚养，但如愿意，得招婿入赘，由婿承继并祀祖。婿须改从岳家姓即加入岳家宗族团体，但不多见。作者在大寨遇到一件事，有一汉姓为罗，夷姓为黑甲虫之黑夷男子入赘于汉姓为范，夷姓为水牛之黑夷人家，黑甲虫不愿弃其原姓，结果找了一个折中办法，将原来两家夷姓取消而采用两家汉姓，即范罗，合并起来作为夷姓。（唯于填户口时，仍用范姓。）汉语范罗两字与黑夷装饭用的，当地汉语称之为“饭箩”的器物声音相同，为保护其族对族称之禁忌规律（详下），于是姓范罗之家不用“饭箩”。遇有宴会主人家在有“饭箩”族人的桌旁不置饭箩，另备他物盛饭。这样一来，他们和原来的宗族团体脱离关系而另成一个新的综合体，在婚姻方面既不与黑甲虫族也不与水牛族通婚。

黑夷神主每代一个，故在连续数代均为长子的家中可以看到多数神主排列在供板上。父死长子制一神主。诸弟无论未婚从兄居或已婚另居，凡有祭祀均至长子家。至弟本人死，其长子乃为之制神主，故在非连续长子家中，只看见一个神主，即其亡父者。各长子家每当年节有祭祀，以旧历六月廿四日及腊月廿四日最为隆重。

家之上为族（konola），通常称父系为宗族，母系为氏族。鲁魁山一带黑夷是父系，因此我们可以称其社会组织中的这种团体为宗族。有氏族或宗族制度的社会组织大约每一宗族有一个姓，行族外婚[1]。这一带的黑夷有姓但有夷汉之分。上面我们看到大寨100家黑夷汉姓为张、方、杨、范、罗五姓，汉姓之外尚有夷姓，但并不是一个汉姓与一个夷姓相对，有些同一汉姓而分为几个夷姓，有些同一夷姓而分为几个汉姓。大寨黑夷汉姓五姓而夷姓九姓。黑夷的宗族标记是夷姓而不是汉姓，行族外婚。汉姓虽异，而夷姓相同者禁止通婚，汉姓虽同而夷姓不同者可通婚，例如大寨獐子方保长之女嫁给些嫫寨方家，但因为些嫫的方家夷姓是猪槽，故可通婚。

夷姓乃是他们真正的宗族标记而汉姓仅为填报户籍乃与汉人交往之用。又，按照理论来说，既是父系族外婚从夫居制，应当每个寨子一姓。但事实上，鲁魁山每寨均有多姓而同一宗族之人散居各寨。这当然是由于迁移所致。大寨有九个夷姓，即是有九个宗族。

每一宗族有一族长（nadapuo）。族长在理论上应为其族直系长房之长子，乃世袭制。但事实上并不然。因为如果一个族长不能称职，通常指疏忽了祭祀，族人可以公议将其族长资格取消，另由长房他子或其他族人继任。所谓疏忽了祭祀自然也有行为散漫的把祭祀疏忽了，但也有心有余力不足者。因为族长主持的祭祀是全族大祭。每祭消费族人虽亦负担，然族长花费独浩。德不尚者固然不能称职而财不裕者亦无以胜任。关于族长可以由族人公议更换我们有一个例子，就是鲁魁山猪槽族的族长原为索都白寨俗呼小白马的一位名巫，但族人"因为他把祖公簿（即宗谱）任雨淋湿而且疏忽祭祀"并有施黑巫术的嫌疑，于是公议将其族长资格取消另易他人。同时他也是一个一贫如洗

〔1〕 Goldenweiser A., *Anthropology*, p.304, 1937.

的人，虽然以前曾经赫耀一时。这样这族长身份虽然理应世袭的可是现在变成了推举，这推举的办法似乎是晚近的事。族长的职务现在只限于，主持全族祭祀和保管宗谱两项。据说以往族人有关财产婚姻的纠纷均往族长处起诉。但现在这些事改由寨子头人如保长们处理了。

（一）宗谱，夷语为 puji，当地流行汉语称之为祖公簿。我曾屡次设法找看，但均坚称非在全族祭祀之日不得动看，设如动看不但看者本人即便全族亦将遭难。宗谱由族长保管，存其家中。据大寨保长獐子方姓及巫师猪槽方姓两人分别叙述称，宗谱是用夷文写的。首述天地祖先及族祖来源，次述各代祖先之名字居住地及历代迁移之路线并沿途之遭遇以迄于最近死者之名字为止。本族人中死，请巫师将死者名字写好，俟到全族祭祀之时，一一登记于宗谱。唯只限于 30 岁以上之男性，女性及 30 岁以下者不录。其登记方式不按辈次，时间上先死者先登记，后死者后登记。设子先于父死，子名在父先。又，未婚而死者其名倒书，已婚而死者正书。如是积年累月乃成巨册。当今鲁魁山黑夷之小名仍为夷名，大名则为汉名，名法与汉人相同。近来登记于宗谱者均为夷文译汉名音。因未得见宗谱，不知有无父子联名制。按此为藏缅语系部族之文化特征之一〔1〕。询之巫师称不知。设一族中一部分迁移他处，设其地辽远，非两三日可达，因而不能参加族祭者，则由此迁移出去的族人请巫师将宗谱抄录一份，携于身旁。于是迁出族人便不归原来族长管辖。人口增多之后，携有宗谱的长房便是另一区域族人的族长了。因此同一宗族不止一个族长，族长虽由血缘团体产生，但是有区域性的。各宗族如是的分支迁移繁殖而其族之历史渊源均可保存于各支族中。宗族之上在目前没有更大的团体组织，除了各社区的地缘团体组织。

〔1〕 陶云逵：《关于麽些之名称分布与迁移》，《中央研究院历史语言研究所集刊》第七本第一分册，民国廿五年；又凌纯声：《唐代云南的乌蛮与白蛮考》，《中央研究院历史语言研究所人类学集刊》第一卷第一期，民国廿七年。

（二）族祭，即全族的祖先祭祀。祭祀时期各宗族各有规定，有的隔三年有的隔一年举行一次。祭祀日期各宗族不同。大多数在旧历十月、十一月中的属牛、羊、猪或蛇日举行。如獐子族在十月牛日，绿斑鸠族在十月羊日。祭祀的地点在族长住所附近的山坪上。每当族祭，散居各地的族人便群趋族长处。祭祀中象征族祖的在鲁魁山一带据说就是那宗谱。兹将大寨各宗族之族称（即夷姓）并各族族长、宗谱、祭祀所在地列表如下：

表一

汉姓	夷姓	族长宗谱族祭所在地	距离大寨距离
张	Aguṕuo（绿斑鸠）	些嫫寨	30 华里
张	Agumiṕuo（黑斑鸠）	他底者寨	30 华里
杨	Ahaṕuo（绵羊）	比且嫫寨	15 华里
杨	Apuohuoṕuo（象牙）	野猪塘寨	20 华里
方	Anieṕuo（獐子）	意干河寨	120 华里
方	Anieṕuo（水牛）	索都白寨	25 华里
范	Wekulaṕuo（猪槽）	阿拉米寨	20 华里
范	Fanluo（饭箩）	无	无
罗	Alumekuoṕuo（黑甲虫）	高粱冲寨	30 华里

由上表我们看到大寨黑夷诸宗族的宗谱所在地均距大寨在两日行程以内。距离更远的同族人当就其地之另外一个族长祭祀了。至于上列各宗族每个族长所辖区域究有多广未能调查。这情形也就是说同一宗族因地域关系会有许多个族长，因为这一带黑夷宗族以上没有更大的团体组织（譬如整个黑夷部落的组织），各族长间没有什么联系，所以各族族长在职务上并行不悖各成单位。

祭祀之前一两个月由族长派人到各寨将祭祀日期通知族人。祭祀时所用之祭器、牺牲、米酒等，除族人各家携来贡献者外，族长须大量备置，一方面为祭祖，另方面为招待族人。花费浩大自非无资产的人所能负担。参加祭祀的是本族各家家长及成年男子，女子不能参加。每一家或合数家买一头牛或羊并酒米携带前往。祭坛设于族长家附近山坪上，搭草棚若干座，族人均宿草棚中。正式祭日为一日。各族人于前一日或二日到达，由族长招待饮宴。祭日一早，族长将宗谱自一木制之盒中取出，送到祭坛，宗谱即祭祀之对象。首由族长次由族人牵牛羊立栏祭坛。请巫师一人或熟人念祭祖经（详另文）。首祭活牛羊，次将牛羊杀剖洗净，再祭，然后将牛羊煮熟，分盛碗中，再祭。最后上饭。各祭族长为主祭。巫师念毕祭祖经，即取出宗谱朗诵。族众静听。至一名，为在场某一或数族人之可记忆之已死先人之名，则其人趋至供桌前叩头。念毕，全族聚餐饮乐。第二天仍举行祭祀，并由各家将其间死亡人之名字交由族长请巫师登记于宗谱。入晚族长将宗谱仍送至家中置于木盒内。再叙餐一次，次晨早餐后族人各返住所。上述祭祀情形均是访问所得，因族祭在10月11日间举行而作者调查时期为6月，故未能直接观察。故不知其祭祀详节。祭器、仪式、饮宴中是否有象征其姓物（即动植器物）之形状动作处，不得而知。但跳舞则无。

每次族祭，各族人虽各出祭仪并以之为饮宴之用，但族长花费最浩。当族长经济上来不及，不能举行族祭时，则须通知族人延期举行。族人对族长相当尊敬。遇族长家有婚丧大事，族人有庆吊帮忙的义务。这对族长当然也是一笔经济上的收入。但这庆吊帮忙仅是族人对族长的一种义务，并没有什么非履行不可的责任规定。

这里值得我们探讨的是，族长这个人物在族祭中所费如是之大而他的地位又会因为疏忽祭祀而被取消。如是则族长所尽的义务与所得的权利两者相去悬殊。揆诸常理这族长的地位实在无可贪恋。即使名义已经加在自己身上，自己也大可不必承担这种赔钱事业。但事实上我没有找到关于一个已经有当族长资格的人（或由承袭或由推举）把族长这个职位推辞不就的，所听到的是某某族长因为疏忽祭祀因此引起族人非议，公决将其族长资格取消。这样则这族长地位总还有些值得充当之处，而花费浩大的祭祀即为族长本人打算，似乎也有举行它的理由。第一，我们先从族祭上看。族祭的主持人是族长，在这祭祀中他的花费独浩。固然因为他是族长，所以族祭才由他主持，但实际上因为现在族长并非皆由世袭而是由选举产生的。换言之，即是因他有资产所以有主持族祭的经济能力，所以才当族长。因此目前的族祭从他个人上看，实在就是他摆阔的机会。从族祭的方式上来摆阔跟通常在婚丧事件中的铺张在性质上是相同的。物质上虽有损失，却得到族人与乡里的尊敬与赞扬。因为族长可以易换推举而其标准又视其人之能否经常举行族祭，这也就是说等于用主持族祭来换取族长资格了，这样，则目前黑夷族长的身份的基础不在血统而在经济能力上。从宗族制度本身来看，这当不是个健全现象，而是这制度在解体中的一个过渡局面。按照正常，族长应当由长房长子充任，是世袭制。不过要使他职务执行得好，例如按期举行族祭，势必得有一定的经济来源，每家家长有为全家祭祀用的祖公田，以为凭借。据说这全族祖公田以前曾经有过，但今已不存在，这就是说族祭已经失去了正常的经济基础。而长房长子不一定是有财产善理财的人，因此为要维持族长族祭的传统，则族长势必得由世袭制变为选举，即选举财资富裕的族人充任。这种变迁是很自然的。至于全族祖公田的消减过程，因乏材料，不得知其究竟。第二，我们从宗谱上看，这叙述宗族渊源以及登记族人死亡的宗谱是归族长保管的。一宗族的宗谱就是其族族人在其宗族团体中身份的精神凭借。而这精神凭借是在族长掌握之中。这一点颇足以增加族人对族长的尊敬，同时也表示了族长地位之崇高。因此，族长本人也就觉得这尊敬地位之值得保持了。

总起来说，大寨以及鲁魁山一带黑夷的社会组织中血缘团体的最小单位是小家庭。家之上是宗族，每宗族在一个彼此居住距离不太远的区域中，有一个族长。族长系由家长演变出来，按规则族长应由其宗族长房长子充任世袭职。但目前实际上设如不能称职，得由族人公议将其族长资格取消，另外推举族人中之能胜任者，族长的职务目前限于保管宗谱与主持族祭。从整个宗族团体来看，这也就是目前这个团体的职能——族祖及其后裔的记录和全族祭祀的举行。从各个宗族分子来看，就是他们有着一个共同的名称（姓）共同的历史（神话）与禁忌（详后）。但这隔一年或三年举行一次的全族祭祀以及在祭祀时朗诵记载宗族渊源的宗谱和族人死亡的登记并祭祀前后的全体宴会，在宗族团体意识之增强上和同族各分子感情的联络与巩固上，占有极重要的意义。同时，这几项活动的存在，也正表示这宗族制度的基本精神之尚存。设如以前族人关于财产婚姻等纠纷由族长处理确系事实，这就是说这个宗族团体以前的职能比现在多，则这族祭与宗谱等便是这个制度的最后根据地了。若并此而无之，则这个宗族团体势将完全瓦解，有如当今大部分汉语社会然。

三　图腾制

上面我们看到大寨黑夷取动植器物为姓，这情形不但大寨如此，鲁魁山其他各寨并元江三马头各寨及大明庵寨黑夷亦然（各姓详见表二）。这使我想到在若干初民社会中所有的所谓图腾制或图腾崇拜。图腾（Totem）一词原为北美印第安人 Algonkin 族 Ojilway 部落语，指其宗族之徽章或标志而言[1]，以后人类学家用此以名一切与该部落性质相同之制度与崇拜。罗维颇赞同戈登卫塞关于图腾之定义，大约系戈氏 1901 年发表的，说图腾制是一种确定的社会单位之与具有感情价值之对象或符号发生联系之倾向（the tendency of definite social unit to become accociated with object of emotiond value）[2]。这样，则图腾这个名词所概括的内容是相当流动而广泛的。也就是说，没有什么基本

〔1〕 Morgan，L. H., *Antient Society*，p.170，1877.
〔2〕 罗维：《初民社会》（Lowie，*Primitive Society*），吕叔湘译本，167 页。

不变的特征。但戈氏1937年出版的人类学中显然又举了图腾制的若干普遍的特征[1]。按照戈氏新义，以及普通一般用图腾制这个名词所叙述的这个宗教与社会两面兼及的制度约有以下数项属性：（1）氏族或宗族式的社会组织而取其一类（species）之动植器物为族称（即姓）。（2）族中分子认为与图腾有一定的关系。（3）对图腾（即姓物）有一定的禁忌，类如禁吃、杀、视、触或呼等。（4）同图腾之分子不得通婚。

新平鲁魁山各寨以及元江三马头各寨与大明庵寨的黑夷是有宗族制的。每个宗族取一类动植或器物之名为姓。对于姓所指示的物（以后简称“姓物”），有一定的禁忌。同姓禁止通婚。兹将上述各地黑夷宗族名称及姓物并禁忌综合列表如下（表中所列的17个宗族并非上述各地黑夷宗族的全体数目，此仅为吾人调查所得者。又，各宗族分子所认为的与图腾之关系与神话详后）：

表二

地 点	汉 姓	号数）夷姓	姓 物[2]	物 类	禁 忌
新平鲁魁山各寨	方	1）Anieƥuo[4] 獐子族	liemuo 獐子	动	吃，杀，触
元江三马头及大明庵	张[3]				
新平鲁魁山各寨	杨	2）Ahaƥuo 绵羊族	hamuo 绵羊	动	吃，杀，触
元江三马头及大明庵	羊[5]	3）Aleƥuo 崖羊族	semuo 崖羊	动	吃，杀，触
新平鲁魁山各寨	杨				
新平鲁魁山各寨	方	4）Anieƥuo 水牛族	aneinuo 水牛	动	吃，杀，骑，触，用
新平鲁魁山各寨	张	5）Aguƥuo 绿斑鸠族	agunnuo 绿斑鸠	动	吃，杀，触

〔1〕 Goldenweiser, A., *Anthropology*, pp. 322–325，1937.
〔2〕 表中所列姓物均为夷语及当地汉语名称，学名如何，因未采得标本，不能确定。
〔3〕 獐子族之取汉字“张”为姓，盖译 liemuo 为獐子，但误张獐，音同义不同。
〔4〕 puo 为男人，若问其人为何族。男则答曰谋ƥuo，女则答曰谋 muo。
〔5〕 崖羊族取汉字“羊”为姓，继改为“杨”，改杨后，对崖羊即不做任何禁忌。

续表

地 点	汉 姓	号数）夷姓	姓 物	物 类	禁 忌
新平鲁魁山各寨	张	6）Agumiṕuo 黑斑鸠族	agunmuo 黑斑鸠	动	吃，杀，触
新平鲁魁山各寨	方	7）Agemṕuo 白鸡族	getumuo 白鸡	动	吃，杀，触
新平鲁魁山各寨	普	8）Aloṕuo 蛤蟆族	alomuo 蛤蟆	动	吃，杀，触
新平鲁魁山各寨	罗	9）Alumekuoṕuo 黑甲虫族	alumiyuomuo 黑甲虫	动	吃，杀，触
新平鲁魁山各寨	杨	10）Apuohuoṕuo 象牙族	aluohuomuo 象牙	分部[1]	用，触
新平鲁魁山各寨	方	11）Chiuauṕuo 交瓜族	chiasmuo 交瓜	植	吃，触
新平鲁魁山各寨	普	12）Yeluṕuo 细芽菜族	yibumuo 细芽菜	植	吃，触
元江三马头及大明庵			yenuo		
元江三马头及大明庵	白	13）Ahoṕuo 香蒿草族	moho 香蒿草	植	吃，触
元江三马头及大明庵	白	14）Ahoṕuo 白族[2]	manuo 榕树	植	砍，烧
新平鲁魁山各寨	范	15）A □□□ puo 芭蕉叶族	maomuo 芭蕉树	分部	吃，触
新平鲁魁山各寨	范	16）Wekulapuo 猪槽族	nikulumu 猪槽	器	用，跨，坐，触
新平鲁魁山各寨	范	17）Fanluo 饭箩[3]	fanluo 饭箩	器	用，触

〔1〕“分部图腾”译自 J.G.Frazer 之“split Totem”一词。盖指一物之一部分，如象牙为象体之一部分，芭蕉叶为芭蕉之一部分。按 Frazer 之意见，以为分部图腾之来源乃因其部落或原来宗族不奉一物以图腾，分为若干小部落，以小部落或小宗族各取本来图腾之亚种之名或取原来图腾物身体上之一部之名为其图腾。见 Frazer：Totemism 引 *Totemism and Exogamy*,I,p.58。

〔2〕各族之称均与姓物之名相符，仅汉姓为白，夷姓竟亦为白（ho）之族，与其姓物之名不符。盖其禁物为榕树。此或许夷姓“ho”之白，系由汉姓白字译出，而将其而有夷姓，应为 nlanisepuo，取消不用。是否如此尚待其他材料佐证。

〔3〕见前表一。

上表所列各宗族之姓以物类来分，动物最多，十类（其中哺乳四，鸟三，两栖、昆虫、分部各一），植物次之，五类（其中之一为分部），器物最少，二类（其中饭箩为汉姓范罗二姓之合并）。人类中有图腾制各族。取动植物为图腾者最多[1]，以器物为姓物者虽少，但非无有，如印度Chota Nagpur者之Birhor人，有以风筝、弹弓[2]，Bombay者之Masatha人，有以斧、刀、纺轮[3]，北美印第安人中之Kawa人，有以帐篷，Crow人有以房屋[4]为图腾者。本文材料中无以天象、地域或祖先之名为姓物者。又，各物之名均为宗族之称而无所谓性别图腾（sex totem）。各宗族之间，据作者调查，也无阶级或其他特殊社会关系之规定（如某一宗族必须与某另一宗族通婚等）。至于5）绿斑鸠与6）黑斑鸠，或2）绵羊与3）崖羊是否由于原来为一斑鸠族或羊族各分化为两个亚宗族（sub-clan）而各有两个所谓亚图腾（sub-totem），如涂尔干所谓者[5]，因无关此之神话材料，无从断言，似非不可能。至于10）象牙族，以象牙为姓物，颇值研究。当今滇中唯车里六顺一带尚有野象，余地均无。故此宗族之取此物为名或当远古较北各地尚有象类之时，或是转取象牙器物上之象牙为姓。盖当今象牙宗族从不用象牙筷子上表示其对象牙之禁忌。又，鲁魁山一带黑夷，除以动植器物为族称外，服装、发饰、用具、房屋装修上均无见有象征宗族姓物之备案或形状。

在表二中我们看到黑夷诸宗族对于姓物守有若干禁忌。类如禁吃、杀、触等。至于设如犯了禁会有怎样后果，又，他们对于“姓物”的情绪态度如何，他们之间的关系如何，则我们从下面的两个事例和几个神话，可以略窥一二。

---

〔1〕 Durkheim, E.,*The Elementary Form of the Religious Life*, p.103, 1915.

〔2〕 Roy, S. C., The Birhors，p.89. 见 Frazer,*Totemism*, p.366, 1937。

〔3〕 Enthoven, R. E., *The Tribes and Castes of Bombay*, 见 timga, 同书 p.326。

〔4〕 Morgan, L.H., *Ancient Society*, pp.160–163，1877.

〔5〕 Durkheim, E., *The Elementary Form of the Religious Life*, p.151。

（一）有一位水牛范姓在坝子里为一家汉人帮工，地主嘱他用水牛挖田，彼不听从。主人强之，他不得不仍照做，刚刚把犁板、犁架架在水牛身上，水牛忽然狂吼，竖起两只前腿扑到范姓身上，将他踏伤甚重，还未抬回山上，他便因伤而死。（大寨汉人王姓口述。所称地主乃王姓亲戚。）

（二）"有一天一位绿斑鸠张姓从树上射下一只鸟来，原来是一只绿斑鸠。因为在枝叶之间看不清，以为是别的鸟类，见是绿斑鸠于是恐惧万分，趴在地上叩头。口称'老祖公，得罪得罪，请你饶我无知以后不敢了'。说完就赶忙走开。"（獐子族方姓中保长口述。）

这两个事例头一个是说明设如犯禁，犯禁者要遭到灾难（即处罚）。这不但水牛族如此，各宗族均然。但宗族分子对于他们的姓物在情绪上不单纯的因为怕所以不敢犯禁。我们从第二事例中看到，那位绿斑鸠张姓因为射死了他的姓物口里还称"得罪"，这"罪"的感觉正表示他对于他的姓物不单纯的是怕而是有尊敬的情绪与态度的，具有一种宗教性。这里正合涂尔干所说，图腾在其分子心目中是一种神圣的东西〔1〕。

至于宗教分子和他们姓物的关系，则上述第二事例，绿斑鸠族人称绿斑鸠为"老祖公"。这好像是说，绿斑鸠族人就是绿斑鸠这种动物的后代。但据调查所得的五个黑夷宗族（其余十一个未曾访得）关于他们和姓物的关系的传说中显然没有一个说到他们的祖先就是那姓物（动植器物），或说祖先和那姓物发生过我们所谓的生理关系。今将五说，述之如下：

（一）獐子族——昔日洪水为灾，人类死光，只剩一人名Ap'udumu（简称Ap'u。关于整个洪水传说及其分析详另文）。后来天神（mumi）遣三仙女下凡，与Ap'u相配。七年后，第二仙女怀孕，生下

〔1〕 Durkheim，E.，*The Elementary Form of the Religious Life*, p. 191、p. 301。

一个葫芦。Ap'u 将其剖为四瓣，每瓣跳出一儿。大儿为汉人（T'anipuo，疑为唐人译音）之祖，二儿为黑夷之祖，三儿为窝尼（Wonni）之祖，四儿为摆夷（P' anip' uo）之祖。第三女生了两对孪生，均是女儿。四男与四女因是兄妹关系不能成亲。后求天神示意每对各取两扇磨盘，抛往山下。如两盘吻合，即可成婚。果然一一吻合。于是四对兄妹相配为偶。大、三、四儿女成为夫妇后迁移他处，第二对儿女，即黑夷之祖，婚后仍住原处。但后因繁殖众多，同族互相残杀。一日，一对夫妇为另一对夫妇逐杀，乃逃向森林。另一对夫妇在后面追赶不舍。忽然有一只獐子走出林来，拦住去路，于是追者不敢前进。头一对夫妇因此得救。以后此对夫妇及其后代乃奉獐子为祖先而姓獐子。盖獐子为老祖公所变以保护子孙者。

（二）水牛族——同上原因，一对夫妇被另一对逐杀逃到一条大河边，正在危急之时忽然河中出现一条水牛。夫妇乃骑在水牛背上泅水过河，得免于死。后乃奉水牛为祖先而姓水牛。水牛为老祖公 Ap'u 所变。

（三）绿斑鸠族——同上原因，一对夫妇被逐逃到一地，荒凉无物。肚中饥饿异常。正在无法可想之时，忽然有一绿斑鸠衔米来喂，得免于死。以后即奉绿斑鸠为祖先。绿斑鸠为老祖公所变。

（四）黑斑鸠族——除绿改为黑外，余同（三）。

（五）猪槽族——在昔洪水为灾，人类死光，只余一对兄妹，匿于山上崖洞中。水渐上涨，将漫及洞口，忽然漂来一个猪槽，于是夫妇乃登入猪槽，漂往他处，得免于死。兄妹结为夫妇，因感猪槽救命之恩乃奉之为祖先。后来生儿育女乃成今猪槽族。

按上述五个传说则他们姓物的性质都是他们祖先的保护者。五个之中除了猪槽族的祖先似乎是始祖以外，其余四个，即獐子，水牛，绿、黑斑鸠的祖先均非始祖，而是始祖以后的一个祖先为始祖“变”的物所保护，即宗族之祖。（猪槽族不但姓物的传说特别，他们的整个洪水故事也与鲁魁山其他黑夷不同。当于另文详述。或许猪槽族与其他宗族来源不同。）但这五个传说相同的却是那姓物是他们的保护者。唯非如美洲印第安人之保护神（guardian spirit）[1]，保护神为个人的，个人可以求得，此则为宗族祖所遇而为全宗族分子的崇拜。黑夷情形颇与印度 Chota Nagpur 省之 Birhors[2], Oraono[3] 相似，即其宗族之图腾动物或植物曾对其祖先保护过、帮忙过或以其他方式服务过[4]。至于何以称之为老祖公，则他们相信那獐子，水牛，绿、黑斑鸠是老祖公“变”的。（猪槽族的猪槽是天神 mumi 遣派下来的。）那个当时搭救老族祖的固然是老祖公“变”的，难道现在的獐、牛、鸠也是老祖公变的么？他们回答称“是”。这样也就是说一个宗族的姓物无论以往或现在均是老祖公变的。同时也是这宗族所有分子的保护者。不过所谓“变”可以有两种解释，一是变形（Transformation），即泰勒所谓的（Werewolf doctrine）[5]，这乃是活人变兽。老祖公既已死这种变当然不是的。一是灵魂的移住（Transformation of soul），即是老祖公的灵魂移住姓物之中，借姓物身体而存在。这后一种想法在有灵魂信仰的社会中盛行[6]。鲁魁山一带的黑夷是没有显明的灵魂信仰的，他们颇相信所谓 Në，树石人兽均有 Në，我们可以译之为精灵。这精灵除了表现它的物体而外是个无形的，不可见的东西，似乎没有一定的各别个体。如是则所谓老祖公变的实在是 Në 本来借着老祖公的身体表现，现在借着一类姓物表现了。这就是说，既不是身体的变形也不是灵魂的移住而是精灵的变形。关于黑夷所谓的 Në 之详细，当另文讨论。

由于以上所说我们看到在黑夷社会中有宗族型的社会组织，以动

---

〔1〕 Goldenweiser, A., *Anthropology*, pp.242–248，1937.

〔2〕 Roy. S. E., The Birhors. p.897. 见 Frazer, *Totemism*. p.367.

〔3〕 Roy. S. E., The Oraonos of C. N. p.324. 见 Frazer, Totemism, p.375.

〔4〕 Frazer. Totemism, p.385. 1937.

〔5〕 Tylor, E. B. Primitive Culture I. p.308.

〔6〕 Duikheim. E. B., *The Elementary Form of the Religious Life*, pp.102–103.

植器物为姓，行族外婚，宗族分子对其姓物守有若干禁忌而且认为他们自己和姓物有着一定的关系。这几点正是我们上面所列的普通用图腾制这个名词来概括的一种宗教与社会两面兼及的制度。因此我们可以说新平鲁魁山各寨及元江三马头天宝山一带的黑夷是有这种可以称做图腾制的制度存在。说到图腾分子与图腾的关系，世界各族本来差别很大，这一带的黑夷认为图腾是老祖公变的保护者，可能这是后来的演变，在远古或许有过认为姓物就简直是老祖公的说法；像若干初民社会然。至言图腾与宗族的关系则在本质上就如同汉人的姓与宗族的关系是一样，姓是宗族团体的标记，所不同的，黑夷对于自己的图腾的情绪与态度（类如若干禁忌与崇拜）跟现在汉人对于自己的姓，这个文字符号以及它代表的物象的情绪与态度不同罢了。以往汉人对于帝王及尊长的“名”在平常谈话中及书写时的避讳或系脱胎于图腾禁忌的想法。何以黑夷恰恰取动植器物为姓而视与姓物有特殊关系，除了他们自己的解释以外，研究者当然可以有种种的解释，在许多研究各民族图腾制的书籍中均有所讨论。作者希望等将来材料收集较多后再加列论。

目前这一带的黑夷因为环境关系与汉人交往日趋繁多，使他们的行为方式与价值观念有着剧烈的变化。即就本文所述各点，若不是详细亲切的访问，他们对于他们自己已经知道在汉人看来十分可笑的族称及其崇拜简直守口如瓶。这样他们的图腾及其崇拜的表现与应用的范围将日趋缩小。虽然目前尚有余音可寻，但不久的将来势必完全消逝而由另一种符号与团体形式继替下去。

除本文所述的黑夷之外，现在非汉语部族中明确的有图腾崇拜的是何联奎氏所观察到的浙江畲民〔1〕。其次四川羌民也有类似痕迹〔2〕。云

〔1〕 何联奎：《畲民之图腾崇拜》，中山文化教育馆民族学研究集刊。
〔2〕 胡超民：《羌族之信仰与图腾》，金陵大学《边疆研究论丛》第一期，民国三十一年。

南车里摆夷，粤桂瑶人，海南岛黎人似也有些线索可寻。倮罗部族中有可称为图腾制的制度，本文所述当为第一次。关于中国古代图腾制问题，因材料困难，说者不一，最近闻一多氏有关于龙与图腾的探讨[1]。

（本文原载《边疆人文》第一卷第一期，1943）

〔1〕 闻一多:《从人首蛇身深剖龙与图腾》,《人文科学报》一卷二期，民国三十一年。

西南部族之鸡骨卜

一 引言

在我国西南流行的各种占卜方式中，“鸡卜”是很重要的一个。鸡卜有好多种，有鸡股骨卜、鸡翅膀卜、鸡头骨卜、鸡颚软骨卜、鸡蛋卜等。鸡头骨及颚软骨卜盛行于川滇汉语社会中。鸡股骨卜、鸡蛋卜盛行于西南若干非汉语部族中。本文专论鸡股骨卜，余俟另文讨论。材料分为三类。一是专门的较详细的鸡股骨卜调查。二是其他方面之调查而涉及鸡股骨卜者。三是民国以前史志札记关于鸡骨卜之记载。一个文化因子或特征的研究，像鸡骨卜，可以从许多不同的观点入手。其中显明的类如我们可以研究这种占卜当今在其本社会的文化中与其他文化特征的关系，也就是各文化特征或因子彼此关系的研究。另外一种看法是研究这个文化特征的分布区域。从它的分布上，同时，尽可能的在历史记载上找材料，以探讨此特征之起源与传播，传播过程与变迁及其与历史背景地理环境之关系。这两个看法，对于一个文化特征的研究，不但不相悖而且相辅相成。但因为材料着手的途径不同，往往会注重了一个就忽略了另一个。本文是偏重于后一种，就是研究一下鸡骨卜的形式与意义进而观其分布。因材料不多，暂不作十分具体的结论。关于分布，因参考书缺乏，也只限于国内。

二 鸡骨卜之方式

（甲）西南新平县鲁魁山大寨一带纳苏（Nasupuo）部族（即黑夷）中盛行的鸡股骨卜。作者三十一年夏曾实地调查。纳苏属于藏缅语系倮㑩群。他们有文字，即所谓爨文或倮㑩文。下面所述是根据倮文卜书。卜书所载鸡骨卜系由大寨罗白马（巫师）口译，并经前保长赵兴中君详校。大寨一带纳苏鸡卜只有鸡股骨卜和鸡蛋卜。鸡蛋卜只用于藏地之选择。鸡卜纳苏语为 yia buo，yia 为鸡，buo 为卜，此称专指鸡股骨卜。每当杀鸡煮熟之后纳苏总是把两交股骨剥出，或为当时占卜或留起作为以后占卜之用。占卜的鸡骨无论雌雄雏老均可，并无限制。卜时须根据卜书以断吉凶。每个巫师皆蓄有不少鸡骨，收藏在竹筒里。股骨卜仍可分为两种，一种是用一只鸡的左右两股骨，这是普通占卜时用。占卜的时候将两骨平头并排，用细麻束紧。以极细的竹签，插进股骨上原有的小窍孔中，这窍孔本是血脉神经经穿之孔，多寡不一。一种是 12 只鸡的左右股骨，共 24 个股骨。每一鸡的两股骨束为一付，共 12 付。这是为特殊的占卜之用，如关系全寨的祭祀、防御匪患、卜选“官白马”（即担任全寨占卜事务之巫师）、大迁移等等。这 12 付鸡骨放在一个大竹筒中由“官白马”两手拱摇，摇三次，最后一次用力摇，其跃出之一付，即以之为占卜之用。插签与审兆方式两者均相同。骨上窍孔的多寡与地位各不相同。各窍孔在骨内的倾斜度也不一样，竹签插入随窍孔之原来形状，因此露在骨外的竹签表现出不同的方向以及疏密多寡偏正之差别。竹签插入后所表示之形象便是“兆象”。“审兆”是依据卜书的。左骨为“主”或“我”（即卜事之人），右骨为“客”或“人”（即所卜之事）。占卜之先不做祈祷。大寨纳苏的卜书上把鸡骨及插在上面的竹签方向之上下，数目多寡，距离疏密等都用线条绘画出来。其下注有夷文说明。其方式有如易经的卦爻词。兹依其原来所绘兆象并其所系之词译述如下。竖着的两道线条表示左右两股骨。次序是原来的，号数是我加的。一共 26 个兆象。

①  病人得此不能生。送鬼献神均不吉。讼事吉。

②  讼事吉。献神吉出行吉。私人送鬼不吉，公家送鬼吉（公家指全寨）。

③  祭家祖公不吉，祭山神吉。田地丰收。病人得此不吉。出行吉。

④  过新年得此不吉，如三年连得三次，全家衰亡，出行不吉。

⑤  得此日月将各出三个，天地开成九层。

⑥  万事皆吉。

⑦  得此将有洪水泛滥天地（按据传说，在昔洪水滔天之前夕，纳苏各家鸡卜均得此兆）。

⑧  产妇得此不吉，有病痛□□□。讼事不吉。

⑨  叫魂吉。送鬼不吉。谢土吉。讼事不吉。

⑩  牲畜吉。献门神吉。

⑪  祭祖公吉，得此应叫魂。讼事不吉。

⑫  叫魂吉，出猎吉。出行远方不吉。婚姻得此子女少。讼事吉。送鬼不吉。

⑬  说婚不吉。讼事失财。护送或担保他人吉。

⑭  送鬼吉。讼事不吉。

⑮ 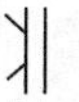 诸事不吉。

⑯ 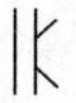 讼事失重财。田地变主。子女变哑。

⑰  新年得此吉。病人不吉。嫁娶吉。盖房吉，祭龙神吉。

⑱  讼事吉。祭田神丰收。盖房不吉。

⑲  盖房吉。余均不吉。

⑳  叫魂吉，说婚不吉。盖房吉。送鬼不吉。

㉑  产妇得此吉。讼事吉。祭田神不吉。为鬼所祟得此不吉。

㉒  讼事不吉。宴请亲家得此不吉。说婚吉。

㉓  讼事不吉。出行吉。收谷时得此不吉，祭龙神吉。早晨得此，中午即雨。

㉔  送鬼不吉。家中将死人。护送或担保他人生是非。

㉕  诸事不吉。

㉖  祭龙神吉。说婚吉。打猎吉。送鬼不吉。盖房不吉。

我们先分析一下26个兆象本身[1]。各兆象竹签均偏于外边，向外无向内者。据罗白马称，占卜依每骨签数多寡及各签距离之疏密作为各兆象之区别标准。每骨签数在上绘26个兆象中最多者为12个，最少为1个（除全无者外）。占的事项约可分为14类。计献神，送鬼，叫魂，讼事，出行，婚姻，疾病，盖房，担保护送，牲畜，打猎，子女，财产，宇宙天象。以每类事在系词中所见次数来计，则讼事最多，14次，献神13次，送鬼8次，婚姻6次，出行、盖房各5次，叫魂、疾病、财产（包括田地收获）各3次，担保护送、打猎、宇宙天象各2次，子女牲畜万事皆吉、诸事不吉各1次，献神一项包括献龙神、祖公神、山神、土神、田神等。献神项之所谓吉或不吉是说献了之后是否有效。盖献神含有祈求神灵赐福免灾之动机，吉凶是指能否达到祈求目的。又设如所卜的事与所得的兆象不相关，例如问婚姻而得一兆象，其爻词中无关婚姻者，则就为“不好不坏”。但纳苏深信，如果诚心占卜，鸡骨上一定会显出所要问的事项之兆象。大寨一带纳苏鸡骨卜的兆象，即左右两骨每骨之签数，位置距离，与吉凶究有若何之关系？我们现在依占卜事项分类，把上录各兆象分析如下：

---

〔1〕 因钢板不易绘画，各兆象未能逼肖原图。

献神：

签数主少客多疏密不一：②，③，⑩，㉓，㉖　　吉

签数主多客少疏密不一：⑪　　不吉

签数主少客多疏密不一：①，㉑　　不吉

签数相同位置对称：①，⑰，⑱　　吉

送鬼：

签数主少客多疏密不一：①，②，㉔，㉖　　不吉

签数主多客少疏密不一：⑭　　吉

签数相同位置对称：⑨，⑫，⑳　　不吉

叫魂：

签数相同位置对称：⑨，⑫，⑳　　吉

讼事：

签数主少客多疏密不一：①，②，㉑　　吉

签数主多客少疏密不一：⑧，⑪，⑭　　不吉

签数主少客多疏密不一：⑬，⑭，㉑，㉒，㉓　　不吉

签数相同位置对称：⑨，⑫，⑯　　不吉

出行：

签数主少客多疏密不一：②，③，㉓　　吉

签数相同位置不称：④　　不吉

签数相同位置对称：⑫　　不吉

婚姻：

签数主少客多疏密不一：⑬，㉒　　吉

签数主少客多：㉔　　吉

签数相同位置对称：⑫　　吉

签数相同位置对称（占婚姻与子女）：⑫　　不吉

盖房：

签数相同位置对称：⑰，⑳　　吉

签数相同位置不称：⑲　吉

签数相同位置对称：⑱　不吉

签数主多客少：㉖　不吉

疾病：

签数主少客多疏密不一：①，③　不吉

签数相同位置对称：⑰　不吉

财产：

签数主多客少（主全缺）：⑯　不吉

子女：

同上

宇宙天象：

签数特多，密疏不一：⑤，⑦　发生大变

万事：

签数相同位置对称：⑥　吉

签数主多客少（或客全缺）：⑮，㉕　不吉

打猎：

签数主少客多：⑳　吉

签数相同位置对称：⑫　吉

牲畜：

签数主少客多：⑩　吉

我们根据以上分析再以兆象为单位观其所卜事项种类之吉凶。

I. 兆象主骨签少客骨签多不吉，主骨签多客骨签少吉。计有下类事项：送鬼①，②，⑭，㉔，㉖。婚姻⑬，㉒（㉖例外）。盖房㉘。疾病①，③。

Ⅱ. 兆象主骨签少客骨签多吉，主骨签多客骨签少不吉。计有下类事项：献神②，③，⑩，⑪，㉓，㉖（①，㉑例外）。出行②，③，㉓。牲畜⑩。打猎㉖。

Ⅲ. 兆象主客两骨签数相同，位置对称吉。计有下类事项：献神⑨，⑰，⑱。叫魂⑨，⑫，⑳。婚姻⑰。盖房⑰，⑳（⑧例外）。打猎⑫。

Ⅳ. 兆象主客两骨签数相同，位置对称不吉。计有下类事项：送鬼⑨，⑫，⑳。疾病⑰。

除上列者外，余如言公事，护送担保等均不易看出兆象与吉凶之关系（即盖房一项吉凶与兆象之关系已极含混）。例如讼事，主少客多者吉或主多客少者不吉共有6次，而主少客多不吉者也有5次之多。又，各签距离疏密似无吉凶关系。就上列四类兆象与各事项之吉凶关系而言，我们约可作以下之推测：（一）送鬼，婚姻，盖房，疾病均以主多客少为吉，主少客多为不吉，盖送鬼与疾病两项客是指鬼与病，故以少为吉。婚姻与盖房，则客指对方及建筑后房屋对主人之吉凶，如客多，则双方“力量”不均衡，主人将被压。（二）献神，出行，牲畜，打猎，主少客多为吉，主多客少不吉。献神客指神之降临与否，亦即指祈求灵验与否，客多表示神之降临故吉。出行盖指“宜出行”这件事，故多则表示出行事件之吉，少则谓不宜出行。牲畜与打猎则客指牲畜与可获之猎物，自是以多为吉。（三）献神，叫魂，婚姻，盖房，打猎，以客主两骨签数相同位置对称为吉，当是表示“均衡无所失”之意。（四）送鬼，疾病以主客数相同位置对称为不吉，盖因鬼与病乃与主相反之力量，如数相同，则两相抗衡故不吉。总之，主客两骨签数似是表示两种力量，签数多则力量大。数相同，形相称则力量均衡。至主客每骨签数多寡与吉凶，则视所卜事项之类别而定。此外，客主两骨中任一骨签孔全缺则不吉，盖力量完全失去均衡。签孔数目过多，则表示异象，宇宙将有大变。上述均是作者根据兆象分析而得的推测解释，纳苏本人并未做如是叙述。因此这个推测解释可能完全附会。

（乙）同县赵米克寨纳苏部族之鸡股骨卜。根据祖居赵米克寨至其本人迁到杨光坝居住之张白马（俗称老瘫子者）口译彼签之卜书中鸡骨卜部分。卜法与大寨全同。卜书上兆象与卦爻词排列亦同。唯兆象本身之画法略异，盖于每骨之上下两端多加一划如。竹签之画法同大寨。卜书共载23种兆象。兹将兆象并所系之话，照录如下：

①  万事皆吉。

②  万事皆吉。

③  出行吉。疾病久。生意不成。偷窃不吉。做官不吉。送鬼不吉。正月献门神不吉。

④  偷窃不吉。病人死。送鬼不吉，生意不成，出行得病。做官得利。献门神不吉。

⑤  偷窃吉。病人愈。出行不吉。生意不成。讼事吉。献门神不吉。

⑥  偷窃不吉。疾病凶。出行（此处缺字——编者）。生意（此处缺字——编者）。讼事吉。献门神吉。

⑦  偷窃吉。疾病愈。出行得财。送鬼不吉。正月献门神吉。讼事吉。

⑧  偷窃不吉。疾病凶。出行不吉。生意不成。献门神不吉。

⑨  偷窃吉。疾病凶。出行得财。送鬼不吉。讼事不吉。正月献门神得此，家中将有人死亡。

⑩  偷窃不吉。疾病愈。出行得财，但归不得家。生意不吉。送鬼吉。讼事吉。献门神吉。

⑪  偷窃吉。疾病不吉。出行吉。送鬼吉。生意吉。讼事吉。正月献门神得此，牲畜死亡。

⑫  偷窃吉。疾病凶。出行有讼事纠纷。送鬼不吉。生意吉。讼事不吉。献门神不吉。

⑬  偷窃吉。疾病愈，但将复发。出行不吉。生意不吉。正月献门神不吉。

⑭ 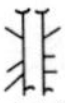 偷窃吉。疾病愈。出行吉。生意吉。送鬼吉。讼事不吉。正月献门神吉。

⑮  万事不吉。

⑯  偷窃不吉。疾病凶。生意不吉。讼事不吉。正月献门神吉。

⑰  偷窃吉。疾病（此处缺字——编者）吉。生意不吉。讼事吉。正月献门神不吉。

⑱  偷窃不吉。疾病即愈。生意吉。出行吉。送鬼不吉。做官不吉。献门神不吉。

⑲  偷窃不吉。疾病与出行吉。生意吉。送鬼不吉。做官不吉。正月献门神吉。

⑳  偷窃吉。疾病愈。出行不吉。生意吉。送鬼不吉。做官不吉。

㉑  偷窃吉。疾病凶。出行吉。讼事吉。正月献门神不吉。

㉒  偷窃不吉，将被捉。送鬼不吉。出行吉。生意吉。正月献门神吉。

㉓  偷窃吉。疾病凶。生意不吉。送鬼不吉。讼事不吉。正月献门神不吉。

上面23个兆象每骨签孔最多为5个。竹签向内倾斜者，占卜事项可分为8类，即出行，疾病，生意，偷窃，献门神，送鬼，讼事，做官。次数以偷窃最多，20次。疾病19次，出行18次，生意、献门神各17次，讼事13次，做官5次，万事皆吉2次，万事不吉1次。关于兆象与吉凶标准问题。□□各兆与系词详加分析。结果毫无标准可言。按张白马在杨光坝□□其地居民多为汉人，平时占卜，多以干支推算，鸡骨卜应用甚少。找不出标准，可能是原书有讹，或不常用，遂□□略。

（丙）云南澜沧县酒房寨阿卡（Ak' a）部族之鸡股骨卜。根据作者二十四年实地调查，阿卡的语言是属于藏缅语系无文字。用来占卜的鸡雄雌雏老均可。卜法与甲乙相同，唯以右骨为主，左骨为客。兆象共16变，审兆全凭记忆。此种占卜在当地汉人中也很通行。据汉人称系学自阿卡。这16个兆象中有4兆有汉语名称，无阿卡语名称。兹将兆象及解释并汉语名称录之如下。兆象是我根据阿卡的叙述而画的。两骨间之距离纯为绘画便利，占卜时是用绳束在一起的。

①  病者死。出行不吉。主客均凶。（灵牌卦，因两签正中直竖如灵牌）

②  病者愈。出行吉。将有口舌（纠纷）。讼事不吉。

③  将被盗。出行不吉。病难愈。（触心卦）

④  将进财。有□□酒。病者愈。

⑤  诸事平安。

⑥  诸事不吉。心中不安。（触心卦）

⑦  将有死亡。出行被盗。生意失败。

⑧  病者死。出行不吉。生意失败。

⑨  诸事平安。

⑩  诸事不吉。

⑪  出行吉。将有口舌纠纷，但主胜客败。（抽刀卦）

⑫  诸事平安。

⑬  病者愈。出行不吉。做事有人监视。

⑭  出行不吉。将有口舌纠纷。客胜主败。（抽刀卦）

⑮  将进财。添丁。病者愈。出行吉。

⑯ 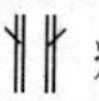 病者愈。做事先和后争。出行不吉。

从兆象上看，阿卡的鸡股骨卜是很注重竹签之偏正，向内向外，倾斜或直竖。大寨及赵米克之纳苏书卜所载的兆象只注重两骨签数及上下方向与距离疏密。这16兆象所卜事项计有5类，计出行，疾病，口舌纠纷，钱财，人丁。16兆象中关系出行的最多，10次，疾病8次，口舌纠纷4次，钱财3次，人丁1次。至兆象与吉凶之关系则（一）正中有窍孔，竹签直竖立，不吉。两骨每骨一个如①，或只一骨有一个如⑧。（二）两骨签数相同位置对称者吉如⑨，⑫，但交叉者不吉如⑩。（三）竹签交叉者均不吉。一骨一签与另一骨一签交叉如⑯或一骨两签交叉如⑩。余似无一定标准。

（丁）四川雷波昭觉两县间金□□□支阿庄支恩扎支布兹支之黑夷族盛行之鸡股骨卜。根据赵至诚先生二十六年三月在该地调查所得。这一带黑夷的占卜种类很多。计有羊骨卜，鸡骨卜，木刻□□□羊髀卜等。各种占卜赵至诚□□□□□□□。赵君同意整理发表□□将其鸡股骨卜整理。赵君□□□□□□□□时候，只看鸡头盖骨和鸡下颚软骨，以占吉凶：□□□□是在每年秋收以后，送清静神的时候，先请毕摩（男巫）来求诵经，用火烧去鸡毛，将整个的鸡（此处缺字较多——编者）放入锅中煮。毕摩先在（此处缺字较多——编者）待鸡熟取肉食之，将鸡之两股骨（此处缺字较多——编者）插入股骨卜的孔窍，视竹签之斜正偏直的方向以定吉凶。”据赵君所得黑夷口头叙述，共有16卦，兹依绘如下：

①  □内外平安。

②  □□□青年妇女将有死亡。

③  亲戚家中将有妇女死亡。

④  亲戚家中将添男。

⑤  亲戚家中将有男子死亡。

⑥  自己家中将有青年男子死亡。

⑦  自己及亲戚家中将有青年男子死亡。

⑧  自己及亲戚家中将有青年女子死亡。

⑨  自己家中将有人死亡。

⑩  自己家中将添男。

⑪  自己家中将有老年人死亡。

⑫  自己家中将有男主人死亡。

⑬ ╢╟ 亲戚家中将有老年妇女死亡。

⑭ ╢╟ 自己家中将添男。

⑮ ╢╟ 亲戚家中将有青年妇女死亡。

⑯ ╢╟ 亲戚家中将添女。

上面16个兆象，竹签均向外无向内者，此表示只依签数多寡及上下方向以为兆象区别。此与大寨及赵米克纳苏相同。但以右骨为内，即主，左骨为外，即客。（此处缺字——编者）与（此处缺字——编者）阿卡相同，大寨赵米克纳苏则以左为主右为客。所卜事项仅为家族及亲戚之人丁吉凶，无他种事项之占卜。我们现在分析一下兆象标准。设如我们把兆象各签用数字表示出来如□□□：则从此16兆象的解释上看，可得以下结果：(一）Ⅰ与Ⅲ（即Ⅰ|，Ⅲ|）代表男子，如⑤，⑥，⑦，⑫均缺此两签或一签表示男子死亡。但⑪为例外。（二）Ⅱ与Ⅲ（Ⅱ|，Ⅲ|）代表妇女，如②，③，⑧，⑬均缺此两签或一签表示妇女死亡。但⑮为例外。（三）Ⅴ与Ⅳ（即Ⅴ|，Ⅳ|）代表子或女，如④，⑩，⑭，⑯。有此两签或一签，表示添丁或进口。（四）右为内或主，指本家族内；左为外或客，指亲戚家内。以签数多寡来看，则签多者吉，主多主吉，客多客吉。

上述四种鸡股骨卜是较详细的调查。现在我们叙述一下调查其他方面而涉及鸡骨卜者。本室邢庆兰先生于三十二年春在云南新平县漠沙乡调查花腰摆夷语言，据称“花腰摆夷所传罗三与娥娘恋爱故事中称罗三欲与娥娘相见受阻后，罗三即杀鸡，以‘看鸡卦’。摆夷称鸡卦为‘man kai’。以细篾签插入鸡大腿骨之细孔中。骨上或有一洞或二洞或四洞不等，遍插之，视其偏正斜直，以定吉凶。如竹签直入则主有死丧。此即兆死时所竖旗也”。又高华年先生于三十二年夏在云南峨山县调查该县化念乡之青苗语言，称“苗家结婚时媒人例须唱歌，歌中提到‘算鸡卦’。卜取鸡两腿骨并排扎在一起。以细竹篾插骨上小孔中。设如每腿有两孔并排相对则吉。如一个一孔或多一孔，即两腿孔洞数目不同则不吉。青苗除鸡腿骨外当有鸡颚软骨卜及鸡翅膀卜”。最近马学良先生自武定禄勒一带调查黑夷语文归来，称该地黑夷亦盛行鸡股骨卜。卜法载于夷书，并曾做实地观察。作者民国二十五年在元江县大羊街车库寨调查窝尼及顺宁县耿马土司地，并澜沧县孟连土司地调查摆夷时，知当地均行鸡股骨卜。据当地摆夷称卡瓦山之卡瓦人亦用鸡股骨占卜吉凶。唯均未做详细调查。

民国以来各调查报告及普通杂志关于鸡骨卜只有两个记载，一为刘锡蕃《岭表纪蛮》第二十一章述及广西土人（大约指傜人与僮人）有“鸡卜”。但无详细描写。二为刘远东《澜沧人民迷信概况》，载《旅行杂志》第十七卷第六期，称当地人民（指倮黑、卡瓦、摆夷及汉人）占卜中有所谓“鸡卜”。“鸡卦是指鸡的两腿骨的占卜。此卦由两只腿骨配成左边一支为‘家’，可代表家边一切，右边一支代表神，视所表之神为何而定……该两骨之正面各有很细小的孔。看卦者要用很细的竹签插入细孔，以竹签所成的对比形状来作决定，如有四小孔（常为四小孔者）插入四小签而左右各二签均相对，称为‘竹杠卦’，为最不好，表示要抬人去埋的意思。如神边两签顶端距离超过家边两签顶端距离，则为好卦，乃受家神保护之意。如人边之签顶端距离超过神边之签顶端距离则为神未保护人亦为不好，其他形式极多，至有多至五六签者，有少至一签者。均视所成形式而定。……”

从上面所叙述的现代各部族的鸡骨卜，我可以归纳到以下数点：（一）以鸡股骨为占卜介物，普通称之为“鸡卜”或“鸡卦”。占卜所用之鸡无论雄雌雏老均可。（二）用绳将两股骨并排束起。（三）以细竹签插于骨上原有之小窍孔中，任其自然形势。（四）插于骨上竹签之形式为兆象，据之以占吉凶。竹签是代表窍孔亦即视窍孔之多寡斜直与方向以定吉凶。（五）左右两股骨分主或我与客或事。以上五点为此种占卜之主要特征。（六）所卜事项繁简不一，例如雷波昭觉间之黑夷专为占卜人丁盛衰，大寨赵米克等地所占事项种类甚多。（七）此种占卜通行于以下诸部族：纳苏（即黑夷），阿卡，窝尼，摆夷，青苗，卡瓦，罗黑，即我国西南三大主要语系之族群中，每族群均有若干部族通行此种占卜，地理上分布于川滇两省。若将刘锡蕃之简单记载算入则当今桂省亦有之。至当今我国他省有无此种占卜，则民国以来之文献除已述者外均无关此之记载。但此未足以证其无有。民国以前之文献颇有记载，是可言其以往确有。

三　以往文献关于鸡骨卜之记载

兹依记载时代之先后述之，并观籍此种占卜之分布。关于鸡卜的记载最早见于《史记·孝武纪》：

"是时（当为元鼎五年）既灭南越，越人勇之乃言越人俗信鬼而其祠皆见鬼。数有效……乃令越巫立越祠祝，安台无坛，亦祠天神、上帝、百鬼以鸡卜。上信之。越祠鸡卜始用焉。"唐张守节《史记正义》称："鸡卜法用鸡一狗一，生祝愿讫，即杀鸡狗煮熟，又祭。独取两眼骨，上自有孔，裂似人物形则吉。不似则凶。今岭南犹行此法。"按眼骨之"眼"字疑为"腿"字之讹。盖眼骨一词无可解，腿与眼字形相近，为刻手误讹当有可能。鸡唯有腿骨。

此后《汉书·郊祀志》也有记载与《史记》相同，唯"越"作"粤"。按古时南越亦作南粤，今两广地。汉书而后至唐，始再有鸡卜记载。唐代除张守节《史记正义》外，有段公路《北户录》，称：

> 南方逐除夜，及将发船，皆杀鸡择骨为卜，传古法也。卜占即以肉祠船神，呼为孟公孟姥，又云冥父冥老。

所称南方系指岭南一带。根据张、段两书所述，我们可以说在唐代两粤是盛行鸡骨卜的。张书中之“眼骨”若确为腿骨之误，则当时是行鸡股骨卜的。唯段书称“皆杀鸡择骨为卜”语甚笼统，但张、段同为唐代人，段所谓之“骨”或即指股骨。汉武帝的越祠鸡卜，虽不能确定其为鸡股骨卜，但其鸡卜系自南粤导入，故其鸡卜方式似有即为张、段所称之岭南鸡卜之可能。此种占卜为张、段所注意，似是当时在岭南很盛行而重要的一种占卜。唯张书称：独取两腿骨上自有孔，裂似人物的则吉，不似则凶。就现在鸡股骨来看，上面只有小孔，除了受伤损裂纹可能显出人形肢体外，通常只有孔无裂纹，因此我疑心张书是根据传闻并未亲自看到。至宋代周去非《岭外代答》卷十乃有较详细的记载：

> 南人以鸡卜。其法以小雄鸡未孳尾者执其两足焚香祷所占而扑杀之，取两腿骨洗净，以麻丝束两骨之中。以竹梃插所束之处，俾两腿骨相背于竹梃之端。执梃再祝祷。左骨为侬，侬者我也。右骨为人，人者所占之事也。乃视两骨之侧，所有细窍以细竹梃长寸余者遍插之，或斜或直或正或偏，各随其斜直正偏而定吉凶。其法有十八变。大抵直而正或附骨者多吉。曲而斜或远骨者多凶。亦有用鸡卵卜者。焚香祷祝，书墨于卵，记其四维而煮之，熟乃黄截，视当墨之处辨其白之厚薄而定侬人吉凶焉。昔汉武帝奉越祠鸡卜，其法无传，今始记之。

周书所称南人当指岭南一带。其后，明邝露《赤雅》卷下“鸡匠”条载有鸡骨卜，文词与《岭外代答》几全同。虽有抄袭周书之嫌，但邝氏海南人尝至广西游于岑、蓝、胡、侯、槃五土司地，所述鸡卜必系当时流行者，否则无须抄袭周书。按周、邝两书所载之鸡骨卜与本文第二节中所述川滇现代所行鸡骨卜之方式颇多相同之点。所称腿骨当即吾人所谓之股骨。第二节中所列鸡股骨卜五项特征，周、邝所述与之全相符合。唯周、邝称占卜之鸡以“小雄鸡未孳尾者”，“焚香祷所占”，“以竹梃插所束之处，俾两腿骨相背于竹梃之端”等三点为现代川滇各部之鸡股骨卜所无者。但此似非关重要。又按清初顾亭林《天下郡国利病书》载倮㑩鸡卜须用“雏鸡雄者”（详下），是当时曾经有过此种限制而今已失去。周、邝所述两粤与当今川滇之鸡骨卜之主要特征既相符，是可言其为一物。设诚如上面所说汉武帝自南越传入之鸡卜即顾书、张、段二书所载之鸡骨卜，而宋明周、邝所记，即张、段所称，汉代南越鸡卜方式仍盛行于现代诸部族中。上述为两粤之鸡骨卜记载。此外，明田汝成《炎徼纪闻》卷四《蛮夷·苗人》条载二：

> 占卜以鸡骨进之，视其璺，以断吉凶。或折茅为兆。

按“璺”训为“裂”，当指鸡骨之窍孔。又，清田雯《黔书》卷一花苗条：

> 花苗……动作必卜，或折茅或熟鸡取其胫骨与脑验之。

清陆次云《峒溪纖志》猓猡条：

> 猓猡……鸡骨占年。

上述三个记载虽语多笼统，但作者认为当即吾人所谓之鸡股骨卜。清严如熤《苗疆风俗考》：

> 苗中……著鸡卦。持鸡于野，插五色纸旗于地，绕以楮钱，

击竹筒祷之。然后烹鸡，取胫骨两，以竹筳测骨孔之深浅。其吉凶休咎率卜于是数者（原书载除著鸡卦外尚有鸡蛋卦、抛木卦等）。

严书所记为湘西苗人，称以“深浅”卜吉凶。不知系严误竹签插入洞孔之“形象”为“浅深”，抑或确实以“浅深”定吉凶。至于“取两胫”则通常“腿”、“胫”、“股”多半通用，指“腿”。此处之“胫”很可能就是“股骨”。盖鸡之上腿即股（femur）已经很小，而下腿骨（tibia 或 focile）更形细小，甚不适于持握。因此我们或可以说湘西苗人也有我们所谓的鸡股骨卜。丛书为唯一关于鸡骨卜湘省有之记载。四川省有鸡骨卜已往记载只见于清顾亭林《天下郡国利病书》卷六十八，“四川建昌卫”条下转录《建昌志》：

东门十群蛮有疾者不用医药。召女巫以鸡骨卜，事无巨细皆决之。

建昌卫在今西昌县地。《西昌志》与《建昌志》所载同。以往记载云南鸡骨卜者甚多。唯多在清代。顾亭林同上书卷一百一十，“云南种人”条：

爨蛮……巫号大觋皤或拜祃或白马。取雏鸡雄者，生刳，取其两髀□之，细剖其皮骨有细窍刺以竹签，相其多寡向背顺逆之形。其鸡骨窍各异，累百无雷同，以占吉凶。

按《说文》，“股外”曰“髀”，“髀上”曰“髋”，“肉部”曰“股髀”也。顾书所谓“髀”，当即吾人之股骨。其称“取雏鸡雄者，生刳”，则与现代倮㑩（纳苏黑夷）不同。但与周、邝所称岭南鸡骨卜相同。如是，则当今黑夷鸡卜无雌雄雏老之限制，当是后来的变化。清阮元《云南通志》《南蛮志》，转录《旧云南通志》，与顾书同。又转载：

《皇清职贡图》："㑩鸡……临安开化二府皆有占卜用鸡骨。"

《伯麟图说》："普列，善鸡卜，有疑取鸡骨卜之辄兆。开化府属有之。"

《东川府志》："乾猓猡，靡莫别种……卜以鸡骨。"

《昭通府志》："夷俗分黑白二种……失物则执鸡骨占验。"

《梵雄府志》："黑猓猡其占或鸡羊骨。"

《景东府志》："僰夷……占吉凶用鸡肋插竹签打鸡卦以决之。"

按肋为膀骨或肋骨。设不是叙述者误股骨为肋或膀，则所谓"鸡肋"，当即本文第一节引言中所谓之鸡翅膀卜。但误股骨为肋骨是很可能的。

《他郎厅志》(今墨江县)："卡□……病不服药维卜鸡卦。"

《永昌府志》：(所载与《岭外代答》相同。盖当地有鸡骨卜而抄袭周书词句描写之。)

据作者参考所及，关于鸡骨卜之记载，已尽于上列诸书。描写我国西北东北边疆风土之□□未见有关于鸡骨卜之记载。根据上述记载，我们可以说：鸡股骨卜盛行于两粤、湘西、黔、滇及川南诸省之土族中。汉武帝所用"鸡卜"当即是鸡股骨卜，系自越南传入，自不是汉语社会原有。自《史记》《汉书》而后，关于中原文物之典籍无述及鸡卜者，或系此种占卜方式汉武而后废止不用。

四 结论

综上各节所述，我们可作以下结论：（一）鸡股骨卜有以下五项特征：①以鸡股骨为占卜介物。②用绳索将两骨并排束起。③以细竹签插于骨上原有之窍孔中，任其自然形势。④以骨上竹签之形象为兆象，亦即以骨上窍孔之形式，断吉凶。⑤左右骨分主或我或内与客或事或外。至所卜事项繁简不一，各部族不同。（二）此种占卜方式现在盛行于川南及滇者非汉语部族中。唯现在湘、黔、粤、桂诸省有此种占卜之可能性甚大，虽然未见相关此之报告。（三）根据史志、札记之记载，以往在粤、桂、湘、黔、川南及滇省均曾有此种占卜。其方式要点与现在滇省及川南流行者相同。汉武帝自越南传入之“鸡卜”，即鸡股骨卜。滇省各非汉语部族土语所称“鸡卜”，即专指鸡股骨卜。（四）综据现在调查及以往记载，鸡股骨卜分布于粤、桂、湘、黔、川、滇，其最北之分布止于川南，亦即我国西南。西南非汉语部族之三大族群，每群均有若干部族行用此种占卜方式。此种占卜方式为非汉语部族之文化产品。汉语社会中行用“鸡卜”乃自非汉语部族传入。

（本文原载《边疆人文》第一卷第二期，1943）

车里摆夷之生命环

目　录

徐　序

二十年夏，某日，云逵自柏林来巴黎，晚餐后，过第五区圣米希尔（Bd. St. Michel）街侧之一咖啡肆，适余独坐檐下，悠然若有所思，云逵口吃，期期然询余："君为徐某否？"遽握手，余亦询以"君何以知之？君何姓？"云逵乃坐于余侧，滔滔述伊身世及所治学，云正研究华欧人婚配后所生之子女，柏林之材料已具，来巴黎当续有搜集，事毕当往伦敦也。

时为我国青年学子在欧习人类科学最盛之时代：象乾未归，成志初来，在巴黎得余而三；在英有定良、重熙；云逵在德，适得六人，朋辈好谑，或号为六君子焉。云逵于六人中，年最稚，籍江苏武进，幼失怙恃，长于天津，其舅氏为某银行司理，经纪其财产，监督其学行。迨毕业于南开中学，后入大学部，初习矿冶，非所好；既赴德，乃改习生物遗传之学，其后治人类民族学，盖基于此。

云逵在巴黎，每日往西南郊华侨聚居处做研究，余亦常在国家图书馆，白日不易遇合，而晚间亦各在寓中整理所得，不常聚也。约四星期，云逵乃转往伦敦，临行时语余："所得甚多，然成问题者亦不少，可用者寥寥也。"（《华欧混合血种—— 一个人类遗传学的研究》，《民族学研究集刊》第二期，中山文化教育馆，民国二十九年三月出版）

返国以后，云逵就中央研究院历史语言研究所编辑员职。时余已先一年就金陵大学教授职，虽同在一城，亦不常见也。盖云逵就职后，即赴云南从事民族学田野工作者凡三年（二十三至二十五年）。

返京后，复耗时力于家室问题，云逵孤苦伶仃，幼即少骨肉之爱，故欲求所以慰藉之道。星期假日，仆仆京沪，故亦不复常见。

婚事未决，而卢沟桥战起，二十六年八月十五日，京初遇炸，翌晨，云逵以一车载二竹箱来余寓，入门，遽曰：“余昨夜终宵未得安眠，因来就君，愿君以一榻容我！”时余寓中已有若干老友在，如纯声、成谟等，午晚颇喧阗，虽在惊疑中，然能时时相聚纵谈，亦人生至乐事也。未几，云逵随中研院西去长沙，携二竹箱以俱。越一年，云逵与广州林亭玉女士结婚于广州湾。

抗战期间，不常通信，只于友朋消息中知云逵于结婚前即离中研院而赴缅甸，于缅甸识林女士，结婚后入滇，先后任云大及西南联大社会学教授，最后任云大社会学系主任及南开大学文科研究所边疆人文研究室主任。其间曾赴大理讲学，赴新平调查倮㑩。长女于大理讲学时夭折；逝世前一月，其夫人复举一女，余后于成都华西坝见之，颇伶俐可爱。

抗战后期，其生活亦至艰，然仍继续其研究与写作。所主持之边疆人文，颇有精湛独到之处。时余编“边疆研究论丛”，乞云逵赐稿，云逵乃以此稿寄余。匆匆校读一过，拟刊入论丛第二辑（三十一至三十二年），以篇幅过长，留待次辑，不意云逵于三十三年一月二十六日以回归热逝于昆明而不及见也。年仅四十。

云逵治学勤慎，颇有德国学者风度。兹举一例：此稿寄余后数日，即来函嘱改正若干小疵，如序中“六年”改为“七年”，政治制度章“内宫”节中之英文译音之删除是也。三十二年冬，又函嘱将旧稿寄去，拟增入一年来所得之新材料。小缘兄恐稿遗失，正待录副，而云逵逝世。余知其二竹箱中尚有若干散稿未整理也。

今复检遗稿，重读一过，回忆前尘，泪澜满纸矣！

民国三十七年七月十五日徐益棠谨序于南京

自　序

这是民国二十五年作者在车里调查所得的材料之一部，距今已经七年。从抗战起这部稿子便随作者转辗流徙。因为生活的不安定，直到最近才把它整理出来。老友徐益棠先生主持金大边疆研究，索稿，因以此文为应。于是这七年前摆夷生活的记录乃得与读者相见。本年八月作者在新平县扬武坝一带工作，遇到从车里出来的人，道及该地近况。据说车里现为我第 × 军大本营的驻在地，常常遭敌机轰炸，摆夷住户都已迁移一空了，房屋倒塌，田园荒芜，已非昔日之辉煌局面。而驻军对那少数居留的人民又颇努力于“改革”工作。经过这样一番的劫难与洗礼，将来他们的生活，必有大大的变迁。如是，则这本册子竟变成一个空前绝后的可珍贵的摆夷生活记录了。作者一方面感到荣幸，另方面对这灿烂而悠逸的生活样法之消逝，有无限的悲悯与惋惜。

这材料一部分是作者的亲自观察，一部分是得之于访问。访问时，尤以车里宣慰使司总管刀栋材君，江城整董土司少君召映品君帮助最多，谨此志谢。本文中有几张插图是当时同事赵至诚君所绘，赵君不但是个好绘手而且是位田野工作的能员。作者在车里摄了六十几幅相片。因为目前制版困难，只好俟诸异日。有许多现象，几千字的形容，不如一张相片来得清楚而活跃。尤以本文中所述各事，相片的表明是不可少的。

本文主要是叙述摆夷自生至死，一生中生活的各方面，即所谓

"生命环"。以生命环为经，以生活的各方面为纬。因为摆夷社会有贵族与平民两个阶级，两者在生活上有很大的差异。故所以在叙述本题之先，把他们的社会体系，如阶级、政制等，加以阐明。在材料整理之后，感到有很多的遗漏，例如生活的经济方面，全付阙如。又本文没有个案调查，仅报道了一个 ideal type（Max Weber），也是方法上的一个大缺欠。因为这种原因和参考书的缺乏，本文仅将所看到的听到的（而认为可靠的）事实，叙述出来，既不作社会学的诠释，也不作历史学的考证。所以把本文付印，仅为保存一个摆夷生活的忠实记录。

陶云逵　三十一年九月十五日序于昆明

第一章　摆夷之名称及其现代之分布

“摆夷”是云南一种土族的汉称，其族自称为“台”（tai），说的是所谓“台语”。说台语（各支系包括在内）的人群的分布是很广的，被汉人称做摆夷的只是其中的一部分。“台”字的原意含有“自由”的意思。至于汉名“摆夷”的来源很不易解释。此称最早见于宋，田汝成《炎徼纪闻》：“僰人在汉，俗称摆夷，为犍为郡。在唐为于矢部，盖南诏东鄙也。”按这个说法则僰人是摆夷的正称而且可以互相通用的。但僰之族称则很早就有，《礼记·王制》：“屏之远方，西方曰棘。”又《史记·西南夷传》：“秦时尝颍略通五尺道，诸此国颇置吏焉。十余岁，秦灭，及汉兴，皆弃此国而开蜀故徼，巴蜀民或窃出商贾，取其笮马，僰僮，髦牛，以此巴蜀殷富。”

摆夷之称，自田书而后，一直到清末，均与“僰”相提并论（与摆夷时常混用的有“白人”白夷”“百夷”“伯彝”等）。但明清书籍中有不提摆夷而专记“僰”者，换言之，即书摆夷必并书僰与之通；但书僰，则不称与摆夷通。其所述风俗事迹，颇异于通常关于摆夷或他书之称与摆夷通用之僰族记载。故僰人是否摆夷实是问题。至于现在通行的摆夷的“摆”字的来源，有人认为是“台”字的讹音，更有一种荒唐说法，谓其俗喜浴，在水中摆来摆去，故云。

按摆夷社会分为贵族与平民两个阶级。贵族曰“诏”（chao），平民曰“派”（p’ai）。无论平民或贵族，因贫穷而卖其子女为人之奴，则称之为“派亨”（p’ai heng），意为“家奴”。但以后赎归，则变为

“台”（tai）。其赎归之人，如原来是平民，则为“派台”（p'ai tai），如原来为贵族则仍为“诏”。无论贵族、平民，或奴隶，各以族名相问，则答为“台”。其音与“自由之人”之“台”字一样。平民又分两个名称，一为“派台”，可译做台族之平民，一为“卡派”（k'a-pai），可译做百姓。“卡派”是指一个政治区域内的人民，此人民可以是平民，可以是官；如昔清时的京畿的居民，可称之为“卡派”，京畿道为京畿居民之“诏”，但京畿道亦为皇帝之“卡派”；盖皇帝为京畿道之“诏”，亦为京畿居民之“诏”也。不但京畿居民，全国人民，无论为官吏为平民，均是皇帝的“卡派”。故土司如宣慰使、宣抚使及其人民均为皇帝之“卡派”。“派台”则为台族之人民。总之，“卡派”为百姓之通称，是对更大的政治上司或统治阶级而称。由于以上的事实，我推测摆夷的“摆”字或许是“派”（pai）的对音，乃其族对汉族皇帝及其所派之官吏如总督抚道，自称为臣民的意思。对普通一般人则称为“台”。于是汉语记录者便译名之为“摆夷”。

上面已经说过，说台语的人群不只是摆夷，泰国的泰人，缅甸的掸（shan）人，安南的茫（moung）、都（tho）、牢（lao），云南境内的仲家、侬人、沙人，贵州、广西的仲家、僮人、侬人、水人，以及海南岛的黎人都说台语。以现代而论，说台语的人群，西及阿萨姆（Assam），东及广东，北及四川雅砻江流域（在东经 28° 5′，北纬 101° 30′，据戴维斯［H. R. Davies］），南及马六甲（Malakka）。但以中南半岛（即印度支那半岛），即暹罗、缅甸、安南及云南南部为其现代分布中心。

据作者民国二十四年至二十五年实地调查（详见《几个云南土族的现代地理分布及其人口之估计》，《中央研究院历史语言研究所集刊》第七本第四分册），云南境内，称为摆夷的台语人群之分布，不论其支系的区别，约在东经 104° 迄至滇省西界。澜沧江以东者，约自北纬 23° 至滇省南界；以西者，约自 25° 至滇省西南界。但此区

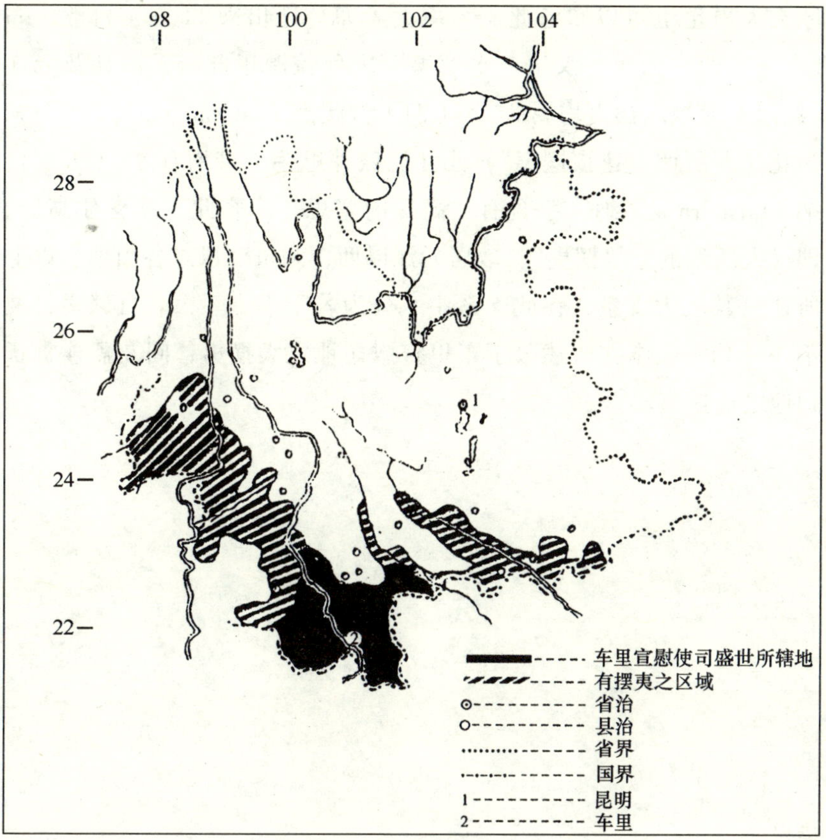

图 1　云南摆夷现代之分布

域中并非全为摆夷，实杂有汉语及其他非汉语人群如罗罗、窝尼、卡瓦等（请参阅分布图 1）。人口约数约为 50 万至 55 万人。

摆夷一族中分为五个支系或部族。（一）台勒（tai lerh）。“勒”字含有“名誉”或“伟大的”意思，古籍“大摆夷”之称盖源于此。车里宣慰司属之十二版纳均属此支。（二）台连（tai lem）。“连”字含有“份子”、“支系”的意思，我们可暂名之为“连摆夷”。孟连、耿马两宣抚司所属各地居民均属此支。从耿马及孟连宣抚司的摆夷原文大事记上可以知道此支系由大孟卯分迁出来。（三）台般（tai ban）。“般”为水，汉语“水摆夷”之称盖源于此。元江县及元江（红河）流域之摆夷均属此支。（四）台腰杰（tai yao gia）。“杰”意为花，即所谓“花腰摆夷”，元江流域并思茅一带均有之。（五）台纳（tai nerh）。“纳”字含有“高”的意思，形容此支族喜住高地。即汉人所谓的“旱摆夷”，散居元江以西，澜沧江以东各山地。以上所述只其较大支系，在此支系中又分为若干小支系，名目繁多，兹不一一列举。本文所述限于车里宣慰司地之大摆夷，间及孟连宣抚司地之连摆夷。

第二章　车里摆夷之家庭与阶级

第一节　家庭及婚制

摆夷的家庭是当今所谓的小家庭，包括夫妇及未婚子女。摆夷无姓氏，自无所谓如汉人之张氏王氏等氏族观念。每个家庭可以说直属于其部族。部族观念甚深。一部族中各个人彼此休戚相关，团结合作。同时对非其部族之人，则加歧视，虽对同说台语之他系人亦然。通常婚姻是族内婚，但有例外。凡非同父同母之男女均可结婚。例如再醮妇携前夫之子归后夫，可与后夫前妻所生之女通婚。亦无汉人所谓的辈分的限制。叔侄、舅甥缔婚，虽为数不多，但为习惯所允许。父女母子婚及同父同母之兄妹则在禁例。

摆夷社会分作平民与贵族两个阶级（详下）。平民大多数是一夫一妻，但并不禁止多妻（往往因不生育而纳妾）。平民入赘的事很常见。但入赘并不是住在岳父家里，而是在岳家附近另建新屋，惟耕岳家名下自土司处领来的地。出产以 2/3 归岳家，1/3 作为己用，或再自此 1/3 中取出若干给自己父母。有的终身入赘，有的入赘数年而后，偕新妇返归父母住所附近居住。摆夷结婚后向是独立门户，无论在父居附近或岳家附近。入赘的特点在耕岳家所领来的田，为岳家服务。贵族是多妻的，政治地位越高妾越多。但正妻只有一个，其余名分均是妾。入赘之事亦间有之。

妇女在家庭中是个重要角色。走到摆夷家里，引人注意的是妇女们的忙碌。摆夷家庭，除为家庭公共消费者外，例如饮食、耕田是夫妇合作，子女的衣饰夫妇共担。其余则丈夫劳作得来的钱，如出外经商或在衙门办公，归丈夫自己所有。妻子劳作得来的钱，如织布、绣花、做小生意——贩菜、做糕饼等，归妻子自己所有。也就是说妇女的经济相当的独立。在这种条件之下，所以在平民中离婚的事常见，而再醮，在社会上并无恶评。经济虽是分立，但家庭中许多工作，如烹饪、洒扫、看护小孩均落在妇女身上。习惯上妇女向是要存些“准备金”，所以但凡有空，便要去做可以赚钱的事了，如纺织、刺绣、做糕饼零食，或是贩卖菜蔬杂货。在摆夷的“街子”（即集市）上，做小生意的几乎都是妇女。男子们，除了农忙时期忙碌以外，其余日子则消磨于打猎、捉鱼、砍柴、办公，以及出外经商（有少数专营手工业如银匠、铁匠、漆匠等）。出外经商是个“冒险”的事，因此出外经商者仅是少数。打猎、捉鱼、砍柴、办公，都不是天天要做的、天天能做的。所以时光的大半还是消磨于拜访、闲谈、吸烟、瞑坐以及赌博之中。男子的财富，贵族靠封地和经商，平民无封地，仅能领一块地，替贵族耕种，当贵族的佃户，所入只够温饱，欲求经济宽裕，只有经商一途。经商者既不多，所以摆夷中的平民，也即是贫民。但，一因地广人稀，土地肥沃，气候和暖；二因宗教关系有乐善好施的习俗，所以看不到饥饿褴褛之辈。

第二节　贵族与平民

上面已略提及，摆夷分作两个阶级：一为贵族，“诏”；二为平民，“派”。“诏”是主人的意思，或可谓“人君”。但，凡能慑服地方族人而被举为领首者，即为主，其人为主，其亲戚亦即随之而贵，成为贵族。于其名称之前加一“诏”字。但是亲戚关系的程度是有限制的。按土司与贵族是世袭，虽然平民为民众拥戴即可成为土司，但目前的习惯，设如一个土司死了，无后；或一个土司无能，民众欲废之而另举他人，则多半仍是从土司亲戚中去物色，换言之，即自贵族中去选（详下）。因此，关于能称“诏”的土司亲戚的程度的限制，其规则是从谱系上，即历史上着眼。规定是这样：自土司本人及其同父之弟兄及同祖父之叔伯兄弟起首，向下七代（连向上的祖父，共为九代）以内之男系子孙，名为“至亲”或“近亲”（sam tin sihwog）；七代以下至九代名为“远亲”（kadiyawoung），近亲远亲均为“官亲”，皆称“诏”。九代以外则变为平民。九代而后变为平民的亲戚，如与土司攀故，贡呈联亲礼（serpagwan），则土司于其名后赐一“翁”（woung）字，但不得称“诏”。

土司娶贵族之女为妻则其妻之父及同父之弟兄称“诏”，盖本来就是“诏”。土司不得娶平民女为妻，但可纳之为妾。其妾之父兄为平民，但土司得赐一“翁”字于其父兄名字之后，不得称“诏”。设妾生子，其子得称“诏”。

土司妻称“娘嫡维”（nang divi），妾称“娘刚牙”（nang gangya），贵族妻妾及女均称“娘”。平民妻女不称“娘”，但呼其名字，如生子，则称之为某之母，如其子名香（siang），其母即称为“香之母”（mia siang）。土司之妹或女嫁给贵族，自仍称“娘”；设下嫁平民则随其夫为平民，不得称“娘”，夫自不得称“诏”。至于入赘于土司家，则贵族入赘于土司家，本称“诏”，仍称“诏”。平民入赘于土司家，亦尊称之为“诏”，其妻为“娘”，生子亦称“诏”。但入赘土司需礼物甚多，且非特殊情形之下土司不愿招平民入赘，平民入赘实等于买个官名，无论贵女下嫁或平民入赘贵族均为少数。又入赘后生子虽称“诏”，但自本人起，三代而后即变为平民，惟于名字之后加一“翁”字。兹列表如下图 2。

从上面所述，我们看到摆夷贵族与平民间无牢不可破的界限，血统常因纳妾与例外通婚而混乱。

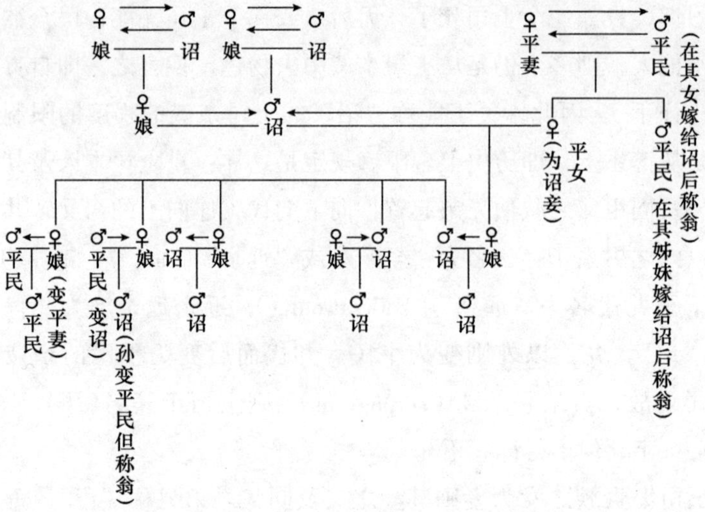

图2　说明：（一）♂男，♀女。（二）箭头表示嫁娶方向

第三章　车里宣慰使司之政治制度

第一节　土司之等级与职务

甲、汉制　在未叙述车里宣慰司之政治制度之前，我先把明清以来政府关于土司等级之规定说一下，俾得明了车里宣慰司在诸土司中的位置。土司或土官是政府任命当地土酋为官，世掌其他事务。土司之称，自明始有，清毛奇龄《蛮司合志》关于土司设置之缘由，有详尽之说明，以其冗长，兹不重录。《明史》卷76《职官志》载土司等级如下：

> 土官：宣慰使司宣慰使1人，从三品。同知1人，正四品。副使1人，从四品。佥事1人，正五品。经历司经历1人，从七品。都事1人，正八品。宣抚司宣抚使1人，从四品。同知1人，正五品。副使1人，从五品。佥事1人，正六品。经历司经历1人，从八品。知事1人，正九品。照磨1人，从九品。安抚司安抚使1人，从五品。同知1人，正六品。副使1人，从六品。佥事1人，正七品。其属吏目1人，从九品。招讨司招讨使1人，从五品。副使1人，从六品。其属吏目1人，从九品。长官司长官1人，正六品。副长官1人，从七品。其属吏目1人，未入流。蛮夷长官司长官、副长官各1人，品同上。又有蛮夷官、苗官及千夫长、副千夫长等官。军民府，土州，

土县，设官如府州县……（上载某职1人，乃是说，此职由一人任之，例如宣慰使一人，非云明全国只有一宣慰使司。）

清代多沿明旧制，据清朝《通典》卷39职官十七“土司”节：

云南土知府4人。土同知1人。土通判2人。土知事1人。土经历1人。土知州1人。土州同4人。土州判2人。土县丞5人。土主簿2人。土巡检19人。土典史1人。土驿丞3人。宣慰使1人。指挥使2人。宣抚使5人，副宣抚使2人。安抚使3人。长官3人。副长官3人。土守备4人。土千总28人。土把总55人。

自清雍正以来，渐次改土归流，到了民国，据二十五年内政部内政年鉴，云南土司，现有113个。现在唯一仅存的宣慰使阶级的土官就是车里宣慰司使，宣抚司使则尚有孟连、耿马等。自国民政府成立，“设流而不改土”的政策推行而后，于是所有土司地均设汉官治理、赋税、警备等权，渐次落于汉官之手。

乙、土制　以上是叙述政府关于土司阶级的制度。现在我们再看摆夷自己的职官制。我们要知道在光绪十二年（1886）英并缅甸以前，车里一带摆夷族各官职是由中国与缅甸政府双方委任的。即是说摆夷各官同时接受两个委状（摆夷原文车里宣慰司使有此项记载）。实际即在英并缅之后，仍往缅“讨封”。直至光绪二十五年中英勘界，订了界约以后，方才停止。因为缅文与摆夷文同出于巴利文，缅之职官、仪式等名称，亦假自梵文。而摆夷之职官名称又袭自缅甸。因此职官名称的意义，即摆夷自己亦不明了，除了对梵文确有研究之高僧，故更难译为汉语。兹将其官职阶级及任务述之如次，其名称凡不能意译者，仅译其音。

宣慰使在汉制为土司最高武职，车里无文职土官。故实际上宣慰使是文武两职集于一身的最高土职。亦为滇中摆夷诸部族中辖地最广、实力最大之酋长。摆夷名为 chao pien ling，或 sumdiet pat ging chao 意为天王。天王下属官职可以分为两大类：外官。土司以其属地分封诸子弟，外官亦即其所封地之小土司。有如古代诸侯，均世袭。内官。即所谓议事庭（serlung）诸官员。有如古代之卿相部员。此等内官，高级者由土司亲戚任之，低级者则由平民或贵族充任。无论高级或低级均非世袭，例有薪俸。但高级者间有由外官兼任者。

（子）外官　外官分为两级，均为世袭。（一）chao dump'at-，由宣慰使至亲或近亲任之。（二）chao ya，由至亲或远亲任之。

（一）chao dump'at 中分为八级：

一、chao dump'at butap'omma woungsa

二、chao dump'at but'a woungsa

三、chao dump'at bratza woungsa

四、chao dump'at bitza woungsa

五、chao dump'at duba woungsa

六、chao dump'at tam woungsa

七、chao dump'at tzaiya woungsa

八、chao dump'at nama woungsa

（二）chao ya 中分为五级：

一、chao ya düha woung

二、chao ya t'ama woung

三、chao ya tzai woung

四、chao ya nama woung

五、chao ya sli woung

每一高级外官多则管辖五个低级外官，少则一二个不等。犹如现在的省主席，可以管辖若干行政专员。低级外官亦系由宣慰使任命，非由高级外官委派。每一低级外官，管辖一勐（mong）之地。一勐即一区，约等于现代县中之区。每一勐视其大小，自七八村至三四十村不等。摆夷语村为蛮（Man），每村家户自七八家至一二百家不等。全勐人口自数百至数千人不等。

宣慰使司所辖之十二版纳，共有十九个高级外官。版纳（bana），原意为田区，或区域，一版纳包括一勐或五六勐不等，但无版纳长官，故高级外官有两人共一版纳者。又，同为一版纳而区境不必相连。按版纳既无版纳长官，而一版纳之区境又不必相连，然则此区域单位之名称存在之意义为何？关于此点，作者曾询问，而无满意答复。或许在昔历史上有原因，今虽失去，而仍存旧名。

车里十二版纳由十九个宣慰使至亲所任之高级外官分辖。十二版纳计为：

（一）顶真（Gin tseng）、勐海（Mong hai）、勐阿（Mong nga）、勐养（Mong young）、勐宽（Mong gwan）、勐醒（Mong hing）、勐远（Mong yuan）

（二）勐笼（Monglung）

（三）勐遮（Mongtzae）

（四）勐混（Mong hun）、勐腊（Monglaa）

（五）六顺（Mongla）、整董（Gingtung）、勐旺（Mong woung）

（六）车里（Ginghung）、橄榄坝（Mongdung）、勐仑（Mongluen）、勐嵩（Mongsung）

（七）勐满（Mongmong）、勐亢（Monghang）、打落（Ging luo）

（八）勐棒（Mong pong）、勐润（Mong yuen）、勐漭（Mong mang）

（九）普藤（Monghiem）

（十）思茅（Mongla）

（十一）勐乌（Mongwu）、乌得（Wuder）

（十二）倚邦（Yibang）、易武（Yiwu）

（丑）内官　内官（即议事庭[serlung]官员）之等级与职务。内官可分为两个阶级：

（一）甲级，多由至亲任之。计：1. 总管，俗称“代办”，总理一切政务。2. 副总管，襄理一切政务（按习惯总管向由上司之弟或叔充任）。凡内官或外官对宣慰使有所陈述或呈报，均须先与此两人接洽，由此两人引见宣慰使或转达宣慰使，宣慰使批核后，再交此两人分别办理。

（二）乙级，由贵族或平民任之。分为三个阶级：（Ⅰ）级，此级共四人：1. 掌管宣慰使衙内物器，并负布置司衙之责。又，宣慰出行，掌管旅途财务，保管宣慰使宝刀。2. 掌管全司署武器。3. 掌管户口、赋税并宣慰使及夫人之金银首饰及礼服。4. 掌管各山头夷人（如阿卡等非摆夷族）向宣慰使司纳税、进贡诸事。又，宣慰使出行，保管宣慰使之弩弓及箭。（Ⅱ）级，此级共八人：1. 掌管军务，出战时，协助宣慰使指挥军队，通常充右翼司令官。2. 掌管军务，出战时，协助宣慰使指挥军队，通常充左翼司令官。3. 掌管军务，出战时，协助宣慰使指挥军队，通常充先锋司令官。4. 协助（Ⅰ）级第二人掌管武器。又，宣慰使出行，负责宝矛。5. 掌管象、象鞍并负驯象、医象之责。6. 掌管马匹、马鞍并驯马、医马之责。7. 掌管警务，负责司治治安。8. 掌管文件，并负文书之责。（Ⅲ）级，此级共有12人：1. 掌管宣慰使乘轿，并负制作乘轿之责。2. 掌管镲，并负指挥击镲之责。3. 掌管金伞，并负金伞。4. 掌管匾牌，并负指挥负匾牌值事旗旂之责。5. 掌管鼓，并负击鼓之责。6. 掌管宣慰使祭祀拜佛纸扎祭器，并随侍宣慰使祭祀。7. 掌管宣慰使祭祀拜佛所用祭桌，并负布置祭器之责。8. 掌管宣慰使祭祀拜佛所用祭文图画，并负绘图之责。9. 职责与（Ⅱ）级文书同。10. 掌管布告，并负昭贴布告之责。11. 掌管鞭炮，并负燃鞭炮及制造之责。12. 掌管传达。以上是宣慰使司内官的主要种类。上述各名称均为官称，俗称凡官员均称“叭”（pia），即“头人”之意。

内官非世袭，无封地，但有薪俸。甲级内官每年得谷种30斗。乙级中，（Ⅰ）级每年15斗，（Ⅱ）级10斗，（Ⅲ）级5斗。此种薪俸规定，实不得称为优丰。事实上甲级及乙级之（Ⅰ）级内官多由外官兼任或由有封地之贵族充任。原不在乎得薪俸，所图仅为权势、名誉，以及下属赠送他的礼物。又，内官中在议事庭实际负责并左右政务者为甲级及乙级之（Ⅰ）级诸头目。

无论外官或内官，遇有办事不力、贻误地方，或是贪污受贿、剥削百姓，民众得举代表到议事庭“请愿”，要求议事庭转达宣慰使，将该官撤职。视其溺职之轻重，宣慰使得将其封地削减或充公，以其地另给他人。如系内官则将其撤职停薪。如系外官兼为内官，设其人在兼任内官时渎职，则仅撤其内官之职，原来封地及其外官职务不受影响。反之，设其人在外官任内渎职，则削其封地或将封地充公，但仍留其内官原任。

宣慰司所属之各勐土司（即外官）之属员，亦分为外官与内官。外官之高级者有封地，低级者无之，内官均无封地，给薪俸。外官分为四级，（一）pia lung（大叭）。（二）pia（叭）。以上有封地，世袭。（三）tan（嗻）。（四）hsien（鲜）。以上无封地，年有薪俸。嗻每年三斗谷种，鲜每年二斗谷种。内官分为两个阶级，（一）pia lung（即大叭）一人，有如宣慰使司之总管。（二）pia（叭），人数不等，大叭每年五斗谷种，叭每年四斗谷种。内外官之大叭与诸叭合组议事庭。

又，（一）为沟通内外事务起见，外官（即宣慰使司所属各小土司）派有代表常川驻在宣慰使司所在地。有时，小土司即委托某内官充任代表。遇有事项，驻司代表为内外联络员。（二）宣慰使司及各勐土司均请有汉人一位或两位充当“师爷”，负责汉文公文以及与汉官接洽事务或迎送招待汉官之责。（三）巫官（buo-mong）分为大巫官（mou-lung）、小巫官（sei mong），专司社祭，驱鬼作醮。不列入正式官员之内。为世袭，有封地。

第二节　宣慰使之权利与人民之义务

宣慰使土称为天王。宣慰使之于其所属，犹如皇帝。所属之土地与人民均为其私有。宣慰使如此，其子弟亲戚领受封地而为较小土司，亦即其封地之皇帝。宣慰使一切需用，均由其属下各土司与人民供应。各小土司所需，均由其属员及人民供应。各土司与人民对宣慰使之供应与义务，有以下规定，宣慰司所辖之人民（包括司治及其直隶区并各小土司地之人民），每年每家纳一两担至十余担谷种。（按摆夷土地“司有”，人民就是土司的佃户。所纳多少，视所领田地多少而定。）宣慰使得随时征用夫役，遇有战事，征民为兵。所属各土司，每年纳贡，计分四项：一、常贡。二、出入“雨季节”贡。以上两项纳给宣慰使本人。三、宣慰司总管及副总管贡。四、议事庭贡。贡品及额数有一定之规定。近年以来多数折物为银。额数视土司等级之高下大小而定。例如整董土司（汉制土把总，土制 chao ya，民国二十五年以前）每年纳：一、常贡 94.70 元（新滇币 2 元合国币 1 元）。二、出入雨季节贡每次 12.70 元（出入两次，共为 25.40 元）。三、宣慰司总管及副总管贡共 30.00 元。四、议事庭贡 38.40 元。此外，在出入雨季节贡，尚有黄蜡二斤、八钱重银碗一个、八钱重金碗一个、细白布一匹。（如不贡实物，得按市价折银。）又，司属各山头夷人如阿卡、罗黑等人则贡黄蜡、果品、野物，以及竹木器具。数量不等，按年或按摆夷节季呈贡。

第三节　政务之议决与执行

政事凡关系全司地者，如宣慰司所属各地赋贡之增减，剿匪及对外军事之决定，向汉政府纳税，呈报事务，袭职（以前尚有进贡）等等，均由宣慰司议事庭诸官员商议，然后将议决案呈请宣慰使核准，分发有关官员施行。议事庭之会议由内官及外官土司之驻宣慰司代表组成，宣慰使本人不参加。例由总管或副总管主持。其各小土司本司事务之商议与议决，由其地方之议事庭商议、决定，然后呈请当地土司核准执行。但小土司地发生关系全宣慰司之事件，则呈由宣慰司议事庭办理。按规则，宣慰司议事庭议决之案件，宣慰使如不批准，不能施行。但实际，议事庭议决案件，无不批准。一因，设不批准，必起争端，宣慰使若坚持主张，必施用武力，以求贯彻，如是，议事庭及诸土司必借口违反民意，起而驱逐宣慰使。二因议事庭会议原由内官与外官或外官代表合组而成。内官大半为宣慰使亲信，尤其主要人物如总管与副总管，例由宣慰使之弟或叔充任。议案及议决，宣慰使于事先非毫不与闻，亦未尝不暗示意向。所怕的就是总管或副总管与宣慰使不睦，怀异志。或属下小土司中有贰心。苟因不批准而起冲突，鲜有宣慰使能安于其位而不被逐或被杀者。兹将上述机构，图表如次（图3）：

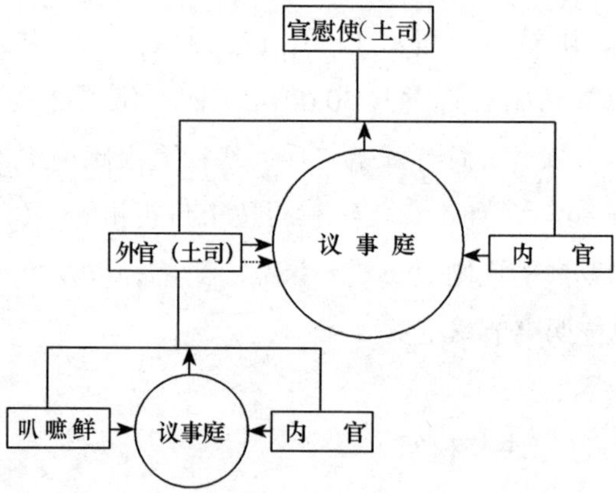

图3 说明：一、实线箭头表示亲自参加；二、虚线箭头表示派代表参加；三、圆圈上向上之箭头表示议决案呈宣慰使或土司核准。

总观上述，我们可以说，议事庭的功用是在限制宣慰使的权力，不致使他任意行为。议事庭并不能说是个真正的民意机关，因为主要分子仍是贵族，即宣慰使亲戚，无论内官或外官代表。所以宣慰司的议事庭实是除宣慰使之外的其他贵族的代表机关。至小土司之议事庭，虽有平民领袖如叭、嗻、鲜等参加，但此等叭，无论内官外官（即地方官，如汉制之乡镇村长），均是土司任命，而非由百姓推举。但比较的来说，各级土司有各节的议事庭，以决定政事，总较无议事庭组织，大权集于一身来得民主些，因此有人喻车里宣慰司的政制为君主立宪，因为它有个形似国会的议事庭组织。

正如其他初民社会，特别是较幼稚的农业社会一样，车里摆夷的天王、宣慰使，在一般人民眼中颇有点神圣化。人民敬之如神明。他们相信，惟有有福的人，才能享受这崇高地位，当宣慰使是命里注定，前世修的。既是天命，所以遇到天旱，宣慰使去祈雨；遇到水患，他去求晴；有瘟疫，他去祈祷禳除。人们谈到宣慰使，都有种敬畏的神情。在另一方面，设如宣慰使恣意胡为，民不聊生，为议事庭弹劾或下属土司反对，则一般的解释认为他福分已满，于是群起而攻。

第四节　僧侣与政治

因为宣慰使这人物带有神秘色彩，于是他和这社会的宗教方面，自然发生密切关系。摆夷的宗教是小乘佛教，有严谨的宗教制度，但从其整个信仰生活来看，佛教不过构成他们信仰的表层，其下尚有前佛教的土宗教，可以以前述的巫官（Buo mong）作为代表体。多少是种“万物皆灵”的信仰，在平民中颇流行，在官方既有这半官式的巫师的存在，是则在官方也是承认而信奉的。不过宣诸典章，大家公认的是佛教。佛教的传入，大约在13世纪。（摆夷原文耿马，宣抚司历代大事记有关于其地佛教传入的记载，是在14世纪。耿马在车里之北。滇边小乘佛教，多自暹缅传入。车里或较耿马为早，亦未可知。耿马大事记中详载此新宗教传入之情形，当时新旧宗教之摩擦，以及土司明文宣布佛教为族教，并焚毁上教之神龛，及禁止崇信鬼灵等。但耿马至今宗教亦如车里仍颇流行。）现在在车里一带，几乎每村均有佛寺，汉语俗称“缅寺”，关于佛教寺院、僧侣，下面还要详述。此处要说的是，除了通常的寺院而外，有所谓“官寺”，俗称“官缅寺”，这“官寺”所在地是一土司的司治，例如宣慰司的官寺在宣慰司治。官寺之最高僧侣，即所谓“长老”，乃全司之僧侣领袖，犹如土司为全司人民之领袖。宣慰司官寺之长老，即全宣慰司各土司地僧侣之领袖。在阶级上，土司与一司之长老列为同等。但因长老之神圣性较土司高出一等，长老是一种“活佛”，所以土司见长老，须向长老膜拜。例如车里官寺之长老为宣慰使之亲弟，宣慰使见之须膜拜。（通常无论贵族与平民，在适合场所之下，见了僧侣，必下拜。虽僧侣为其人之子或孙，亦然。在土司，普通是见了官寺的长老才下拜的。）

官寺的建筑较一般来得辉煌伟大，是土司年节祈祷求福，承袭时，以及遇有全司大事，决定之后，宣誓的地方。主持宣慰使祈祷宣誓的便是官寺长老。但这长老并不仅是表面仪式的主持人。他在实际政务上也极有关系。例如，凡遇全司大政，议事庭议定，宣慰使批准之后，在施行之先，向例举行一种占卜的手续，这占卜工作，便落在长老手中。摆夷社会的活动，凡较重大一点的，关于“应不应当”“吉凶”“时间”“地点（方向）”、共事“人物”等等，大都有占卜的根据。换言之，占卜是决定他们行为的重要因素。占卜的结果，便能深入人们心底。设如一个长老喜欢揽权培势，他只消略施手腕，便能左右政治。因此，无论宣慰使，其他小土司，以及各官员对之均极尊敬，保持相当的联络。在另一方面，他在摆夷社会处于一个超然地位。一般人民，普通不见得能接近土司或高级官员，但任何人随时可以参拜长老，和长老攀谈。他对于人民情形、社会动态，远较土司熟悉。同时，他对人民的影响，也就远较土司为大，不但在信仰上，在俗事上亦然。人民有什么事情，既不愿经过议事庭，但又不能直达土官或高级官员，便要走长老这个门路。他可以利用他的超然地位，和土司或高级官员讲话。由于上述的情形，因此有人把车里摆夷的长老，比作罗马的教皇。正统的佛教，本不管什么医、卜、星、相的事，车里一带摆夷的僧侣们对这些却非常精通，他们借此以与世俗社会发生关系，借以保持其优渥地位。至于僧侣须具什么样的资格才能当长老，俟后详述。

第五节　土司之承袭，官员之委任及其仪式

甲、土司之承袭。土司是世袭的，父为土司，死，由其长子承袭。长子早夭，由次子承袭，依次类推。子幼，由总管摄政，但在特殊情形之下，如土司夫人有才智，即由夫人摄政，至子长成，还政于子。如无子由土司之弟承袭，为土司。死，其子承袭。车里宣慰使及其属下各土司均如此。

总管虽为委任，但习惯上向由土司之弟充任。设如土司死后，遗有两子，长子承袭为土司，次子本可为总管，但设其父之总管（即承袭土司之叔）未死，则仍由其叔任总管。设其叔与新土司不睦，或新土司与议事庭认为总管办事不力，则改由土司之弟任之，设无弟，则另委其他至亲为总管。土司死，长子承袭，设土司有数子，则余子分封以地而为其地之小土司，或任至亲以内之官员。设封地或位置已占满，无余额，则多出外经营商业，由土司出资助之。

乙、宣慰使承袭之仪式。宣慰使死，由长子承袭。承袭仪式之举行，多半在摆夷历的正月，即旧历十月间。设老土司死时距正月尚远，则其子先行代理，俟至正月再正式承袭（但遇特殊情形，则老土

司死，即举行承袭仪式，以完手续，盖代理终究无官民双方之正式承认之根据。）举行之确实日子，由寺中长老选择吉日。事先由各勐小土司并议事庭合资筹备以下礼物：包金蜡条12条，包银蜡条12条。包金刀12把，包银刀12把。包金矛12支，包银矛12支。洋枪12支，鲜花若干。

至日，官员以银盆2个，中放金花水（一种黄花，放于水中，水呈金黄色。汉语俗名金银花，香甚烈），以沥水的布斗2个，接到2个用芭蕉叶做成的水管。预备新宣慰使夫妇“受洗”之用。备受洗时用之宝座（seligai）一个。宝座系用木干做成，四脚，床形。（类似中国旧时客厅里放的红木炕床之有靠背，靠手。中间放一个矮茶几，两旁可各坐一人者。）以竹篦扎成靠背，靠手。上扎芭蕉叶，及纸花以为点缀。座可容两人并坐，其间以竹篦隔开，分为左右。此座放置司衙门外。（按摆夷住宅无论平民贵族均是支柱房。无汉人所谓的院子或天井。富家则房之四周有若干地，外以矮木棚或竹篱拦起。）举行受洗时，由议事庭礼官引导承袭宣慰使及其夫人到宝座坐定。此时承袭夫妇将上衣脱去，男着裤，女留筒裙。男左女右，坐东向西。旋由礼官二人，将银盆中之金花水倾入以芭蕉叶做成之水管。由此水管输水于布斗，流到承袭夫妇之头上，流到全身。受洗毕，即在宝座内更新衣。然后二人步入衙中。加上金银冕，及金银披肩。夫妇并坐金殿（hohkham）之宝座中。礼官捧出印来，置于座前之案上。案上尚置有宣慰使司所辖各地之地名表一册，又世传“御用”宝刀、金伞、羽扇、拂、月牙斧、金瓜杖等六种。以及上述各勐小土司并议事庭所进之礼物。由礼官唱名，一一呈献给承袭人。旋由司唱人唱颂歌。于是礼成。此后，承袭人乃得称为宣慰使或天王（sumdiet patging chao），其夫人为宣慰使夫人或后（nangdevi），妾乃得称为nanggangya。宣慰使承袭之时，往昔汉缅两政府派有委员发给承袭委状并观礼，缅越各地与车里宣慰使友好之土司往往亲来庆贺。所属各勐小土司或亲来或派代表朝贺不等。自承袭日起，宣慰使备酒大宴三日。

丙、宣慰使司所属各土司之承袭及议事庭官员之委任、宣慰使所属各土司之承袭及其仪式与宣慰使大同小异。土司承袭系由宣慰使颁给委状。理应先去领委状，然后承袭，而事实上则是先举行承袭仪式，然后再去宣慰司领状。盖已早得宣慰使之同意也。在承袭仪式举行之后，往宣慰使司。以以下各物呈宣慰使并各官员。计：宣慰使银30两，马1匹，委状费9元。议事庭各官员共30两。其中总管及副总管得2/3。选定日子，进谒宣慰使。入门，膜拜9次，进至宣慰使前。宣慰使以羽扇轻击其头。将案上之委任状交之小土司之手。又，金伞1把。按伞之外面全金，内面边上，则凡官员之伞均有一道金，金之宽狭，表示官职之大小。宣慰使伞内外全金；千总伞内面金约5寸；把总伞内面金约4寸；总管、副总管与千总同。小土司一一领受，退出。退时仍膜拜9次。退出衙门，由其驻衙代表设宴款待，然后回到地方。地方上再以全猪1只，酒50碗，米2斗庆贺土司。

内官均为委任，非世袭，无封地。总管与副总管之受委情形与外官土司相似。普通内官的委任仪式多半在“雨季节”的前后，即“入雨季节”及“出雨季节”的时候举行。

第六节　法律与刑罚

摆夷无专门司法机关，一切讼事先由议事庭诸官员会审，然后由土司判决。其讼事类别，依现代看法，则刑事多于民事。闻有法律专书，惟未获阅。兹就询问所得，录之如次。（又，奸案处理规则见第四章第二节非法结合。）

窃盗。贼为主人所捉，鸣官。无论所窃多寡，贼死罪。设贼有亲友，则可出38元钱，并赔所窃之物之9倍于失主，如窃牛1头，赔9头。设贼本人无钱，则向亲友借贷，借贷无门，则将自己出卖为人家奴（kaheng），以所卖之身价，偿失主。惟贼之罚款或罚物中之1/3归土司，1/3归议事庭，1/3归失主。

窃盗。主人将贼杀死，鸣官。设自贼身边或他处搜出赃物，有证人证明非主人捏造者，主人无罪。设贼当未窃得而为主人发觉，则主人只能捉之而不能杀害。设主人捉贼，贼与之斗，贼伤或死，如有人证明或有足以证明其人有窃盗动机之证件而主人之伤或杀贼由于自卫，主人无罪。设贼与主人斗，主人伤或死，贼为邻人捉住，且证明其人为贼有窃盗行动，贼死罪。设贼有亲友，可以为之赎命，罚款与物同上案。

因仇或口角毁伤。设二人口角争斗，一人伤，一人未伤。则两人共得罚100元，伤者出1/3，未伤者出2/3。此款归官。并由二人共同出资请当地长官（如村长、头人）吃酒。又，未伤者以鸡一只，并“绕线”费3元赠伤者。如两人均伤，则罚款每人各半数，彼此互赠鸡一只，“绕线”费3元（绕线，详见第四章第二节）。

二人口角，动武，其中一人欲以刀杀另一人。其人逃避入邻家。设持刀之人追邻家，则邻家人便扬言，其人欲杀彼（邻人），乃借此鸣官。持刀入邻家者受罚。设其人持刀进入楼梯口，罚3元，上了楼梯，至走廊，罚6元，进入楼屋之中，罚9元。此罚款，1/3归邻家，1/3归土司，1/3归议事庭或村中头人。

凶杀。凶手在逃。例由土司及议事庭缉凶。不获，则死者之亲友得向土司及议事庭要求赔偿。由土司及议事庭共出39元偿之。如缉得凶手，死罪。如凶手有亲友，愿罚款赎命，罚九倍之39元。其中以1/3归土司，1/3归议事庭，1/3归死主。（实际上，遇到此类案件，很少有人愿意代凶手出面调停赎命。）

放火。为人所捉，则须照所烧之房子及物件，另造一所以偿还之。此外，出“绕线”费9元。如不慎而引起火，非出故意，则赔所烧毁之房子物件之半，另出“绕线”费3元。

牛马踏毁田谷。设谷稻初种，尚未能结穗，无论所踏多寡，由牛马之主赔田主 3 元，并出鸡、酒祭谷神。设谷已生穗将熟，则牛马主人须赔田主款或米。以牛马之数目计算，一头牛赔 6 升，一匹马赔 9 升。无论所踏毁之田地区域大小。设牛马主人不赔，至第三次，则田主可将其牛马捉而杀之，以一半送给土司及议事庭，另一半自己吃。设如牛马在第一次踏入谷田，而被田主杀死，则牛马主人要求杀者赔 3 倍牛马数。设杀踏谷之牛，未死于踏谷之地，牛逃至他田而死，牛主又找不到杀牛之人，则由牛死所在田之主人赔牛价之半数给牛主。死牛则分为 3 份，一份给土司，一份给议事庭，一份归牛主自吃。

田界之争，或其他争执而无法解决，则诉之于神。做灵架（lungba）两个，插于河边（灵架系以竹竿一个，约如人高，其上端平系竹圈若干）。每个上面插蜡条两对，酒各两杯。河中央，竖一木桩。其上端横镶一横木，此横木之两端系以绳索。请土司及其他官员莅临陪审。先由巫官奠酒，祝告祖神（Piaying）请其审判。然后将两人自肋下捆起，竖结于水中木桩横木之两端绳索上。两腿抵着河底，头亦浸没水中。于是在灵架上燃起蜡条。现在要看，两人中，其不能在水中安定待住者，即认他为有罪，有理缺。盖信有鬼神在水中捉弄他，故不能安处水中。除此判决方法外，尚有：以大锅一个，中盛沸水，掷一钱于其中，使两人伸手入内取钱。其立即取出者，认为无罪，其不能立即取出或摸索甚久而取不出者，认为理缺。又，以火烧红之铁块，使两人含于口中，其能含较久者，认为无罪，其先吐落者，或不能含住者，认为理缺。

至于刑具及刑法，则有以下数种，多用于死罪犯：刀杀，由头颈背面砍入，重罪十刀致死，轻罪一刀致死。火棚，以树枝干搭成柴堆，将罪犯缚起，使之卧于其上，自下焚烧，至死。锯刑，以锯齿锯颈，至死。钩刑，以铁钩钩下颌，悬于树上，至死。无牢狱、苦役。

第四章　婚姻制度与婚嫁仪式

在第二章中，我已经把摆夷的家庭组织说了一个梗概。在那里我们看到：（一）摆夷通常一夫一妻。但多妻俗不为非。贵族多妻者较多。（二）平民入赘的习惯颇盛行，贵族中入赘的很少。（三）在理论上贵族不得与平民通婚，但若通婚这个概念包括纳妾，则事实上贵族男子往往娶平民女子为妾。娶之为正妻者则为少数。贵族女子下嫁平民者也极少见，但不是没有。反之，平民男子入赘于贵族，则有之。贵族女子下嫁平民，变为平民，生子亦为平民，但平民男子入赘贵族，则变为贵族，生子仍为贵族（但有限制，详上）。此外，（四）凡非嫡亲兄弟姊妹（即同父母），均可通婚，如汉族亲族制度名称所谓表姊妹兄弟、嫡堂或从堂兄弟姊妹均可。有叔父娶亲侄女，舅父娶亲外甥女，或侄娶姑母，甥娶姨母者。虽为数不多，但习惯上是允许的。我曾调查了三个土司的历代婚媾的系统，代他们各作了一个家谱，每个都有几件汉人所谓“乱伦”的婚姻。（五）婚姻是自主的，虽正式婚嫁，须经家长同意。实际如本人彼此愿意，父母无不赞同。只是因为有贵族与平民阶级的关系，发生些阻力。但，（六）贵族，如土司，如爱某平民之女而彼女子不愿嫁之，则土司往往有用势力迫嫁之事。惟如女子别有所恋，则急与之婚，婚后，则土司不得强迫。（七）婚前，男女社交，极其自由，性交亦所不禁（但不得怀孕生育，此则认为大耻）。不重处女贞。但婚后妇与人通，妇并奸夫受处罚。（八）结婚年龄。贵族较早，男在十七八岁女在十六七岁；平民因经济原因，颇多在二十以后者（详下）。（九）离婚。夫或妇死，均可再娶嫁。现在我从摆夷的男女社交说起，一直到结婚，以及纳妾、离婚、再醮等习俗与仪式，并社会对非法结合而怀孕之处罚方式。在必要时，贵族与平民分别叙述。

第一节　未婚男女之社交

未婚男女之社交，绝对自由。贵族平民阶级间也无任何阻碍。男女认识的机会很多，陌上、山间、河边、路口，遇有机会，男子便可用话来挑问女子，女子不以为非礼。但是陌生男女相识的最好机会，（一）为夜间，当女子一人或二三人在住房左近的纺线间中纺线的时候。（二）为每年过新年（摆夷新年及旧历新年）"抛彩球"的时候。（三）为出入雨季节，办佛事的时候。（四）"街子"天赶"街子"的时候。夜间纺线房及过年抛彩球的情形，我都很侥幸地亲自观察到。

甲、纺线房。日落之后，年长的人们多半回到住房去闲谈，或到卧房去睡觉。年龄到了十四五岁以后的女子，便到纺线房去纺线。纺线房普通是在一所房子最靠近楼梯口的那一间，有些地方若孟连，是在正房的附近另筑的一间竹茅屋。关于摆夷的房屋及其分配，下面还要详述。女子去纺线房纺线，有时一个人，有时集合两三个女伴。将火生起，为光，为暖，也用以煮茶（车里一带，仍是大陆气候，日与夜的温度差别很大。日间虽极炎热，到太阳落后便很寒）。我在那一带调查时是冬季。入夜，全坝子为浓雾笼罩。火光融融，火圜恰好照到纺线人的脸面跟纺线机。这时候，青年男子们一个或两三个，也就开始闲游了。都披着毛巾，毛巾很大（是从暹缅输入），顶在头上，拖到颈背。毛巾的用处，一方面是为御寒，一方面也是为与女子谈话时，免得忸怩的一种需要品。青年披着毛巾，手中弹着玎（一种乐器）或是吹着笛子。摆夷房屋的门墙，除了高级贵族，通常是用竹篦搭成。所以里面的火光，便由竹篦孔缝中漏洒出来。房里面的人，外面也可以看得很清楚。男子们走到有火光的纺线房，便停住。如果屋里的女子之中有他所爱慕的，于是起首弹或吹更有意义的调子，接着唱一两句有韵的话。多半是寒暄而杂以挑情之词。唱完一段，女子便也用有韵的话，回答几句。设女子听出男子的声音是谁，而此人为彼所愿意接谈者；或是听不出是谁而愿一谈者，则继续唱下去，其词不外："外面很寒，你不愿进来向火么？请你进来吧。"设如听出男子的声音，而其人为彼所恶者，则在答词中讽刺几句表示"挡驾"。不经女子邀请而入纺线房的，认为是唐突。在被请入内之后，男子们便乘机而进。女子仍是纺线，同时授意叫他或他们坐下或蹲着烤火。于是男子便又首先发动，用有韵的话，歌颂一下女子，例如夸奖她纺线纺得好，渐渐及于女子本身之美，及彼平日爱慕之深等等。男子蒙毛巾，有两种蒙法。凡当某男子对于某女子特别钟情，而且有意和她结婚，到在第二三次去会她时，仅将毛巾蒙头顶，而将全脸露出。如果尚未决定爱此女而仅欲前去闲谈者，则将毛巾把全头面蒙住，只留出两只眼睛。故男子在第一次去拜访某女时，均以毛巾把全头脸蒙住。此种纺线房中的谈话，往往到深夜始各散归，或甚至天明方止。设一男子被请进来，攀谈之后，女子觉得此男子讨厌，乃以话讽刺，代表"逐客"之意。如男子不知趣，仍在谈玄，则女子便不理他而径自到住楼去睡。于是不欢而散。在谈话时，女子往往预备茶水零食款客。如是，日子久了，彼此相爱，便以礼物互相赠贻，私下决定结婚之后，乃由男女各向自己父母说明娶嫁之意。然后男家父母请媒人向女家求婚。

平民及贵族之女子，通常均须学习纺线、织布、缝衣，聪明些的织锦、刺绣，此为家庭教育之一部。故贵族与平民家庭均有纺线房之设，同时也就是未婚女子招待朋友的所在。纺线房闲谈，贵族平民可以互访，然究因阶级关系，无形中有种阻隔的空气。通常，贵族男子到平民女子的纺线房中攀谈的多，平民男子到贵族女子的纺线房攀谈的少。贵族与贵族间则常有往还，其情形相同。除了本地方的贵族间的往还而外，尚有其他勐未婚贵族或土司的来访。在这种情形之下，则本地贵族或土司，则请来客住在家中，种种款待，以尽地主之谊。摆夷贵族青年出了寺院以后，特别是准备承袭的土司长子，或预备负地方上什么职务的青年，便游历各地，以广眼界，以增经验，同时也是借此与地方联络感情，而物色结婚对象，也为要务之一。当地贵族，除了普通款待以外，多半给他机会和自己的女儿或者姊妹相会。于是未婚贵族女子，则尽其能事，以招待此贵宾。彼此相爱，然后男方请人作伐，正式求婚。

乙、抛彩球。汉语俗称丢包。这是摆夷在他们的新年（约国历四月），以及旧历新年中的一种游戏。是在白天露天举行。自元旦至初四，这四日之内，诸事停工。除贺年宴乐而外，青年人的时间，大半消磨在抛彩球的游戏上。新年中游戏的种类很多，如打秋千、放花炮、歌舞、钓鱼、赛马等等。但与我们这个题目关系最密切的是抛彩球，打秋千以儿童为主体，歌舞作乐、钓鱼、赛马，是男子们的事，放花炮只是看看热闹。

下面叙述的抛彩球是我亲自在孟连宣抚司看到的，当时同行的赵至诚君并亲自参加游戏。时间是民国二十五年旧历新年。孟连宣抚司虽不属于车里宣慰司，但它们距离不远，同属一个文化系统。据我以后到车里调查，询问过年时抛彩球情形，所得的答案与在孟连所见者完全相同。

在初一的中午，土司及其官员在官寺向佛祈祷，长老颁福以后，全班人马，回到司衙之前的一个四方旷地上，这时已经聚集了不少预备参加的男女。平民贵族都有。都着他们认为最美丽的衣饰。男子佩上包银的刀，扎上淡水红绿包头。女子张着伞（贵族是贴金的），穿着漂亮衣服，尤其是贵族小姐少妇们的金丝银泡的筒裙，引人注目。

包头也特别鲜艳。土司到后，大家依次环坐旷场四面。中央留出一块空地。摆夷习惯是席地而坐，讲究的铺个毡子。因为赵君和我的关系，土司命人取来几把椅子，请他和我们两人坐。宣抚使是个20岁的未结婚的青年，不晓得什么时候他从缅掸地买了一套淡灰绿色的西装，他以之为盛服（那日中午去参拜佛爷长老，也是穿着西装的）。我们三人坐椅，其余，他的舅父——宣抚司总管，以及几个高级官员坐在我们左右，此外在我们背后，持伞官张着一把庞大的万民伞，其后站着持刀荷枪的武官，和一排插在地上的宣抚使的红绿大旗。我们坐西向东。并排坐在我们左首外缘的是官员女眷，左首的是土司近亲，方场两边及对面，有坐的有站的，拥挤异常。在日光之下，照耀着红男绿女、金伞银刀，颇为辉煌壮丽。布置既定，于是开始活动。

先由礼官向宣抚使膜拜，念一段颂词，然后请命开场。在抛包之先，先有一段武艺的表演，如打拳耍刀玩棍等等。（按此各项目表演之技术与汉人极相似。）表演者均是土司手下的侍卫。表演完毕，开始抛包。宣抚使也参加，他正是尚未结婚而正在物色人才的时候，所以那天到的女子似乎也特别的多，装扮也特别考究。众意认为“内定”的是土司的舅父即总管的女儿。（这女儿为总管前妻所生，现在的总管太太却是土司的堂姊！）土司及一群贵族青年便立起，排成一行，其时，对面，女子们也排成一行，相对而立，距离约十余公尺。彩球是预先做好，放在袋中，或五六个球放在一个小竹筐里。球小于网球，有的是圆的，有的是三角菱形。内充以棉花籽，外面用花布包起。各自带着。男子的多半由家中姊妹代做。立定之后，有一位颇善词令、和蔼周到的老妇人向双方说几句吉利话。然后开始游戏，由男子方面先发球，抛向女方。首由土司发，随后接连每个都发出。球抛至对面，女方各个人伸手去接抛来之球。表面上似乎是团体性质，即是，任何人在能力范围之内，均可接对方任何人抛来之球。但在实际上则对方已有了一定的抛球的对象，此对象，设不事先移避地位，当然即就球而接之。土司的第一球是抛到他舅父女儿的面前，她毫不忸怩地接了。球接到手之后，便须立即抛回对方。对方接着又再抛回。如此往返掷抛。抛到若干回合，在一个钟头左右，即由前述的老妇估计评判，接着的次数多的方面，为胜方，接不着次数多的方面为负方。然无切实记录，只凭老妇及几个年老男女人的臆断。游戏规定，胜方可以任意剥抢负方身上的饰物，如衣、裙、首饰、头巾、刀、带、银包之类。评判定了，开始动手。如女方胜，则中年老年妇人帮着青年女子们去抢剥男子身上的衣物，如男方胜，则中年老年男子们帮着青年男子们去抢剥女子身上的衣物。于是嬉笑欢呼，打成一团。表面上虽说胜负由接着球的次数多寡为定，但实际上多半判做男负女胜。设如判男方负的次数太多，则转而判女负男胜。游戏目的不在技艺比赛而在一同欢乐。

负方被胜方将衣物剥去之后（有些男子真的被剥剩一条裤子，女子被剥剩一条筒裙）。负方须出资备酒肉宴请胜方，将衣物赎回。剥去之衣物，交前述老妇保存。负方宴请胜方，亦请此老妇为中人，确定人数、地点与时间，酒席亦请伊备办。宴请之后，衣物如数归还。诸人借此宴会，又可欢乐一回，男女青年亦又多一认识机会。盖在新年，不但本地人士，即他勐较小阶级之土司或官员、平民，多来与宣抚使拜年而参加此项游戏。如是一连四日，至初四为止。此四日中便会成全许多佳事。缘，在抛球之时，颇有许多挑情技艺。男女两方，在抛球之初，本相距十余尺，只能抛球而不能接谈。男性方面为求与女方接近起见，便故意将球抛得距离近些，使女方不得不抢向前来攫接，盖接不着则为输。如是，则越来越近，近至三四尺，便可攀谈挑笑，借得相识。一连数日，彼此渐熟。如男子确爱某女，则在某彩球之内，出些新花样。所出之新花样，就是，在彩球之内，放进赠品，如手镯、耳环之类，并附以情书。抛球时，男子将球抛到女子面前，女子接到之后，觉其比平时沉重，乃会意，知其中必有赠品。设女子对对方满意而愿与之友爱，则潜离众人，找一僻静地方，将其打开。此时对方男子亦见机而尾随女子而去，乃得相会。设女子不愿与对方为友，在接着之后，觉其沉重，知为礼物时，便立即又抛回给对方男子。则男子会意，即不再讨无趣。有许多调皮男子，故意向女子开玩笑，以石子、土块放在球包中，抛给女子。女子受愚，只得暗中叫苦。

至于“出入雨季节”，及“街子”天赶“街子”，详下。在那里，我将以叙述过节及赶街情形为主，附带着说明这是男女相识的机会。

第二节　正式定婚与结婚及其仪式

甲、定婚与结婚　摆夷无论平民贵族在结婚之前，都有定婚这层手续。定婚与结婚的仪式及礼物，贵族与平民可以说有天渊之别。平民极为简单而贵族则异常繁重。现在按着次序，分别叙述。

（一）贵族。贵族或土司分许多阶级，在各种情状之下，其礼节繁简又各自不同。贵族结婚多半喜欢和同等名位的，如车里宣慰使家，喜与缅甸掸土司地如肯东或其他宣慰使家联亲。同等名位的联亲，礼节尤为隆重。但车里宣慰使与孟连宣抚使虽非同等名位（宣慰使高于宣抚使一级），唯因孟连宣抚使不属车里宣慰使司管辖，而是直隶滇省府，所以彼此世为姻娅，而结婚礼节亦复繁琐。非同一阶级而为上司与下属联亲，如车里宣慰使与勐海土把总家，则仪式较为简单。土司与平民正式联亲者甚少，多为纳妾，仪式极简。

子、现在先叙述同等名位两家联婚情形。婚姻丧葬是土司们“摆阔”的好机会，所以谈到这个题目的时候，会连篇都是些物品名称的排列。贵族联亲，有些自然是由当事人自己彼此先认识，彼此情愿缔婚。但也有的是由旁人做媒，自己同意的。设当事人彼此事先并未谋面，乃是因为习惯上以与同名位的子女联婚为荣，而同名位的人选却并不多，故凡有可以联婚者，便与之结婚，不顾两人是否合宜。在这一点，贵族的婚姻，在某种情形之下，颇受社会与政治的限制。关于前一种，即当事人自己先认识，则其认识的机会是在青年贵族往各地土司报聘拜访时，得以与当地贵族女子认识，此点，上面已经谈到了。设如相识之后，彼此洽意，则此青年贵族将时常往访，或在其处居住若干时候。返回本土，再请人正式议婚，完成定婚手续。例如，宣慰使甲之子与宣慰使乙之女彼此爱好，愿意结婚。甲之子将已意禀明父母之后，即由甲遣派官员（多为近亲）到乙宣慰使处。至其地，先拜访其地之礼官，称说："我们王子仰慕贵宣慰使小姐才貌双全。我们王子也是品学兼优。我们宣慰使特派我来问，是不是贵宣慰使及小姐愿意联婚。"于是礼官将其意转达宣慰使乙及其夫人，再由夫人与小姐商议。如小姐愿意，乃由礼官转告甲宣慰使派来之人，领他去见宣慰使乙。宣慰使必说："贵王子为人精明能干，我所素知。我本有意将小女许配与他。今闻你也有此意，则就请你转达给贵宣慰使好了。"此是当事人彼此已经认识之后的正式求婚手续。设如两人未会过面，彼此因名位等社会关系而愿联婚，则由甲宣慰使派员到乙宣慰使地方，相看其女，并详细打听女子之八字生辰，然后返回报告。如王子及其父母合意，则请寺中长老去合男女两人的八字。于是复遣使者，以王子本人相片一张（按此系近来有照片之后，以前则凭口头形容），情书一封（按情书或为自写，或托人代写。土司家多半由文书官承办，词藻富丽动人）；金戒指 8 个，重约一两六钱，绸缎两排（每两臂伸长之长度为一排）。由甲宣慰使请官寺长老择一吉辰，由使者送到乙宣慰使处，赠给小姐，或公主。公主看了相片，认为满意，乃作书答复。并以自己的相片一张，金链条 1 对，重约一两二钱，金丝枕头 1 对，交给来使带回，赠给王子。（已会过面的，则此手续省去，各物私相赠贻。）

求婚手续完毕以后，男方，甲宣慰使乃招集各官员商议，筹备定婚典礼。主要为定婚礼品。计为：银制腰带，上缀金扣4个，1条，银重20两，金重2两。实心金镯1副，重1两。金项链1条，由3股拧成，重2两。金脚镯1副，重1两。小金押发蝴蝶4个，共重4钱。金耳塞1对，重4钱。镶金花衣服1件，镶金花裙子1件，镶金花鞋1双，三种金饰重共4两。细绉包头1条。银面盆1个，重10两。银水壶1个，重10两。雕花银碗1个，重4两。十二角大银槟榔盒1个，重6两，内储小银槟榔盒3个，每个重1两。银果盘1个，重8两。又，聘金若干。并海贝1000枚，槟榔10串。盐、糖、咸鱼、芭蕉果各若干。

以上各物筹备完全之后，即遣使者及随员，赍往女家下定。到了之后，先将各物交付其地宣慰使之礼官。礼物中之海贝、槟榔、盐、糖等，系赠送其地宣慰使家全体者，余赠公主。惟聘金暂不交出。当地礼官将各物呈给宣慰使及夫人。看过之后，乃命礼官向男方使者索聘金，索价甚高。使者乃还价，往返数次，乃抵于定。聘金决定之后，宣慰使乙乃命各官员筹备定婚典礼所需各物。

定婚典礼在女家举行，普通在女家附近，例如宣慰使家在其司衙附近，搭一喜棚（P‘am）。棚用木竹筑成，上扎芭蕉叶、彩绉以为点缀。但也有不扎喜棚，即在司衙中者。定婚日期由宣慰使请其地官寺长老择定。至期，男家来使，并随员及女家礼官等领导乐队（吹喇叭、打鼓、吹笛子、打铙等）排队作乐，并另派人将男家送来礼物及女家预备在喜棚中陈设各食品，一一抬出，与乐队列队而行，周游全市。然后送到各处参观。首到副总管处，再到总管处。最后抬到喜棚（如不搭喜棚则至司衙金殿）。喜棚中陈置两个桌子，将男家礼物陈列在一个桌子上，女家所备宴请新人之食品陈列在另一桌上。此桌面铺以芭蕉叶，四周剪成穗子，名为“鸡尾穗”。食品计：全猪一只，陈列之时，将两腿卷起，作跪形，以猪油网子，罩在猪背，复以芭蕉叶做两个漏斗，置于猪之两耳中。以花及蜡条插在芭蕉漏斗之内。另以花瓣若干散放猪身。又鸡一对，熟饭两碗，酒两杯，各物均以芭蕉漏斗倒罩起来。再以丝线十根，平搭在饭上。于是请人催请新娘，新娘步入喜棚，坐在左首。由礼官念颂词，念毕，复由此礼官为新娘“绕线”（详下）。完毕之后，新娘即起身回衙，并不吃所备酒席。所陈各物，即由女家收拾起来，大开宴席。特以喜猪并喜席所陈各品赠女方礼官及男方使者及其随员。定婚时女方父母均在场，但无若何礼节可述。

定婚之后，经数月或一年不等，视需要及年龄，便结婚。结婚之期，先由男家请长老择定，然后派员，通知女家，征求同意，男家准备举行结婚典礼时所应赠女家各人之礼物。计赠：

岳父母：礼银30两，马2匹，槟榔100串。岳父之兄或弟各：礼银30两，马1匹（新娘之兄或弟同此）。议事庭官员，甲级各：礼银15两，缎子2排，槟榔2串，鸡1只。乙级各：礼银9两，缎子1排，槟榔1串，鸡1只。外勐各土司，与岳家为近亲者各：礼银9两，缎子1排，槟榔2串，鸡1只。外勐各土司，与岳家为远亲者各：礼银6两，缎子1排，槟榔1串，鸡1只。大巫官：礼银3两。小巫官：礼银2两。岳家所居地之象神：礼银3两（按此系赠侍象神官员）。金殿神：3两（按此系赠金殿侍官）。下级小吏各：礼银1两5钱，缎子2尺，槟榔5串。山头夷族酋长之归岳家宣慰使管辖者各：礼银2两，缎子3尺，槟榔1串，鸡1只。宣慰使司治城门阍者4人各：礼银3两，槟榔1串，酒1壶。宣慰使司衙栅门阍者2人各：礼银6两，槟榔2串，酒2壶。宣慰使司衙金殿门阍者：礼银9两，槟榔3串，酒3壶。

新娘：金顶银冠1个，金重3钱，银重12两。镶银花披肩1个，银重10两。缀金星花礼服1件，缀金星花裙子1件，缀金星花绡包头1件，缀金星花鞋1双，金重共6两。金扣银腰带1条，金重2两5钱，银重20两。实心扁金手镯1副，重1两。金脚镯1副，重1两。双股拧成带叶坠之银项链1条，重4两。金戒指8个，共重1两6钱。

金耳塞1副，重4钱。大金押发蝴蝶2个，共重4钱。小金押发蝴蝶4个，共重4钱。金押发花1个，重5钱。银押发花1个，重5钱。束发金节管，带叶坠1个，重1两5钱。十二角大银槟榔盒1个，重8两，中储小银槟榔盒3个，共重3两。银水壶1个，重10两。银痰盂1个，重10两。银果盘1个，重8两。银面盆1个，重10两。雕花银碗1个，重6两。镶金星花之马鞍一座，金重3两。镶银星花之马缰绳1条，银重8两。镶银星花之马后鞧1条，银重5两。小型金银纺线机各1，各重5钱。小型金银轧棉花机各1，各重5钱。小型金银织布机各1，各重3钱。小型金银支锅三脚架各1，各重5钱。小型金银锅各1，各重5钱。小型金银锅盖各1，各重3钱。小型金银水勺各1，各重3钱。小型金银饭笼屉各1，各重5钱。小型金银碗各1，各重3钱。小型金银水勺各1，各重5钱。小型金银劈柴各1担，各重8钱。黄、绿、紫、红、灰、水红绣花绉缎大旗各2面。

以上各物齐备之后，至期，新郎及前述之求婚使者，并随员等人，赍各礼物，前往迎亲。新郎备马或象（按象在昔时为摆夷之家畜动物，其功用等于北方的马，为交通及作战之用。但是现在云南境内，也可以说是中国境内，唯一仅存的驯象就是车里宣慰使司的乘象。而这匹象还是缅甸掸土司送给他的。本来两头，死了一头，现仅存一头。看守饲养有专人，即前述之象官。乘象有象鞍，与马鞍相仿佛，放在象背上，但鞍上三面有木制金红漆栅栏，可容二三人。亦有后鞧、绊胸，均以竹束为之，加红漆，甚美观。后鞧之一段为皮制，套在象臀。唯象首无笼套。象官或象佐坐在象头上，手持一与打锣相似的铜锤，以此驾驶象行。乘坐时，象官喊口号，象乃将前两腿屈下，有如下跪，人乃登膝而上。又按景谷、镇沅一带现尚有野象）。两匹，一为自乘，一为回来时新娘乘坐，亦即赠新娘者。新郎身上披扎红绉两条。诸官员等即乘马随侍前后。有乐队击鼓鸣锣，并有负旌旗牌匾以及佩刀荷枪之卫队等，列队出发。途中每经一较大之村镇，该地人民即出酒肉，以为贺仪，借飨随从。

到了岳家辖地，先行派人通知。岳家宣慰使乃派官员接引，至司治，新郎即下榻于以竹木芭蕉搭成之喜棚中（定婚时虽不必搭喜棚，但结婚时，喜棚必备）。随员之一部亦侍居其内。余人分住当地官员家中。岳家乃赠新郎及高级随员酒筵一席，当地官员亦出酒肉，以为贵客洗尘。旋由新郎随员将所携各礼物，陈列棚内案上，请岳家礼官，将各物一一点明，交礼官收起。

到了吉期，由官员乐队等护送新郎到宣慰使衙门。多半在中午。此时，岳家礼官即派其属员将岳家门棚并官邸及金殿之门闭起，须新郎赠给礼物，方准其入。至金殿，后由男女双方官员催请新娘出来。新郎新娘端坐金殿宝座，男左女右。远近贵亲分坐两旁。一切礼物，均陈列于案上，其另一桌，放酒筵一席，与定婚时同，另案则陈列女家陪嫁之衣饰用具。及贺客贺仪。坐定，由礼官或年高望重之官员为新夫妇加冠。旋由礼官诵喜词，并以酒少许，洒于空中，是为奠敬祖先。然后取米粒或饭粒少许，纳于新夫妇各人手中。请年长福厚之至亲或贵客（如有汉官之高于宣慰使者）为新婚夫妇绕线。绕线是一种祝福的仪式，线的颜色不拘，红、绿、黑、白各色均可。绕于手腕，或双手都各绕一条线，或只绕一只手腕均可。新郎新娘分别绕。有每手绕至十余绕者，绕后之线，任其自落，脱落之早晚久暂，无关凶吉。绕线完毕，于是由新夫妇请家人及贺客吃酒。新夫妇则与岳父母并至亲坐于前述之喜席。所有筵席，均是岳家筹备。饭后，复由礼官、亲属护送新夫妇返回喜棚。举行结婚之日，新娘之父母亦在场。但新人对之，无若何礼节。

到了第三日，新妇“回门”（按“回门”一词，摆夷语音与汉语同，此习当从汉人学去）。回门是由新郎伴新娘一同回至岳家。事先，女家即派亲戚官员来喜棚迎接。到了母家之后，新夫妇备酒一壶、蜡条四对、槟榔四串、饭一碗，置于金殿案上。由礼官洒酒空中，作为奠祭祖先。祭毕，复为新夫妇“绕线”。然后岳父母宴请新夫妇。在岳家住两三天，新夫妇可以同床。然后再返回喜棚。当日即起程回返男家。由男家乐队卫士等引导，及女家送亲人员陪伴，所经各地，人民出酒肉以为贺仪，借飨随员。到了甲宣慰使地，先派人通知。男家派人迎接，先驻于司治以外村中。择吉期，再排队迁入司衙。（如新郎另筑新屋，即迁入新屋。）到后，男家礼官诵祝词，为祖先奠酒，为新夫妇绕线。礼毕，于是大张筵席。新夫妇以礼物赠送诸官员并贺客。女家送亲人员在男家休息数日，即返归。结婚礼节，至是完毕。统观上述，结婚典礼，举行两次，首次在岳家，二次在男家。结婚主角当然是新夫妇，而新夫妇双方父母在结婚仪式中，不占显著地位。以上是宣慰使家联婚情形。所列各种礼物，相当繁重。但亦仅是按规矩应当如此，实际上自有增减变化。同时，我认为我的报道者（informer）也许有些夸张。因为未遇到结婚，无从做个案调查。至于阶级小于宣慰使的贵族结婚，仪式与此大略相同，礼物则少于上述。为免重复，兹不再叙。

丑、名位不同之土司或贵族联婚。下级土司之男娶上级土司之女，礼节从上级。下级土司之女嫁上级土司之男，则礼节甚简单。前一项，下级土司在经济上当时虽甚吃亏，但因娶得贵妇，名义好听，而在结婚之后，也会得到种种权利。后一项，则不但经济上甚上算，名义上亦因嫁得贵婿而升格，且会得到种种权利，只是仪式外表较为简单。所以与上级攀亲，无论嫁娶，均是上算的事。土司总愿意和其同名位的土司家联婚，或者与其上级土司家联婚。与下级土司家联婚，多半有特殊情形，如上级土司之男与某下级土司之女相爱好（或仅是所谓“看中”），或上级土司年老断弦，虽有妾，但例应娶一正式夫人，但同阶级土司之女或妹有所不愿嫁者；于是只有选择其属下土司或贵族之女，娶为夫人。反之，上级土司之女，嫁给下级土司之男，其情形也相仿佛。

上级土司娶其属下土司或官员之女，礼节甚简，亦视属下土司或官员之等级，例如娶总管之女，与娶较小官员之女，自又有繁简之不同。又，娶其属下土司或官员之女，与娶非其属下，如其他宣慰使司属下之土司或官员之女，礼节繁简也有差别。通常，娶其属下土司或官员之女，无论女父等级高下，议定之后，高级土司之子不往迎亲，而由所遣使者陪伴新娘至衙。新娘向新郎膜拜，新郎不回礼。余如奠酒、绕线则与前述相同。

寅、贵族纳平民女为妾。贵族例不能娶平民之女为妻，但得纳之为妾。贵族之女，除特殊情形外，如与某有妇之贵族，发生爱情，宁愿牺牲名位，很少愿为人妾。贵族纳妾仪式甚简。某贵族或土司“看中”某平民女而欲纳之为妾，则遣人往女家说明意思。女之父母乃与女相商议。如不愿意，则称：“小女尚幼，不知礼节，恐做错了事，得罪贵族。”设土司或其他贵族坚持必娶，平民不敢违拗，而必允可。也有时，平民为求名利，愿嫁或愿以女嫁土司贵族为妾，但表面佯为不愿，居为奇货，向土司做种种要求。自然不能要求过奢，因为土司可以强迫使之嫁彼。女家允许之后，土司派员携带礼物，前往女家。礼物无规定，视土司对其女之爱好程度而定。然后请长老择一吉辰，由官员及女家亲戚将女送到司衙。多为夜晚天黑之时。抵达之后，女以蜡条一对，呈递土司，向之膜拜、祝福。然后由前所遣之官员为土司及妾绕线。各饮酒一杯。然后土司备酒宴请帮忙喜事人员并女家送亲之亲友。妾与夫人见面时，妾行膜拜礼。余无仪式。

贵族如土司，妻只一个，妾则众多。纳妾仪式虽甚简单，但嫁了之后，设如博得土司宠爱，则衣食起居之富丽舒适，不亚大妇。而下官对之之阿谀，也备极能事。在这种情形之下，宠妾甚至能对行政上有影响，是意中事。但设如大妇死了，妾扶正的习惯是没有的，然并非无例外。

贵族定婚结婚的一切用费均是由“司里”出，亦即是父母担负。

此外，每当婚姻大典（丧葬亦然，详下），属官及平民均有一定的贺仪之规定，可谓锦上添花。

（二）平民。平民间之联婚，某男与某女相爱好，愿订终身。于是各将己意告知父母。男子之父母即请村中有声望者或亲戚，或男或女，作为媒人，前往女家求婚。不带任何礼物。向女家父母说：“某家有子，才貌双全，愿与令嫒结婚。令我特来请问，你们意见如何？”女之母必称：“小女尚幼，一时谈不到婚姻。”于是媒人乃佯作回去告知男家的态度，而实际只走到女家门外。少时，又转回来，再说：“某人有子，才貌双全，愿与令嫒结婚。令我特来请问，你们意见如何？”（词与前次完全相同。）女之母则答说：“此事须问吾女，如她愿意，我们做父母的人是同意的。”至是，媒人复出，佯作往男家，实仍在女家门外。少顷，又进来，再重复前词。女之父并母乃说：“我们问过小女，她已经愿意了，我们现在可以商议聘礼。”（有时，媒人在问婚第一次后，确实回到男家，隔一二日再问第二次、第三次。盖为给女家充分时间考虑。习惯须问到第三次，方才答应。）

至于聘礼，则轻重多寡，一视两家经济状况而定。先由女家提出条件，由媒人转商于男家，同意之后，乃作定夺，讨价还价常有往返四五次，乃抵于定者。普通，男方以蜡条 2 对，礼银 40 至 100 元，或银碗 2 个，大小不等。此礼银之 1/4 归岳母，作为女母乳育酬金，余归岳父。又槟榔 1 串，茶 2 饼，盐 1 饼，糖 4 饼。在贫穷人家，只蜡条 1 对，芭蕉果 1 索，槟榔 1 串。各物备齐，请寺中长老择一吉辰，请媒人送往女家，即算定婚。女家照例宴请媒人及亲友。又，在定婚之前，习惯将男女两人生辰八字请寺中长老审看。如八字相合，方能结婚。但不合，而二人甚相爱好，亦常偕逃他处，实行同居。过些日子，再返村中，一般人并不因此而看不起他们。通常，双方如有爱情，即八字不合，而两家父母以及寺中长老又均不愿生波折，则往往由长老设法做点佛事，将八字相克化为相合，化凶为吉，皆大欢喜。

定婚后数日或数月，由男家请长老择一吉辰，由媒人通知女家。女家同意所择日期，即定为婚期。至日，新郎偕同媒人及亲友，携带全猪1只，酒20斤，蜡条2对，槟榔1串，茶、盐、糖各若干，并赠新娘之衣裙包头等前往女家迎亲。女家派亲友在街头迎接。但女家年轻亲友将大门栅及楼门关闭，新郎须出礼物，方才开门。入内，在客房（详下）坐定。房中有桌子，媒人及男家来人，即将所携各物，置于桌上。另桌则陈置女家陪嫁诸物。岳父母及岳家亲友招待诸人。然后请新娘出堂，媒人或年长人，致颂词，并为新郎新娘绕线。然后由岳家备筵，宴请新婚夫妇并诸贺客。在岳家居住三天，至第四日同返男家，设新郎事先另筑新屋则直至新屋。岳家派人护送。抵家之后，再举行绕线礼，情况与在岳家相同。当日或次日护送人员即返岳家。结婚礼节至是完毕。

有些人家，新郎至岳家迎亲，不在岳家绕线，即偕新娘返回，在男家绕线，宴请亲友。此种情形，大都由于女家过于贫苦，无力备席宴客。又，设男家贫苦，无力交彩礼，或一时不能交齐，而男女甚相爱，则往往女以自己的私蓄分给其未婚夫，以补足之。设女亦无力添补，则可于结婚之后，陆续分年交给，不必一定用钱，可以米、柴代替之，但须事先规定了数量与年限。通常不得过三年。至再贫苦些的，则不出钱物而以劳力偿还，即是规定在岳家服务若干年。是则为下节将要叙述的入赘。

平民定婚结婚的用费，若父母经济不宽裕，由本人担负者颇多。这也是平民结婚较晚的较多的原因。

乙、入赘。贵族阶级入赘是很少见的。有之则是因为有特殊原因。例如：无子作为承继人，又无适当近亲，或不愿近亲代替承继。或贵族女子与平民男子爱情特笃，但不愿降为平民。（盖嫁平民，则随夫而为平民，入赘，则平民婿变为贵族。详上。）父母钟爱其女，在此种情形之下，乃招婿入赘。其定婚、结婚仪式，仅在岳家举行。

男家仪式免去。结婚以后在岳家，或在岳家附近筑屋居住。岳父母死后，设无子，则遗产及官爵由婿承继。如有子，则与诸子平分财产，官爵则长子承袭。其本人（入赘之男）父母死去，遗产均归其他子，而入赘其家之婿、入赘他家之子，不得与分。如其本生父母死，除入赘他家之子外，无他子，则产业之1/3归寺院，1/3归土司收回，1/3归入赘他家之子。

平民间联婚，入赘者甚多。此种习俗是否为往昔的一种普遍的婚姻制度的遗留，甚值研究。摆夷是一个集团耕种的农业社会，据他们的传说以及摆夷之历史记载，车里孟连一带的摆夷是从旁处迁来的。原来的土著是卡瓦。卡瓦当时，及现在所占的地方是在山上。初至其地，自然发生冲突，但摆夷是喜欢住平原、坝子，即所谓山中盆地。与喜住山头的卡瓦以及其他民族，区域上并不相碍。因此后来也就相安无事了。摆夷是集团耕种农业社会，当然需要较多的人力。而他们自他处迁来，人口当不会很多，也许女性较男性为少。讨了土妇而后，为要求人力增多起见，于是有入赘的习惯，以后受了汉文化或印度文化的影响，原来的一夫一妻的习惯打破，变为可以纳妾。入赘的制度也因之而蜕变。此为推测，尚待详证，述此，略备一说而已，不足视为定论。

男女相爱，乃各白父母。由男家请人做媒，往女家求婚。并商议入赘年限，三五年，十余年，或终身不等。入赘无聘金。商定之后，先定婚。由男家备蜡条1对、槟榔1串、酒2壶，请媒人带往女家。定婚后，由男家再请寺中长老择定吉辰，征得女家同意，乃由媒人及亲友陪伴新郎至女家。并备蜡条4对、槟榔2串、鸡4只、酒30碗、米1斗赠岳家。至岳家，在客房坐定，然后请新娘出堂。由媒人或年长亲戚为新夫妇绕线。礼毕，岳家备筵，宴请新夫妇并媒人、亲友。此后，男子即住岳家或在岳家附近筑屋居住。为岳家工作，如耕种及其他事务。至期满之后，乃偕妇返归本生父母处。终身入赘亦甚多。

其有一定期限者，则期满偕妇归返。夫妇在岳家工作所获，由岳家赠以若干带回。如终老岳家，则岳父母死，其家产则与岳家之子及其他入赘婿平分。如岳家无子，有女而出嫁，非由婿入赘，则遗产婿尽得之。男子本生父母死，其遗产处理规则，已详前。女子无承继遗产权。嫁出之女，婿无承受遗产权，但可得些纪念物。未嫁之女，例随入赘之姊夫居住，亦由其遣嫁。（关系遗产承受之详情，详丧葬章。）

丙、离婚及再醮。夫妻不睦，可以离婚。但贵族中离婚甚少，平民离婚较多。离婚原因中重要者，一为劳力不均。按摆夷家庭经济，由夫妇双方劳作所得共同负担。夫妇中设有一方不事生产，所谓好吃懒做，则这个家庭经济担子便侧重到一方面，因此乃生口角，以致决裂。二为夫妇中一方对另一方之感情爱好减消或不专，例如妻与人通，或夫与人奸。摆夷离婚，夫妻均可提出。在第一种原因之下，多半是妇女为主动，提出离婚。据一般人的看法，和我个人的视察，摆夷社会中男性似较女性为游手好闲。即在所谓相安无事的和平家庭中，女性操劳与生产，似过于男子，此在第二章中已述及。第二种原因之下，则男女双方均可能是主动，不过男子主动为多。这两种家庭夫妇间的困难，在贵族，特别是较高位置的，如土司、高级官吏之类，因为他们经济方面，不成严重问题。夫妇虽亦共同担负家庭经济，但有家奴替他们做所不愿操作的事。感情爱好问题，则在贵族有讨妾的习惯，并且经济能力也可以讨妾，于是男性在此方面有了出路。此外，贵族婚姻，牵连的方面很多，如权势、经济，等等。如要离婚，也同样发生许多牵连的问题。据我的看法，这些是贵族离婚较少的原因。

平民夫妻离婚，如系夫主动，妻无异议。则夫须以 30 元交纳议事庭，或村中叭官。此款由官员购酒食，宴请地方上绅士，将两造离婚之事，当众宣告。离婚之夫妇亦在场。妇以蜡条 1 对，交给丈夫，并说：“你我今要离婚，今以蜡条，祝福于你，以后你婚我嫁，各不相干。”夫以槟榔叶一片，用刀断为两半。以一半给妇，一半自收。离婚手续即算完毕。凡妇出嫁时由娘家携来各物，以及在夫家自制各物并自己私蓄，均归妇带去。如有儿女，通常，年过幼而不能离开母亲者，由妇带去；已可离开母亲者，归夫。但亦视当事两造意向而定。离婚如系妻方主动，得夫同意。由妇纳30元给议事庭或村中叭官。余同前。入赘者离婚相同。

至于再醮。或夫死或离婚，再醮，在摆夷社会并不加以轻视。结婚仪式，较初婚为简，但亦视男女双方之年龄与经济如何而定。再醮之妇有前夫之子，则带至后夫家来养育，设后夫有其前妻所遗之子女，则此子女与后妻所携之前夫子女通婚。

丁、非法结合。所谓非法结合，在摆夷方面，不外：与有夫之妇通奸，父女、母子、同父同母之兄妹通奸，以及未婚女与人性交而孕。在这种情形之下，当事人便要受处罚。其规定如下：

有夫之妇与人通奸。妇与奸夫为本夫或他人所捉得，鸣官，处奸夫妇罚金30元。如系男子主动，女子出于不得已，则奸夫出罚款之2/3，奸妇出1/3。反之，成分相反。设为双方同意（即所谓和奸），则各出半数。此罚款1/3归本夫，1/3归土司，1/3归议事庭或村中头人。

有夫之妇与人通奸。本夫将奸夫奸妇两人均杀毙，无罪。如只杀死奸夫而妇无恙，则奸夫家属要求赔偿人命钱39元。设将奸妇杀死而奸夫无恙，则奸妇母家要求赔偿人命钱39元。此罚款，1/3归被杀家人，1/3归土司，1/3归议事庭或村中头人。

父与女通奸，罚父99元，并令父及女吃草糠3日。母与子通奸同，子与父妾通奸，罚子30元。（设父出其妾，妾被出后，子可纳之为妾。）同父同母之兄妹或姊弟通奸，罚兄或弟15元。妹被通奸，罚款15元。父与儿媳通奸，罚父30元。婿与岳母通奸，罚婿30元。此各罚款，1/2归土司，1/2归议事庭或村中头人。

男女在路边调戏，为好事者撞见，鸣官。如女卧倒在路之“上边”（即路之较高处，或山坡上），而男是立着的，则此情况是指示女子情愿的。二人共罚 3 元。女出 2/3，男出 1/3。如女卧在路之“下边”（即低处，或山坡之下），而男是立着的，则此情况指示女子是被迫的。罚款如上，但男出 2/3，女出 1/3。男子以手探女子隐处，为好事者撞见，鸣官。设男子之手在女子裙子之外，罚款 3 元，均由男出，盖此情况是指示男子主动。设其手在女子裙子之内，罚款相同，但均由女子出，盖此情况是指示女子情愿。男子摄女子乳房，为好事者撞见，鸣官。罚款 1.5 元。设手在衣外，由男子出。手在衣内，由女子出。

处女而孕。摆夷俗虽不禁女子婚前性交，但未婚而孕，则认为大耻，要受严厉处罚。“社祭”是摆夷社会的一个大典（详下第七章第三节）。在社祭的前数天，土司就派官员头人到每村每家去问做父母的，是否他们女儿们有未婚而孕者。盖地方上如有未婚而孕的女子，在祭社时，便会冲犯社神，因之地方上就会发生兵乱灾荒。设如有，就得明白告知，设法禳除以免灾难。查询之后，如有女未婚而孕，则由其母审问，命女指出男人的名字来，由土司及议事庭处以罚款。款子的处罚，数目是很少的，普通男罚 4 元至 15 元，女罚 3 元至 10 元。主要是名誉的处罚，以及禳除不吉之仪式。在处罚男女之后，当晚，土司家人将衙内楼门关闭，并在屋中乱放板凳若干。夜深人静，把灯火熄灭。于是即有大巫师来叫门，叫至第三次，乃由土司家人将门打开。巫师进门之后，因屋子黑，必为乱凳绊倒。于是高呼通奸男女之名，破口大骂。然后以所携米汤一小桶及沙子一小袋，散洒于地，一面散洒，一面说：“我今来土司衙门洒汤沙，一切灾凶，自此消除。”洒毕乃出。至街巷中，在各家门口高叫：“某男与某女有奸，肚子大了。我们要处罚他们，以除解秽气，明天处罚，大家要去参加！”

次日，以所罚之款，买猪一只。以索将猪之腰部结起，然后用滚水将猪烫毙。剖腹，取出油网，将网蒙罩猪头之上，并插野花少许。复购鸡一对、蛋四个，置于竹篓之中，请人将猪及鸡篓抬起，通奸男女二人并所有与女友爱之男子均随跟猪鸡后面，到各处游行示众，最后抬到土司衙门。将猪鸡烹煮。以五脏、耳、舌、脚，分成九碗，另以米九团，置一桌上，作为祭社神之用。余则分给土司、议事庭，特以猪头给大巫师。另又罚男子 2.1 元，以款交土司保存。将历年罚奸之款项积聚起来，作为社祭时，买牛之补助费。（按社祭三年五年一次不等。）平时发现有女未婚而孕，即加处罚。但在举行社祭之前，特派官员查询。私生子生下之后，归女家。此女不得与奸男结婚，但可与他人结婚，私生子即随之往夫家。又，当官员查询之时，设女母或女本人诡称无孕，以后发觉，罚款较通常多三倍。

第五章　家庭生活

在第二章及第四章，我们看到摆夷的家庭多半是所谓小家庭。或是在结婚以后就独立门户，或是与父母住若干时，觉得自己年龄和能力够得上去独立门户，于是自己去选个地方建筑房屋。摆夷地方，一方面地广人稀，一方面“土地司有”。平民是土司的佃户。每家向土司领地若干亩，替土司去耕。家里人口增多了，于是再向土司领。或是领本来没人耕的荒地，也就是开垦去；或是领原来领主迁移他处，或家户绝亡而无人耕种的地。这样，要独立门户，选择住家所在，便要跟着预备耕的地而转移了。

要谈家庭生活，势必从房屋以及居住的分配方式讲起。摆夷正如其他社会一样，在房屋居住的分配上，有一定的规定。

第一节　房屋

甲、房屋建筑的一般形式　摆夷房屋建筑方式，除寺院为单层平房外，人家均为支柱建筑。分为两层，上层是屋，住人；下层无墙围，住畜。整个房子，作长方形，由其两端望去，如西文“A”字之下，含一“H”，即“”形，房脊高出，两边垂下。普通，无汉人房屋的所谓院子或天井，仅如西人一座一座的楼。但亦间有在房之四周，留出一些空地，用竹篱拦起来。篱边种些竹子、芭蕉、棕树之类。普通开两个门，一个向东，一个向南。我看到很多房子的门，均是开向这两个方向。房屋的上层，分为三部分，（一）为起坐室或客厅。（二）为饭厅，中间放一个或两个火塘（或火塘）。（三）为卧室，隔成数间。普通，夫妇不同在一格，夫一格，妇与小儿一格。卧室虽至亲非请，不得擅入。自地至楼上，用可以移动的梯子，或竹或木制，搭在楼前凉台上。平民房屋，普通无窗，但竹篦墙可以流通空气，透进阳光。贵族房屋墙壁是用木板，在靠近房檐的墙板上留出不甚大的窗口，系用薄板活镶，可以随时推移开关。至于房顶，平民用茅草，贵族始得用砖瓦，寺院用土制琉璃瓦为顶。

乙、贵族房屋　子、宣慰使官邸与居住分配。今以车里宣慰使的房子当例子。在房屋的基本形式上，贵族与平民一样都是“”形。除了贵族用瓦砖为屋顶外，其所引人注意的是它的尺寸的高大和柱子的众多。车里宣慰使司的房屋，亦即司衙，共有五十几根柱子。横的方面分为 5 行，每行约有 12 个光景。长的方面，12 行，每行 5 个柱子，但在此 5 个主要柱子之外，另有若干辅助支柱。房屋全长约 70 英尺，宽约 40 英尺，高约 30 英尺。（自地至楼板约 10 英尺，自楼板至脊梁 25 英尺。）

楼分两层，以木板隔之。上层住人。木板之下，在诸柱之间搭以横梁，俾使稳固。地板至房脊顶之间，复隔一层板子，此板之上，不住人，只作储物之用。以木板为墙。但此木板，分为两部，上部活镶于槽中，可以移动，开之为窗口。下部死镶成短墙。屋墙之外为凉台或走廊。走廊用栏杆围起。宣慰使之房屋，只南、西、北三面有走廊，东面无之。

房共开 4 个门，两个向西，一个向南，一个向北。但此四个门并非通到外面，而是通到走廊，走廊通外，有两个门，均向东。（即在东向的那一面墙的两旁。）靠北边的是正门，男子出入。靠南边的是后门，女子出入。此两门之下，均有楼梯，达地。此大屋，隔为三大部分。（一）为金殿（hokham），亦即客厅，在全屋之北端。金殿长占全屋长之 3/7，作“L”字形，盖连及全屋之北面及西面长之 1/2。此处为宣慰使会客、受贺的地方。此部分之东墙，有宝座一座，坐东向西。金殿之北面或右面有一门，通至走廊，以通达地面的楼梯门。金殿之西面一门（即对着宝座的），可通西走廊。南面两门，一通卧室，一通火塘或饭厅。（二）为饭厅。在屋之西南角，长占全屋南面长之1/3，宽占西面宽之1/2。此房东西南北各一门。西通西走廊，南通南凉台，北通金殿，东通卧室。饭厅之内有两个火塘，为平日做饭、煮水、吃饭、烤火的地方，也是最常用的一间屋子。在饭厅之西北角，留出一块地方，用木板隔开，作为男仆人的住房。（三）为卧室。在东面，长占全屋长之4/7，宽占全屋宽之1/2。此卧室复以板隔为五格或五间。但全卧室向外，共有两门，一向北通金殿，一向西通饭厅。卧室中每两格之间有一门可通。此五格中向金殿之一格，为宣慰使早晚念经的地方，供有一佛龛，及小榻一个。壁上挂有步枪。其次，是他自己的寝室，中放一榻，卧时头在东面。第三格，为其夫人寝室。第四格，为其妾寝室。第五格，为其子女寝室，在其子女寝室一格之后，另有一小间为女仆居住之用。此五格每两格有门相通。

丑、室内的陈设与铜鼓。（一）金殿内引人注意的是宝座。宝座靠东墙，向西。是一个矮榻，上铺毡褥。其左，即隔卧室的板壁上，排挂着许多武器，缅刀弓矛之类。右首边的墙虚空无物。摆夷是席地而坐，没有椅子。至于桌子，则是以竹藤编的，外涂以黑、红或金漆的小圆而矮的桌子，高一二尺不等，直径也只一二尺。随时随人坐处而移动。但如有特殊需要，例如婚事，则陈列礼物便用汉人常用的四方八仙桌了。我还看到，当他们请我吃酒时，用汉人用的圆桌面，但是把支架取消而放在三个他们的小藤桌子上，于是成了一个庞大而矮的圆桌，人们便席地而坐，高矮恰好。还有就是根本把圆桌面放在地上，这样，拣菜时便要弯腰了。（二）饭厅。中置火塘两个。有一个柜子放置食具。在墙边地上有陶制水壶数个。又纺线机，及其他杂物。还有几个藤竹制的圆矮凳子。这种矮凳是山头阿卡人的贡品，非摆夷族自制。（三）卧室。内部陈设已见前，不重赘。至于走廊上，则普通是为洗盥、晒衣服，以及夏晚乘凉之用。有一角为厕所。在南边的走廊上，我看到一个“铜鼓”，就是有名的所谓“诸葛铜鼓”。[按铜鼓一物，人类学家黑格尔（F. Hegel）及佛仪（W. Foy）曾有详细的考证研究，认为是一种非汉族的文化产品，至于“诸葛”“马援”，乃是汉人的附会。我在云南调查时，颇注意此问题，随处访问，只在车里看到过一个。车里铜鼓高38.0分，面径56.2分，上面周161.4分，底面周150.9分。鼓面中间有那有名的十二角的日光形花纹。围此花纹为凸出之线圈，计为38道。分为数组。有一道为一组，有两三道为一组不等。在鼓面边缘有平均的4个（其中有一个损坏了）蛙形的钮，每蛙身长2分。鼓身上端左右两边各有钮绊两个，长4.5分，高2.8分，中间有空孔，可以系索。鼓身上下阔而中腰狭。]这种鼓的用处，传说不一；但据宣慰使告诉我，他这铜鼓是祖上传下来，现在既不用以鸣警，也不当作乐器，只是放在那当个摆设罢了。

以上是宣慰使的司衙，亦即其住宅的情形。（参看图4、图5）此外，

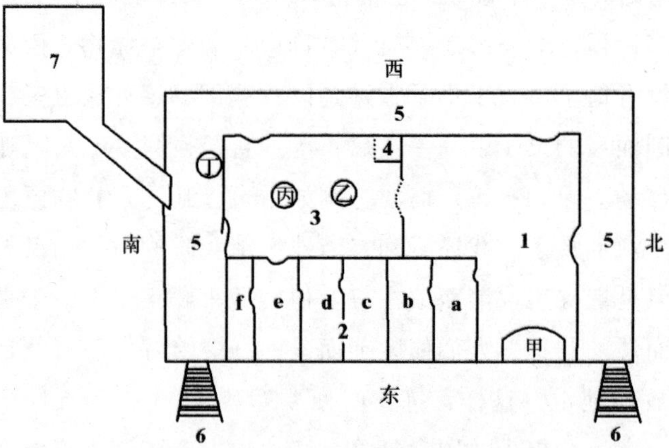

图4　车里宣慰使官舍

1. 金殿　2. 卧室a～f　3. 火塘，饭厅　4. 仆室　5. 走廊
6. 楼梯　7. 仓房　甲　宝座　乙、丙　火塘　丁　铜鼓

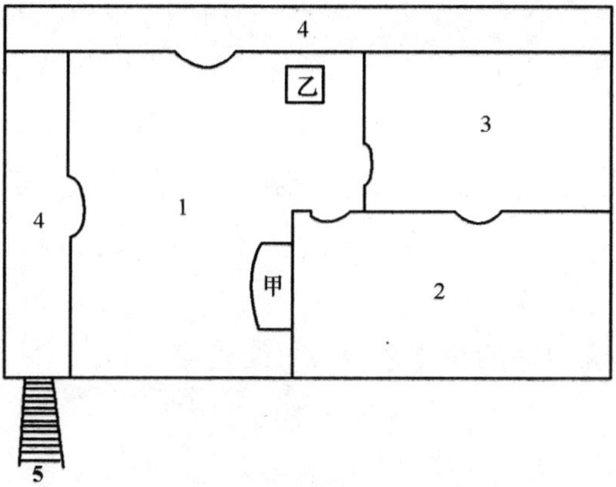

图 5　车里宣慰使刀栋梁之二弟刀孟刚之住宅
1. 客厅兼饭厅　2. 卧室　3. 堆室　4. 走廊
5. 楼梯　甲　卧榻　乙　火塘

宣慰使的第二个兄弟刀孟刚（Chao Mong Kang）的房屋的分配，也是“三分法”，但把金殿跟饭厅合在一间，另一间为卧室，一为储物室。

至于房屋的外面，则房顶和房檐均是用瓦。土司贵族们房屋，看去雄壮伟大，除其尺寸之高大，支柱之多且壮而外，房顶之整洁与房檐之翼然招展，亦增色不少。摆夷房顶的瓦是长方形，平而扁薄，其每瓦之一端有一个钩。在建筑之时，先用竹竿及木条搭起基架，带钩的瓦便浮钩在这竹木架子上，房顶四周下垂，虚空下垂部分用木条斜支，于是房檐伸张出去，可以庇荫日光，可以遮雨。

丙、平民房屋　平民房屋跟贵族房屋的区别是平民不能用砖瓦，房顶是用茅草盖成。房子的尺寸小，支柱少，墙壁用竹篾为材料。相同的是：都是支柱建筑，上层住人，下层住畜。有个凉台或走廊。屋内的分配，多半也是三分法，即饭厅、卧室和堆物间。有时有两个饭厅，即是说每间屋子有一个火塘，这是当此家人口多，或是子弟娶妇而尚未独立门户的情形之下。或是两家人住在一所房子之内。门户的开法，多是向东或向南。房屋的外形，从两端望去，成“仐”形。从横面望去，贵族房屋亦如此，像汉人古时的方巾帽。因此汉人中有个传说，说摆夷为纪念孔明，所以把房子盖成孔明的帽子的模样。自思茅县往南，摆夷的房子都是如此形式。据说思茅县这个县名是因为孔明到了那个地方思念他南阳山下的茅庐的原故。这些说法当然是附会之词。

第二节　建筑新房及乔迁之习俗与仪式

摆夷动作行为一切都要用占卜来决定，依着占卜去做。占卜对于他们正如同物理化学的定律对于近代西方人一样。占卜的力量并非超自然的（supernatural），而是自然的（natural）。凡盖新房子第一要看那个地方有没有水，而水的流向须要向东或向北者始吉。设如有水，但是流向是向西或南，那便要想法导水使之向北或东流去，至少在经过他预备盖新房的那一段土地要得向这个方向流。看好了地点之后，便要去选择建筑材料，木、竹、茅草。在贵族，烧砖瓦。主要是木料，尤其柱子关系重大。树林很多，所以木料用不着去买，只消自己去砍伐。设如一个人忙不及，便备些酒菜，请几个亲戚朋友吃一顿，他们便很乐意去帮忙。但木料取来之后，请木匠去制成栋梁则是要出工资的。至于贵族土司，则自有其官员百姓来服务。到山中去伐木或起首盖建，要选择吉日。依卜书，伐木以摆夷历一、二、四、五、七月为吉。起首动工盖房子以二、四、五、六、八月为吉。而每个月又有一定的日子和周期，否则不吉。吉日：

一月：辛亥、戊申、乙丑、丁卯（按摆夷俗有天干而无地支，详下。此处所写干支系根据召映品君口译，附有地支之卜书，当受有汉文化影响）。此四日须适为星期日或星期一（按摆夷星期。计法传自印度）。

二月：甲子、壬辰。星期五、星期六。

三月：戊辰、丁巳。星期六。

四月：乙巳、壬申、丁亥。星期三、星期六。

五月：丁卯、辛未。星期一、星期三。

六月：丁酉、丙午。星期五、星期六。

七月：甲辰、辛巳、壬申。星期日、星期二、星期五。

八月：乙巳、丁未。星期一、星期四。

九月：丁亥、丙子、乙丑。星期一、星期三、星期五。

十月：庚子、乙丑。星期日、星期六。

十一月：丁丑、丙申、乙酉。星期三、星期六。

十二月：乙丑、丁卯、乙未。星期一、星期六。

此外，所砍伐的树的形态，也颇关系祸福：

（一）树身自根至叶，上下一般粗细，树叶茂盛，吉。取之，主人终身享福。（二）树身上下尖细而中粗，不吉。取之，主人常有忧愁，及发生不幸之事。（三）树身上粗大，下尖细，不吉。取之，主人多病。（四）树身只有一个疙瘩者，吉。取之，贵客常临。（五）树身有两个疙瘩者，吉。取之，主人为众人敬仰。（六）树身有四五个疙瘩者，凶。取之，主人家灭人亡。（七）树身有六个疙瘩者，吉。六畜平安。（八）树身有七个疙瘩者，凶。主人易有讼事，受罚。（九）树身有八个疙瘩者，吉。主人平安。（十）树身有九个疙瘩者，吉。主人与人争讼或战斗胜利。（十一）树身有十个或十个以上疙瘩者，吉。主人人丁旺盛。（十二）树枝上有蜂、鸦及鹰窠者，树根有蚁窝者，凶。取之，主人受人压迫及攻击。

选好了日子，看定了树。至日，以白布、红布各1方，蜡条4对，花1束，槟榔3串，白米红米各1包，酒1壶，酸角水1壶，携往伐树之处。在路上如遇到有人杀黄牛或水牛而出血，不吉。设路远，在路边露宿，听到野兽或野鸡叫，或看见它们跑，均不吉。遇此各事，均须转回原处，另择日子，再去。到了树林，用竹篦做一小祭桌，将所携各物置于其上。由房主奠祭树神。祭时，房主将祭桌置于树旁，面向东方，取米少许，绕树三周，且行且撒。再取酸角水，绕树一周，且行且洒。口诵 Sudamande 经。诵毕，伐树。主人面向东方，下第一刀，主人开刀之后，由他人协助砍伐。

在树倒下来的时候，其声如铃响，吉。设倒在其他树上，他树被压倒，以致此树未能倒到地面，不吉。如一直倒下而未压及他树，吉。如倒向东方，吉，主人必富。倒向东南，吉，主人将得很多的牛。倒向南方，凶，主人将流血而死。倒向西南，吉，主人人口繁盛。倒向西方，凶，伤财，闹口舌。倒向西北，吉，招财物，进亲朋。倒向北方，凶，主人有讼事。倒向东北，吉，主人平安。

砍倒之后，由主人亲自以臂去量，然后照所需的尺寸而斫断之。乃由亲友将所砍之木料，逐件抬回家去。抬到之后，开始打地基。地基打平，然后挖坑，为放柱子之用。土司贵族为两肘四手指深，平民为一肘四手指深。柱坑挖成六角形，即“⬡”形，吉，主人将发意外之财。如四方形，则主人易患瘴气病。挖坑人的脸，不准向龙头。龙头的方向，随月而移。一、二、三月，龙头向南，尾向北，背在东，腹在西。此外，柱子也须按一定方向放置地上。柱子须斜放，根向东北，梢向西南。挖出的土，放在北方，不要堵住龙口。四、五、六月，龙头向西，尾向东，背在南，腹在北。柱子根放向东南，梢向西北。挖出的土，放在东方。七、八、九月，龙头向北，尾向南，背在西，腹在东。柱子根放向西南，梢向东北，挖出的土，放在南方。十、十一、十二月，龙头向东，尾向西，背在北，腹在南。柱子根放向西北，梢向东南，挖出的土，放在南方。

挖坑时，挖到铁、钢刀，凶；主人将发生灾难疾病。挖到铅、铜，吉。挖到木桩、树干，凶。但设即在其处埋银子少许，即可免灾祸。挖出铁、钢刀者，同用此法可以免灾。

挖坑先挖四个，再挖其他。各坑挖好，即竖柱子，先竖房屋四角之柱。以白线2索，刀鞘2个，芭蕉果2整把，挂在四柱之中的两个，斜对着。然后再竖两端中间的两根长柱。竖时，请一处女，以水泼在柱子上。于是再竖其他柱子，搭横梁、地板及房脊等。最后，以瓦或茅草盖房顶。盖好，再以竹篾或木板作房屋之墙壁。于是新屋落成。

迁进新房之仪式。盖好之后，主人将新置用具或旧屋中原有的用具，搬到新屋布置。先将饭笼、“宝袋”（按摆夷稍富有者，每人都搜集一些少见的玉石、五金，及其他成品的小物件，放在一个袋里。认为这些稀见的小物事含有驱凶、护身的力量，名之为“宝”）、刀、三角或三脚架（做饭或煮水时，放在火塘上，用以架锅或壶者）等四样东西，放在屋之中央。另以饭、肉、炭块、金、银、铜、铁，用纸包起，各一小包，散放在地板上。然后请年长亲友，用打鱼的网，撒去，罩到各物之上。设如罩着铁与炭，主凶，余吉。如罩着铁、炭，则须请寺中长老或他级和尚来新房念经3天或7天，以禳除之。如是，则此房屋即变为寺院所有，房主须以银钱若干，将其赎为己有。设如所罩之物为吉，自然无此手续。土司盖了新房子，在撒网之后，则由官员及卫士、乐队，敲锣击鼓，引导土司迁入新屋（平常人则由亲友引导房主）。贺客随之而入。由年老人或礼官以瓦盆一个，中放花及酒、槟榔等，置于土司（即房主）之前，土司伪以银钱若干纳入此盆之中，向任何一个客人说：“我现在将此屋自你手中买来；现在算是我的了。”客人便接了盆及盆中的银钱，向大众说：“此房我卖给他（指房主）了。”于是大家入席，每桌上置生米少许，大家围桌而坐，由一年老人（在土司为礼官），开口说：“今天是好日子，叫金银财宝都聚满了，使仓房各屋都堆满了。”于是众客人随着叫：“啊！”“啊！”“啊！”三声，每次每人取桌上生米少许撒于空中。然后开筵。

贺客多携贺仪。普通为猪、米、酒之类，其量数多寡，视房主及贺客之地位与关系而定。贺客往往在新屋住上两三天。客去之时，主人须以同样量数之同样物品回赠贺客。贺客莅临之后，向例主人有专门唱曲的人，来新屋歌唱，为贺客助兴消遣。唱曲者多半为年老妇人，唱曲工资三日约为二三十元，至贺客散去，为止。贺客之中如有土司或大官员，则由主人请未婚女子们敬酒，大张宴席。酒饭之后，煮鸡蛋20个，放在锅中。请一人，手持竹竿，口念吉词。用竹竿把锅盖掀开，然后将竹竿用力向房顶的漏孔处冲抛出去，使之落于房顶上。于是锅被掀翻，鸡蛋滚了出来。此时，众客人争先恐后抢取鸡蛋。不论老少男女，挤作一团。以抢到者为吉，抢得一完整者为最吉。至第三日，贺客散归。于是把悬在柱上的2个刀鞘、白线跟芭蕉果取下。造新火塘（客人在时，做一临时火塘）。并将卧室分成数格。一切停妥之后，请寺院长老或他级和尚来家念经祝福。和尚去时，由未婚女子以水泼其身上，表示净身。此后则居住生活一切如常。

第三节　家庭生活一般

上面已经把房屋的建筑和分配，说了一个大概。现在我们进而述其居家日常生活。在第二章中，我们曾摘要地叙述过家庭一般情形，此处更详细地把它讲讲。我们进到摆夷的人家中，特别是平民家庭中，第一引起我们注意的是妇女们的忙碌与众多。同时也就觉得好像男子很少。这是因为七八岁以至十余岁的男孩，在较富裕的人家，都去寺中就学。大些的住宿，小些的走读。在贫苦人家，男孩们大的出去砍柴，小的出去放牛了。家中只有成年的或已婚的男子。但是这些男子或是一个人在那瞑坐向火，或是几个人在那闲谈白话。好像家中一切事务自饮食以至教养与他们毫不相干。在我们眼前活跃的妇女，成年的妇人和女孩，她们洒扫、洗涤、烹饪、缝纫。有婴孩的，还要照护婴儿。几乎自晨至夕，无时或息。她们的缝纫、纺织和烹饪，不仅是为自己吃跟穿；在逢到市集时，要拿出去易货或卖钱。妇女们工作赚来的钱，自己存蓄，从在家姑娘就是如此，婚后依然如此，丈夫不得使用。男子自己工作，如经商（大规模的贩卖），以及银器工艺、竹木工艺等赚来的钱，也是自己存蓄。（不是每家男子都做银工、木工，但是每家女子却都会做活计、烹调。）只有家中的饮食是公共的，在耕种方面，男女同样参加。夫妇子女的日常的衣服，却是妇女们去织做。其余则男女经济独立。遇到不幸而离婚，女子照样可以生存，男子离了女子，却会感到生活上的许多不便。经济各人独立，夫妇如此，弟兄姊妹父母子女（成年的）彼此间也是如此。不像汉人家庭，一个人赚来的钱大家用，大家赚来的钱大家用。于是摆夷家庭各分子彼此关系，没有一条经济的、共同消费的团体精神来巩固它。同时也就是一家中各分子的依赖性弱而独立性强。又因为男女长大，婚嫁后，独立门户，始终是小家庭。即在未婚嫁以前的十七八岁的男女孩子，便就和他们相同年龄的作亲密的往来，无形中成一个团体或年龄阶级，和父母家庭渐渐疏远。女子好一点，男子这种倾向最显著。所以汉人所憧憬的“天伦之乐”，摆夷家庭中并不怎样浓厚，至少在父母子女的关系上是如此。但这并不是说父母子女间毫无感情，他们的父母对于子女一样的疼爱，子女对于父母一样的体贴尊敬。唯远不如汉人家庭各个人彼此那样的相依为命。

上述的各种情形，在平民中尤为显著。贵族阶级中，尤其是高级贵族，因为政治权在男子手中，经济来源亦即随之而至，平民妇女的勤劳刻苦，在贵族家庭中又有家奴来代替，除了为社会的赞扬与个人的嗜好而去纺织缝纫烹调而外，贵族妇女们不必终日孜孜。她们的一切，自有丈夫来供给。在经济上，于是妇女变为附庸。当然有些勤俭的女子，在这种情形之下，仍然去操劳，把工作产品拿去易货换钱，以增积蓄。摆夷贵族与平民阶级间的流动性很大，已在第二章中详述。因此，随处都可遇到贵族，而贵族与贵族间的权势与财富的差别也就很大。贫穷的贵族不在少数。这些贫穷的贵族，在生活上，夫妇工作上，实与平民无异。上面所述的贵族家庭妇女情形，只是在富贵而权势大的人家而已。所以摆夷的家庭状况，倒是要以首述的那种平民家庭状况为代表。

第四节　从早到晚

车里一带是亚热带气候，但最高温度为华氏108度，所以并不算是太热。最低为华氏50度。地点虽距海洋不远，而气候仍是大陆气候，白天热，夜晚凉。一年之中，分为干、湿两季。五、六、七、八、九、十月，为湿季或雨季，十一、十二、一、二、三、四月为干季。我在车里一带是一、二、三月，正当干季，也是冬季。摆夷惯住山间平原，汉语俗名之为“坝子”。入晚以后，全坝子为云雾弥漫，至早晨七八点钟，有时九点以后才消散，云雾中透出橙红的晨光。云雾未散之时，要穿棉衣服；夜间还要盖毛毯子睡觉。云雾一散，日光灼灼，马上燠燥起来，就要换单衣了。我现在能说的是摆夷家庭在冬季自早到晚的生活程序。

他们在冬季起得比较晚。一家之中起得最早的是主妇、小孩。男子们多半尚在高卧。洗盥以后，照例是先整理火塘，火是一夜不熄，但早起要把它弄旺盛些。于是洗米、煮饭、洒扫、清除。然后到凉台上，把那些垃圾从孔洞抛下去。这时候，邻家也有人做同样的工作，于是在凉台上彼此搭问几句话。家中其他的人也渐次地起来了。主妇便下楼把猪圈、鸡笼巡视一番。拿糠去喂猪。打开鸡笼，鸡四散地跑。饭熟了，大家便在火塘间，吃早饭。摆夷吃的是糯米，普通不用碗装饭，也没有筷子，是把糯米从锅中取出，放在芭蕉叶子里，用手从这叶子中取食。至于菜，平常甚为简易，以咸、酸、辣之冷食为多，亦以手取食。汤类用木制羹匙。吃饭习惯，男子先吃，吃完以后，妇女跟小孩吃。菜是放在陶制盘碟中，置于前述的那种小的圆藤漆桌上。设家中有男孩在寺院“当和尚”，便将饭菜留出一些。饭后，由主妇或是他人送到寺里。这些饭菜之一部分是要敬给长老的。（按规矩，和尚们自己不煮饭做菜，他们的饭食由人家煮好施给他们。在规矩严的寺院，和尚们在一早，捧着一个钵，低着头，排列成行，出寺到各村巷去，最前的两个人，缓缓敲着一种锣。各家主妇听到锣声，便取出饭菜，立在街边，待到和尚们经过，便将饭菜倒在和尚的钵里面。不过现代多半是由人家送饭到寺里来，而且是当那家人有小孩在寺里当和尚或是信心特虔的人家。所以在有些寺院，和尚也煮饭做菜了。土司给他们田地，作为庙产。）摆夷吃饭之后，都喝一些冷水。这水是储在一种陶制的水壶里，生水。每人有自己的水壶。对着壶嘴喝。贵族土司水壶多有银制者。此外饭后必嚼槟榔。即平时也不离口，特别是妇女。所以牙齿染得漆黑，而口涎成为红色，显着嘴唇鲜红。有时槟榔与石硝，还有一种荖叶一起吃。有精巧的竹制或藤制加漆的槟榔盒，贵族土司则为银制，钻有花纹，异常名贵。

早饭吃完，在冬天，约在九、十点钟。妇女们收拾食具，然后到寺中给住宿的男孩送饭。有些则开始织布、纺线。更小的孩子，不在寺中住，而在寺中当和尚的，便去上学了。不上学的男孩，家中有牛放自己的牛，或是去替人家放牛。男子们“当公事”的，去到司衙或其他头人处接洽公事。做手艺的，如银匠、木匠，也就开始做工了。有些既不“当公事”，又不做手艺，则出去到四山打柴或是到亲戚朋友处去闲谈或是在家中闲坐，当过和尚的认识字的（在摆夷中识文字者甚多）也许坐在那里看看经书。经书中有许多传奇故事，颇能作这班闲人的消遣品。同时，佛道也就传进他们思想中。这样不知不觉地到了中午。在家中工作的，如妇女们的纺织，男子们做银工等等，以及在朋友亲戚地方闲谈的，都觉得有些饿了。有时走读的小和尚，寺院离家近的，或放牛的，也都回来家中了。要吃点午餐、点心一下。这午餐极其简单。仅是把早餐剩下的饭，取出一些，放在芭蕉叶上，随处拿着吃。仅仅在白饭上放点咸菜或甜酸汁之类。小孩们便拿着饭下楼和小朋友们一边吃一边玩。在大树浓荫之下，你可看到三五成群的孩子们在那玩耍。男孩完全光身，或穿个上衣，女孩仅穿着筒裙。车里一带天热，虽在冬季，中午前后，也热得厉害。中餐前后，大人们往往带着小孩到河中去洗澡、游泳。小孩子们在河里游泳嬉戏，好像一群小鸭子。中午洗澡以后，年纪大的或成年人们，多半在榻上休息而渐次入睡。从房檐下的窗口，不时吹进一阵阵的熏风，一切寂静；只楼下嬉耍的孩子们偶尔送上一阵笑声。摆夷对于孩子们的自由，范围给得很宽，许多事由他们自己解决。在寺院上学的孩子，玩了不久，自然又要去上学了。

午后四五点钟光景，炊烟又从每家房檐上送出来。日光已经不是很烈了。微风吹来，使人有种轻快之感，窗前的棕树在晚风中摇曳招展。又到晚饭的时候，男子们在晚餐多半吃点酒，晚餐的菜，也比较来得丰富些。有朋友亲戚来闲谈，也就留他们晚餐。在这种情形之下，妇女们便另外吃，由男子们去浅酌慢饮。不必等男子们吃完再吃。在日落之前，照例家中有女孩子的，女孩子们要到井边去担水。（摆夷住的是平原，有凿井的习惯，在山头的阿卡、罗黑便要靠山泉了。）他们吃的水为井水，洗衣服是到河边用河水。担水，较小的女孩两个人抬一桶，大些的一个人担两桶。在这种工作的时候，往往唱些歌曲，和同伴们嬉笑一番，以减轻这工作上的疲劳。最热闹的要算井边，那里往往集聚了很多小姑娘。同时，也有不少男孩在那凑趣、闲话、挑情。这时候，主妇们又是喂猪、喂鸡，把鸡又引到笼里关起来。也是外乡行人经过这村子投宿的时候，随着那疲乏的脚步声，你可以听到一阵犬吠。做木工、泥水工，以及其他在外工作了一天的人们也返回家来了。太阳渐渐落去，仅仅东山山头上还留着点余晖，主妇们便立在门口或篱边，喊她们在晚饭后出去玩耍的孩子们回家睡觉。入晚，天气渐寒。大家，连妇女小孩，都围着火塘向火。不久，婴儿们就在母亲怀里入睡。设如父兄们兴致好，便把那些佛教故事搬出来，讲给大一些的孩子和妇女们听。妇女们一边听，一边就趁着灯光在那做点细小活计。佛教的知识和道德观念，借此便传到妇女们中间。摆夷看书，必得高声朗诵，夜静，那种从容不迫、抑扬有调的朗诵，听得格外清晰，字句深深印入听者心底。好学的女孩们或兴致浓的父兄们，便在这个时候传授和学习识字。所以摆夷妇女中，识字的颇为不少。有些十六七、十七八岁的姑娘们却另有她们的事，她们到纺线间去纺线，别有一番乐趣。关于此点，在第四章中我已经讲过了。冬天太阳落得早，在八九点光景，便全家就寝。整个坝子漆黑地笼罩在雾里。但，不时东一点、西一点闪耀出一些亮光，这亮光便是从纺线间泄漏出来的。

此外要说的是，我们到摆夷地方，给我们的第一个印象就是清洁。无论是街道，是房屋，是室内布置与用具，以及衣服、大人和小孩，都是干干净净。街道的清洁自然是因为村镇有专人负责打扫清除，房屋及室内一切的清洁大部是要归功于主妇，以及年龄稍长的女孩们。在家中的男子，大多不是坐着不动，就是高卧未起。至于个人方面，无论冬夏都到河流中去洗澡。夏日天热，每天要洗两三次。衣服更是常常洗涤，所以大人小孩都穿得很洁净。一早起来就洗脸刷牙。洗脸肥皂用皂角，一种植物籽。面盆陶制，或铜、银盆。也有用外来洋瓷盆。手巾用土制白布，或毛巾，刷牙用竹条，将一端劈成细丝，略曲之。女子为保持黑齿之美，刷牙者少。至于大便，则便毕用竹板来擦，约一小指宽，甚薄。此板预先做好若干放在厕所，用毕即抛去。

第五节　饮食与衣饰

在上节我们曾述及摆夷饮食的方式，本节讲一些食谱。(一)车里一带产糯米、粳米、玉蜀黍、荞麦等谷类。但摆夷普通吃糯米。煮法像长江以南两广一带，即是，不用北方所用的笼屉去蒸而是放在锅里用水去煮，以至于水尽饭熟。普通用铜锅，为防生绿锈，将饭取出放在一个有盖的木桶里。（二）肉食，平时吃猪肉，间或吃牛肉、狗肉，年节婚丧或有客人则杀鸡宰鸭。此外，鱼类甚多。甚喜吃田鸡、蛤、蚌、虾及螃蟹。出猎，则有山禽、野兽。菜蔬中有白菜、菠菜、苦菜、豌豆、蚕豆、扁豆、萝卜、芋头、洋芋（Potato）、红薯、冬瓜、南瓜、慈菇、藕、竹笋、木耳、各类的菌子、葱、蒜、姜。肉与菜类均切成小碎块，很少大块的肉。有些是生吃，但加极重的佐料，如盐、胡椒、辣子、酸角汁、姜、葱等。油有菜油、腊油、芝麻油、椰油，但无酱油（有之，乃汉人所制造或输入）。菜食中认为珍品者有：（a）猪或牛羊肉斩成碎末，搅以煮熟糯米，和以葱、姜末、盐、胡椒末、辣子末或油及鲜血，生食。（b）鱼，击毙，裹在芭蕉叶中，放在火上烤焙，将熟，将鱼肠脏取出，然后敷以盐、芥菜末、辣子。（c）青蛤或蚌，去壳，取肉，以白水煮之。斩成碎末，搅以糯米，加盐、胡椒末、辣子油或末、芝麻油。（d）螺蛳加盐、胡椒煮之。（e）竹笋切成小块，和盐焖之使酸，冷食。在冬季，多半做腊肉、腊肠、腊牛肉，制法如汉人。又做咸菜、泡酸菜，方法亦如汉人。在云南汉人常吃的米粉与豌豆粉，加辣子、葱、蒜末、酸、盐等，冷食，在摆夷中也很通行。多半是在街子天或社祭、年节时，做了去卖。我在摆夷地方没有看见豆腐、豆酱、豆豉。（三）果品异常丰富，香蕉、檬果、柚子、荔枝、龙眼、缅石榴、蜜多罗、甘蔗、酸角、橄榄、槟榔等，除生吃外，甘蔗制糖。檬果制成檬果膏，香蕉制成香蕉干。（四）茶、烟、酒。茶为车里一带出产大宗，但摆夷并不十分嗜茶，日常倒是饮白水为多。惟从事茶业者颇不少。烟就是普通“叶子烟”，有两种吸法：一、用所谓旱烟杆。二、将烟叶切成细末，再用一张大叶卷起，有如雪茄烟模样。男女都吸烟，女子多半取后一种吸法。又，摆夷贵族中颇有吸鸦片者。嗜酒。小孩亦间有饮酒者。除米酒、高粱酒外，车里一带有土制的果子酒，糯米酒亦极有名。

至于衣饰。摆夷男子的衣服与汉装相似，但不着汉人成人所着之长袍，仅为短小衣与裤。摆夷上衣无领，多为对襟。裤子，则裤裆、裤脚均甚肥大。头有头巾，腰束带，普通不着鞋。有之，似习自汉人。拖鞋甚华丽。御礼服或婚嫁、赠贻时，则有鞋。贵族衣服多喜用黑色的绸或缎，冬日外着棉上衣，内则衫以白色内衣。贵族头巾喜用粉红或水绿色的绸子。腰带亦以长条绸子制成，颜色不等。土司及高级官员另有礼服。闻车里宣慰使礼服礼冠均极华丽，向之索观，则云年久不用，不知藏在何处去了。平民均布衣，色黑、白、蓝不一。未婚男子与儿童之衣服与成人相同，仅为小型而已。男子均留发，束结于顶，习戴耳环、戒指，近来喜镶金牙。贵族男子年至十八九岁，便在腰边佩一刀，俗名“缅刀”，银鞘，牙柄，甚为美观。

女子衣饰。则上衣大领，左衽或右衽不等，细腰，袖窄而长。衣无纽扣，而以细带结衽。无裤，着裙，汉语俗名“筒裙”，长及足踝，普通以一幅布缝连而成，状如桶。着时用腰带，或不用腰带，将上缘缩狭，翻缘而结。贵族衣料用绸缎，有些镶以花缏。年轻女子喜用绯、紫、水红、葱绿诸艳色。冬季，着棉衣，色略重，如黑、绛紫、深紫等。棉衣里子则喜用淡黄、杏黄，或白、淡红，棉衣裁法如汉式，有大襟，均右衽，但无领。襟有纽扣。全衣里及面用线一行行穿络甚密，着之，无臃肿之态。着棉衣时甚少，仅冬季早晚。筒裙色料尤为明艳。分三段，上段用红绿紫绯各色丝麻织成。中段用金绿、紫色锦丝或纱缎。下段以布为底而缀以花缏。花缏之上，缀以银泡。冬日筒裙下段有以紫色洋绒为底者，系自缅甸输入。裙带，即腰带以银链为之。头巾为粉红或淡绿色，均绸制。在头巾之尾端镶以金丝或他色之锦。年纪大的妇人多半着色重的或黑色的衣服，筒裙亦然，但材料则绉绸。平民女子衣裙裁法与式样和贵族相同，惟为布料。女子发饰则已婚者，束发绾一髻于顶，略后，全发自边缘拢起。未婚者则在发之边缘留出刘海，约半寸。刘海之上，则拢起，束之为髻，不编辫。首饰花样甚多。耳饰用金银制之耳塞。耳塞系以宽约一分半之金或银扁条，卷之成一圆筒，圆筒之径长约二分，塞耳孔中。颈饰有金银颈链。手饰有金银手镯、戒指。足有足镯。各种金银首饰均极精致。遇婚姻集会始戴全副首饰。平时仅耳塞或加手镯。

第六节　纺织与银工

下面我叙述摆夷的纺织和制造银器皿，特别是钻花的槟榔盒之类的方法。以示摆夷的手工艺技术之一斑。

甲、纺织。纺织是妇女们的工作。车里一带虽产棉花，但产量甚少，尚靠外面输入。买来棉花，自己纺成纱，织成布匹，再制成衣服。几乎每家都是这样。贵族们穿的绸缎，以及金丝锦、花缅等是由缅甸或昆明成匹成件地输入。但是有名的摆夷锦（不是金丝的），却是她们自制。而所用的各色丝线是由汉商处买来，因为车里一带不养蚕，不知制丝。我现在以纺纱织布为主，附带着叙述一下织锦，织锦的织机与织布的是相同的，摆夷纺织程序分三个层次。

（一）弹生棉去籽——用弹弓及木棒（请看图 6 甲），先把带籽的生棉铺在一个席上。弹棉者以左手持弹弓，右手握木棒。以木棒拨击弓弦。弦动震及棉籽，如是反复拨击，棉籽即相继脱落，而成熟棉。

（二）纺纱——用纺机（请看图 6 乙）。以约 7 寸长、4 分直径之细铁条置于纺机之 B 端。将 A 端轮上之牵索，缠绕在 B 端铁条中腰。当 A 端轮旋转时，牵索即引动铁条，铁条随之旋转。纺纱者坐于纺机之前（有 C 柄方为前方），左手摇转 C 柄。右手持棉絮一团。以少许粘挂 B 端铁条尖端上。此时 B 端铁条受 A 轮牵动旋转极速。右手将所持之棉絮向上引展。棉絮渐次伸长，经过铁条一度转旋，即成线条。纺至相当长度即止。再另取一铁条继纺。原来铁条上的纱线换绕在一竹签上。

（三）织——用织机（请看图7）。以若干轴纱，一条一条的并排缠于A端木棍上。然后仍然一条一条的穿过分线器（B、C），纱之一端则紧结在横棍（下）上。织时两脚踏D、E两板。一抬一落，则经

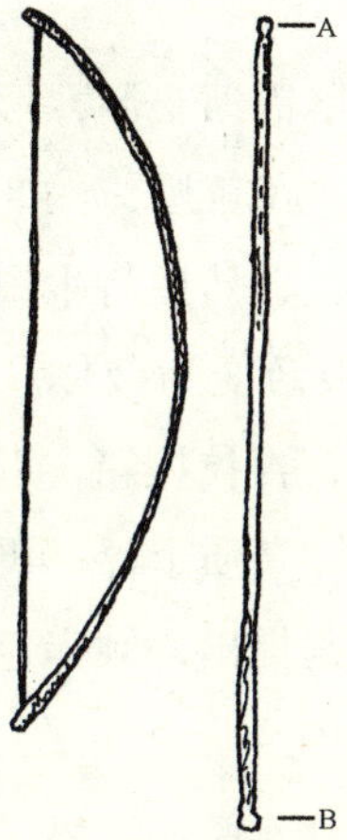

图6甲　弹弓

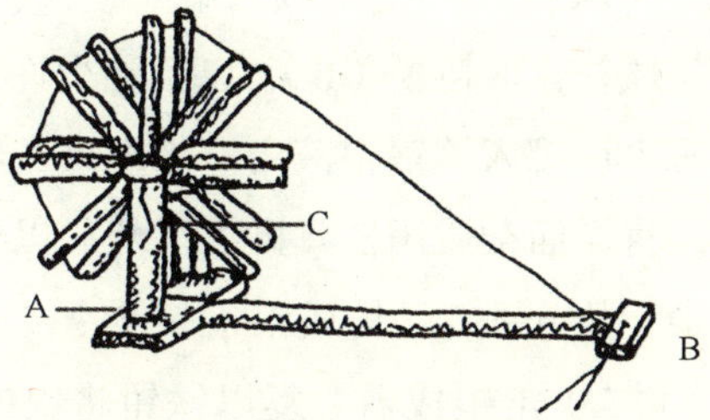

图6乙　纺机

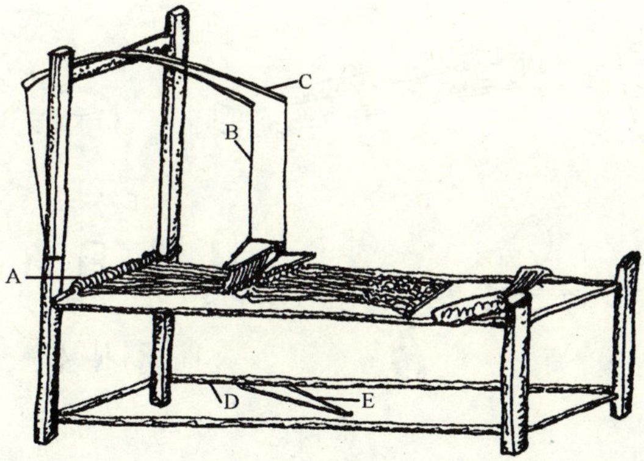

图7　织机

线即可很快地分开。纬线则置于梭中，以手左右穿编，布即成。至于织锦，织机的方法与织布完全相同。所异仅材料不同。织锦的经线是棉线，普通用黑色棉线。纬线是丝线。锦的花纹是在编织时，计算线条的数目，按着花纹方式而使各色丝线隐显在正面。无特殊技巧，但须细心耐性，时间约慢过织布三倍。

乙、银工。银器首饰之制造是由男子去做。据说摆夷的银工技术是从缅甸方面传来，有以下程序：

（一）熔银铸条——用熔锅（请看图 8）。熔锅沥土制，形似酒杯（A），高约 6 寸，内口径 4 寸，外口径 4.6 寸。底较厚，约 8 分。熔银时将此锅置于熔炉（D_1）之中，四周围以木炭，然后将生银倒入熔锅，拉风箱（D），送风入熔炉，火势渐旺，银乃变为液体。此时停止拉风箱，取铸模（B），以菜油少许倒入其内，再拉风箱，以左手取白矾少许掷入熔锅银液中。当即可见纯银下淀，杂质上浮，再加矾数次。将浮面杂质用器具撇去。然后以铁钳将熔锅提出，倾赤色银液于模中，数分钟，乃铸成银条。俟冷，自模中取出。

（二）击银成器。复以铁钳将银条放入火中去烧。烧热，放在一

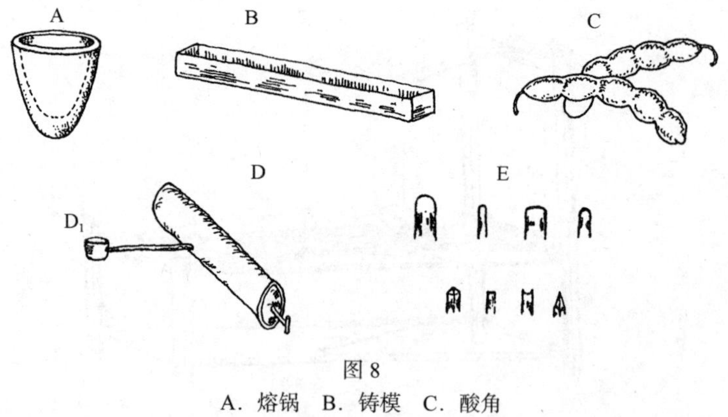

图 8

A. 熔锅　B. 铸模　C. 酸角

D. 风箱与熔炉　E. 圆头钻与花纹钻

个固定的铁桩子上，以铁锤击之。数次，再入火去烧，如是连接烧击，直至成为所需大小与厚薄之银片。易小锤，轻击，使之成为所需要的形状。

（三）钻花——用钻（请看图 8E）。银器或首饰上的凸出的圈、点、线的制成，第一步是用大小不同的圆头或扁头的钢钻，自银器或首饰背面钻琢。于是显现凸出的花纹来。然后取松香，熔为液体，倒在银器或首饰的背面，松香冷，凝为固体。银器与松香粘在一起。于是另以小的钢钻，在正面雕刻较细的花纹。花纹成，以大钻将松香除去。

（四）漂洗——钻好的银器或首饰，再入火烧一遍。然后放入酸角（C）水中煮洗，遂洁白全新，器成。

第六章　生产习俗与教育制度

在男女婚嫁之后，也就是办了社会所承认的性关系的手续。有了孩子，要他顺利地生产下来，是很自然的事。生产的时候，以及生产下来以后，对孩子的抚养、教育，任何社会都有一定的习俗与制度。希望使他长大成为本社会所认为有用的分子。现在我们从生产叙述到养育成人。

第一节　生产与忌禁

任何社会对于将要临产或分娩以后的妇人（有时连丈夫）的行为上，都有若干特殊规定，其中显著的便是有若干忌禁，这些忌禁，以现代眼光看去，有的是与生理有关，有的是超生理的。摆夷的孕妇将临产时，忌食辣子、姜、蒜等刺激强烈的物品，动作忌快，忌搬动重物。将临产的最近的一个月中，禁性交。其夫无任何忌禁。在临产的前三数天，孕妇由寝室搬到外面火塘边来睡觉，用竹叶子垫铺卧处，搬到火塘室来生产是为便于亲友们的服侍、帮忙。寝室一来太小，二来按习惯即至亲也不得入寝室的。临产那天，把平时所着的白色衬衣脱去，易以黑衣，避免弄污，尤不愿因色白而显出胭红血色。用包头缠头，以防着风。接生由亲戚中之年老有经验者任之，男女均可。其夫在旁。小儿生下之后，由助产人将其用温水洗濯。用以竹皮削成之刀片，将肚带割断（现在有小洋刀，但仍用竹片刀）。其母此时也净身，静卧。小儿裹于衣被之中，置于簸箕内。由其父燃蜡条1对，将箕中小儿拿到楼梯口，用脚踏地三次，高呼恶鬼说："今天我得到一个男儿（或女儿），你（指鬼）如果要，就来拿去。过了时候就不给你了。来买我也不卖给你，来求我也不舍给你。设如他死了，我要你来抵命！"说毕，于是把小孩又拿回室中。然后将小孩胎衣置一竹筒内，于其一端钻两个洞，用索子穿过，由父亲或亲戚携到树林里，挂在树枝上，听其腐落或为鸟啄吃。有的人家，不把胎衣挂在树上，而埋在房屋附近的地下。但须看月份及方向，在摆夷历的一、二、三月，埋在西南方，主儿聪明。四、五、六月埋在东北方，主富有。七、八、九月埋在东北及东南方，将来有权势。十、十一、十二月埋在北或西南方，将来富有而长命。挂在树上或埋在土中均可，但不可随便抛弃，否则小孩将罹疾病而夭亡。按挂在树上或埋于土中，等于是把胎衣葬了。当是表示替代小儿的死的意思。埋挂之后，以小竹筒一个，镌上小孩出生年月日时，挂在寝室之中。产妇产后，如无病征，于一日夜后，即迁入寝室居住。至第三日，产妇即出至河边洗澡、洗头。去时以小刀一把放一竹筐中带去，称可免灾病。小儿在家中洗澡，每次洗完以后，以灶灰细末抹敷肩窝、肚脐以及生殖器、肛门，以防水湿天热而发炎。产妇用带束紧腰部，以免腰肚庞大。产后七日之内须多吃盐、姜，以及小母鸡所做的汤或稀饭。一月之内禁吃花猪、白腿猪、死水塘中的鱼。须吃全黑的猪、活水的鱼，菜蔬中无任何忌禁。一月内禁性交。产妇不能出门拜客，但可去河边洗澡或街上散步。其夫无任何忌禁，小儿由母哺乳，乳少，则以稀饭代替，通常哺乳一年。

第二节 命名

至"满月"（按汉人亦有"做满月"之习俗，摆夷语意义亦为

“满月”)，父母为小儿行绕线礼（即祝福，见前）。杀鸡一只，煮熟，于鸡背上放白线四根。又定做金的或银的小镯一副。各物置于一小桌上。为小儿换新衣服。以蓝线棱成绳，缀以金叶或银叶一小方，上镌符语，围在小儿脖子上，谓可避灾。是日较亲近的亲戚朋友都来吃酒，由父母款待。亲友多送酒、鸡及小儿衣服。富有的家庭并赠金银首饰。然后为小儿命名，讲究的人家，由父母抱着小孩到寺中去请长老命名。有些人家，请年长的亲戚，像舅父或祖父等命名。命名除其本名之外，按照此儿的行数，即其父母之第几个孩子，加上数字。男孩女孩不同排行。贵族男孩在名字之前加（oi），女孩加（nang）。到三四个月大的时候（约一百天），请寺中长老或大和尚到家中做佛事，为小儿断前世父母之缘，以免小儿之魂为其摄去。用泥做小人一个，另小马、小羊、小猪、小象各四个，放在竹箩之中。以竹削小刀、小枪，及椰子籽一颗放在小泥人之旁。此箩用三条线绕起，此三条线之一端，握在小儿之母的手中。小儿本身也坐在竹箩之旁。至夜，约九十点钟，由长老念咒，用刀把椰子籽剖为两半，再将小儿母亲手中所握绕箩之线割断。此线之一半，自箩上取下，绕在泥人身上，其另一半绕在小儿手臂上，任其自落，于是断缘仪式完毕。

小儿夜间与母同床，日间放在箕中或包袋，兜在母亲的背上，包袋为四方形，四角缀带，交叉于母之胸前。多半在一岁半至两岁时学走路。用带子绕于小儿腰际，此带之端则系于插在地上之竹筒或木桩上，小儿即绕此木桩或竹筒而行，大人不必时刻看顾他。在两三岁时便穿耳洞，以前无论男女孩均戴耳环，现在男子穿耳的少了，有的只穿一边，而且耳环很细。女子则有很粗的耳塞。穿时，先用针在耳上刺一洞，然后用草莛代之。由一二根加到多根，至成一直径约有半公寸宽的洞，乃以高粱秆心塞之。此高粱秆心，原为白色，用红绿色染之，甚美观。贵族则以银金扁细条，卷成一个卷，直径大小，如高粱秆心。

第三节 祈求儿女

结婚后三五年而尚不生育的夫妇，在生活上便感到一种欠缺，人们也替这对夫妇抱遗憾，摆夷社会跟汉人一样鼓励多生子女，对于子女满堂的夫妻认为是前世修来的福，在这种情绪逼迫之下，三五年不育的夫妇便苦闷异常而急欲寻求解决了。第一步办法便是祈求神灵，保佑生子。手续是以蜡条四对、花一束、铜或银片两方，上写夫妇各人的名字，放置小桌上。请会解梦的人（女巫、年老的人，或寺中和尚）来到家中，请其祷告神灵，说："某男某女，结婚数年，而不生育，请求神灵显示，是男子不育，还是女子不育。我将睡卧做梦，请神灵在梦中指示。如在梦中，看到有他们夫妇两个，则视两者手中，谁抱有小孩。如妇无小孩，则其夫应纳妾，如夫无小孩则须过继别人家的孩子以为继儿。"说完之后，将蜡条燃起即卧倒，或倚坐，闭目若睡。数十分钟至数小时不等，其人并非一定睡着，所谓梦，不过是他的幻觉。如幻觉中，看到他们夫妇，设妇手中抱着小孩。则将所见，告知夫妇。备物再做祈祷。计备小儿衣服一件、帽子一顶、镯子一副。小竹箩一个，内放花、蜡、粽子、肉包（以竹叶包起）、白米、芭蕉果、甘蔗等，一并置于小桌上。此外，以芭蕉叶做两个塔形的祭仪（dun kan），上插纸花、旗子等。礼桌及蕉塔放在村中木桩（lagum）之前，或在村子附近大的榕树之下，请前做梦之人祈祷。以净水泼地，膜拜祷告。告毕，向夫妇说："你们求子女，我可以叫其投胎。"（按此语，是代表神来说。）夫妇乃将各物献给祈祷人，彼以手在各物上抚摸一遍。各物仍交夫妇带回。过了若干时候，果如有孕，则仍将各衣物到木桩或榕树前献祭一番。仍由前请之祈祷人祈祷。此回是祈求神灵，保佑小孩平安落地。夫妇报酬做梦祈祷人以银子若干。设如祈祷之后不孕，则设法要一继儿或继女。设梦中夫抱一孩而妇无之，则夫可以此为理由而纳妾。

第四节　小孩疾病叫魂与改名

小孩有病，则请村中年长者，或精于医道者为之医治（摆夷有很简单的草药）。设久病不愈，则认为是有鬼作祟，以致失了魂，须做驱鬼手续，父亲或其他家人以鸡蛋一个，放在盆中，用灶灰覆盖。再以一臼，将小孩衣服置入其中。盆及臼均放在房门口。父亲高呼小儿之名，大声地问："魂是进了牛的身中，还是进了狗的身中？或是另外投了胎？"叫一次，用杵击臼中之衣服。每天叫一次，共叫三天，均在夜间。到第三天，在鸡蛋上放些灼热的灰末，蛋热而炸，看炸时的灰，爆飞到哪个方向。如爆飞到屋内，则示魂可回家，病将愈；如爆飞向门口外，则示魂将不返，须设法叫回。叫魂回家的办法是：在次晨杀鸡一只煮熟，熟饭一碗，生米一碗，小儿镯子一副，衣服一件，置于一小桌之上。又镰刀一把，水壶一个，放在桌旁。此桌置于楼梯上端，由小儿之父或亲戚中善叫魂的叫魂。面向门外，口叫小孩之名，促其回家。手撮米粒少许，撒于空中，然后用镰刀摇晃，作勾入怀中之势，复再取米少许，细数手中之米粒数目，视其数之双或单，双数吉，单数凶，如是双的，便认为是已经回来了，乃将桌子搬到屋中。小儿母亲复到门口叫"回来罢，孩子"三声。于是父母乃为病儿绕线。以桌子角碰小儿身子一下，将叫魂时用的衣服放在小儿睡处，三日后去之。

如果病仍不愈，乃认为或许是小儿命大，自己福分不够享有此儿，或是父母与儿命运有冲犯之处，于是准备找个寄父，过寄出去。预先选择人事上适当的人，然后作米卜，以卜命象上是否适当。卜时，撮米少许，置于手中，口中祝道："如上天愿意某人作吾儿之寄父，则我撮之米，将成为八双或十双。至少应为双数。"果如其数，即认为其人应做其子或女之寄父。于是告知其预定之寄父，商量同意。择一吉日，以鸡一只，饭一碗，上放白线四条，置于一小桌上，抬到寄父之家。小儿亦随之抱去。由寄父母为小儿绕线，并另起名字，即算作寄父之子或女。但不居住寄父家中，仍由亲父母将儿带回，过寄手续完毕，表明这已不是他的孩子，换了名字，等于换了一个人，恶鬼就不会再缠扰了。

如仍不愈，乃折芭蕉干一段，做成小棺材的样子，中放小儿用的衣服，衣服之上放一用熟饭做成的小儿模型，以蜡条6个，插在此小儿模型的额上、心口及手心足心，每处一条，将此棺及棺中各物，送到寺中。请和尚将6条蜡燃起，并祈祷说："如果小儿不死，则请从手心足心上的蜡条灭起；如果死，先灭心口上的那一对。"于是静候蜡之燃尽。如果心口上的先灭，则认为无救，如额头上的先灭，亦属必死，但死得慢。卜毕，将小儿衣服放在寺中三天，无论小儿生死。衣服在三天后均取回家。这末了的一个办法，只是一种占卜。大都因为小儿久病不愈，父母心焦，要想知道结局，求一心理上的宁静而已。

第五节　从会走到十岁左右

通常一岁便断奶，一岁半到两岁间便学会走路。在不会走，或会走但不能很自如，或不能走远程的时候，小孩是由母亲背在背上。有姊姊的，姊姊去背，往往六七岁的小姑娘，背上就背着一个小弟弟或小妹妹了。小孩是母亲或姊姊看管，和父亲接触很少。摆夷男子颇倾向于游手好闲，无所事事，对于小孩，虽然做母亲的非常忙，自己对小孩如何的爱，但很少见做父亲的去处理小孩的事。摆夷家庭中，设如头生个女孩，这是做母亲的幸运。这女孩能在母亲的操作上分劳不少，特别是这女孩之下，生有弟弟妹妹，一个小孩，无论男女，在幼龄时，最亲近的人除了母亲，便是姊姊，摆夷小孩可以说是生活在女性的气氛中。

到了两三岁，开始跟大人一起吃饭，把糯米捏成团，一边玩，一边吃，也就渐渐被放出家门，跟邻居们的孩子一起去玩，当然有姊姊的，姊姊是个不离身的保护者。否则，母亲也要委托给邻家稍大点的女孩照管。在三四岁的时候，身体动作，已习惯于玩石子、堆沙、上下楼梯，甚至跟着大点的孩子们到河里去学游泳，这时候的话语，也学得相当程度，足以明了他人，传达己意。这时无论男女孩都留着发，发长了，在顶上打一个髻。跟小朋友们玩得高兴，该吃饭的时候，兴致仍浓，非待母亲三番五次的喊叫，是舍不得回家的。

六七岁，在贫穷人家便要去放牛，放自家的牛或是替人家去放牛。在家中，也能替母亲做些零星的事了。说话能更便利，动作也更灵敏，也就渐渐知道他们社会中所认为的行为上的"好""坏""应当""不应当"，遇到跟小朋友们起争端，也知道到母亲或其他大人面前去起诉、讲理。男孩到了七八岁，贫穷人家的，开始跟着大人去砍柴。富庶人家的，开始预备到寺院里去当和尚。女孩子无论贫富，都要在家学习烹饪、纺织、缝纫，女孩是不当和尚的，也就是不去识字、念书。种种训练，在家时成为母亲的好助手，出嫁后便成为善理家的好主妇。

第六节　八九岁到十八九岁

（一）男孩。

甲、认寄父与首次入寺。男孩到十岁左右，便要送到寺里当和尚，有如我们的上学一样。在入寺之先，都要先去认一回寄父母。有时在更小，一二岁，便完成了这个手续。例如上节所说当小儿久病不愈，也要认个寄父母。摆夷小孩无论男女都是这样，其表面说出来的理由是认了寄父母，小儿可以平安长命。这在心理上自然也起若干作用，但在另一方面，我们也可以看出这寄父母好像是这小孩的亲生父母以外的一种保护人，尤其对于男孩的入寺，以及入寺以后，并将来出寺在社会上做事，有很大关系。通常小孩所认的寄父多半是要比自己生父的财富、地位、声誉高些。男孩在寺里，学习的是一些知识、工具，如文字、算学、宇宙观跟宗教信仰，在寺里，长老、大和尚负全责，但他并不是整日在寺里，即使是住寺的，也常常到寺外来参加世俗间的事务。在寺外除了自己家里父母以外，接触最多的要算寄父母家，尤其是寄父对他的行为言论负有指导的责任。摆夷不是大家庭制，亲戚间的关系，没有汉人那么密切、那么休戚相关，但是一个孩子单纯地受自己父母的熏陶、训练、保护，似乎不够力量，不够充实，而寺院中又缺乏感情成分，而且超世化。所以在摆夷社会中寄父这个人物，在一个孩子的人格的形成以及他长大以后在生活上的适应和成就，是个必不可少的指导者、协助者。在寄父母本身，则有人把孩子过寄给他，是表示信任他、尊敬他，是荣誉的事。同时，经过这层手续，他对这寄儿或寄女，自然在感情上也分外的亲切，非同普通亲友的子女可比。

过寄的形式，手续是须找生辰八字与小儿相合的，或以其他占卜方式，决定而吉利者。由父母去请求他们作为其儿（或女）的寄父母。实际在占卜以前，人事方面自必先行筹计妥善。双方说好之后，择一吉日，由父母备蜡条、酒肉米等，携带小孩，往寄父母家。由寄父为其子绕线，祝福。当由寄父母款待饮宴。此后则干亲两家常常往来，小孩居住仍在生父母家中。

等到决定某月某日入寺了，这时，寄父母开始忙碌起来，对寄儿的责任也渐次加重。领导小孩入寺，对寺中长老的赠馈，以及各种举行的仪式，均由寄父母出面，本生父母当然在场，尤其许多布施赠品是亲生父母备办的，但是正式主持人却是寄父母。孩子被送到寺中，谒见长老、礼拜佛、长老颁福以后，即算完成初次入寺礼。像十岁左右的孩子，走读的多，住寺的少。第一级的训练，约为三个月。这三个月中，学些简单的礼拜仪式，多半是动作行为上的训练，求其对寺中生活的形式上得一概念。除了拜佛以外，大部分的时间是消磨在游戏上，如抛石子、打陀螺等。各孩仍着世俗服装，也不剃发修眉。走读的有些在寺中吃饭，有的回家吃饭。设如感觉到寺外好玩，有一两天不到寺里去也无妨，并没有什么处罚。因为寺中有不少同年龄的小和尚，有广阔的佛殿、宽敞的走廊，或是高大的树木，在四季如夏的摆夷地域，却是个很好的风凉怡适的游戏场合。

寺院建筑形式。寺院是平房，建筑得宽敞伟大，墙壁用土墼（即晒干了的土砖），房顶用琉璃瓦，琉璃瓦是土制的，用各种有色的釉子，以黄绿为最普遍，间有蓝色者。房脊及檐角有土塑色釉的小型鸟兽等像。望去辉煌庄严。一座寺院的房屋，可以分做四部分，一大殿，二八角亭，三宿舍，四藏经处。大殿和八角亭都有佛塑像，藏经处多半和宿舍相连（见图9）。车里孟连一带的佛像以及佛殿中的陈设

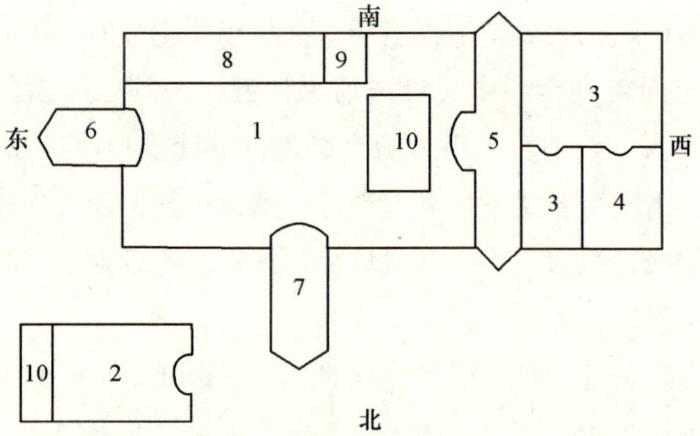

图9　车里蛮景兰官寺院

1. 大殿（Vihan）2. 八角亭（Mösuôt）3. 宿舍（Hung）4. 藏经处（Binlop）
5、6、7. 走廊　8. 众僧诵经座　9. 长老座　10. 佛塑像

和作者在缅甸的仰光、庇古、曼德勒等地所见的相同。寺院中每一个角落、每一个陈设都有它的故事，内容是如是的琐细而丰富，欲得其详，须做一次专门的研究。此处我们只能述一个梗概。

在寺院里有个缺点就是吃食不自由，远不如家里的方便。孩子们贪回家，为的是吃。做父母的在必要时，总是把孩子们赶回寺里去。

乙、正式为僧。三个月以后，把一些简单礼拜仪式学好，于是准备正式入寺为僧。凡是年龄相仿，预备入寺的，均集中在一天，举行入寺礼。请寺中长老选一个吉日。事先，各家为小孩沐浴，剃发及眉。于入寺之前夕，各小孩易上寄父母所赠的新衣（计新内外衣、新裤子各1件），每人手中持一果盘，上放蜡条1对、花1束，齐集村中空场。由村中头人领导，排行去到各官员家拜访，然后到土司衙门，参拜土司。亲生父母跟寄父母也随之而行。当晚在衙中晚餐，食品由各人家长自备，随同寄父母及亲戚赠送入寺孩童之礼物，一并带到司衙。餐毕，家长回家。各孩童在司衙居住一宵。次晨，略用早餐，家长备马来迎接他们，送到寺里。亲生父母、寄父母，并各亲戚，从衙门抬着赠送孩童及布施寺院之物，排列而行，孩童们各骑大马当前，锣鼓乐队并父母亲朋随后，弯转迂回，前往寺院。

到了寺内，由村中头人或土司礼官引导到院宇中行受洗礼。各孩童将衣服脱去，由礼官用金花水由一芭蕉叶制成之管子，倾倒于各童之头、背上。受洗毕，易上黄色僧衣，并披上披单，此僧服为寄父母所赠送者，去参拜长老及各级和尚。由长老领导入佛殿拜佛，诵经。各孩童随着长老高诵。礼毕。各孩童之寄父母及家长亲戚，以蜡条、糯米、果品及银钱赠送长老及诸僧。寄父母与长老接谈，请求长老，照拂寄儿，于是各人辞归。各孩童乃留居寺中。这第二次入寺以后，称小和尚（p'a noi），多住寺。

入寺后三天之内，各小和尚着僧衣及披单，每天念经咒一遍。一面念，一面走，绕全寺各处。走时，左脚在前，右脚在后，右脚之脚尖要顶住左脚的后跟。每天两餐。饭食每天除由二和尚（按摆夷僧侣分为长老、大和尚、二和尚、小和尚四个阶级）在早晨出寺到村镇周行接受各家布施外，各小和尚的家长也送饭到寺里来。但小和尚不必一定吃他本人父母或寄父母送的饭，各家送的饭合起来，大家分吃。现在有些寺院，早晨游行接受布施的习惯已经没有了，而是吃寺产的米粮，由寺中一定和尚煮饪。

入寺三天之后，脱去披单，但着僧衣，小和尚所穿着者，名 p'a sao，也不必绕游全寺。每天功课是：晨六时左右起来。鸣磬，随长老及大和尚、二和尚到大殿念经，约一小时。然后回宿舍洗脸。至八九时，用饭。饭后，随大和尚或二和尚学习摆夷文，习字，讲解简单佛理，各童各自认定一人为师。授课无一定地点，或在大殿、走廊，或在宿舍，或在树荫下。至午后四五时，再进餐。晚餐后，再鸣磬。随长老及大、二和尚到大殿诵经，约一小时，归寝。每月剃头两次，换洗衣服四次。在做功课之余，即学习洒扫寺院僧房，陈设佛殿诸供品。在生活上，有五条禁律，自入寺当小和尚起，即须遵守：一、戒杀生。二、戒窃盗。三、戒奸淫。四、戒说谎。五、戒饮酒。此外，尚有勿积钱，勿与妇女挑情，勿坐卧高位，勿离间亲友，勿言人之短，勿唱淫词，勿起誓等等不成文的行为规定。虽禁杀生，但不禁肉食。要送给和尚鸡吃，须得煮熟了的。有些善人们放生，买了些鸡送到寺中养着，颇引起馋和尚们的垂涎，忍不住的，便悄悄杀了煮吃，寺院中养的鸡鸭如果少了，不见了，查出来的原因，多半说为黄鼠狼所吃，或中鸡瘟而死。

子、笔与墨。摆夷有文字，写字当然有笔跟墨。摆夷笔有两种：一种是钢笔；一种是竹笔。钢笔是为镌写经文到贝叶上用。以长约半寸的钢针镶入木杆中。竹笔则是取竹削成小杆，短于汉人用的筷子而薄细，将其一端削尖，濡墨而书。竹笔是写在纸上用的。墨是取松柴少许，烧之，上覆以锅，柴燃，其灰凝于锅心，然后和水而成黑浆。通常把炭灰存储在小瓶里，写字时始和水。现亦有用汉商输入的墨及砚，以及蓝墨水。摆夷识字者很多，文字的用途也很广，不像其他滇中土著如罗罗、麽些之限于经典。同时摆夷很喜欢胡涂乱画，纸笔不易得，便取木炭当笔，涂在地上或墙上。有时，仅以手指就一片沙土或松土地在那涂写着。

丑、贝叶与纸。摆夷文字是写在两种材料上，一是贝叶，二是土制的纸。贝叶上专写经。在车里一带的大寺院中，种有贝叶。据说当100年前，因为写经数量增加，贝叶输入困难，当时有个高僧把贝树由缅移植到车里一带大寺院中。现在繁殖颇广了。用时，将叶子自贝树剪下，自四五叶至十余叶不等，叠在一起，用平板两块夹住，上压以石。数日后取出，以纯圆竹棍转辗压按，使平滑，再以平板压夹。三五日后取出，以剪刀裁成普通贝叶经尺寸，约旧尺一尺长，二寸半宽。于是可以在其上用钢笔刻字。刻完，以干炭粉涂之，再将炭粉轻拂，炭粉乃积于刻凹之处，于是字迹毕露。土制纸是为普通书信公文之用，亦有用以写经典或佛教故事者。取一种桑树的皮，撕成条，放在铁锅中煮之，并放少许石灰，漂白之。然后取出，用清水涤洗。取其色白者切成小碎块，以杵槌捣之成为烂浆。将此烂浆捏成圆球，每个约鸡蛋大小。放入大竹筒中。加水，再搅，而成稀浆。将此浆倾入一长约4尺、宽约2尺、深约6寸之木槽中，加清水于槽内，于是浆末（原为树皮）上浮，乃以竹制约略小于木槽之纸框，上绷以白布，绷布务须平坦，掺入槽内浮浆之下。于是浆末凝于布上。将框取出，水即滴落。将布连框放在阳光处曝之使干。每框只做一张纸。

寅、书之装订。经书材料分为两种。一贝叶经。每叶制如上述之尺寸，一部经写完之后，将各散叶叠在一起，用两平板夹住。在其一端或两端穿一洞。然后以麻绳穿结之，使不致散开。若干贝叶叠成一册，于其边缘上，涂以金红，或黑粉，或金、红、黑漆。木质书夹面亦涂各色之漆，有些且镶以玻璃碎花，甚为美观。另一种是纸本。纸书裁制尺寸大小不等。普通2尺长，1尺宽。单面，或双面叠起。数页或数十页，成为一册。在此册之上端，穿洞以线结之，如现在通行的信纸装订法，翻阅自下往上，而不是自左往右或自右往左。摆夷文字是横书，自左至右的。

入寺当小和尚之后的第一个十月十五日、十一月初八日（均摆夷历，即雨季中之大布施日，合当旧历七、八月之交），寄父母以布施名义赠给寄儿小和尚以下列礼物：计僧衣、帽、鞋、被褥、枕头各一份，此各物备在寺中使用，另赠马一匹、鞍辔一副、象牙柄包银刀一把、绉包头一条、绉腰带一条、雕花银碗一个、银槟榔盒一个、背袋一个，中放银三元，此各物为赠寄儿之另一方面，即世俗之寄儿。各物虽亦送到寺中，但于寄儿接受之后，转送到他亲生父母家中保存。又做善塔三个，用小芭蕉干为干，以竹做架，成塔形，上缀纸花及纸幡纸旗。各物由寄父母亲自送到寺中，亲父母也一同去。送到之后，将被褥铺在地上，请寄儿小和尚坐于其上。由村中头人或土司礼官燃蜡一对，念祝词一遍。寄父母以水滴小和尚之手心。将各礼物一一授予寄儿。（布施寺院之善塔则置院中陈列。）寄儿道谢收下。其中一部由亲生父母带回家中保存。此种赠馈之表面意义是正式承认此儿为小和尚。正式暂时脱离世俗之父母及寄父母而使自己身份神圣化。以后雨季中之布施日，寄父母均有赠贻布施，但不及首次之隆重。上述各礼物所费甚巨，自然是富庶人家才办得起，较贫人家，自然简单。唯蜡条、僧衣、善塔则为不可少者。

丙、升二和尚。入寺之后，三年五年，能写字，了解浅近教理，经过长老的考试，即可升为二和尚（du）。升级之快慢，视本人的天资与兴趣，以及寺院规矩之严弛而定。有的到20岁还当小和尚，通常十六七岁升为二和尚者较多。长老考试及格，于是举行升级礼。寄父母备办蜡做的龙角四个、金花水一盆、双层僧衣及僧帽、僧鞋、饭钵，及白布一匹、扇子一把、铁棍一根，送到寺中。由村中头人或礼官以金花水为小和尚沐浴（如前述一样），然后改着寄父母所赠的双层僧衣（p’a sank’a），披上披单。颈上挂起饭钵垂于胸前，以四蜡龙角交叉举于额上。自大殿起行，踏着那匹白布（白布垫地，自大殿铺到小殿），走到小殿。在小殿上有八个二和尚，坐在两旁，诵经，寄儿小和尚进去退出，共向佛膜拜三次。退出后，谒见长老并大和尚。长老颁福，于是升为二和尚。第二天早晨，穿着衣披，带了饭钵（系颈上垂于胸前），左手持铁棍，右手拿扇子，遮着脸，出寺，随同其他二和尚，到各村巷去接受布施。由一小和尚在行列之后，鸣锣。到了村巷，各家主妇们已经备好了饭食，等二和尚们到来，便以饭倾入钵中。凡是新升的二和尚，都带着铁棍，妇女们乃以净水泼于铁棍之上，二和尚乃颁福。接受各家布施并颁福之后，复回寺中。三天之后，改着普通僧衣（二和尚所穿着者，名 p'ad'a）。当了二和尚之后，功课较为繁重，学习较深经典并各种佛事仪式与技术。遇有人家请长老或大和尚做佛事，二和尚亦随行助理一切。此外并分别掌管寺中庶务、经籍、祭器等。当二和尚后，每人起首有个蒲团，为诵经时用。也是寄父母赠给的。

丁、升大和尚。当二和尚两三年，对于经典有较深之了解，做佛事的技术也相当的熟悉，经过长老的考试，便可升为大和尚（dulung）。由大和尚升为长老（duba），则须相当时日。因为要候本寺中的长老出游他方，或是升为全土司地的最高长老，或是失职，或是圆寂，而且自己要为众僧所敬服，方能尊为长老。但大和尚有出寺往他处寺院游学的自由与方便。设如去到一个寺院去游学，同时讨论佛理，而为该寺众僧及地方人民敬服，设该寺长老有故出缺，彼即被推为长老。一个寺里的和尚到另一寺去游学或讲道，由本寺长老发给一种类似证书的文件，周游各方，食住无虑。出去游学多半是到了大和尚的阶级，二和尚出游的较少，小和尚无之。

戊、还俗。除非对于经典教义，以及僧侣的生活方式确有兴趣，才去当大和尚，进修为长老；普通当了二和尚一二年便要还俗了，有些当了两三年小和尚，能够识得文字，写得书信，也便就还俗了。当了一二年二和尚还俗，年纪不过十八九岁。这时候，在寺中各方面的知识训练得差不多，在寺外，与社会接触，人事方面也有了相当的应付能力。而且混了“当过二和尚”的资格，社会上也对之特别看待。在这时候还俗是最适当没有的。但是家里子弟当和尚虽然是件名誉的事，犹如我们送子弟进学校一般，在经济方面，则和尚不但不能生产，而且是笔大消耗。贫穷人家是担负不起的。但是，但凡能够做得到，摆夷总是送子弟去当回和尚，因为一来，这是荣誉的事，为布施而花钱也是善举。而况子弟还俗之后，能借此资格取得高尚地位，博得社会尊敬。目前为子弟入寺的一切花费（布施），将来总有偿还的一日，无论在精神上或物质上，是值得的。至于当寄父母，更是有体面的事。对于寄儿寺院的一切布施，实际上多半由寄儿本生父母去担负，而寄父母却享有主持者的名义。因此人们颇乐于当寄父，将来寄儿在社会上有了地位，人家提起来说：“这是某某的寄儿。”寄父便被另眼看待了。孩子在寺里熬到二和尚的资格，父母、寄父母布施了若干年月，现在是“还俗”最适当的时机了，大家渴望着这个日子。还俗的手续应当隆重地去办，热闹一番。这不但家人父母亲戚认为是件大事，即社会上一般人，像土司，像头人，都视做一个重要事件。因为做了二和尚还俗是表明社会上又添了一个成员。

本人及其家人决定预备还俗之后，乃由寄父请求长老择一吉日，举行还俗礼。那天一早，由本人到河边担沙土一担，到寺院中。堆成五个沙堆，中间一个大的，四方四面各一个小的，都是上尖下圆。这沙堆须得细心去做，基磐要正圆，上顶要极尖，这时父母亲朋都来寺中视看。约莫五六个钟头光景，可以完毕。在寺中用餐，是由寄父母预备了来的，请些同级和尚们共餐。到晚八点钟光景，还俗者盛服，由长老领他一个人，到大殿里，燃起蜡条，向佛膜拜三次。然后长老念还俗经。长老念一句，本人重复一句。亲朋们在殿外围观。念毕，退出，到宿舍换上俗服。到长老斋房，辞别长老。长老祝福他。然后到其他宿舍，向众僧侣，一一辞别。然后取了行李，随同家人回家，时为晚间。到家之后，即时或第二日偕同寄父以蜡条一对，往土司衙门谒见土司，行膜拜礼。土司说几句话为之祝福。然后往各官员家叩拜。然后由寄父送寄儿返家。家人及邻朋设宴款待数日。此后把头发蓄长，成为俗人。做过小和尚而还俗，称为遮南（tzanan）；做过二和尚而还俗，称卡南（Kanan）。

己、文身（siag mog）。当和尚是要求知识、求资格，以便博得社会地位与尊敬。但摆夷男孩除了这层之外，要想表示男性，博得女子的青睐，还得经历一套过程。这便是文身。在出寺还俗以后，第一件忙着要做的便是文身。这时候也正是可以和女性发生接触而无须顾虑的时候（当和尚时只能暗中接近女性）。摆夷中只有男子文身，女子偶于手背刺一二圆点，或由其爱人刺一圆点于舌尖或隐处以为纪念。男子文身，刺纹于腰胯及两上腿为多，有些及于两臂及胸背，尚有少许文额，即古人所谓为“雕题”。文身在花纹上分为（一）符、（二）花样、（三）兽。有些，贵族与平民均可用，有些则限于贵族。文身的颜色分为两种：一为深蓝色，即用墨汁或蓝靛为之。二为朱色，用银朱为之。深蓝色贵族与平民均可用，朱红色则限于贵族。文身并不是用颜色画成花纹涂在身上，而是要用一番手术，把花纹刺进皮中，然后涂以色素。刺文有一定的刺文师，是一种世袭的自由职业。但亦招收徒弟，刺文的工资，视所刺的花纹而定。刺符，每个符收银新滇币五角（民国二十五年，合国币二角五分，以下依此类推）。刺花连兽，全腰两元。刺兽两腿，两元。刺文工具，系钢针铜干之刺针，置于一竹筒中，另小铜锤一个。刺法：被刺的人，先行沐浴。约在早饭后，开始工作。先吸鸦片烟，使全身麻醉。此时刺文师将刺具取出，设如刺深蓝色，取野蒿，烧成灰，调以牛胆汁。搅了之后，再和以蓝靛叶灰，或墨汁。如刺朱色，则取银朱，用芭蕉叶包好，置于火上焙烘，约半小时光景，则银朱上层呈灰色，倾入碗内，用石锤研之。然后用扇子轻拂，表层灰末飞去。取蜂蜜汁和于银朱中，搅匀。于是开始刺花。先将刺针在火上烧红，待其冷，沾上色汁，刺入皮肤，以小铜锤微击刺针之另一端，针乃深入。技术生疏的人须先将应刺之花纹用炭或笔画于身上，然后依样刺之。刺完一部用薄荷水涤洗瘀血。中间休息一日或两日，再刺。在刺文期中，以及以后数日，禁吃酱油、葱、姜及酸辣物。刺咒符，须择吉日，余则不必。刺符之日，以蜡条4对，白红布各1块，槟榔2串，米、谷各1碗，祭符神。祭毕，开始刺符。刺符时外人不得入视，仅刺文师与被刺者二人。

文身的目的，据说可以长命富贵，免难避邪。同时，在死了以后，在阴间遇到祖先，可以认得出是同族的人。而尤其使青年男孩急欲文身的是，文身足以表示男性的美，可以增强性感。今将最普通的几种花纹及其名称、意义录之如下（参看图10至图13）。

（二）女孩。上面已经说过，女子不进寺院，也就是不念书识字，自八九岁起，便随着母亲、姊姊学纺线、织布、刺绣、裁制衣服，以及做饭、烧菜、整理房屋、背小孩。甚至跟着母亲上街市去学习做小生意。但摆夷中，颇有不少女子能识字作文，这是在空闲的时候，跟父兄们学的。

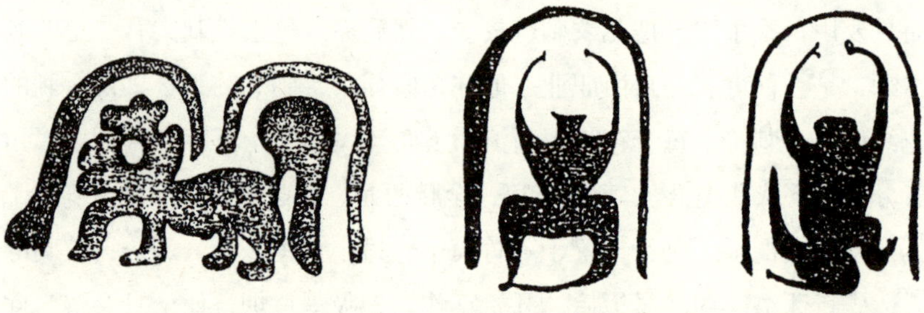

图10甲　hratzasi（麒麟），刺于腰、上腿。黑、红色均可。吉利平安。贵族用，平民不得用。

图10乙　yüang（一种水族动物），刺于头、手、胸、腰、上腿。吉利平安。贵族刺红色。平民刺黑色。

图10丙　horaman（猴子化身），刺于头、手、胸、腰、上腿。胜敌，尤能避蛇鳄伤咬。贵族刺红色，平民刺黑色。

图 11 甲　sir honam（有刺虎），刺于腰、胸、上腿、手，黑、红色均可。威慑民众。贵族用，平民不得用。

图 11 乙　singhuo-beng（花头狮子），刺于腰、胸、上腿，黑、红色均可。吉利平安。贵族用，平民不得用。

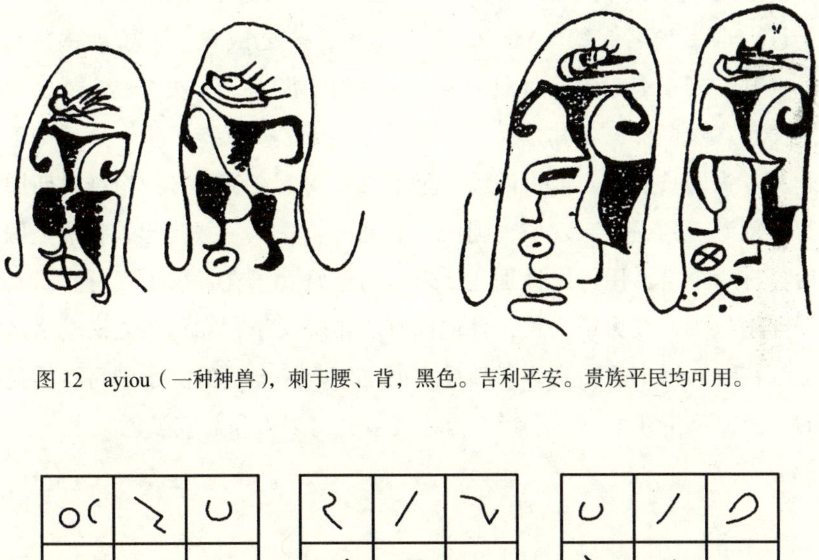

图 12　ayiou（一种神兽），刺于腰、背，黑色。吉利平安。贵族平民均可用。

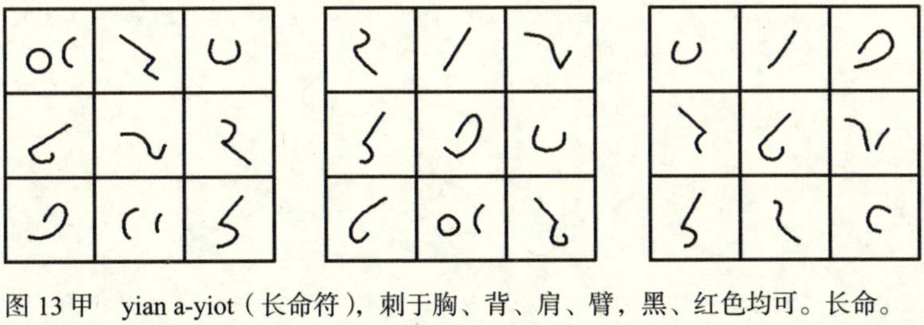

图 13 甲　yian a-yiot（长命符），刺于胸、背、肩、臂，黑、红色均可。长命。贵族平民均可用。

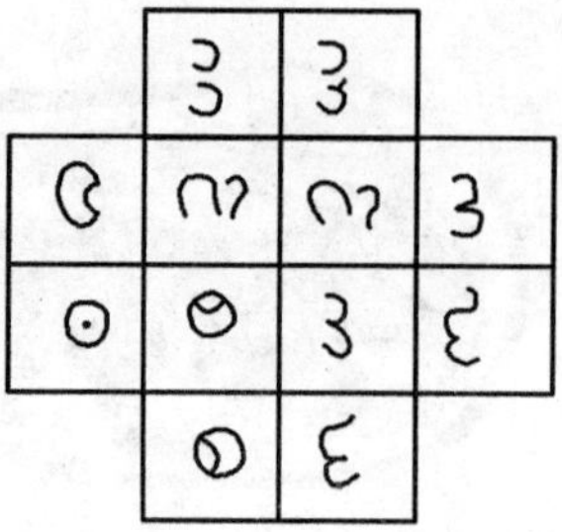

图 13 乙　yian a-yiot（长命符），刺于胸、背、肩、臂，黑、红色均可。长命。贵族平民均可用。

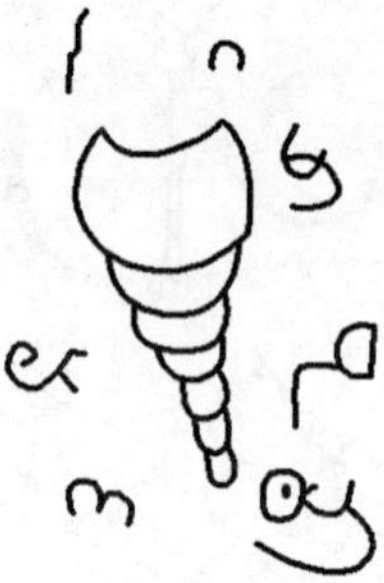

图 13 丙　hurai（螺丝符），刺于臂、上腿，黑色。所养牲畜平安。贵族平民均可用。

染齿。男孩子们有文身，女孩子们有染齿。把雪白的牙齿染成乌黑，这是一种装饰，据说可以增加性感。在十二三岁的时候，便起首染齿，取一种名银德（Yin deh）的植物，烧之成灰，上覆以锅，其烟上升，凝于锅心。然后刮下来，取之染于齿上，渐次变黑。又因为摆夷喜欢嚼槟榔，尤其是女子，所以更显齿黑。女孩子生下之后即不剃头。头发长长了，剪去四周。至十二三岁，在头顶打一个结，四周留着刘海。到了十五六岁，则任四周刘海长长，一并梳起，在顶上偏后，打一个髻，用押发针别住。未婚与已婚女子在发髻上无分别。女子亦用包头，较男子为长，各色都有。年轻女子，在包头之两端绣以金线花纹，尾梢垂在耳旁，颇显招展之姿。年老些的女子则将有绣花的一面，反折在里面，或着无绣花之包头，多用深蓝或黑色。

第七章　公共生活与娱乐

本章所要叙说的是摆夷的公共生活跟娱乐，所谓公共生活是指家庭与职业以外，聚集多人，在一个时间范围和一定的地点之内的共同活动。这种活动，不论其表面所给的目的与意义是什么，在实际，多少都牵连到情感的宣泄，附带有娱乐的性质。摆夷的公共活动和娱乐，可以归纳到以下几个机会，即新年，出入雨季节，社祭，集市。现我依次分别叙述如下。

第一节　新年

摆夷现在过三个新年。一个是摆夷历的新年，摆夷以六月为岁首，约当国历四月间。二是旧历的新年，约当国历的二月。三是国历的新年，因国历初在推行，无甚举动。但在设治的地方，土司们对于县政府不能不去敷衍一下就是了。而前两个新年，却有同样的热闹，不过仪礼与方式有些不同。我在孟连宣抚司时，适逢旧历新年，得亲自看到他们的活动。以下叙述，全是关于孟连的，但闻车里的情形也与之大致相同。

甲、旧历新年。在除夕的晚上，大约八点钟光景，鸣炮三响。宣抚使司衙的金殿，已布置得辉煌夺目。金殿中间靠北墙，摆着一个方桌，上铺绣花的台布与桌帏。其上陈列着全猪 1 头、鸡 1 只，均用花纸剪成花样罩起。糯米 5 圈，酒 1 壶，酒 5 杯，靠墙排列一行。鲜花

2瓶，蜡条4对，厅中此时高悬汽油灯一盏。地上铺着红绿地毯，跟皮毡。宣抚使的宝座上也铺以绣褥。鸣炮之后，宣抚使着新制之西装（按彼为一年轻之土司，曾游历缅甸，甚慕西方生活。此西装在缅定制，遇有大典始一着之。此回为其第二次着用），步入金殿，诸亲戚官员亦随之鱼贯而入。宣抚使向供桌膜拜三次，诸官员亦在其后，随之膜拜。拜毕，宣抚使走向靠东墙之宝座，面西向。诸官员亦转移东向立，由总管领首向土司膜拜。土司不还礼。在诸官员伏地之时，由礼官致颂词，每句之尾，诸官员均和之以“啊”声。土司亦背诵数语颁福。于是诸官员立起。土司亦即退出。诸官员乃在金殿，由总管领导彼此祝贺，仅对语，不膜拜。渐及娱乐，于是三五成群，开始饮酒、赌钱、吃消夜，均为男子，女子不参与，但在门角参观，或与青年们谈笑。赌瘾大的，托人代赌。金殿上挤满了人。殿外有不少看热闹的和卖零食的小贩。土司并请了唱婆数人来唱祝词。唱婆为一种自由职业，凡有宴会，主人恒请之来唱歌助兴，多为中年妇人。她们向我唱了一大套，据译员说是欢迎之词，并祝福我前途光明，升官发财。歌完之后，向须客人答唱。当由译员代我答唱几句，表示感谢主人招待之意。如是通宵达旦。至天明，乃将各赌具酒菜移开，恢复庄严的金殿。

元旦，天明。放炮三响。土司更衣，再入金殿，复如除夕，向供桌膜拜三次，诸官员亦尾随膜拜。拜毕，土司坐宝座上，受贺。诸官员向之膜拜，复由礼官诵贺词，土司复以数语颁福。于是礼毕。土司退到住房休息。约在九点钟光景，早饭。我与土司并坐，同席均为土司近亲及高级官员。由总管代表当主人，敬酒，菜殊丰富。饭后，复鸣炮三响，土司及总管并各高级官员，排队往寺院祈祷，先由乐队开道，打锣，击鼓，随之为旌旗仪仗及卫队，然后土司及总管并诸官员乘马前进。其后为土司及高官贵族之家眷。到后下马，由礼官引导土司及诸人直入大殿。大殿之上，陈设各供品，华丽庄严，以毡褥铺地。土司、总管及诸高级官员与近亲坐佛前左边。各人之前放银水壶、银水碗、蜡条筒等。长老及僧侣坐在佛前右边，在土司对面。佛之对面，靠大殿门口，及土司高官并僧侣之后，坐各下级官员及远亲。妇女立于门外。长老所坐为一高台，大家坐定。于是长老立起，面向土司诵祝福之经一段。诵毕立起，自蜡筒中取蜡条1对，走到大佛台前燃着，按于台前，于是向佛膜拜，拜毕返座。次由礼官立起念颂词，面向长老，祈求长老保佑土司万岁、百姓平安。长老乃立起，作答词。词毕，由侍员捧水壶水碗跪向奉给土司，土司取水壶，滴水于碗中。滴时长老念经，土司重复其句。念完，滴完。礼毕，土司立起，大家随之。鸣炮三响，土司及众官员起程回衙。略事休息。复再出，至一平坦地点，作抛彩球之戏（详见上第四章第一节，兹不重述）。日落之后，土司宴请各官员于司衙。宴毕，仍在金殿作种种娱乐。

初二日早，土司偕同高级官员并近亲，乘船往鱼塘捉鱼，即在其地用餐。餐毕，游于林中，至午后返回衙中。抛球，打秋千，及金殿娱乐，饮宴至初四日方止。关于去鱼塘捉鱼，车里宣慰使在初一日举行。详后。

乙、摆夷历新年 Sang Khan 与“车里乐”。以下记车里宣慰使司的摆夷新年情形。到了六月，约国历四月间，土司或总管招集各官员筹备新年，包括宣慰使司布施给寺院各物，以及分派制作各物及娱乐品之负责人。普通宣慰使司布施及为公共娱乐物品，约有下列各样。双响高升炮8个，小炮50个，烟火花重约20斤。善塔4个，上缀纸花、纸旗。另一长旗，做成人形，代表地方神 Pia Wan，规定寺院前之空地林中为布施之处。命人为土司及夫人扎一棚，另为长老扎一棚。一切布置停妥。由长老决定布施之日。至日，土司、总管及各官员亲戚并诸女眷骑马前往。有乐队及旌旗仪仗开道，卫兵保卫。至地，有僧侣接待。将各布施之物陈列起来。土司官员往棚中休息，然后到寺内佛殿礼佛，并由长老颁福，情节与上述盂连相同。礼毕后返棚内。宣慰使及各官女眷，并诸妇女往河畔撮取沙土。每人取沙一箩，石子三个。抬到布施地点，由寺中和尚将沙堆成下圆上尖之沙塔，其巅放一小石，以三角旗插于沙塔之上。此时，余僧环游诸沙塔诵经。诵毕，众僧在寺院之内，搭一木架，将殿中佛像之能移动者移出，置于架上。于是打锣击鼓通知各方浴佛。所有青年女子，在抬沙之后，各取河水一盆，来到寺中，将水向佛身泼去，诸小和尚亦取水，泼到来参加浴佛的女子身上，务使湿透为快。无论何种阶级的女子，均将被泼而不得发怒。此时寺内寺外满都是人。土司及诸亲戚官员在棚内饮宴，大众男女各择一地开怀畅饮。旋有若干青年起而作乐、舞蹈。均为男子，女子则环观，或递酒劝饮，言谈嬉笑，极尽欢情，晚餐之后，天已渐晚，于是由土司发令，燃炮放花。火光四耀，声震天地。一个个欢喜若狂，忘怀一切。在此气氛中，也不分阶级高下、男女之别，冲破一切界限，放浪形骸之外。燃了大炮，如果大炮上升，声音洪亮，众人对制炮者表示满意，便把他抬举起来，抬到土司面前，要把他“卖”给土司。由土司奖给银钱若干及银牌、酒、肉。银牌为奖品，挂在衣襟，余物当时分赠抬他的人。土司奖毕，再将他抬到总管面前，总管亦赠钱及食品。设如炮不高升，声也不亮，则众人将制炮者之衣服饰物一齐剥去，剩个光身，抬到河边，抛之入水。如是自晨至夜，方各散归。

车里乐及车里舞。现在我们把有名的车里乐与舞详述一下。跳舞，男子为之。跳舞时所有的乐器分为三种：一为鼓，其形似西式高座细腰的玻璃酒杯，鼓身木制，全鼓长约市尺三尺，鼓面直径约一尺余。鼓面皮制，于皮缘穿洞结以皮带，牵到鼓座之底，结紧。击时不用槌，但以手。跳舞时将鼓用皮带佩于左肩，且拍且舞。二为铜铙，与汉人所用者同。三为镲，似锣，但其中心凸出一圆瘤，边缘卷折约一寸半宽，镲有大小，大的直径约一尺半，小者约一尺。跳舞时，往往用大小镲各一。跳舞每一人成一单位，舞时音节与动作之段落须相符，但动作之方式各个不同。跳舞技艺主要在手掌、手臂之动作姿势，须与其腰部、腿、脚之动作姿势相谐和。换言之，手掌、手臂、腰部、腿、脚之动作姿势有一定的一贯的规定。如跳舞者自己作乐，则其手持之乐器，如鼓、铙、镲等之高下前后，亦须与全身动作调协。自其整个观之，颇有些像汉人打拳的姿势。因为四肢、腰臀之伸、曲、踢、弹，颇给人以龙飞凤舞的印象。参加的人，普通五六个为一组，每场可有五六组之多，这种跳舞，几乎每个成年男子都会。一人跳乏，另一人接替继舞。乐器除上述者外，尚有笛子与玎。笛以芦或竹管为之，六洞，横吹，连吹洞共为七洞。较汉人之笛小。玎为一小型之琵琶，笛与玎上多刻情歌。此两器，跳舞时不用，仅为空闲时，个人之消遣品，亦为青年传达情意之工具。

新年后第一天，吃完早饭，土司率诸官员作首次之出行，先往鱼塘捉鱼。鸣炮三响，各官员随侍土司骑马，乐队、卫兵及旌旗仪仗当前开道。至鱼塘处，由巫官以白米两碗，酒一壶，蜡条四对，奠祭鱼神。并以米少许，泼入塘中，口中念道："土司今天来捉鱼，望各鱼类，齐集塘中，多多益善。"说毕，洒酒入塘三次，再撒米入塘三次。然后土司取网，撒入塘中。余人亦随之将网撒入，捉出若干之后，即仍列队回返衙门，时约中午。稍事休息，于衙前择旷场，由土司领导，举行抛球戏及打秋千。夜晚在司衙举行游戏，娱乐通宵。如是一连三日方止。在此三日娱乐节目中，车里尚有赛龙舟，在澜沧江举行。仅男子参加，女子则参观。土司及高级官员均莅临。立有一定目标，先达者由土司颁奖。赛龙舟一事，于我国民族学研究，特别是文化传播问题上，甚关重要。惜作者知此事及获得他人所摄之相片时，已离开车里，以后又未得关于此娱乐的好的报道人，故只得略提几句，待诸异日。

按上述，车里与孟连在仪礼与娱乐方式并过程上多有不同。此种差异，当系因旧历新年与摆夷历新年之不同。

第二节 入雨季节（Kawasa），出雨季节（Ogwasa）

摆夷历的九月十四日，约当国历的七月中，为入雨季节。摆夷过年过节，多是由土司出面领导百姓举行各仪式与娱乐。这天以前，土司就召集各官员，筹备入雨季节的典礼。到了这天，杀五六头牛（黄牛或水牛均可）。由主管官员派人送到司衙，将牛之胸部献给土司，脊背给总管、副总管，其余的分给各官员。议事庭官员全体请工匠做，（一）一个大篮子，系以芭蕉树干搭成，上缀纸旗及黄蜡做的花，及槟榔数串。（二）小型善塔两个，亦用芭蕉干搭成。（三）布幡四个，做成长人形，用竹子挑起。又，每官员出米 15 斤、肉 2 斤，送至总管处，总管出米 20 斤、肉 4 斤，由总管派人一齐送到土司衙门。由土司夫人领导诸官员的女眷们制作烹调，多为肉包或粽子之便于分开吃食者。至晚，所有官员及家人均到土司衙中用饭。饭毕，由乐官领导乐队，及善舞诸人，并歌妇，齐来作乐、舞蹈。山头各夷族亦有代表参加舞乐。此时百姓民众亦来参加娱乐。至夜十一二时，乃各散归，其路远者即在衙中住宿，或在附近亲朋家住。

次日早晨，各官员及眷属，并诸承事百姓，复齐集于司衙，在衙早餐。餐毕，各官员将上述所做各布施物品，并诸人自己制的带来衙中者，一并陈列在衙院之中。鸣炮三响，土司及诸官员、眷属乃起身，前往寺院。先由乐队、旌旗仪仗开道，然后卫兵及布施物品，其次土司、总管、高级官员，其次为土司夫人及官员眷属。土司、官员及眷属，均骑马而行。

寺院诸僧侣是两日亦做大斋享乐，筹备过节典礼。土司仪仗到达，长老派僧侣出迎，由礼官引导土司进入大殿。各布施物品，由僧侣帮助，抬入院内陈列。土司及诸高级官员，坐于佛台前之左首边。僧侣坐于佛台前之右首边。长老坐于同边之一台座上。余官及百姓坐于进门后之两旁及土司僧侣之后，妇女不进大殿，唯立于门外围观。入寺诸人，每人均持鲜花两朵、蜡条一对。大家坐定，由礼官周行各人面前，将所持之花及蜡条收取，放在佛台之前。于是礼官向长老唱颂词，请其为诸人颁福。长老立起，诵经，颁福。礼官乃取出布施簿，将簿上所写自土司以次各家所布施之物品，朗诵一遍。长老立起，作答谢。然后土司及诸官员滴水。礼毕退出。此时，寺院之中，挤满了人，在参观各布施物品。旋有善歌乐者，三五成群，歌舞作乐。卖零食者，卖玩具者，嬉笑喧哗，极形热闹。布施物品，除了上述善塔、幡旗等外，尚有金钱、经典以及衣服、首饰、杯盘等用品，均是信众舍施。于一定日期，由寺中长老将各物拍卖，所得之钱或米粮，作为寺中消费之用，一般人相信布施愈多、愈丰，将来所得善果亦愈大，社会上人对之亦愈加尊敬。因此摆夷平时积蓄的钱财，买来的用品，或辛苦织成的布匹、锦绣，宁愿自己刻苦不用，要把它们在布施之日，敬献给寺中。名义上是献给佛，由长老代收。收下之后，择日拍卖。也就是间接供养僧侣。但僧侣是神圣化了的人，也就是佛的替身，所以人们心理上的想法，这些布施犹如直接敬献给佛的一样。从其性质上说，用现代的话，可叫做“义卖”。在拍卖的时候，也是由买主自由给价，谁出的价最高，就让他拿去，肯出高价买布施物品，也是荣誉的善举。因此布施诸物有时会高出平常价钱。不过社会上所最注意的却是布施时谁布施的多。从其整个来说，是着重在布施，而不着重在买布施品。虽然对僧侣们生活直接发生关系的，真关着痛痒的是拍卖时所得钱之多寡；但是摆夷不这样想。

第二日，寺中僧侣举行入雨季节，每个和尚以蜡条五对，鱼贯入大殿。长老坐于大殿佛台之前，领导众僧诵经。诵毕，率众僧向佛膜拜。拜毕，众僧向长老膜拜。然后各僧分别在寺中各地燃蜡，如在佛台、经柜、殿门、走廊、柱子等处，各燃一两支，诸小和尚跳舞、作乐以娱佛，至晚而止。同日，总管率领各官员往司衙拜贺土司。各次级官员复往总管处拜贺。即晚在司衙晚餐，然后散归。于是入雨季节礼告毕。

举行入雨季节（9月15日）以后，即算摆夷的休息期。至12月15日，出雨季节止，此3个月中，不出门工作或拆盖房屋，亦不婚嫁。至9月23日，为戒日，作小布施，诵经。10月8日、15日再各作小布施，诵经。至11月15日，作大布施，大布施日之前一日，即14日，一切设备与动作如入雨季节前一日相同。大布施日特别规定诵经超度亡人。凡家中有亡人，其家为其亡人出资请僧侣写佛经至少一部，随善塔送到寺中。善塔为平常体面人家，于大布施日必备之品，系用竹竿为架，上糊白色或有色之纸，塔为5层或7、9、12层不等，其巅顶插纸旗，及草莛制之方牌。又小篮子一个，中放芭蕉、甘蔗、米谷、盐、糖并肉包、粽子等。此小篮置于善塔之中，各家做好，先抬到土司衙门。次日（15日）一早，诸人齐集司衙，用早餐。餐毕，随同土司，将善塔及其他的布施物品一并送往寺院，将各物陈列院内。长老以纸条一卷，每条之上，书一经名，放在桌上，由诸众去抽，每人抽一纸条。抽出之后，交给长老。抽到条上写的经名，即须由抽者出资请僧侣抄写此经即布施寺中。经文有长短，抄经费，按经文长短而定。抽条之后，由礼官将各人所持之蜡条集起，揉成一条长蜡，燃于佛台之前。复集接白线，围绕大殿一周，然后群集大殿，请长老领导诵经。诵毕，用餐。复往大殿，土司官员及长老僧侣坐于佛前左右。礼官唱颂词，向长老报告各家布施物品名单。长老答谢。然后出殿，在寺院或寺前放炮爆花，歌唱舞蹈，至夜。土司及官员即在寺中住宿，妇女归家或住于附近亲朋家中。次晨，诸人复来寺中。早餐后，再至佛殿诵经，土司以次诸官员滴水，长老颁福。礼毕，各布施物品由长老派主管和尚收起。乃开始舞蹈娱乐，至晚乃各散归。至十二月初八日，再举行一次布施，礼如前。至12月15日，举行出雨季节礼，一切与入雨季节同。唯布施中多加和尚袈裟，各和尚之寄父母对其寄儿赠品特多。自此日而后，大家工作，仍复开始如往日。

第三节　社祭

社祭，土名muo-mong-lung，汉人俗称祭龙。每勐（区域）有其社神，即开辟此区域之祖先，有一定的奠祭地点。祭祀的日期及每年之次数，各勐不一。有的一年一祭，有的二三年一祭。每祭时间长短也不一，有的一个月，有的二三个月。在一祭期之中，举行奠祭，次数各勐也不同，有的一次，有的两三次不等。祭社的用意是：纪念社神，祈祷社神保佑地方平静，人民清吉，风调雨顺，五谷丰登。车里社祭，每年举行一次，分三次奠祭。即10月5日、15日、25日，为期一个月。分在三个地点奠祭，第一次在漠村（Man Muo），第二次在索俄村（Suo-Nguo），第三次在景兰村（Man Ging Lam）。

至社祭期之前数日，宣慰使先命巫官、礼官到所属各村寨访问各家是否有未婚而孕的女子。官员向每家问："祭社之期已到了，土司为大家清吉，地方平安，恐有不知深浅的女孩子们，额上生花，眼角有晕（按即有孕之意），冲犯神明，特命我等前来查询，若有此事务须言明，以便禳除，而保平安。"于是其家父母便答道："少女游春，向所不禁，但须自爱，使额不生花，眼角无晕。"于是两官员乃回到宣慰使处报告。如有未婚而孕之女子，即令其指出情人，如情人承认，则男女各受处罚。处罚情形，以及巫官在司衙中除秽禳灾之过程，已详第四章，兹不重赘。禳除之后，乃筹备举行社祭所用各物。

车里社祭的三次奠祭，计用以下祭品。第一次，白水牛1头，白鹅、白鸭、白鸡各1对，黑白糯米各10团，酒10碗，蜡条10对，鲜花10朵，茶叶10团，烟叶10束。第二次用黄水牛1头，黄鹅、黄鸭、黄鸡各1对，余同第一次。第三次用黑水牛1头，黑鹅、黑鸭、黑鸡各1对，余同前。祭物之中，以牛为主。由宣慰使命大巫师选购。祭牛须用公牛，牛之耳须与角之长度相等，两鼻孔须下垂，毛无杂色者。选看之后，牛主必高抬价钱，讨价还价，数次之后方定。选购之后，牵到大巫官家拴养。于社祭前夕，复由巫官家牵往司衙。到司衙以后，牛所排泄的粪，须以箕接盛，倒于僻静地方，又凡牛经过地方所遗足迹，必随时扫平。于是土司命人击锣，至各村寨，宣布祭社日期。由另派官员在本勐出入大道隘口插籫（liao，系竹制之圈及编物，可以避邪），禁止人民出入勐区。如行人见有籫在，即须避行其道，绕路而行，如径入，则受罚。须至社祭完毕，方将籫撤去，可以自由出入。

社祭之前夕，命巫官选处女二人，一为贵族，一为平民。均须童贞者，充当社神之妻及妾，谓之伴娘（nang ban-khao）。领至土司衙门，令二人独居一室，或在金殿中以帏隔成一小间居之。至凌晨，土司端坐金殿中，命人请大巫官。请一遍、两遍，至第三遍方来。巫官身着红衣，缠女子所着之花绉包头，腰间排刀一把及木屐一双。既至，见土司不拜，而坐于土司之右。另有副巫官二人，只着一半上衣，露出右胸、右臂，立于大巫官之后。大巫官启问土司："司官叫我何事？"土司答："我们地方收获不好，灾病横行，故请你来，为我们祈祷上天，消除灾难。俾使五谷丰登，百姓清吉。现已请了三次，幸喜巫官到来。"于是巫官立起，呼请两位伴娘。呼请至第三遍，始由小室出至金殿。巫官向二人说："我们将为地方消灾除难，并使五谷丰登，需你二人帮助一下。"言罢，巫官口中喃喃念咒。此时，两伴娘坐在一旁，以泥、糯米各做3个三脚架，共做6个。巫师念咒之后，急急下楼，副巫官亦随之而下。此时楼上金殿中只留土司及两伴娘三人，静坐，不发一言。巫官下楼后，即向天祷告："我们地方收获不好，百姓多病，现在祈求上天赐福，俾使五谷丰登，百姓清吉。”祝毕，以刀将预先扎在楼梯口的两个柱子上的鸡，一边一只，杀死，以其血洒于天空及地上。于是鸣炮三响，由乐官及掌管武器官员并未婚男童6人，鸣锣击鼓，列队开道。由二官员，将系在衙门柱上之祭牛牵下，用粗绳两根，一前一后，牵牛随行于后，大巫官及副巫官三人殿之，前往祭坛。

到达之后，将牛紧系于木桩（lagum）之上，此木桩有神圣性，平时禁止摸动。系时，牛头须向东，尾向西，其头系抵木桩，两后腿另结于两小木桩之上，使牛不能移动。大巫官立于牛前祭神架之矮台上，两副巫官立于其后。祭架系用竹竿搭成，有如一高茶几，其上插小型的与捉鳝鱼的鱼篓相似之竹篓两个，又小型的与现在用的蝇拍相似的竹制拍子两个。另以篠四个，结于祭架之前脚上。观者众人，须在祭坛四周，女子尤须立于远处，不得近内。大巫官登上矮台，即喃喃祈祷。祷毕，取刀杀鸡一只，以其血洒于祭架之上。复以树枝抛过牛背9次。同时，呼“Feng hio！ Feng hio”9次。然后将刀插于地上。再呼“杀牛，杀牛”9次（据称如此呼叫之后，牛即畏惧，杀时不敢动弹。大约此种呼叫，有催眠作用）。此时，副巫官将上衣脱尽，裤脚卷起，以石灰在其前胸、后背（用手反背去画）、额部，各画一个圈，圈中画一十字。画毕，用以竹竿削成之枪，向牛身比画一番，然后提枪，绕牛行3周，对其颈比画9次，用力猛刺一次。即行跑去祭坛，少顷，复回。取插在地上之刀，砍牛头一次，复出，再回，连砍2次。三次须将牛砍死，唯不得断其颈。砍完之后，立于祭架之旁，由第二个副巫官接砍，将头砍断。牛卧倒地上，由大巫官详察倒卧之姿势。当第一次刺时，如牛鸣，为地方平靖之兆。刺后出屎尿，均属不吉。倒卧，如四肢及蹄作前进势，吉。后退势，凶。又，右前腿向前吉，向后，凶。两后腿向前，丰收，向后旱灾。刀砍3次而死，吉。砍多次始死，不吉。相看之后，即由随人将牛割宰，以头及两前腿给大巫官，胸、尾给两副巫官，后腿一只给土司，余分给各官员。在割分完毕，大巫官取牛肉少许，并酒、饭，置于祭架之上，献祭社神。各人分得祭牛之肉以后，即在祭坛附近烹煮大嚼。各巫师亦随同诸人饮食。食毕，大巫官再以酒奠祭社神一次，然后鸣炮三响，起程回到司衙。在祭社时期，土司及两伴娘，须静坐金殿之中，不语，不饮，不食，不动。须俟祭毕，大巫官回到衙中，始能恢复常态。于是大巫官及两伴娘以蜡条两对，向土司膜拜。按摆夷习惯，百姓不能与土司或贵族并坐。但在社祭之时，巫官及伴娘之人格均神圣化，故可与土司并坐。待到职务完毕，乃恢复原有身份，故向土司膜拜以赎罪。于是巫官及伴娘等各自辞别回家。自司衙回去之时，复鸣炮，击锣。小孩子们尾随诸人之后，高喊“赶鬼”并敲打各物。巫官家人以竹箩一个，中放刀一柄、灰一堆，置于家门之前。巫官回到家门，伪作无意将箩踢翻，灰刀翻开，进门，即刻易常服。如是奠祭三次，乃告完毕。

依据上面所述各事，我认为，(一)社祭是摆夷在佛教传入以前就有的一种原有的信仰与仪式，故祭祀由巫官主持而无僧侣。(二)巫官本是人鬼两界的沟通者，土司召巫官入衙，这时巫官的身份已属纯鬼化或神圣化，人们把他当作社神的代表，故可与土司并坐。但他不是社神本身，因为在杀鸡之后，去到祭坛，他又代表土司去祭祀了。(三)两伴娘，在往昔当为祭社之牺牲，今则演变，由那系在司衙柱子上的两只鸡去代替。但两伴娘于祭祀时须静坐不动，是表示死去之意，至祭毕为止。土司静坐，表示他的魂在巫官身中活动，在那祭社。

第四节　集市

上面所说的三种团体活动，参加的人，都是在本社区之内的，聚会的名义都借着一个抽象的目标，如敬佛祭社等。现在要说的一项是以经济为动机与目标的，参加的人，不限于本社区内的人，四路八方，各式样语言、服装的人都有。这就是集市，集市在云南汉语是“街子”，摆夷土语之意译亦为“街”。摆夷村寨，甚至像车里宣慰司治有二三百户的村子也是没有固定的商店。因为食和各物，家庭自给，随做随用。既没有大量的专门生产，也没有大量的特殊消耗。即使家庭中制作的物品，自己用不了而有所剩余；或是有些必需的物品，本地既不生产，也不会制作，则有定期的集市，可以把所余的卖出，所需的买进。也许这许多住户之中，有少数几家，专做一种手艺，像银器、漆器、陶器，或纸。则这些家庭，每家匀出一两个人把制成的物品带着，随着各街期，环游各地去卖。街期是按地支来计算，如子、丑、寅、卯等。某处为鼠（子）街，某处为牛（丑）街。地支在云南各土著社会均通行。

要讲集市，先得把摆夷的村庄形容一下。摆夷种水田，习惯住在低洼平原，云南多山，这低洼平原也就是山中盆地。海拔较低，卑湿闷燥而草木丛生。摆夷却已经经过若干世代的选择适应过程而习惯于此种气候了。田地自然辟得广阔平坦，而村寨则喜在竹木茂盛的地方。在日间烈日之下，工作之后，回到村子里大树浓荫之下去休息，自然有种阴凉之感。不过到了晚上，便有闷热无风、蚊虫滋扰之苦。村子边总是有一溪流水，宁静地流去，与青山相映，不啻一幅天然图画。村子普通有一条较宽的正街。这正街不一定直穿村心，而是迂回伸去。往往正街尽头，便是土司衙门。每一个村子总有一座寺院，大点村子，有两个或三个。寺院不与人民住房建在一起，多半在村子边，比较高而平坦的所在。集市地点，有的在正街，有的在寺院前的空地上。其地搭有茅草棚，为商贩摆摊，或临时居住之用。

街期到了，于是本村各家，忙着整理预备出售的土制物品，或是制作凉粉、面条、咸甜杂食、点心，预备给赶街子的人们享用。一早起，便可望到，从四山的小径，直到村子路口，继续不断的各方走来不少赶街的人。背着背篓，挑着担子，在青山绿野之间，点缀着各色鲜艳的服装。约莫八九点钟，街子上已挤满着不少人了。穿戴着不同的衣饰，说着不同的语言，连携带货物的习惯都不同。把筐子背在背上，而以一条带子顶在额上的是阿卡、罗黑等藏缅语系的人群。把篮子结在扁担两端，挑在肩上的是摆夷。把货物放在一个布袋里，驮在背上的是熟卡瓦。戴着凉帽，穿着短衫，赶着一群骡马的便是汉人。货从马背上、人肩上、头顶上、颈背上，卸了下来，一面笑嘻嘻跟熟人打招呼，一面按照前个街子的一定地位把东西摊开，摆好。这里你看到有卖布匹、洋货、盐、糖、痧药的汉商，卖金银首饰、明漆器皿的摆夷男子，瓦盆土罐、刺绣织锦的摆夷妇人，卖柴、卖草席的罗黑，卖玉米、杂粮的阿卡，卖麻布、线毡，线毡里也许裹着鸦片的卡瓦。开始交易了。费尽口舌去讨价还价，一点一点的添，一点一点的减。交易的语言是用摆夷语。跟汉商做买卖却是用汉语。这时候人越来越多，都穿着最漂亮的衣服，戴着最耀眼的首饰。摆夷男子们佩着银刀，女子们打着伞。来赶街不必是为买卖东西，街子也是会晤亲朋的好场合，也是挑情讲爱的好所在。卖米线、汤圆、冷热零食，这时生意兴隆百倍。于是各种声调的交易声，谑笑声，猪叫，马嘶，牛吼，鸡鸣，狗吠，儿哭，菜味，酒香，把平时宁静之地，一变而为热闹之场。

街期有一定，而做街的时间也有一定。例如在冬季天寒，“日中为市”，最热闹的时候是中午。夏季天热，“日出为市”，最热闹的时候是早晨八点左右。一般来说，冬天的街子比夏天的人多，热闹。日中为市的街，到午后三四点钟就散了。我们可以看到三五成群的人，男男女女，背着筐，挑着担，其中放着新买的货物、用品，或米、肉、菜蔬之类，一边谈笑着，或歌唱着，缓缓地归去。街子这一天的活动，不但满足了他们的物质上的需要，而且也是打破日常沉闷生活，宣泄感情的机会。

第八章　丧　葬

现在我们叙述摆夷一生的最后一段，丧葬。生荣死哀是人人愿意的，怎样算作荣，怎样算作哀，其表现的方式，各个社会不同。但没有社会不对这人生大节目做些表示的。于是乃生出所谓哀礼，规定许多仪式。此外，对于死者的尸体，也得想个方法去处理，例如土葬、火葬、水葬、天葬等等。这种种方法，每个方法都须有个信仰上或哲学上的根据，人们才能满意，现在我把摆夷人死后，从丧礼说到葬仪。

摆夷把“死”看得很重。丧葬的礼仪颇繁，尤其在贵族阶级。葬式分作土葬、水葬、火葬三种，但这三种并不是任何人任取一种，而是有一定的规定的。常人死了是土葬，罪犯死了水葬，僧侣死了火葬。今以葬式为节目，先叙述常人死后之丧葬仪式。

第一节　土葬

甲、贵族。设宣慰使病重，家人及高级官员便齐集司衙，至亲在病榻左右。待咽气，由司炮官鸣炮六响，举哀。长子以净水或金花水为死者洗头浴身，并更换殡服。以金银数片，用棉花裹好，放在死人口中（在昔用金片做成面具，敷于面上，今贵族中尚有以金银小碎片贴于其额及面庞上者）。将其两臂拉至腹前，用线将两只手指结在一起，使两腿伸直，将两大足趾结在一起。然后以白布或白绉将全身连头包裹起来，外以白线缚之，唯在眼、鼻、口三处各剪一洞。装毕，由亲戚官员将尸首抬到卧室之中间一格（通常上格门外即火塘间），头向内，脚向外。以包谷置一斗中，放在死者脚下。以刀两把，其一，置于头前墙板边，另一把插在包谷斗中。燃油灯两盏，头顶脚边各一，以马一匹，拴在房下柱子上，将马鞍倒置。

诸事停妥，子女着白头巾，伏泣于尸旁。由死者弟兄之女婿（即侄女婿）往附近各地之亲朋家报丧，由死者之女婿往远处各地之亲朋家报丧，并由高级官员往寺中请长老择吉为死者入殓。于是各方亲朋渐来吊丧。奠仪多为米2斤，手巾（白布）1条，鸡蛋4个。有的送伞、衣服、枕头、扇子等。由侄女婿招待吊客，并指挥属下人员备酒，饭菜中禁放辣子、蒜、姜。禁杀鸡，但可用猪肉牛肉，每天献祭死者三次，先由长子拜祭，然后吊客拜祭，每祭开始，鸣炮两声。客祭毕，长子赠以白布约5尺，系做丧中包头之用（丧用白色，或自汉人传去）。至入殓日（多半死后两三日），请和尚来诵经。由长子等将尸抬入棺中，并死者生前心爱之物随之殓入。棺形制法均如汉人，于死前制好，仍放原处。刀及米斗亦如原状，由墙之一端的柱上，结一两个竹竿或绳子，依着棺材方向，连结到对墙的柱子上，罩在棺材之上。其上满挂死者生前用的衣服、首饰以及其他用品，并各吊客所赠的奠敬各物。有的不挂在竹竿上而放在棺前及左右的小桌上。装殓之后，正式开吊。和尚为死者洗魂两次。早晨一次，在早饭后，以稻草做成人形，穿起衣服，裹了包头，放在马上（即前述之马），由一小和尚牵着，另几个小和尚张伞打锣，前往河边。小和尚以手巾沾河水为草人洗头、洗身，洗毕返回。

贵族灵柩停在家中颇久，往往到两三个星期以后才出殡。在这期内，亲戚们、各级层的官员、家眷、男女老幼能来的都来吊丧。路远的要住上几天。丧主人家真是门庭若市。这些人们一来是吊丧，二来可以借此机会大家聚会一回。主人家预备酒肉款待。客人们可以尽力享受，借着守尸为名，甚至夜间轮流的不睡。主人家本请有唱婆来唱哀歌，同时以有韵的文句来欢迎并感谢客人的来吊，客人中有会唱的也便应和着，以表示他们对于死者的惋惜。此外，僧侣们又不时地诵经、作咒。因此弄得热闹非常。好玩的青年们甚至偷偷在一个角落里去赌钱，或借此跟爱慕的人会面、调情。这期中，当然主人家及其至亲们忙得不亦乐乎。除了招待吊客而外，他们还要筹备出殡时的一切用品。

出殡的日子由长老选定。发引时所用各品颇多，计5层善塔（pasat）1座（土司的4层），俑男俑女各12个（土司各4个），俑象、俑马12个（土司各4个），旌旗仪仗6对至8对（土司2对至4对）。以竹扎成一庞大神鸟（鸟名Rug Katchi Ying），外糊五色的纸，分为两节，至发引之日，由近亲及官员32人（土司24人）以两根极粗的竹竿，并排放着，用短竿横扎，成一梯形，将棺材放于其上，然后以绳将棺与竿缚起。抬出寝室，经火塘、金殿，下楼，放置楼前。休息一下，再抬到一个架子上。此架亦系由竹竿做成，架形如床，唯上有栏杆，糊以花纸，乃成一箱形，唯无顶，吾人可名之为纸椁。棺材即抬进此纸椁中。其前首，扎以上述纸扎的鸟首，其末尾，扎以上述纸扎的鸟尾。棺盖以上，罩以五层善塔。此塔之前放一蜡做的小型神鸟，棺椁加上善塔、神鸟，望之甚为高大。但因均是纸竹所制，故不似所想的那样重。一切安置停妥，开始起棺，发引。

起棺时放炮四响，打锣，击鼓。丧家主人及近亲亲朋并各送殡人，排队而行。最先为乐手、仪仗。次为僧侣。其中有一穷儿，系出钱买来充当引路上天之和尚，其左手中握一白线绳，此线绳之另一端系于棺材之上。此线绳表示死者与买来的充当引路上天的小和尚发生联系。据说充当引路和尚之后，即会失魂而死。故必花重价买一穷儿充当。其右手牵一马，马鞍倒置，即前述拴在楼下者。走出家门不多路，即将此马放去，任其奔跑。有人找回，由主人出钱将其赎回。僧侣之后，为长子及其他儿子。长子负刀1把，刀上缀以幡，幡系用红白布剪成3个三角形，结成一串，长子行时，不准后顾。在棺之后为女眷。女眷之后为近亲、远亲及官员、吊客。

宣慰使或土司均有一定的坟地。到达坟地之后（妇女不到坟地，止于距坟地约数十步之处），择一空地，放一小圆桌，上置蜡条1对。长子以白米数粒撒于桌前，左手取一蛋，随意抛去。蛋碎于何处，即以其地为穴。请一亲戚破土。先挖深至一尺光景，将挖出之土取一小撮，放在棺材盖上，约在死者心口地方。然后将棺材盖取下，使死者见天日，少顷，再盖好。此时始用钉钉紧。然后继续挖坑，成长方形。各僧侣围穴念经。由长老在穴之四角滴水，一面滴，一面念。至水尽为止，于是将棺材放落坑中，盖土。纸椁及神鸟、善塔均浮置其上，任其自消。于是以酒食祭坟。仅由家人致祭。祭毕回家。吊客亦各散归，其路远者，仍回丧主人家，次日始去。家人以酸角煮水，为各人滴酸角水于头面，以祓除不吉。此外，备鸡1只，白饭1碗，净水1碗，白线2条，置一圆桌上，由亲戚中年长者为死者诸子及近亲绕线。当晚，以鸡蛋一个，剖为两半，粽子两个剥开，水1碗，饭1碗，放在桌子上。又，死者衣服，放在原来睡处。放好，即打锣击鼓，三通。各人就寝。在桌上燃油灯一盏。盖家人认死者当晚仍要回家一趟，探望各处，食物是备他饿了吃，衣服是备他冷了穿。

次晨，长子备物往寺中布施，并以答谢僧侣。至寺，击鼓六响，直至大殿拜佛，然后拜见长老，将布施各物呈上。长老为其祝福，滴水。归家，以银钱、米、酒及鸡赠丧事中帮忙之人。然后随同大家到河边洗澡。入晚，复请寺中和尚来至家中诵经禳除不吉。另由司衙巫官，命人做簝5个。备沙1包，米、谷、酸水各1碗，由巫官将沙撒于屋中各处，再洒以水，并将簝插于屋之四角及门上。至是，丧礼即告完毕。葬后，家人不再往坟上奠祭，在家亦无牌位等纪念。但此并非把死者忘怀。纪念死者是在出入雨季节的时候（详前第七章第二节）。宣慰使纪念亡父，在雨季节布施，做12层善塔1个（土司普通7层），竹制俑象、俑马各1匹，布施篓8个，上缀银纸花及旌旗，其中放甜酸果品，米、谷各1包，粽子，肉包，辣菜，盐，糖等。另以小圆桌一张，上置被褥、枕头、衣、裤、包头、鞋、背袋、扇子、银刀、水壶、痰盂各1件，又另有万民伞1把、经书4本，由长子及亲戚官员抬送寺中。夜晚请僧侣诵经，为死者超度。在寺居住一宵，次晨，由司衙礼官在大殿，当长老及众僧侣前宣告布施各品之名单。由长老为长子及各人滴水，祝福。然后由二和尚将各物一一点收。然后各人返家。自人死直至死后第一次雨季节中所用各物各费，均由司属官员及百姓公摊。当然宣慰使本家中亦花费不少。宣慰使夫人或土司夫人死，礼节相同。

乙、平民。平民丧葬，一因经济的，一因地位的关系，较土司简单得多。其因地位或阶级关系而异者，则平民人死，在家停棺日期短，普通为三天至一周。出殡所用善塔为三层，无竹龙或神鸟，无俑人、俑兽。其因经济关系而异者，则宴客简单，请的僧侣少，布施亦少，棺木亦差。至于贫穷的平民，则以竹篓为棺，请一二僧侣超度，抬出掩埋。

第二节　火葬、水葬及其他

甲、僧侣圆寂，多用火葬。火葬亦在一定坟场举行。尸首仍装入棺中，下堆以柴，僧侣环立诵经，长老在四角滴水。然后自下焚之。至次日取灰烬少许，纳于土罐中而埋之。世俗人中，贵族也间有火葬者。平民多土埋。

乙、夭折与死于非命。则（子）小儿10岁以下死，由父亲将其裹在布中，到山林僻静处去掩埋。（丑）10岁以上至十八九岁死，则请僧侣超度，用木棺或竹篓埋之。不报丧，不开吊。（寅）十八九岁男子，未婚而死，则视其家人资产如何而定，设属富有，而且其人为家人所钟爱，则按成年人之礼葬之。由其父兄或寄父主持。如尚在寺中为僧，则火葬，其骨灰埋于僧人之公共墓地。如已还俗，则埋于自家坟地。（卯）女子未婚而死，如系富家而为家人所钟爱，则亦以成年人礼葬之。但未婚之男女，因未独立门户，亲友少，吊丧、宴会，自无成年已婚者之盛多。（辰）孕妇未产而死，或产时死，则认为大不祥，死后不通报亲友。出钱请人破孕妇之腹，将胎儿取出，然后将母子分别盛于两个竹篓中（不用棺木），抬出时，不经大门，而将屋之墙板打开一洞，抛之楼下，然后立即又把墙洞堵闭。由家奴或亲戚将尸篓抬到山林僻静处葬埋之。母儿分葬，相距约六七尺。（巳）死于非命。如系淹死水中，则先将尸首捞出，招领。亲人认领之后，以猪槽一个，盛尸，复抛入较大的河流中，任其漂流而去。如系烧死（如房屋失慎，焚死于房中），则待火熄后，取出余尸，即葬其地，其人衣物用具之未烧尽者，送入寺中布施。盗贼受刑而死者，则置于受刑处，尸上覆以树叶，任其自腐。凡死于非命，均不用棺及坑埋，亦不火葬。

三十七年七月十五日益棠校毕

（本文原载《边疆研究论丛》第三期，金陵大学中国文化研究所 1949 年编印）

16世纪车里宣慰使司与缅王室之礼聘往还

云南居有若干语言习俗与中原不同之人群。部落相望，各行其是。明代以前，政府对之多持羁縻政策，若即若离。明代而后有所谓土司制度。（土司名义虽自明起，但元代已具此种政制之规模。）司官来源有二，一为汉官征边有功，政府即以之为其地长官，世有其地。二为原来土酋，拥有实力而愿归顺者。前一种多在滇北及东北，后一种多在滇之西南。清代以来，政府积极推行边政，各土族生活习俗均在渐次蜕变中。土司辖地大部已改土归流。民国初年，为行政便利起见，则行“设流而不改土”的政策，故清代末“改土”者，司官名义至今仍承其旧。

滇中土司名分最高，辖地最广者为车里宣慰使司。元为车里军民总管府。明洪武十五年（1382）改置车里军民府。永乐十九年（1421）改称车里宣慰司，管辖十二版纳地。[注：摆夷称村为蛮（Man），数村或数十村在平坝之中，为一勐（Mong），一勐亦即一个坝子。一版纳（Bana）为一田区。有一勐为一田区者，有数勐为一田区者。田区盖为摆夷土地制度中一单位。或为往昔一小土司管辖之区域。12田区，当为12个小土司辖地。但今车里宣慰司下有19个小土司。此盖是后来分化所致。] 境内大部人口之族系为台语系之摆夷人。据笔者民国二十五年（1936）调查，摆夷一族约为14万人。（注：李拂一著《车里》一书中称十二版纳共计168290人，摆夷约占十分之八，是较笔者估计略多。）此外有少数藏缅语系土族如阿卡、罗黑等。

因历代迁徙，也有不少汉人流处其间。十二版纳地域名称详下原译文中。唯十二版纳中乌纳（又名勐乌）、乌德一版纳于中法之役［清光绪九年（1883）至光绪十一年（1885）］划予法越。故现尚有十一版纳。民国以来，次第设法，划归八县，计车里、佛海、南峤、思茅、六顺、镇沅、镇越、江城，及一设治局——临江，治理。但土司制度与名义仍旧。

摆夷地处中缅之间，以其距中原辽远，故汉化不深，但受印缅文化之影响则甚大。云南土族中有文字者为倮㑩，麽些及摆夷。摆夷文字衍自巴利。约13世纪起自缅掸土司地随小乘佛教输入。其文化之灿烂，生活之郁丽为全滇土族之冠。文字应用不限于经籍，且广及于历史记事、诗歌小说，以及日常生活中之书信、账目。此予民族学研究一大便利，尤便于历史之检讨，非若其他无文字土族之全凭观察与口报也。中南半岛凡受印度文化熏陶之人群，如缅暹越境内之缅、掸、泰、㦦、吉蔑诸族均有此类史志。以是当西人初至半岛，视此类土文记载为珍贵史料，至各土司王室寺院，广事搜集。希望看所谓“以本土人的话，述本土人之史”。唯其内容，史实与神话并陈，时代愈古，其可靠性愈微。约自11世纪而后之记载，渐臻纪实。唯仍须多集缮本（摆夷文字无刻本）详加校勘。我国史志，向有土司边裔诸目，记述边民事态，但惜详略不一。摆夷原著或能补其不足而借此勘彼，互相印证，当可得一较真详之图像。笔者于民国二十五年（1936）调查滇边，集得车里、孟连、勐哲、勐茫、耿马等五土司之原文史志各一册。其编制体裁不一。有仅为土官世系之记录，有则兼述历代大事，有则附有社祭、婚表、承袭仪礼，或税收、朝贡之细目。本文系根据江城整董土司之子召映品君逐句口译车里宣慰司及孟连宣抚司原史中关于车里宣慰司在16世纪时与缅王室之礼聘往还之记载，今加整理发表以示摆夷文化之一斑与夫两族之关系。今以车里记载为主，凡孟连记载之与车里记载不同者，附于括弧中。

三十二年十一月二十三日识

922 年（注：今年公历 1943 年，为摆夷历 1305 年。922 年为公历 1560 年，明世宗嘉靖三十九年），诏思里素班（Chao Slisuban）之子诏翁孟（Chao Woŭng Mong）为宣慰使（注：摆夷语凡贵族名前加一“诏”字，意为王或主）。至 950 年（注：公历 1588 年，明神宗万历十六年），阿瓦（注：缅旧京，今曼德勒附近）缅王来车里（注：土名景洪 Ging Hung，有译音为江洪者），宣慰使率众出迎。[孟连本称，至 950 年，缅王叭玛哈绥（Pia Maha-shwa）举兵救车里，宣慰使率众降。] 缅王至车里，旋往泰国（注：土名 Mong Tai），宣慰使诏翁孟偕行。[孟连本称，旋往征亚德拉（Yiaderla）地，宣慰使同往。] 至勐别亚（Mong Biat）（注：缅暹交界地），宣慰使病死。有二子，长，诏思里素仰达（Chao Sliswniangda），次，诏应勐（Chao Ying Mong）。天朝（注：摆夷称我政府为天朝）委诏思里素仰达为宣慰使。

诏思里素仰达任事六个月死。天朝委其弟诏应勐为宣慰使。

诏应勐于 950 年（注：即同年之内）接任。缅王在泰击败格鲁姆，返车里。宣慰使命官员二人护送缅王归阿瓦。缅王名夏图塔（Hsiat T'utainaharaja）（注：按 G. E Harvey，*History of Burma*），自 1531 年至 1752 年，缅为唐古朝（The Toungao dynasty），1581 年至 1599 年为缅王南达版应（Nanaboying）当政，继承父志，攻泰国。本段所述攻泰事，当指此。缅王以诏应勐并父诏翁孟有功缅国，委应勐为缅方车里土司，衔为：Tzuodi Nagara mahatyaiya Bavara Sutamaheraja，并赐圆形象牙官印一个，上刻太极图（Hoba amon）及虚弥山（Hausa dara P'ang）。（注：太极图非如汉人者，乃是一日一月。日中刻一鸟，月中刻一兔。高悬虚弥山之上端。虚弥山由十五条竖立花纹代表，中间一条最粗大。此十五条之下为两鱼形花纹，此两花纹之间复有一竖纹，其两旁各有三角形花纹一个。按今车里土司之公事文件均盖此印章。车里孟连在昔受汉缅两朝封委。车里宣慰司当今所用之缅方颁发印章据称即系摆历150年缅王所赐者。）印有方盒，外面四角各刻小塔一个。

缅王以公主（Nang Hohkham）（注：摆夷贵族妇女，名前均加一Nang字，可译音为嬢。Nang Hohkham意为金殿之嬢，即公主）妻宣慰。计赠下列妆奁。

大象四，雌雄各一对，高6肘（注：肘，摆夷语。Suot，每肘约旧汉尺四尺五寸）。金制果盘一对，每重7坎（kan）5遮（zap）。[注：摆夷一追（drai）等于旧秤44两。1坎=4.4两。1遮=4.4钱。1拔（bat）=4.4分。1马（mat）=2.2分。但1回（hWe）=1钱。]盘为十二角形，镶宝石边。金碗一对，每个重1坎1遮。金槟榔盒一对，每个重7遮1回。小金狮子一对，每个重5遮。小银盒一个，上雕凤一，并镶钻石一粒，重2坎。金烟盒（注：草烟用）一对，各雕一凤，每凤两首，并镶有钻石，每个重6遮。金羹匙一个，重2遮。金冠一顶，边镶小钻石，冠顶镶金花，重4坎。冠穗亦金制，共24穗。金水壶一个，重5坎。金痰盂一个（注：摆夷痰盂甚小，约如茶杯大小），重10遮。水壶一个，金制。水壶上盖碗，亦金制，重2坎。（注：摆夷水壶，通常陶制，形如花瓶，瓶嘴上例盖扣一碗。）包金长刀2把，其上镶宝石三行。牙制矛枪一对，金银制矛枪头之矛枪各16个。金伞一对，每伞三层，每层各缀金叶12片，共36片。贴金伞12把。牌匾12付。手形杖12个。大镲（moung）（注：形如锣。镲面中央，凸出一小圆形。为开道及集人时用。滇南汉语社会中亦用此物。而婆罗洲之土人亦有。其分布甚广。滇北、东北，则未见到）一面，其提炼金制。大鼓一面，小鼓九面，银号筒一对。小型房屋，金制，12间，上覆金棚，合为一所。金漆宝床一座，高4肘，四角各雕一个护法（giwabut）。金织丝毡一床。金丝礼服一件。金丝鞋一双。金扇一面。

上列各物由缅王派一使臣护送公主至车里。公主官名Nang Suwana baduma hohkbam，宣慰使诏应勐率诸官亲官员民众迎于郊外。是时天朝闻得车里宣慰使与缅朝公主结婚，乃派普洱府杨大人（Yang ta jen）来至车里庆贺。于是天朝及缅朝两方官员在车里会面，感情极为融洽，一同参与宣慰使结婚并加封典礼。宣慰使以两朝恩赐有加，极为感激，决定此后以天朝为父，缅朝为母。车里宣慰司为双方之子臣。[注：此事我史志无载。按缅族自1531年起渐次强大。自1531年至1753年，缅中泰族势力削弱，各土司臣服于缅。缅更复向外发展，六侵泰国。并于1548年至1622年侵滇边。在中英缅划界（1900年，光绪二十六年）以前，滇边摆夷土司多受中缅双方委任。今于摆夷老翁中尚可看到左耳无耳环，右耳着耳环之现象。盖示臣服双方，左为天朝，即汉，右为缅朝。此习惯盖起于本节所述事件，即摆历951年（公历1589年，明万历十七年）。] 天朝同意与缅王共同封宣慰使为Tzaodi Nagara Mahatzaiya Bavaraswta Maharaja，封宣慰夫人为Nang Suwana Mahabaduma Agama Deyi，天缅两方官员并宣慰使及夫人以及各官员以红白布各一幅，蜡条八对，银2槐[注：摆夷币制单位：1闷（meng）=330两，1版（ban）=33两。1槐（hwai）=3.3两。1拔（bat）=3.3钱。1汾（feng）=1.5钱。按此处与前述1拔重量不同，但名称则一。] 同往寺中（注：摆夷笃信佛教。遇大事如年节婚表承袭等，均往寺中盟誓、祈祷。）呈于佛前。宣誓。滴圣水。礼毕，宣慰使赠天缅两朝官员及各地贺客礼物，计：赠缅朝首官叭阿姆纪（Pia Amugi）银1版。第二官银8槐。第三官银6槐。赠天朝首官银1版1槐。第二官银1版。第三官银8槐。第四官银6槐。兵士14人，每人1槐，共14槐。又，赠缅朝象官四人，每人1槐。兵士10人，每人1槐，共10槐。赠景栋（Gingtung）（今缅掸土司地之一，本与车里同阶）官员，首官1槐1拔，第二官6拔。自此而后，凡当宣慰使结婚大典，赐赠各地使节均须按此种规则。

勐乃土司（注：Mong Nai 在泰国。）派员贺宣慰使雨季节（注：雨季节摆夷名 Pasat 或 Khawpasat 为摆夷大节期。在摆历九月中，约旧历六月起首。至十一月中，约旧历八月为止，在此其中，停止各项工作，大兴佛事。于雨季节之首尾，举行隆重仪式。）宣慰使首官银 6 槐、第二官银 4 槐。兵士各 1 槐。以后各地土司官员来贺雨季节，宣慰使赐赠礼物均须按此规则。

952 年（注：公历 1590 年，明万历十八年）宣慰使夫人生一子。取名诏糯（Chao Nuo）。夫人出私资建佛寺。寺门向西方。并竖立佛一座。（孟连本称坐佛。）面亦向西。盖怀阿瓦也。寺名 Suwana Baduauma aram Hamlerh wat Muham。落成后，夫人往缅省亲。宣慰命十二版纳各属派员护送。夫人在缅居两月，复归车里。

954 年（注：公历 1592 年，明万历二十年）宣慰使遣十二版纳官员往阿瓦进贺缅王雨季节。宣慰使呈贡缅王以下礼物。

金瓶一个，重 6 拔。金花一朵，每朵重 1 拔。银瓶一个，重 6 拔。银花 6 朵，每朵重 1 拔。包金蜡条一对，蜡心银制，外包金皮，共重 10 拔。缎子 2 匹，小缎 4 匹，茶叶 4 筒，每筒 5 团。（注：滇南茶叶中有一种，制成圆饼，称团茶。）盐 4 包。马 1 匹，价值 5 槐。以上为宣慰使贡品。

此外，各版纳土司另有礼物呈贡。勐哲、景露、勐旺（注：均在今南峤县境）为一版纳，贡金瓶一个，重 2 拔。银瓶一个，重 2 拔。缎子两匹（孟连本，又土布［Neau］两匹）。勐混、勐版（注：均在今佛海县境）为一版纳，（贡品同上，略。）顶真（注：在今南峤县境）、勐海（注：在今佛海县境）合为一版纳，（贡品同上，略。）勐笼（注：在今车里县境）为一版纳，（贡品同上，略。）景洛（注：在今佛海县境）、勐亢、勐纳（注：均在临江设治局境）、勐莽（注：在今南峤县境）为一版纳，（贡品同上，略。）勐拉（注：在今六顺县境），勐往（注：在今临江设治局境）为一版纳，（贡品同上，略。）勐形（注：在今思茅县境）、勐邦（注：在今江城县境）为一版纳，（贡品同上，略。）勐腊、勐半（注：均在今镇越县境）为一版纳，（贡品同上，略。）勐棒、勐润、勐茫（注：均在今镇越县境）为一版纳，（贡品同上，略。）整董（注：在今江城县境）、磨拉、易武（注：在今镇越县境）为一版纳，（贡品同上，略。）乌纳、乌德（注：中法之役，割与法越）为一版纳（贡品同上，略）。

各员抵达阿瓦，又合赠缅官 Chao Buo Shwe 金丝线 8 版（孟连本称 5 版），红缎褥子 10 床，皮衣服 1 件，银刀 1 把，针 10 包，鞋子 10 双，茶 2 筒。金碗 1 个，重 5 遮。银碗 1 个，重 8 遮。又缎子 1 匹。另赠缅官 Chao mengsa 阶级者二人，每人缎子 2 匹，小缎子 2 匹，鞋子 2 双，针 2 包，金丝线 7 槐。此各大官再按阶级，分赠下属众官。以上各物均赠给缅朝官员者。

齐送礼物前往者，计大叭（Pia tung）一人（注：摆夷称官为叭），书记（Hun Krat）一人，随从官二人。宣慰使赐第一员银 1 追，马 1 匹，价值 5 坎。余人各银 7 坎 5 遮，马 1 匹，价值 5 坎。又，赐东方六版纳（注：按十二版纳，分为东西两部，在澜沧江以东者六版纳，在澜沧江以西者六版纳）所派之大叭一人，银 7 坎 5 遮，马 1 匹，兵士三人，每人 3 坎，马 1 匹。赐西方六版纳，所派大叭银 7 坎 5 遮，马 1 匹，兵士三人，每人银 3 坎，马 1 匹。于是诸员前往阿瓦。将各礼物呈贡缅王后，乃归。

各员归时，缅王赐车里宣慰使及各土司各官员以下礼物：缅王赐车里宣慰使帐子（pagang）2 顶。金丝被（pamai kham）1 床，金丝枕头（droi）4 个［孟连本，又葛纱（gasa）4 匹］。丝帕 4 方。黄布 1 匹（孟连本，4 匹）。Gian liang、gian haw（注：均药品名）各 2 版。Ya dam（注：药名）2 版。Pa sihu（注：一种鸟）4 头，namoben（注：一种兽）4 头。胡椒 2 版，白糖 2 版。Feng hir（注：药名）1 版。又赐宣慰使派往阿瓦送礼之四叭，每人毡子 1 床，金丝被 1 床。赐十二版纳每版纳葛纱2匹，Ging Jiang-gian haw各5槐，黄布1匹，金丝被2床，胡椒1版，白糖1版。

955年（注：公历1593年，明万历二十一年）车里宣慰使为各地土司之最高贵者，较景栋（注：缅掸土司）、景迈（Ging Mai）（注：泰地土司）、孟连（注：滇澜沧县境，为宣抚司）、孟养（Mangyang）（注：缅掸土司）、景海（Ging Hai）（注：泰地土司）、勐别（Mong Biat）、勐乃（Mong Nai）、孟腊崩（Mong Labueng）、勐腊管（Mong la Gwan）（注：以上四地，均在今泰境）之土司之名位均高。阿瓦缅王委车里宣慰使为诸土司之冠。是年，宣慰使诏应勐死，天朝委其子诏糯勐为宣慰使，诏糯勐复派员至缅朝，呈请承袭，缅王甚喜，准之，并发委状。

（本文原载《边政公论》第三卷第一期，1944）

几个云南藏缅语系土族的创世故事

1．麽些

（一）丽江县

2．傈傈

（一）怒江，茨开村（贡山设治局属）

（二）澜沧江，维西罗锅村（维西县属）

（三）澜沧江，岩瓦村（维西县属）

3．俅子

（一）毒龙河，所且村（贡山设治局属）

（二）孔丁村

（三）新蕊村

（四）不考王村

4．阿卡

（一）酒房（澜沧县属）

（二）班中

下面记的是云南藏缅语系土族，麽些、傈傈、俅子、阿卡等关于人类、鬼怪、虫鱼、米谷、烟酒等来源十六个故事。系民国二十五年在滇边调查时录当地土人的口述（各族在滇省之分布见图）。

神话故事在简单社会中不只是茶余饭后说一说的消遣品，乃是认为在以往真发生过的事实。他们看神话也就像中国人相信三皇五帝的

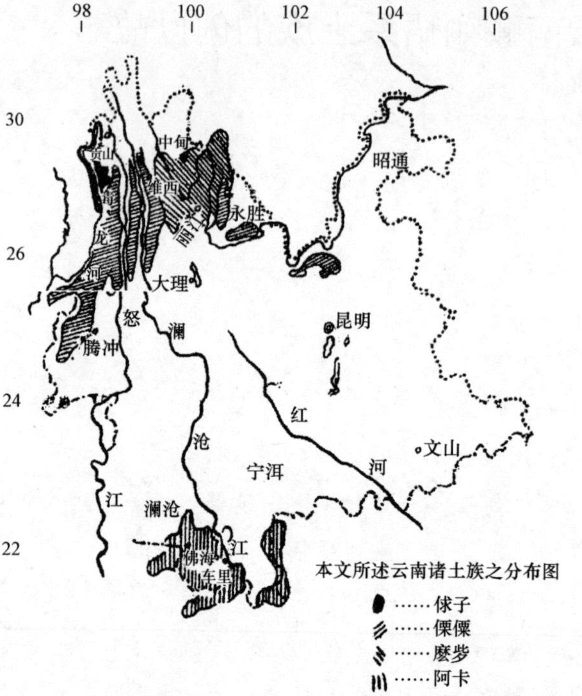

本文所述云南诸土族之分布图

黄金时代一样。他们的神话是活在他们生活之中，从神话，我们不难窥见其人群之信仰，道德和规定社会行为的法则。神话中有不少情景曲折引人入胜的描写，许多恋爱、探险故事。这却又是简单社会中打破单调生活的一种不可少的消遣品。就是我们听了，也感觉它娓娓动人，为之神往。从比较民族学观点来研究文化的传播、演变，以及诸民族的亲疏关系问题，神话自亦为重要的研究对象。因为缺乏比较材料，本文仅将原说叙出，聊当一种研究资料。

1. 麽些（自称那希 Nashi）

丽江县

在远古之时，洪水为患，人类尽为淹毙，唯有男子名宋则利丽（Zungtzerliri）者藏匿于一鼓中，得免。水涨渐高，鼓亦随之上升，后水声息止，乃破鼓而出，盖已在天上。遇一女子名崔合白泊密（Zweherbebermi）。女曰："汝为世间人，何以来天上？"男曰："地上大水，宗族均死尽，我无亲爱，故而随意漂游至天上。"女曰："我在天上亦无爱人，你我二人，何不相友爱？"乃领男子至伊家，匿于门后之竹篮中。时女父忽归，父名崔拉阿莆（Zwe-1a-Ap'u），闻有生人气味。呼曰："何处野狗跑至我家来？"但未再做深究，唯早晚磨刀于石上，并自语曰："吾诚知家中有异类，吾必杀之。"母曰："请勿动手，待我慢慢查看。"母乃究问其女。女曰："此非外人，乃自地上来者。吾家多此一人，并无损害，待有太阳时刻命其晒粮谷，阴雨时命其挖沟淘水，乞免其死。"父听母女相语，遂入而斥曰："汝等勿为妖人所惑，速将其领来，待我亲自察看。"女开篮领男至父前。盖父甚识人，一见即知人之好歹。视其手，知其为聪明人。语母曰："此人虽尚聪明，但非吾同类，够不上当奴隶，且饶其命，赶下界去。"母坚请暂试其能力如何再做决定。盖母亦深爱惜其人，说之再四，父乃佯允之。

入夜，父命其人与彼同睡于崖石上，盖欲待其中夜睡熟，抛落崖下跌毙之。母女二人窥知其意，私语男曰："汝今夜与父同睡时，须携一毛毯内裹大石一块，置于父旁，然后自己暗睡他处。"男如命而往。父果于中夜蹴石，石落涧中，击毙一獠。次晨父醒，见其人仍在，乃再施计曰："昨夜石头落，必毙一兽，汝可往取，与吾分食之。但今夜吾改寝河边，亦需汝陪伴。"母女又窥破其用意，语男曰："汝今夜仍携一旜裹一石，置父足下，并以一木条置于汝二人之间，可以免祸。"男从之。至中夜，父复蹴石入河，石入河中击毙鱼类。次晨，父见其人仍在，乃曰："汝可入河捉鱼，吾二人共食之。但食毕须为吾往寻幼虎。"男如其旨，往寻幼虎，不得，仅获獐鹿之肉而归。父怒，曰："此非虎乃獐，何以欺我？汝速往寻，否则处死。"母女乃告男曰："老虎多在阴暗不见之处，幼虎则喜居阳光之下，可往寻之。"男如言蒙虎皮而往，果得虎子。父见计不售，复筹一策，曰："汝须于一日之内将九亩地广之森林砍尽。"男曰："十日一亩且不可，九亩何能为之？"母女私慰之曰："勿忧，汝明日可摆九个斧头在森林中，母自派人助汝。"果然，至晚，九亩森林均已砍尽。父复曰："汝须于明日一日之间将所砍之木尽烧成灰。"男次晨如命将木焚烧。父又曰："汝须于一日之内布谷于九亩之田。"母女乃教男曰："汝可于每亩中撒谷九粒，盖明日归来，父必命汝一日之内将所撒之谷收起来也。"男如其言，归。父果曰："汝于明日内须将所撒之谷，重再拾起。"男因听女言，将未撒之谷负归。父命数谷粒曰："尚有三个半颗谷粒何在？"男审而应之曰："两个半颗为蚁食去，另半颗在鸽子肚中。"父曰："汝必取还。"男不得已乃往各山寻找，在一石下见有蚁，乃捏住一个，折为两节，以此作为两个半颗米。蚁本为整个的一节，今为两节，自此始。复见一鸽，男方搭箭欲射时，女适在机房纺织，见之急以织梭抛击男之臂，箭即射出，中鸽。剖之取出另一个半颗谷，共得三个半颗，持见父。

父见谷粒无语，少顷乃曰："汝来天上何为？"男曰："地上人已死尽，来天上为求偶也。"父曰："欲讨吾女乎？"男曰："不敢，世人已死尽，上天来无论好恶，均欲求之。"父曰："汝携多少银钱来？"男曰："地上现只有洪水一片，只身逃命，未带一物。但自我来至天上，汝命我取獐、捉鱼、猎虎、伐木、烧山、撒谷、拾粮，我均完成使命，此亦可以为求偶之代价也。"父曰："汝有族人否？"（意谓有何特长）答曰："吾之族人，即打不死、害不死者。"（指父害彼而未死之意）父曰："善。吾妻与女颇以汝为是，吾又有何反对？"乃以女妻之。不久，女怀孕。父母曰："如此不能再在天上，须往下界传种。"两夫妇遂叩别父母，携手下世。

无奈两人为天上邻人所忌，邻人用云雾将路途封迷，两人遍寻出路不得。忽遇一白鹤，乃央请其背负，方才下得地来。其时水已落去，除嗡嗡之蜜蜂外无其他动物，乃以草结茅庐。居一月，分娩，生三子，但均不能言。母在天上听之，自忖，此事必须彼夫妻祝告其兄嫂（在天上父母之大儿及媳）方可。于是遣蝴蝶为使，下凡通知。夫妇乃设祭兄嫂，祷毕，三子忽同时能言。但语言各不相同。长子为古宗（藏）语，次子为那希（麽些）语，三子为白子（民家）语。此三子即为三族之祖。

新夫妇下界之时，父母赐予各种谷类及兽类，而未予猫与萝卜。妇暗将萝卜隐藏在指甲之中，将小猫置于怀内，所赐谷粮，即现今普通之粮食。所赐各兽，即今之十二属相。而粮食中无萝卜，而属相中猫不属焉。父在天上察知女儿窃种，甚怒，乃曰："萝卜虽甚坚实，但吾今使其煮之即软，食之，亦不能饱。猫虽为兽，但吾使其肚中作响，以示与他兽有别。"母因恐新夫妇不会治家，乃命犬下凡传令，每日梳头一次，每三日吃饭一顿，犬记错了，告以每天吃饭三顿，每三天梳头一次，乃成今习。但因吃饭太多，故必排粪，命犬食粪，以示处罚。女本已与一天神克司那撒（Kasinass）订婚。克听女另嫁，大愤，于是作法下霜雪、瘟疫于人间，以示报复。并锁天门，凡人自是不能擅入。

2. 傈僳

（一）怒江，茨开村（贡山设治局属）

上古洪水滔天时，地上的人死光了，只剩下兄妹二人，兄名阿恒爸（A-heng-Pa），妹名阿恒妈（A-heng-Ma），带着一条狗流落在一个崖洞内，因大地为水所漫，没有粮食。乃命狗到天神处，讨求谷粮种子，天神就将种粮放在狗耳中，带回崖洞。狗一摇头，谷粮自狗耳掉出，落进土里，随后生出各种粮食。其中有瓜秧一棵，结一大瓜。有一天瓜内有喊叫声，兄妹不由害怕，向天叩头求援。忽然从天上掉下一把刀来。兄妹拿刀剖开瓜一看，由瓜内跳出五个人。三个白的，一个黑的，一个生翅膀的，三个白的就变成傈僳，一个黑的变成那希（丽江一带的麽些），有翅膀的那一个在开瓜时一拍，飞到山崖上，变成鬼。世上有鬼自此始。

后来天上派一神来，教给他们识字。三个白的将所学的字，写在一块天赐的皮子上。那个黑的将所学的字写在石头上。天神上天复命，遂各自走散。那三个白的同在一起走，那个黑的另去一边。可是三个白的行到途中饿了，找不到东西吃，饿得无可奈何，就将带着字的皮子吃了。学来的字只会说不会写。黑者学的字写在石上，忘记的时候，就看看石头。

（二）澜沧江，维西罗锅村（维西县属）

洪荒之世，分为三个时代。第一个时代名为朱甫涯（Chu-fu-ya），人身仅五寸许，所用器皿都细小，锅如鸡蛋般，碗如栗壳般。当时人气力很小，所以不能有开发创造之功。第二个时代名为缪输缪香涯（Miou-shu-miou-hsieng-ya）。人身约有尺许，稍有进步。但不幸天灾流行，空中发现七轮太阳、七轮月亮，晒得遍地生烟，草木尽枯。连旱三天，人民乃登山求雨。天降雨，而连下三月不止。于是山洪暴发，泛滥天下，人类都灭绝。第三个时代名为哇崖谢每涯（Wa-e-hsei-mei-ya）。因为魔王哇崖谢每治世之故。此魔王身大无比，可容一只大熊。人民不能供给其食，而魔王苛求食物，民不堪其扰，乃相率逃入山谷中。不料后与猿猴结婚，乃变成猿猴，人类乃绝。

其后天降一神，光临下土。神名阿夷爸（E-yi-pa）。此神由天上带来一粒瓜子，隐于田中，瓜瓞绵绵，不久开花结实，而瓜大于竹箩，高约一丈，圆二丈余。常听到瓜里有人说话。天神候其长熟，取一把长刀，先割瓜之东首，不料有二鬼（Ni）跳出。后又割瓜之南首，跑出两条蛇，天神看到产出三种毒物，大怒，乃拔刀割瓜，自北而南分为两半。其在东半瓜中，有一男孩，名叫阿恒爸（A-heng-Pa），在西半瓜中，有女孩名叫阿恒妈（A-heng-Ma）。他俩生而能言，能走。不哺乳而能食。天神收为子女，长大聪明秀美，当时恨无别人以为配偶。天神不得已，劝兄妹结婚以传人种。二人不从，讽刺天神说："我们亲胞骨肉不能结乱伦之婚。"天神说："这个无妨，天将使你二人传天下之人种，勿违天意。我有磨盘一个，吾儿取上磨盘，吾女取下磨盘。两人各立山之巅，将磨盘抛下，使其滚入山涧，设其磨盘上下相合，则你二人可以结婚。倘不合，顺从你们志愿，不结婚。"于是两人从天神之言，在两山之巅各抛其磨盘。磨盘滚到涧底，恰恰上下吻合。天神见之大喜，乃使二人结婚。

结婚之后，二人格外亲睦。十个月后，一胎产三男，长子名查葛姆（Tch-gk-Mu），聪明俊秀，使之治理百姓，为官。次子查利比姆（Tcha-li-bi-Mu），智通鬼灵，精于占卜，为巫师。三子名夏纳拉姆（Hsia-na-la-Mu），勤于工艺，为工师，于是天下大治。由此三人与民女结婚，乃有人世之人类。（何突有此民女，未说明。）

（三）澜沧江，岩瓦村（维西县属）

远古的时候，有一聪明的木匠，能做种种木偶，惟妙惟肖，且能行动。那是宇宙之间，除了他和他的妻，及一个女儿之外，荒无人类。神匠以为这茫茫大地，倘再无人类繁殖起来，将成地老天荒。一日，神匠与其妻商量说："我现在山中削木偶，使之能行动，能言语，能饮食，且能生育。"其妻说："真有如此的神技吗？"神匠说："我自有神术，使木偶与我的形象相同，你母女苟能从其中找出我来，则我认输。"到第二日，女往山中其父所在地去送饭。乃见有十三个人尽肖其父，竟辨不出哪个是她的真父亲，哪些是木偶。乃把所带食物，分给十三人。归将情况告知其母。母说："你年纪小，所以不能认出你父。你父有一特征，吾能辨出。"

次日其妻去送饭，十三个人都来取食，妻亦几不能辨。盖神匠与十二木偶，一模一样，一丝一毫都相同。其妻急中生智，命令十三个人勿动，说："我带的饭，是给我丈夫吃的，不是给你们木偶吃的。"

一面说一面细察十三人的面孔，见有一人，鼻上发出几点汗，知其是亲夫。乃上前捉去说："你能欺骗女儿，却不能瞒过老婆。"十二木偶退避山林中，与猿猴配偶，后产出各种人类。现在倮倮也是其中之一种。父是木偶，母是猿猴。因此倮倮喜欢树木，睡在木上，并以木纪年，小儿生时，即植一小松树，人死后伐此树，察树之齿轮，以定寿命若干。人死后墓上搭木板以示纪念。

3. 俅子（自称 Durn）

（一）毒龙河，所且村（贡山设治局属，下同）

（甲）

在远古之时，当日月初交配之时，乃有生物。但是一切生物，均是蠢然圆块，混沌无别。后有雪山之神，名卡窝卡莆（Ka-Wa-Ka-Pu）者，将雪化为清水，洗濯谷物，将其赘瘤除去，乃生类别。首先显出人类，一男一女。以后乃显出鸟兽虫鱼均各有性别。此一男一女自相交配，繁殖成今日之人类。其余亦各繁衍而成今日之世界上各种动物。一男一女成亲后，虽繁衍甚盛，但晚上无粮谷以为食。于是由夫，木彭哥（Muponggo）乘日光腾升上天，偷取谷种。本只欲撒谷种于其所居之地，不料撒手即为风吹散，洒落世界，故现今各处均有谷子了。虽有了谷，但是无火。于是复祷于天神，请求取火之法。当祷告之时，其手中适玩弄鞭子，不知不觉将鞭子磨于树干，渐渐热起来，冒出火星。乃得取火之法。后木彭哥之子女病，乃自乘一蜂，飞往天上，问天神卡窝卡莆讨药，以使医治。至天门喊曰："开门来！"门内应曰："何处凡人敲门？速去！"木彭哥再四央求，始得入。神乃与之药，此时背他的蜂子，脱其负而飞去。彼乃由天坠下，坠落之时，经过一个湖。不慎，将怀中之药落入湖中。于是此湖之水乃有酒味。木彭哥空手回来。儿女病死了，夫妇相怨。后相交配再生。俅人之有酒无药，皆有于此，人口不旺亦因此之故。

（乙）

兄妹成婚之后，妇往天上探望天神卡窝卡莆。神告之曰：“我有蜂，有蜜。今吾予汝蜂，乃盛蜂于竹筒内，命伊交给乃夫。并嘱途中不得启看。妇下界至半空，忍耐不住，欲看蜂子是什么样子。不想一开筒盖，蜂子都飞去，于是变成现在的野蜜蜂。山岩上都有。次日，妇复至天上，神又予一筒。嘱其到家时藏在房中柜里。妇忍耐不住，未待进屋，即开视。于是蜂又飞去，飞满屋檐及房子左近的树上。故今养蜂，多养在屋檐树上。有一部分变成蚊子，咬人与蜂子同，唯痒而不痛。”

（丙）

在人鬼未分之时，人常为鬼所食。一日，鬼在高山上得不到食物，乃至江边，亦无物可得，甚饥。乃大呼求救。有人声应之曰：“吾能救你，但你必先应允以后不吃人。”鬼曰：“善，吾以后永不吃人。”其声乃曰：“可往视河中，河中自有食物。”同时其人摘竹叶甚多，放于河中，变成鱼，以后乃有鱼类，鱼类实为鬼食也。

（丁）

在古时人多行猎，一日有人在山中打猎，听有人呼其名曰：“等等我，我们一齐去。”但猎人仅听其声而不见其人。少顷，声又曰：“等等我，我们一齐去。”仍不见人，猎人甚惧，乃张弓持刀以待。声屡起，猎人怒，噪骂之。声曰：“你骂我噪我，我将不与你同行矣。”自此以后，人鬼乃分道而行，鬼喜作祟，人常因之有病灾。

（二）孔丁村

（甲）

在远古之时，洪水滔天，人类死尽。唯在卡窝卡莆神之山上，有兄妹二人，兄名庞妹名孃。因虑人类绝种，乃自相交配而生九男九女。各儿女复自相配偶。大的一对，无名，成亲，为藏人之祖先。第二对，男名京（Ging）女名捻（Nien）成亲，为俅子之祖先。当时，此四人赛射弩箭。以一块铁为目标。言明射中者向射不中者征税。第一对夫妇果射中，第二对未射中，故至今俅子纳税给藏人。第三对男名刚（Gong）女名郡（Kuen）成亲后，同往狄子江边居住。其地产藤子，因善编藤筐子，以供给俅子。第四对男名健（Tchlen）女名宁（Nuen），成亲后到曼宁（在今缅甸境坎底之西）居住。乃为其地土人之祖。余不详，但此九对之中，有一对是汉人的祖先。

（乙）

天神木别（Mubai）将女嫁给孔庚（Gungeng）。一日，天神由家带各种谷粮到孔庚家中。中途忽然悭吝起来，将谷子藏起，只以杂粮送给娘家。其女窥见其所藏之粮种。窃去。置于姜畔。以后人间乃有谷子，但因与姜放在一起，所以现在有变穗的谷子。蓋姜多半有双叉芽也。所有人间能吃之植物，均是木别天神所传。

又一日，天神以鱼卵付给其女，放在竹篮之中。女行经一河，不慎，将篮子落水，乃有鱼，否则鱼是在陆地上的。

（丙）

孔庚之子女病，妇乃上天。天神与女以药，并竹筒一个，嘱到家之后再开启。女行至中途，经一湖，不慎，将药落于湖中，水乃变成酒。复忍不住将竹筒打翻，筒中盛满蜂子，一拥而出，向东飞去，故今在怒江澜沧江一带，岩上有野蜂也。女乃急以盖掩之。其中尚余若干。携之归家蓄之，乃成家蜂。孔庚夫妇本为兄妹，结婚后为人类之祖（按孔庚夫妇即庞与孃）。

（丁）

在远古之时人鬼本可见面，常常同往打猎，后来因为人忙，乃命鬼去看守陷阱。陷阱中陷落獾子、鼠、猴甚多。鬼不报。自取食之。

人询之，则答以未获得。后来某家之犬落入陷阱，鬼亦取而食之。主人寻犬，问鬼曾否见其犬，鬼称未见。然而犬不会无故失踪。众猎人乃知所陷各兽，尽为鬼所食。噪骂之，鬼畏惧，乃匿迹作祟害人。自此人鬼分域，而人多疾病。

（三）新蕊村

在昔洪水滔天，人类尽为所灭，只剩得兄妹二人，居一屋中，长大。不知不觉中自相交合，后觉此事颇不合礼，乃以竹筒，中盛水，置于河边。二人在水筒之旁交合，同祷于天曰："如我二人交合时，竹筒不倒，水不流出，则是老天示意准我们成婚生育。如水筒侧，水流出，则是不准。"如此三昼夜，水筒都未倒，于是乃继续交合，而生子女。共为九对，男女各半，分居九地，而成九族。

（四）不考王村

在昔洪水滔天，人类尽为所灭，只剩得兄妹二人，本是分床而睡。醒来，忽然二人同卧在一床上。颇觉非礼，乃以水筒置于二人之间，醒则水筒已移至他处。于是二人祷于天曰："如天意欲使吾二人为夫妇，则泼此水于地而成九条河。"祷毕泼之，果成九河。乃婚，生九子九女，复自相交配，而成九对夫妻。各据一河而居，以后繁衍成九种。毒龙河乃九河之一，傈子乃九种之一种。

4. 阿卡（自称 A'Ka）

（一）酒房，澜沧县属（下同）

弟兄二人供养父亲过活，甚穷，父老又不能做事。一天，二人决议将父携出卖之。至处，见一小鸟栖于竹梢，父谓子曰："幼竹生出而不弃老竹，幼鸟生出而不弃老鸟，汝等岂忍弃我乎？"二人听父言后悔，乃复伴之回家。无何，家境不支，于是二人欲离家他去以营生，取出米肉若干，谓父曰："吾二人他往，此米肉留为父食者。"径去。父往水塘洗浴，遇水怪将其吞去。

一日弟兄二人复回家，不见其父，而地上留有其父之粪。乃将其负出，至一村家佯谓主人曰："吾将此物暂留你处，此为药品，犬不得食，食之，你须赔我也。"于是主人将犬拴起。不料弟兄二人趁主人不备，将犬放出，犬将粪食尽，二人向主人理论，要求赔偿。主人不得已赔以金银，二人不收，后赔以铁，乃取。

二人至水塘边打铁。其时水中怪物，因水为铁所污，伤及其目，乃命螃蟹出与二人交涉，禁用其水。二人不理，且以火钳夹螃蟹。螃蟹痛，跳入水中。水怪复遣鱼出。二人乃曰："如你老人（指水怪）病目，可由彼亲自来讲。"于是水怪乃出。水怪实即龙也。其时二人以火钳夹之，龙微伤，谓愿以鱼送给二弟兄吃。兄欲烹之，弟欲烧吃。二人不合，乃各走一方。

兄溯河而上，见岸上一树，树上有一母猴，怀抱二小猴，乃谓母猴曰："我甚爱你儿，可予我。"母猴乃放其二小猴下地。不意此乃其骗术，小猴落地，即以脚踏毙，而娶母猴为妻。其弟走另外一个方向。至一村寨，无人迹，盖尽为鬼所食。后见猪槽下，伏有二女子，唯不知是人是鬼。乃以针挑耳，血出，知为人。询二人何以寨中无人。答曰："尽为鬼所食，只余吾二人，因匿于猪槽下而得免。"问："何种鬼作祟？"女曰："我们不能晒白布，晒时鬼影便出现，也不能舂米，舂时鬼也会出现。"彼不信，命女取白布晒之，果有鹰形之鬼飞来，乃急以□毙之。舂米，见有长发怪物，乃以刀劈成两段。但复合而为一而逃。此时，鬼或死或逃，不能再作祟了。姊妹二人，乃愿以身许之。姊前曾由母处得木杵一个，一端是圆的，一端是尖的。以尖者触人可以使人生，以圆者触人可以使人死。于是以尖头触村人，□□活之。并以柳树劈成刀叉状，竖于路口，鬼乃不能进村作祟。阿卡村口巫架之有木刀木叉者自此始。

其人携二女归家。在途中见一母猴，洗其兄之包巾，怪而问之。母猴曰："此乃汝兄之物，又与汝何干？"弟大怒，毙母猴而食之。归语其兄。兄曰："此诚吾妇也。"听为弟所杀，甚悲。且母猴亲属众多，恐来报仇也。乃询其弟赔偿一妇，二女中任选一人。弟允之。暗将美者涂黑炭，而将丑者洗净修饰。兄果娶洗净修饰者。无何，母猴之亲属群来噪骂。弟生一计，将石头烧红，请群猴坐息，于是猴臀变红。此为猴子红臀之来源。

（二）班中

兄弟二人出外行走，忽起大风。二人曰："大风来自何处？吾等宜探其源。"于是走向风之来处。至一山崖，崖大而有大穴，风自其中出。弟兄二人迎风而入，初甚黑暗。再进，忽然开朗，二人失足，坠落一家屋脊上，乃其姑妈家也。姑妈失踪甚久，为一怪物背去。今伊见彼来，问曰："汝等来此何事？"答曰："欲打野猪。"姑妈曰："请切勿作如是说，此怪物甚凶，汝等可来看看姑丈。"

旋见一只大公鸡蹒跚而至，姑妈曰："此即姑父。"公鸡见二人似甚悦。但曰："二侄来此，须为我做些事，以显你们本领。"乃命二人往田中撒谷，须于一日内，将十亩之地撒遍。二人以地如是之广，实不能撒完也。甚忧惧。姑妈私语曰："不妨事，我令小鬼助你。你等但在木棚外安睡可也。"二人及醒，果见谷已撒好。后又令二人伐竹，又得姑妈之力，将满山之竹砍光，携竹归姑妈家，并以之编鸽笼若干。姑丈每日出门寻人吃，晚归，甚喜。问二人所愿，答称离家已久，今愿出洞归家。公鸡乃各赠糯米团九个。盖洞在山崖之下，须攀登方能出，有米团可引鸟兽来，设法助其出洞。于是二人拜别姑妈而行。

起初甚难，至一层，遇斑鸠，与以米团，请其助力。斑鸠将米含入口中，不顾而去。后又来一地鼠，以口牵二人衣，乃得上。二人感激，乃以装在身边之米团及笛给地鼠。此时斑鸠在远处看到，乃复飞过，索笛。二人曰："设你得笛而飞去，又将如何？"鸠曰："你等可握我尾，我不能逃。"于是二人握其尾而与之笛。斑鸠得笛乃不顾一切仍飞逃。二人紧握其尾，渐觉高升，至洞口，乃见天地，此时因用力过猛，鸠尾脱落，鸠自飞去。然二人已至洞口，乃得爬出。故今斑鸠鸣声如笛而无尾，鼠喜吃米而不能鸣。世间一切物，均由此洞生出，风亦然。

（陶云逵遗著，原载《边疆研究论丛》第二期，
成都：金陵大学中国文化研究所编印，1945）

文化理论及其应用

文化的本质

关于产生文化的原料，就是自然的人与自然的环境，此处不谈。我们认为这是已经给了的事实。我们要说的是文化这现象本身的性质。讨论这一现象的性质可分为两方面，一为此现象之本质，二为其属性。本质是指这现象的质地，属性是指这现象的特征。这种分法，实亦仅为叙述的便利而已。

本文先谈文化的本质。从几个例子入手。华侨去海外，他们之中若干人是赤手空拳去的，甚至连个铺盖都不带，他们在家乡中的身份与本分完全解除，除了一身衣服而外，是个赤裸裸的自然人。得到抵达外洋以后，设若生命没有意外，环境允许，而他对于固有的生活样法、文物制度有浓厚的爱好的话，则过了若干时日之后，我们可以在他或他们的家门上看到红纸的门对，屋堂上看到天地君亲师的牌位，八仙桌上摆着腊味，可以听到他在讲忠孝节义、夫唱妇随。虽然他的太太也许是个土妇。换言之，这位华侨，生物的人，把他的生活样法、文物制度从他的脑子里一套一套的又搬了上来，安排在他的前后左右。这门对、牌位、八仙桌、腊味、忠孝节义、夫唱妇随等等，我们叫作文化的内容或一个文化的特质丛体。当这位华侨光身躺在海船里的时候，这些文化特质，我们是看不见、摸不着的。又设若有一次大轰炸把中国某一个城市的收音机以及关于收音机的书籍通烧炸个精光，对外交通断绝，因此不能有收音机和关于收音机的书籍到来，但是只要有会做收音机的工程师生存着，社会上有此需要，环境允许，则过了些时，收音机这个文化特质又会出现于这个城市之中。再举个例子，秦始皇的焚书坑儒。自然在当时未必做得那么彻底，把所有的书都焚了，但假如真是把所有的书都焚了，只字不留，但只要有一个或几个儒漏了网，设如在他们没死之先，焚书之令取消，这几个儒是仍然可以使“书”或“文字”这个文化特质呈现于世人之前。当书被焚毁的时候，这个文化特质是看不见、摸不着的了。它是藏在这几个儒的脑子里。正如华侨躺在海船中时，我们看不见那门对、牌位、八仙桌等等。这几个例子是要说明文化这个现象在某种情形之下是无影无形，摸不着看不见的东西。文化特质在形式上无论如何的大，比桌子、书大多少倍，其数量如何的多，比上面列举的多多少倍，在某种情形之下，它可以缩小到可以放在生物的人的头脑里。只要这个人或人们活着，有这个需要或愿望，所处的环境允许，则这个人或人们的原有社会的文化又可以重新出现于他们的前后左右。因此，我们说，文化有时候可以看得见、摸得着，有时候看不见、摸不着。看不见摸不着的时候是当它潜藏在各个人的心里的时候，看得见摸得着的时候是当它借着身体，以身体以外其他物质去表现和扩展它——文化——自己的时候。谈到一个现象的本质通常分作物质的与心的或心理的。凡有一定数量，占据一定空间的，叫作物质，也是可以看得见、摸得着的，可以测量的。文化是有时候可以看得见摸得着，可以测量，有时候是看不见摸不着，不能测量，但其可以看得见摸得着可以测量的是由于那看不见摸不着的不能测量的智慧、型造。因此我们可以说，文化是个借着身体，以及身体以外其他物质去表现、发扬的心理现象。这样，我们可以说，文化的基本本质是心理的。它存在各个人的心里。因此，它可以随着个人的存在而存在。但是它能客观地被人们知道它本身的存在，是当它表现在行为上的时候。

虽然这套生活样法是藏在那个人或那些人的心里面，遇必要时他却可以把它们整套地表达出来，安排在他的前后左右。但这个样法却非随此人的头脑所与生俱有的，乃是他自小至大，从他所生活的，以及所接触的社会采取吸收了来的（生物的遗体这个因子只能决定一个人对于刺激的反应程度，他决定采取哪些，不采取哪些。何以社会有这一套样法，那一个社会有那一套样法，不在本文讨论之列）一套样法或其部门、因素，是人类的创造，毫无疑义，而且这一套之中的任何一部门或一因素总是有那么一个第一个人去首先创造、发明。但一个人不能创造一切他所需要的，也就是世界上没有一个能单独生存的人。个人能够生存，乃是与他人分工合作的结果。这个合作出于各分子的相互适应，经过一番修改、选择过程，乃有意无意的规定除一套公共的差相等齐的行为方式，为大家所共守不渝。唯有公共的差相等齐的行为（即适应）方式，一个社会之中的各个分子彼此方能了解，才能相通。这样一个社会的行为模式、生活样法不是一个人创造，乃是多人的创造。但这创造的结果总和，恒为社会中某一个成年人所吸收、应用。也就是个人把多人的创作集于一身（这个当然有方式、成分和程度上的差别，容另文详述）。因此社会是文化的产地。文化虽是由社会产生，但是文化却无法从"社会"去表现。它必得借"个人"行为去表现。个人集多人创造于一身。个人可以离开他本来的社会而到另一个可以生存的地方（当然他也得有个社会）去生活，于是文化也就可以离开它的产地，随着个人生存而生存下去。

然而文化是胶粘在个人身上的吗？这里我们要把文化这个现象分作（一）一个文化，即文化个体。（二）文化一般，或文化类体。我先说一个文化。这里要问，一个文化是胶粘在个人的身上，与一个人的生命相始终的么？我们可以说，一个文化可以在一个个人的生命未终时死去，一个人一生之中可以前后相继地生活在两个或多个文化之中。例如现在四十岁上下的有较高教育的中国人，大都体验过两种不同的行为方式。大都会鞠躬也会叩头，有君臣上下以及五伦观念，也有自由平等的观念。知道什么是专制也知道什么是民主，吃过中药也吃过西药，穿过马褂也穿过“西”装。在前二十岁磕头拜祖先、穿马褂，吃中药的机会比后二十年来得多。后二十岁鞠躬、讲平等、吃西药的次数比前二十年来得多。但这叩头、鞠躬等是两个不同的行为方式、生活样法，亦是两个文化（什么叫做一个文化，下）。四十岁上下的人，一生还没有完，可是生活的样法，却换了两套，前二十岁的那一套已经渐渐死去，所以说，一个文化并不与一个个人的生命共始终。在另一方面，一个文化可以经历两代或多代的人的生命，而其生活样法未尝更替。一个文化有它独自的生、老、病、死，与个人的生死无关，虽然它借着个人的创造而推广到社会之中，或为社会的公物，也借着个人而把其表现出来。文化类体是说，文化是宇宙各类现象中之一类，文化类体之中包含若干文化个体。一个文化个体死去，另一个文化个体代之而兴。从文化类体看来，这是一种新陈代谢现象，亦即是变迁或文化变迁。人类中没有一个社会，它的生活样法或文化在时间上是不变的。虽然有快慢大小之不同。万年前、千年前、百年前跟现在不同，当变迁激烈时，即十年之间也有大的变化。有些只改变了理发修鬓的方式，或帽子上的褶纹，鞋上的花样，有些却改变了社会制度或宇宙观。变迁在时间上虽有快慢长短，量质上虽有多寡轻重，但没有永远不变的。（至于一个文化变到什么程度才算死去，详下。）所以一个文化死去，从文化整体来看，中间并不会脱节，中间并不会没有，只要有人存在。当一个文化衰老的时候，已经埋伏了另一个文化的种子，生长，壮大。也就是说，文化一般或文化类体，是和人类一样继续不断地绵延下去。而且是继续不断的变迁着绵延下去。正如同生物的人类的血统恒永的在那流，心理的人类的文化也永远的在那流，除非有特殊的突变或毁灭。

总括一句，文化是一种与人类生命、但不与个人生命相始终的，借着身体以及身体以外的物质表现出来的，时在变迁之中的心理现象。文化的本质是心理的。

需要解释的是怎样叫作一个文化或文化个体？一个文化就是一个已经（借着身体以及身体以外的物质）表现于行为之外的，为社会中分子可应用的理念体系（a system of ideas）。这里包括一套一致的人生观与宇宙观。其蕴藏于内者为一套理念体系，其表现为外者，自其形式或内容上看，为一套人与人、人与自然（物质的）以及人与超自然（“超自然”一词颇为不恰，我想译为神圣的“不可见”。这“不可见”当名词用。译成西文，似通为英文 the sacred invisible）的一致的、不相矛盾的行为模式。一个社会把这一致的、不相矛盾的理念体系表现于行为之外，则这个社会，从其整个来看，也就是一个合整的社会。其合整的程度，视其社会对此理念体系表现的程度而定。表现得越是充分，则合整的程度也越高，社会上越是井然有序，同时也越是凝固。越凝固，其社会本身越安宁，而其对外的适应能力却因之而越降低。（关于凝固与适应外境，当另文叙述。）

总之，一个文化就是一个理念体系被表现于行为之外，成为一个比较合整的社会。如有新的理念体系（自然这理念体系并不是一下子整个的来了，乃是渐次积聚而成，除了若干特殊的传播情形之下）发生或传播到这个社会之中，为此社会中的分子所接受而表现于行为之外则原来的体系即被破坏，终趋解体。等到其瓦解，也就是原来的那一个文化的死亡，新的或后来的一个文化的生长、长成，到那时，这个社会便是换了一个文化了。新的和旧的是两个文化。在这新陈代谢的过程中，多要经过一场混乱阶段，虽然有久暂大小之不同。中国近百年来，便是处在这个新旧交替的混乱阶段中。

（本文原载《自由论坛》第1卷五六期合刊，1943）

文化的属性

在讨论文化的本质一文中，我们说，说文化的本质是心理的，所以有时候看得见摸得着，有时候看不见摸不着。看不见摸不着的时候是当它蕴藏在各个人的心里的时候，看得见摸得着是当它借着身体以及身体以外其他物质去表现和扩展它的时候。但是文化这个现象即使我们能去研究它，必得是当它可以被看得见、摸得着的时候。设如我们要研究一个人群的文化，我们必得从这个社会的成年分子的行为上着手，设如这个成年立在那里不动，不言，也不着衣服，我们虽然知道他的脑子里蕴藏着这社会的生活样法，而且曾经在行为上表现过（因为，否则他不能生存），但是我们无法去证明。因此，我们必得等待当这文化借着人体的行为表现它的时候，才能认识。此处所谓行为是广义的，包括声音、行动，以及由此而形成的物品。文化从行为上表现出来，也就是文化的内容，我们从文化的内容上，讨论一下文化的属性。

一件东西或一个现象的属性是这个现象所含有的也就是相始终的特点。这一特点可能是别的现象所有，也可能是没有。但是是所讨论之下的这个现象所有的。所谓文化的属性，就是指一些属于文化这现象的特点。在讨论文化的属性之先，我们先看看文化内容究竟是些什么。研究文化内容入手办法是先把它分析，分析过程中的第一步就是找这内容中的单位，也就是文化行为的单位。在人类学上最小的单位是所谓文化特质或特征。例如在云南倮倮人中的“弓”为一特质。合两个或两个以上的特质乃成为一特质丛体，或特质丛，例如“弓”与“箭”两特质合为一特质丛。合数个特质体为一活动。例如弓丛、盔甲丛、匆矛丛、训练武艺丛，等等。这些丛合起来，我们称之为打猎活动，耕种活动，烹饪活动，织缝活动，建筑活动等等合整起来，我们称之为生活的物质方面，或社会的物质生活。但这特质，特质丛体，活动方面等的分法都是相对的。例如盔甲的甲，我们名之为特质，在造甲者的技师看来可能认为是特质丛。因为在甲之下，包括胸背、肩胛等部分，各部分有其特别处，而这些胸甲、背甲、肩甲等等才是特质。因此，文化内容的单位分类，也和其他分类一样，只是为工作方便而已。近来人类学者采用社会学上所喜用的“制度”一词来分析文化内容。我认为制度一词应限制在社会生活方面或与社会结构有关的诸行为方式。例如经济制度，应专指社会结构之诸物质方面的行为方式，如资本、劳力、所有权、生产、分配等行为之设定。把以上交代清楚，我们就谈文化的属性。

开门见山，我们说，文化的内容有四类属性，就是创造、形式、意义与价值。人类学者所研究的文化这现象，本身也就是研究一个社会的文化之此四类属性，及其相互关系。

（一）创造——凡是自然原来所没有的或是自然间原来有的，但是经过一番人为的功夫，把其原来的形式、位置加以变更而予以意义与价值者，均是创造。其创造出来的事物，便是文化内容。山上野生的树木是自然的物质，但是马路两旁整齐的一排一排生长着的，甚至枯死了的树木是文化行为的结果，它是经过一番人为的功夫，经过一番心血创造出来的。地上的土是自然的物质，可是砖瓦是文化产品。山沟是自然的物质，防空洞是文化产品。饿了要吃是自然的物质的，怎样吃，吃什么，什么时候吃是文化行为，是创造的。发出声音和听见声音是自然的物质的，发出什么样的声音，表达什么样的意义是文化的，听见什么形式的声音，表现一定的情绪上的反应是文化行为，是创造出来的。山与水是自然的、物质的，一幅描写山与水的画或诗文是文化产品，是创造的。人类学者研究的不是山上的野树，不是泥土，不是山沟，不是饥饿，不是声音本身，不是山与水。他要研究的是马路上的树，砖瓦，防空洞，饭菜，语言，诗，画等等文化特质或特质丛体。这些都是人类创造出来的。这些是文化行为，所以，但凡是文化行为，都是这群人一种心理的渲染烘托，也就是创造的。

（二）形式——凡是创造的，没有无形式的，是土砖，是瓦片，是婚姻或其他人与人间的身体动作上的协定，是语言；只要是人创造的，都有形式，并且在一个一定的社会之中，有一定的形式。一个社会赖此而与其他社会有间，亦因之而起不了解。凡是创造的，一定都有形式，虽然不是凡有形式的都是创造的。

（三）意义——设如我们第一次看见两个外国人，其中之一将一只叫“手”的器官向另一人伸出去，另一人也伸出同样的器官，两个器官连在一起，并且摇了几下，这是一套行为的形式，而且是人创造出来的形式。但是研究文化的人，若是止于此种器官动作形式的描写，则我们对其文化之认识，并无所得。因为这器官的动作，正如两棵树的树枝被风刮弯了，两树树枝交叉在一起，它是一套自然的物质的运动。研究文化的人，要紧地要知道的是这两个器官相碰的，或这一套行为的意义是什么？什么是意义，我们可以分做两层去说：一是声音与符号（文字）的形式之意义。语言文字的意义就是它所代表的现象，心理的或物质的。语言文字的意义是语文学家的研究对象，本文不谈；二是一套语言文字以外的行为方式，无论是肌肉的动作或是成品的意义，这动作或成品的意义就是这动作或成品存在着的时候对于社会及个人之用处与功能。但这语言以外的行为自行为者本身而言，可以分为两类，一是行为者自己可以道得出如此行为的用处与功能。二是行为者的价值观，他只知道如此去做是对的，是合乎本社会中所规定的，若干行为原则，如忠孝，如节义，但道不出如此去做的用处或功能。这两类无论哪一类，自其全社会着眼，只要是活着的、存在着的，必定有其社会的功能。

“功能”这个名词，近来似乎很时髦，尤其在关于人类学社会学的文章里。实在说，这个名词的意义老早就在许多大药房的出品广告上，以“功效”“功用”等符号出现。这个文化特质的功效就是这个文化特质的功用。药品用来治病，文化特质用来生活，有满足某种需要的功用。“功用”这两个字容易跟“用处”相混，所以我们还是采用“功能”这两个字。我们说，意义就是用处或功能。这样，我们须首先把这两个名词的概念的区别弄清楚。在功能学派人类学家们自己，把这两个名词用得就很含混。名不正则言不顺，必也正名。哥伦比亚人类学家林登氏说：“一个文化因子的用处是表示它和这个社会文化完形以外的事物之关系。其功能表示它和这个社会文化完形以内的事物之关系。”例如斧子在某一个社会之内是用来砍木，则它的功能是为满足此社会中采取燃料之需要，或做桌椅家具的需要。某种药品的用处是为退烧，其功能是恢复健康。文化产品根据需要而产生。（什么是需要，另文详述。）就是传播而来的，也是因为能满足需要而存在，而活着。因此，我们可以说，凡是存在着、活着的文化特质应当是有功能，就是有满足需要的功效和能力。是不是所有的文化特质或文化特质丛体都有用处？这里我们可以从两方面讲，就是，一从其行为或应用者本人及其社会中的分子来看，则所有特质均有用处。二从其社会以外的分子来看，则有些特质有用处，有些没有用处，但均有功能。尤其是所谓精神方面的文化产品更显然。关于此点，说来太长，今从略。

前面我们说从行为者本身来看，行为分为两类，一类是行为者自己意识到行为的理由的，在这类情形之下，行为的意义就是行为者主观的用处与功能。例如我们看见一个老者，左手摇着一个圆形金属品，发出叮当之声。右手撮米向对面撒去，口中发出喃喃之音。这是一套行为方式，设如我们不知道这行为的意义是什么，虽然对此行为有极详尽的描写，但我们的工作并未完成。我们必得问这行为者，这是干什么？也就是问这一套行为的意义是什么了。他的回答是：这是在赶鬼。我们可以说，赶鬼是一套行为的用处。又问，赶鬼是为什么？他答说，可以把一个人的病痛去掉。译成我们的话就是病人恢复健康。恢复健康便是这套行为的功能。于是整套行为的意义便是赶鬼治病。

赶鬼治病是这套行为的意义。但这意义是其社会之中的分子，行为者的见解。受了近代知识熏陶过的文化调查员对于这套行为所含的意义的看法却和这巫师或其社会中的人的看法不同。因为，我们说，鬼是不存在的。因此这种行为便无所谓赶鬼。病是病菌作怪，因此，用这套行为去除病菌是可笑的。也就是这行为不能执行恢复健康的功能。因此，我们说，这套行为毫无用处。但，它虽然不能有恢复健康的功能，却有其他的功能。例如，它能安定病者及其家人之不安心情，以及往大处说，维持社会传统，若干行为凭着一个抽象的幌子便心绪安宁快慰陶醉，我们归入“宗教”（与“巫术”）活动。但这是观察者的见解。

至于行为的第二类是行为者个人的价值观。决定他去这般行动的是他的价值观。他只知道这样去行为是有价值的。例如忠臣与孝子的忠与孝。为什么要这样去行为？它的用处与功能是什么？行为者本人是不知道的。也许他会说，不这样做，会给人家骂为不忠不孝。不忠不孝为什么不对？他不知道。这里需要调查者去研究。例如忠君与孝父在这个社会文化之中乃是维持社会秩序，与团体精神的必需。所以任何活着的行为方式都有它的意义。至于为什么孝要孝于父，忠要忠于君，这正如为什么丈夫死了一定要妻子守寡，而妻子死了丈夫可以再娶，也正如许多社会中以“七”为吉数，或红色表示喜庆，而另一社会以“四”为吉数，用白色表示喜庆一样，这都是由于历史的机缘造成。研究一个社会的文化，历史的考证非常重要，但此是关于文化模式形成原因的检讨，本文不谈。

一种行为的意义。自行为者本人看，即其行为的用处与功能或其行为的价值观。这种用处，功能与价值观在其未行为之先是若干理念或意念。在行为之后，即是它的意义了。我们说，见诸行为之后谓之意义，未见于行为之先，谓之理念，任何社会均有蕴藏在内的一套理念体系，行为必有意义，亦即是有一套意义体系。这里，我有一点关于实地调查的方法上的意见。设如上面所说的不错，则当我们做调查时，把所观察的各种行为形式在描写之外，逐件去问土人，这套行为的意义是什么。发生属于某一类土人自己可以给出理由的行为，尽力把他所说的记录下来，然后是把每套他们主观的对于这行为的用处与功能相加起来，则我相信，我们可以得到这个社会文化的一个土人的意义体系。亦即是当其未行为之先的内在的理念体系。设如这个土人社会是合整的，我们可以说，他们行为方式所含有的意义也应当是不相矛盾的，也就是他们的意义不矛盾，而且一致的。否则这个社会必引起冲突而纷乱而解体。我认为这个意义体系或主观的用处与功能的体系，才是真正的使这套行为或那套行为也必得如此这般存在着的原因。也就是从行为者本身去看的什么使这套行为方式存在着。至于第二类的行为，就是行为者自己不能给出其功用，而只知道如此去做是应当的或对的，在这里就需要调查者去加以补充、加以诠释。在这两类行为的精确（第一类是由土人行为者自述，第二类行为者不知其功用，只能给出行为的名称，例如忠、孝，而需调查者加以诠释）调查之后，再对各套行为对整个社会以及各套行为彼此间的关系加以检讨，加以解释。如是，则庶几可以获得这社会生活样法的意义全貌。我之所以这样说，是因为近来研究和我们文化不同的社会人群，有一个趋势，就是喜欢我这个社会中这套行为或那套行为为什么如此这般的存在着的理由。这样去问，自然是很对的，这比只做一番表面描写功夫来得高明，这也就是说为功能学派的拿手好戏。所顾虑的是若干不谨慎的功能派的调查员太忽略了土人对他们自己行为意图的看法，因此也就很容易戴上一副有色眼镜，绘制一套意义体系，加到土人社会之中，自诩客观，而实际上很可能是一种曲解或误解。如此一来，却又反而不如纯粹描写来得好，因为忠实的纯粹描写，至少不是为一种可以利用的材料，虽然材料并不就是科学。总之，任何文化特质（行为或成品）都有它的意义。但同样形式的行为与成品的意义是随时间与空间在那里变迁的，也就是它们的用处与功能时常在变迁。

（四）价值——各文化特质之创造与传播在某一社会之中，而存在是因为它有行为者主观的用处与人们满足需要的功能，也就是有意识。这样则本社会中的分子对其所使用着的文化特质，亦即行为样法，自然就认为是有价值的。价值问题之值得注意是因为在同一社会中的分子对其所使用着的各项文化特质的估价有高下的不同。需要是什么，说来很长；但是一件事实就是各社会的需要的差别非常的大。就以普遍认为基本需要的“食”而言，佛教中的密宗和回教，一年之中就有若干日子或时辰没有“食”的需要；又如“性”，则当尼姑可以终身无此需要。再如保护身体之舒适安全，则许多社会常把自己身体残伤，按一定日时与场合毁伤，使其残缺痛苦。何由而致此，当然有它的历史、地理、生物等原因，我们不谈。但他是这样，则是事实。就此现象而言，我们可以说各个社会对其所使用着的文化产品的价值估计很不相同。任何社会、全世界各文化的内容，都包含物质、社会与精神三方面（自然这个分法也是人工的）。这个三位一体的文化，也就是说他对于他的生活各方面看得轻重不同。一个社会对于某些看得轻，某些看得重，例如中国以往对于人与人关系的许多行为看得重，也就是侧重在社会方面，印度对于人与超自然的关系看得很重，近代西方社会对于人与自然的关系看得很重。因此在中国以往，把人与人间行为方式看得价值高，印度人把人与超自然间行为方式看得价值高，近代西方把人与自然间行为方式看得价值高。但是，只要是在这个社会之中使用着的文化产品与行为方式，一定都是有价值的。因为设如其社会中的分子对某项文化特质认为无价值，则他自然也就弃而不用，以至此文化特质在此社会之中消失。在时间上，一个社会之中，对其文化行为方式与产品的价值评判，也是常在变迁的。例如欧洲中世纪对人与超自然的关系的许多行为方式看得比现代重，所给的价值高。

概括以上所说，文化的行为方式与成品是人类的创造。一个社会之中没有一件正在活着的、应用着的文化行为或成品没有形式、没有意义、没有价值，因此我们说，创造、形式、意义与价值乃是文化的属性。但是意义、形式与价值评判之高下是时常在那变迁的。通常来说，形式较不易变，意义与价值的变迁较大。

（本文原载《自由论坛》第二卷第一期，1944）

个人在文化中的参与

一个社会之中，没有一个个人能对他的社会中的文化内容全盘认识，就是最简单的文化，内容也太复杂，不是一个人的头脑可以了解的。工作方面的分工与专门化，使单个人在社会上有效地做个有用的分子，虽然他没有全盘的知识。他学习就利用全文化中的某一些方面，而将其余的知识与设施给其余的人。同时，一个个人可能知道他社会中的文化某些 elements，但在行动上，他并不知也不必见于行动。例如常人很可能知道当个军士的行为是如何，但他并不去参军打仗，或者他知道孕妇应当有什么忌禁，但他未必自己去受这些忌禁的约束。又如男女服装不同，但男子可以知道女子穿什么衣服为适合，女子也可以知道男子穿什么为适合，但他及她不必自己真去穿，但希能有很好的建议。

这许多，当然可以使社会的分子，把他的知识——参与文化的知识增加。但他个人，却永不能对文化的总量弄得全部懂了。我们观察一个比较合整的社会文化，我们会把它的内容分成三个范畴，这三个范畴的分法，完全从社会中的个人对其文化内容参与多寡的程度而定。

（一）普遍的。文化中有许多方面是普遍的。如全社会中健康的成年人所知道的。例如语言、服装、居住房屋的形式与分配、行为模式、价值观念。

（二）专门的。文化中有许多方面为若干社会的分子所知道的，这是一些由于分工而成的各不同的社会组群，而他们的活动，都是相互发生关系的一些知识或文化内容，这一项里，多半是属于技术知识。如织工、木工、医学、巫术、宗教等等，多半与利用管理自然环境有关。这些虽是属于各个范畴中的个人方能知道，例如木匠才知道木工的技术，但其作品却对全社会的分子有很大的利益，同时，社会上的一般人虽不知道其技术，但能评判作品之优劣、好坏。

（三）并存的。在一个社会的文化中，有若干方面，只是某几个人知道，而非全体人所知道，甚至也非其所属之范畴内的全体人所知道的。即是在其范畴之内，有种性质相同而表现各异的知识；目的相同而技术各异。这个我们管它叫并存的，例如艺术中的绘画有许多派别。在初民社会或人口文化单独的社会，这种并行的较少。又例如运输交通，我们社会有马、单车、火车、汽车、飞机，或者我们对于超自然环境的信仰派别，如佛、道、天主、耶稣、回教等。

除了上述的三种以外，我还有第四种，这是所谓：

（四）个人特有，特有小技，在技术上思想上。例如骑单车的特点，开汽车的特点，或是对于某一件大家已经公共承认的事件而加以怀疑，这纯是个人的。按理不应该视作文化研究的一部分，因为它不为任何其他的一个人所知道的。但这个人特有的——却是非常重要：因为他是从文化变迁方面非常重要，乃是文化变迁的一个起点。将来这个人特有，如果推进便融入社会，而为文化的一部分了。因为一切发明、发现，或采取新东西，总有个最先的人，一个个人起首。设如这个人特有为有利于若干他人，则自然而然的就传播出去。圈子愈来愈大。

这种所有的个人不能全参与所有文化，正是反映了这些知识的传袭在一个社会之中，有许多不同的线索或系统，就是有许多 section。如男子的知识，由男子传给男子（父子、兄弟、朋友），女子的由女子传给女子，各职业的由各职业者传给职业者（木匠、教学）。还有同年龄，如为若干知识，不是不同年龄的去传授，而是同年龄的去传授，例如小儿弹石子，多半由小儿去传授同年龄相仿的小儿；青春期的许多恋爱方式，由同年的人互相的传，而不是中年人还会把如何追女孩子的技术教给比他年轻的，尤其很少做父母的把这套把戏传给他的子女，所传授的有关这方面多半是一些师儒的道德经，普通老年与青年刚相反，所谓“青年的反抗”，多少表示有一些知识是青年人中间互相传授的。

研究任何文化，最容易使研究者注意，也最容易得到的知识，是普遍的文化内容。因为这种文化内容是直接与全社会的每个人发生直接关系的。因为这是一些社会上所承认的内容或知识，人皆可以自由讨论。特殊的与部分的则较难，因为很可能这其中之一，是只有极少数人知道，而为一般人所忽略，不愿传授，以减竞争，同样较难的是并用的。因为各个不同的派别，多少是由于观念价值不同。设如不小心而到一个相反的派别的时候，则你可以说完全不能得到材料，有许多不为社会公认，因之要秘密，不愿告人的，但实在存在的，也是和其他结社一样目的，在适应社会的需要的。

关于并用的还有几点值得注意，一个文化能容纳若干不同的，并用的文化因子是对于这个文化的量一方面事关重要的，特别是关于文化的发展与变迁是个大关键。此处我们可以说，除了有特殊新的需要，能把一个簇新的分子引入本文化之中，而执行它的新功能以外，普通所谓文化的变迁，实在是一种替换的性质，就是新的替换旧的地位。这新的能否被吸收而来替代，要看这新的能否有效的执行它的功能。例如人类有切割物的工具是很古老的事，而用五金为切割工具经过一个渐次的替代过程；有个时期，石刀与五金并用，以后甚至其形式还是旧的，不过材料是改新的了。我们的交通工具也如此，汽车与马同时并用，就看，设如新的工具效率大，在某方面便于旧的，则新的不能被容纳——在被纳入之先，有一个试验时间，在这时间新旧两者在竞争，当新的被采取了之后，它就便为一种普遍的或特殊的，而不再是并用的了，而旧的由并用的而渐渐消失，而挤出这个文化之外，成为废物。例如打桥牌[1]

---

〔1〕“桥牌”为编者所加。

（bridge）与麻将：在中国仍然并行，因为各有好坏。Bridge是外国字与符号，只能为某一个团体所接受，而这团体中麻将即消失；但另一个团体，则因为不习惯于此符号，而仍用笨重的麻将。

所以有许多并用的实是在试验过渡时期之中的一种物品，但也有各若干并用的是永久存在的，但这并用多半对这个社会的生活上只有一个表面的影响。例如一件故事，有好几个叙述方式，或是表达上好几种不同的方法等等，即这一种物品的制造方法，可有好几种，设如它们的效率相同，但设如是社会的关系重要的理念、价值、原则，则其新旧之竞争是非常的大的，并用的两者之中，至少有一个会被淘汰，例如性道德，或财产自有或公有等。

普遍的与专门的在一个文化之中：普遍是极为合整的；并用的则彼此往往是有若干矛盾与竞争性，甚至和普遍的与专门的都相冲突。因此，我们可以说所有的文化包含有两个层次或部分，第一是一个结实、合整而较恒久的心核，即是普遍与专门的两种；第二种是一个流动较大，多半未合整的常在变迁中的并用的，这并用的常是围绕着心核的。

心核给这文化的形式与模式，是在任何历史上的一个点；外层给这文化的适应性与发展可能性，它两者永远保持give and take的关系，新文化特征，自个人特有为起点。得到附和的，于是升为并用的而存在于此文化之中——得到普通的认可，旧的与新的相竞争，新胜利旧的自此文化中消失。

文化的变迁程度愈高，也就是并用的增多。一个文化变迁如此的快，像我们现在的或西方的文化，则并用的便成如此的盛多，甚至于遮住了普遍与专门的知识。每个新的特征，为社会中任何一部分所吸收接受，则同时从这文化心核中也抽出许多普遍的与专门的特征列表层去。这样心核的内容，便日渐缩小，而文化失其模式与胶着力。

（本文原载《自由论坛》第二卷第四期，1944）

《西南边疆社会》绪言

一 普通科学与地方科学

通常人们常喜欢把科学分成普通的与地方的，自然科学中如物理与化学，社会科学中如政治与经济，常被划归前一种；地理、气候、动植物学、人类学等，常被划归后一种，因为后一种在研究的对象上，多少是有区域性的。本书所讲的西南边疆社会，按这种分法，好像应当属于后一种科学的范围内，其实任何科学的目的，都是要在所研究的杂乱无章的对象，找出一些普通的规律来，这规律应不为时空所限制，例如研究或调查某一区域内的动植物之种类，这是大多数动植物学者所注意的，但动植物学者的目的，并不仅仅要知道这区域内有哪几种动植物就算完事，他们还要借着在这区域之内的动植物的状态，以明了或寻求生物之生存规律，如适应选择，淘汰遗传以及演化等等。又如在社会科学中最受时间空间限制的历史学，史学家并不仅以搜得某些史实以及发生之确实时间与地点就算满意，他是要借这些史实，以求得人类文化的演变过程与规则，这些规则，应是超时空的，所以把科学分为普通与地方是不正确的，我们讨论或研究西南边疆社会，不能以获得这个区域之内的边疆社会与文化状态的事实就算了结，我们的目的是在从这边疆社会之中找出一些关于人类社会与文化的规律，也就是一些不但适用于这区域的社会与文化现象的，而且能适用于任何一个地方一个时代的社会与文化的规律。因此，我们是以研究或讨论人类社会与文化的一般规律为体，而以西南边疆的社会与文化的事实为用。

我们的目的与观点虽然是如上面的说明，但是按照我们目前关于我国西南边疆社会与文化的知识，也就是研究的成绩，却够不上担当阐明社会与文化规律的重任。这有两个原因：（1）边疆社会与文化的研究，一向是划归人类学的研究范围。人类学是个晚近的科学，中外均然，而实地考察西南边疆社会的尤如凤毛麟角；（2）不得已而求诸非专家的记录，如边官、旅行者、传教士等以为补助，但真正客观的、真实的记录，仍不多见，而有系统的记录，尤少。然而，不顾上述的缺点，我们仍然开了这门课，我们有以下几个目的：（1）使我们明了我们国境之内尚有若干文化模式，由于它的种类之繁多与内容的简单，为比较文化研究以及社会与文化一般规律之探讨的最适当的对象；（2）我们再把已得的结果叙述之后，我们可以找出许多重要而尚未解决的问题来；（3）由于问题之重要与繁多，我们希望借此能引起后学的兴趣而努力去解决。

二　边疆与边疆社会之定义

在未议及其他之先，我们先把“边疆”“边疆社会”等概念的意义确定一下。“边疆”（frontier）一词，含义甚广，一国之内毗邻政治边界（boundary）之地带称之为边疆，而一国国民移殖他邦自成一社区，其居住地实亦其国之边疆，如英法人之殖民他陆及国人之移居各洲是。有统治权之殖民地，为其国之政治的边疆，无统治权之殖民地，为其国之社会的边疆，故边疆一词应包括国内毗邻边界诸省与海外侨胞社区。

我国政治边界甚广，冀鲁苏浙为边疆，而蒙藏滇桂亦为边疆，但苏浙等的边疆问题与蒙藏等的边疆问题不同，蒙藏滇桂诸省的边疆问题，除了其他，如国防、外交等外，还有一个边疆的文化问题。所以有这问题，是因为在西北西南诸边省，除了汉语人群外，还居住着若干非汉语人群，这些人群，除了语言与汉语不同而外，文化其他方面，如亲族制度、政治组织、经济方式，道德、宗教、艺术，以及物质方面的食、衣、住、用诸方式亦与汉语的中原文化人群有差别，换言之，在西北西南诸边省中，有若干与中原文化不同的社会。

但是人们要问：与中原文化不同的社会，不仅限于西北西南诸边省，即在我国腹地如湖南、四川、贵州等省，多少都有若干非汉语社区，这话是对的。因此我们可以说，现在普通一般所谓的“边疆社会”“边疆民族”，实在是指所有一切与中原汉语文化不同体系的诸非汉语社会而言，边疆社会一语中的“边疆”一词的地理含义，在人们的心目中，实已失去其显著意义了。这样，则所谓边疆社会一词是不限于靠近边界诸省的非汉语人群，而是指一切非汉语社会而言。

三　西南的范围

在诸非汉语中，有三个大系统就是藏缅语系、泰语系和勐吉蔑语系[1]，属这三种语系的人群分布在中国的西南诸省，以及印度半岛（即中南半岛）诸地。从东边说起自广东起，由湖南西部、贵州、云南、四川、西康以及西藏，并国境以外的安南暹罗、缅甸，在马来半岛以迄菲律宾都有其分属，但本课主要是国境以内的，也就是湘粤黔

〔1〕 陶云逵这个语言分类主要来自戴维斯（H. R. Davies）对云南非汉语民族的分类，后者认为非汉语民族语言可以分为勐吉蔑语系（Mon-khmer Family）、掸语系（Shan Family）、藏缅语系（Tibeto-Burman）三类。陶云逵所说的泰（Tai）语系（有时候用“台”，范围会再扩大一点）等同于掸语系，如果一定要说有什么差别，只是“掸”是缅甸语的称呼，而“泰”是国内的用法，可参见其《车里摆夷之生命环》一文。但目前我国语言学界已不再将上述语言支系称为“语系”，而是称为“语族”，归拢在“汉藏语系”之下，这个分类也是聚讼纷纭。而这已经是另外一个领域的问题，这里还是保留原文貌为佳。——编者注

桂滇川康藏诸省中这三种非汉语系统之社会。

诸非汉语社会与文化，比较来说，相当的简单，通常人们把它们归入初民社会，它们的文化是所谓初民文化，通常认为初民社会与文化是人类学研究的对象，实际上文化这个现象，自其性质言，无论初民或近代，都是一样的，因此，研究的途径与方法，也应当一样，所以最近有人以人类学的方法研究近代社会与文化，而通常认为研究近代或当代社会之社会学，近来也有人把它的方法应用到初民社会的研究，于是人类学与社会学沟通起来，成了一个研究人类社会与文化新科学，人类学与社会学都是较晚近的科学，任何新兴科学，对研究的对象有若干不同的看法，不同的理论，就是有许多学派，社会与文化这个庞大而复杂的现象的研究有许多的看法是意中事。因此（1）我们在未谈西南边疆社会之先，先要把我们对社会文化的解释与研究方法叙述一下，否则我们听了一耳朵西南边疆文化的事实会感到杂乱无章而且无头绪。（2）不但为许多未读过社会学与人类学的同学而言，社会与文化之性质阐明一下是一种方便，即对读过社会学与人类学的同学，因为派别与看法的不同，也有相当获益。

（陶云逵遗著，原载《边政公论》第三卷第九期）

社会与文化之性质及其研究方法

一　什么是社会

一个社会是一群居住在一起，并共同工作，经过相当长久的时期，他们把自己组织起来，并变为自己成了一个社会单位，有一定的范围与其他人群有别——最好我们从观察，怎样一个乌合之众，渐次发展成一个社会，例如从各个不同的社会中逃出来集聚在一个地方开展工作，渐次发展成一个社会。

从一堆人（1）因为基本的需要，个人不能获得，必得由多人的合作——合作在实施上就是分工——彼此乃互相依赖，同时这种合作，赖有态度与行为上的彼此适应，彼此了解。（2）欲求彼此了解则行为的方式必得有形式与意义上的一致性！就是有公认的行为内容与模式，小之例如语言，以及表示情感的行为方式。（3）行为方式能一致，彼此能了解之后，欲求切实的合作，则又必得有对外界刺激的一致的反应，即是一致的态度与评判，此则全靠有一致的理念（理想），一致的价值标准，也就是有一致的为全体所信仰遵奉的生活理想，有了这个，这一群人乃能有一种团结情绪的意识把他们这一群人看作一个单位，在感觉上于是这一群人变为一个与他群人不同的，并且自认为高于他群的团体，而有所谓队伍精神（espirit de corps），有福同享、有难同当，如是这个社会乃能成一个功能的整体（functional whole），成为一个功能的整体或有机的整体的一群人，方是社会，否则只是一堆个人而不是一个社会。

一个社会的主干是这个社会所规定的行为模式。行为模式可以分为两方面:(1)灌注到全部社会的各部分的行为原则，这是行为模式的经，或整的，线索的，具有一般性的，我们管这一类行为叫社会体系。(2)专门关于社会的某一方面的行为的规定，这是行为模式的纬或者横的部分，是具有特殊的，在一定范畴之内的行为规定，我们管这一类叫社会制度。

社会体系是全社会一体奉行的，社会制度是社会某一 section 所奉行而与其他 section 不同的行为方式。这两方面相互交织，便是这社会的社会组织。

从他们在社会上的地位来说，社会体系是个基本的、核心层的，社会制度是方面的，次层的，我们先讲社会体系(social system)。

社会体系是一种灌注到全体社会各部分的行为模式，具有普遍性和一般性。它常有一个或几个概念作为行为原则，全体共守不渝，例如在中国之长幼、尊卑，18 世纪以后欧洲的平等观念。

所谓行为模式，就是个人与个人间，个人与团体间以及团体与团体间的关系，也就是行为方式。行为模式，只是行为的外形，这行为方式之能如此的动作起来，要靠那思想和理念所给予的理由来支持，来推动。思想理念之所以能推动，因为它给这方式一个一定的定义。当此行为方式动作的时候，社会上旁人可以给他一个价值的评判，简言之，一种方式必得有一个意义，否则我们会说它是胡闹。

任何现象，全有价值问题，则这价值的评判，必得有个标准，因之任何社会体系都有个充实这行为的意义的价值观或标准，也就是个原则。唯其如此这行为方式才能有效的动作起来，这原则是一个或几个概念所形成的。任何社会体系都有一个推动行为方式的理念原则，这理念原则给意义，给价值标准指挥行为。一个社会体系的原则也可以说是这个体系的灵魂(soul，genius)，常是用极抽象的概念把它象征出来，例如在中国，就是长幼尊卑的关系。18 世纪以后西方社会的社会体系，或是努力实现的社会灵魂就是平等观念（至于这个观念在各制度中的活动以后再谈），在中文，一个极恰当的字就是“道”。

但在社会上一般人心目中，并不知道这个原则，甚至连意义也不知道，特别在初民社会中情形尤甚，但他却有个感觉，说这样做对，那样做不对，这对不对的判别，就替代那意义了。实际上，任何一种的行为模式，我们都可以找出它的一贯的原则来，但大多数人却意识不到它，而它却是存在的。

根据这个原则，把意义与价值标准灌注到行为模式之中，于是这行为方式，由于所灌注进去的意义也就有了意义，也就染着了这精神或灵魂的色彩，于是发出一种定形的色彩，普通我们管它叫这个社会的特征，更适当一点的名词是这个社会的“gestalt”（其社会在某个时代中的 gestalt）。在另一方面，这个社会的秩序乃得维持，一个社会体系即一个 idea 的体系。总归起来一句话，一个社会的社会体系是一个理念的体系（system of ideas）。

社会冲突——社会体系是理念的体系而真去实行的是个人，是各个人及各个团体（group）的表面行为。可以看得出的行为，多少都有差别，不能和理念体系完全相符合。其冲突，可类别为：

（1）个人与社会；

（2）社会中各节段与各段节。

至于有冲突的原因，即为（1）个人特性与发明新理念，（2）外来的新理念的传播进来。而二者大都是由于（1）内部腐化，（2）由于外境变迁。旧有理念体系不能适应不能保持本社会的生存与团结，于是乃发生所谓变迁，等到新的理念体系普遍化，为大多数人所采之后，这社会又稳固起来，互相又适应，而成为一个完整的 integrated 的社会。然后再不断地□□□变迁，□□□完整□□□所以社会是一个整合与变迁的循环体。综括上文我们可以说社会特征是：

（1）一群个人。

（2）一个管理人与人间的关系的行为模式（社会体系、社会制度）。

（3）因为有共同理念→而有团体精神，同时也是支持及推动这行为模式的力量或根源。

（4）社会中的体系与制度没有不变的，但变了以后，又合整。故社会是变迁与合整的循环体。

二 什么是社会制度

社会制度是关于社会中根据需要而形成的各范畴（section）之中的，即每个范畴之内的行为模式，各有某原则，但与体系之原则不相违背。关于各范畴中的社会制度，为研究上的便利，我们权且分作以下几类：

Ⅰ 社会需要或兴趣：

（1）亲族制度（婚姻、家族、氏族、家庭）（孝）

（2）政治制度（乡里、部落、国家）（忠）

（3）法律制度（与司法及刑法有关之团体）

Ⅱ 生物生存需要或兴趣

经济制度（生产、分配、消费、财产）

Ⅲ 心理需要或兴趣

（1）教育制度（语言、知识、技术与艺术）（敬）

（2）宗教制度

人类的几个需要虽然相同，但是为满足这需要所制定的许多行为方式，却有种种差别，我们可以说在不同的社会体系中，没有两个制度是相同的。适应社会需要的亲族制度中的婚姻制度，就有多妻、多夫、一夫一妻等。家庭制度中就有父权、母权、或从父居、从母居等等。以此类推，举不胜举（在专讲社会制度的一课中，当可得到这种差异众多之知识，本处不谈）。每个社会的特殊社会体系以及此体系中的特殊社会制度，乃是由于社会的发明，文化的接触，以及这社会整个的自然的与文化的环境所造成，换言之，即在每一特殊的自然与文化环境之中，乃产生某特殊的社会体系与社会制度（文化环境中包括 1. 历史背景；2. 发明；3. 传播）。

因此要明了一个社会中的社会制度，我们必得研究它跟它的整个背景的关系，就是这社会的自然与文化的整个环境。

三 社会中的个人

在上面我们提到制度的时候，把个体列为制度因素的第一项，因为制度的活动，是一群人活动，也是一群人的共同行为方式。制度，说来说去，仍只是一□□□□□□。真正表现这规定的，即真正去行为的，却是各个人自己，要通过个人才表现出来，但个人的行动，一定要按照团体所规定的方式。因为从他个人来说，他离了社会中的团体就不能满足他的需要与兴趣；另一方面从社会来看，他如不采大众所规定的方式，这社会便要纷乱起来。因此我们可以说社会中的人，个人，就是社会中所规定了他的行为方式的个人。个人的活动“从社会上看是制度的活动，因为每个人生活在诸多制度之中，也就是他在社会上具有许多身份、本分。

身份（status）。所谓某某个人的身份，是社会某个人所占有的一切身份，例如 ××× 先生，他是 1. 教授（教育制度的团体）；2. 是 × 太太的丈夫（亲族制度）；3. 某顾问会处的顾问委员（政治制度）；也许 4. 他是个基督教徒（宗教制度）；5. 他有一所房子，是房主人（经济制度）。自此他一个人的身份，瓜分在这许多制度之中，换言之，他也是这许多制度中所给予他人的身份的总和，身份也就是一个应得的权利与应尽的义务的总和。

本分是代表身份的机动方面。例如他当教授，他有按规定教书的义务，同时他也可以领取薪水，并博得他的学生与社会的尊敬。他是 × 太太的丈夫，他应按规定去做一个好丈夫，社会对做丈夫的行为有许多规定，在目前的婚姻，他有对他太太忠诚的义务，同时，他也有向他太太要求忠诚的权利等。或是房子的所有者，有改造及出售这房子的权利，同时，对政府有缴房租的义务等。

从社会群体，其社会中的分子，越是能守他的身份、能守他的本分，这社会的运行越是光滑无碍，因为这表现身份与本分的许多方式是社会所规定的，而且是社会大体系及其中各制度之一部分，而体系与制度之规定是有一致性，不矛盾性的。

照这样说，不就变成机器中的一个个的小螺丝钉子了么？一切都受了限制？大体上这是对的，但在人类社会中的钉子，有时候可以改样，有时候可以“换位置”，不一定在那一个不变的一定的洞中钻，不是这样，则社会中将无 mobility 的现象了。就是，既不上下地去换阶梯（social ladder）也不左右地去换箱子（职业）（social box），但实际上社会中个人常在那梯上爬上跃下，常在那箱子里跳出跳进，不过在各种社会或文化中，其率性的程度不同罢了。普通来说，在初民社会中，爬跃跳换的程度低，在近代社会或文化中，爬跃跳换的程度高。

在实际的社会中的个人行为中他的身份可以分为两类：

1. 规定的身份——社会划好的，

2. 取得的身份——自己努力得的。

规定的身份（此为社会体系的主干），除根据上述的横的各种制度而有的身份的行为方式而外，尚有以下竖的分法：

（a）性别——所有社会都规定了男女在行为上的区别，态度上的差异，男的应当怎样，女的应当怎样。

（b）年龄——所有社会都承认年龄的三分法或阶段，孩童、成人、老年人（有些社会，还有一个阶段就是死人）。这个年龄的阶段，却并不一定是生物的自某岁至某岁为少、或中、或老。实在说，它是社会的年龄，例如从孩童到成人之间，社会规定，孩童须得会怎样的一种本领而成熟，经过一定的社会仪式（initiation ceremony）才算成人，成人以后，才能享受一定的权利，和应尽一定的义务。

至于说“死人也是一个范畴。因为有许多社会，如中国当拜祖先，祭祖，请祖先保佑子孙”，这是祖先的权利，设如祖先吃了祭物而不保佑子孙平安富贵反而降了灾难夭折，则等于说祖先（死人）只享受权利，而忘却了义务。虽然我们不至于说不去祭祖先了，但至少心中忿道“这老祖宗瞎了眼”。

（c）家庭关系——by birth——所有社会都有家庭这个组织，虽然这组织的成分，各有不同——这里要说的就是一生下来，他的身份就注定了的。例如一生下来之后，就有子女、弟兄、姊妹等身份，他生下来（1）是头生男孩，在某些社会，他有长子权的本分，即他对于全家各个人的关系与次子等不同；（2）有些社会有最幼子权，则他对于全家人的关系，对于此家之长子、次子等哥哥们又不同。又如（3）生为第一个女子，则在母系社会与父系社会在身份与本分上又有差别。（4）又有社会，亲兄妹不能交谈的禁忌（taboo）有第三人时方可，如是兄妹之关系又有各种不同的行为上的规定。例如又有一些，一生下来，婚姻方面已经决定了他或她的妻或夫应当一定是谁了，等等，但这一切的一切，都是规定好了的。一个小孩一生下来之后，在其与同父母的兄弟姊妹，以及他和他的父母并各级层血统（生物）关系的亲戚行为方式，都有不同的注定，有不同的权利与义务的关系。

（d）社会阶级或喀斯德[1]（品级）——例如一些社会有平民贵族之分，生在贵族阶级之中，生下就是贵族，凡贵族都有一定的行为方

〔1〕 即等级（caste），又译为卡斯特。——编者注

式，一定的权利与义务。生于平民或奴隶，也一样有一个阶级的人的权利与义务。又如以往中国于婚姻方面的所谓“门当户对”便是在此方面的活动，至少受其阶级的支配。

社会阶层的分化，可以有好多起源。(1)技术与职业的，如印度的 caste 因为社会价值不同，乃有高下之别。(2)意识的，自己形成的团体，如中国的 a. 读书与作官人家；b. 农工商团体；(3)一社会被另一社会征服，如白人对土人，以及满清之初满人对汉人等等。

社会规定的身份之基础，大体可以分作以上几种，任何社会都多少有这种规定。在其 dynamic 机动的一方面去看，可以说这是限制性别、年龄、生籍、阶级间的各个人之竞争，也就是限制社会之流动性(mobility)。因为自社会全体言之，流动性愈少，其社会愈安定，愈高愈不安定。

但这是一种社会的损失，因为从此规定之后，有许多有天赋的人或者有专门技能的人而不适应于所规定的本分之内者，则不能施展其天赋与才能。或是特别低能的人，对他应有的本分不能称职，如英国的贵族任外交等等。但社会制度之设施常常是为普通一般中才人，所以社会制度的限制较严格的，多半成为一种 mediocre 现象。

但是当一个社会的文化本身之内一旦发生了变化，或是外境有所改变而影响到本社会之内的时候，社会之内便起了失调的现象——在这个时候社会上就得承认并随处需要特殊的人才出来，利用这些特殊人才之思想，见解以改良社会。

到了这时候，“取得的身份”便日渐增加，社会中各箱子的流动性也增高，阶梯上的上下也频繁，于是彼此相适应又创出新的行为模式以维持社会的秩序。到这个时候，这取得的身份又走下坡路，而规定的身份又渐渐增加，以至于稳定的局面为止，等于说在社会变迁时的取得的身份变成了稳定以后的规定的身份。

我们可以说，稳定的适应好的社会，规定的身份必多于取得的身份，相互适应的逐渐增加到完整，当与其社会体系与制度的教条地成正比。

四　社会制度与文化

社会制度——是人与人（个人与个人、个人与团体、团体与团体）之关系的行为模式之规定（根据一定理念与方式而规定的价值标准）。

文化——是人对人、人对自然以及超自然的行为模式。文化之中包括社会制度，如经济制度中，不但某人应得不应得，而包括得什么；宗教、教育……不但发生关系的行为模式，而且要注意到传些什么。

一个社会的文化——一个社会的某时刻的文化，是这个社会中的分子从上代学习得来的，以及从旁的社会（外面）模仿得来的，理念、感情反应与行为方式的总和。这里包括在生活上的一切活动或知识，以及由此活动而产生出来的结果、成就……连语言也包括在内。

文化正如社会，只有从行为上可以表现出来，而且是要个人去动作的。

（陶云逵遗著，原载《边政公论》第三卷第九期）

论边政人员专门训练之必需

一 “边疆”与“边疆社会”诸名词之含义

在未讲其他之先，我们解释一下本文中所用的“边疆”以及“边疆社会”等名词的意义。“边疆”（frontier）一词，含义甚广，一国之内毗邻政治边界（boundary）之地带称之为边疆，而一国国民移殖他邦自成一社区，其居住地实亦其国之边疆，如英法人之殖民他陆，及国人之移居各洲是。有统治权之殖民地为其国之政治的边疆，无统治权之殖民地为其国之社会的边疆。故边疆一词包括国内毗邻边界诸省与海外侨胞社区。关于侨胞社区，此处不谈，我们限于政治边界以内的边疆社会及其问题。

我国政治边界甚广，江浙闽粤为边疆，而蒙藏滇桂亦为边疆。但江浙等的边疆问题与蒙藏等的边疆问题不同。蒙藏滇桂诸省的边疆问题除了其他，如国防、外交等外，还有一个边疆的文化问题。所以有这个问题，是因为在西北、西南诸边省除了汉语人群外，还居住着若干非汉语人群。这些人群除了语言和汉语不同而外，文化其他方面，如亲族制度、政治组织、经济方式、道德、宗教、艺术以及物质方面的食、衣、住、用诸方式亦与汉语的中原文化人群有差别。换言之，在西北西南诸边省中有若干与中原文化不同的人群。各自有其独有的语言与文化模式（culture pattern），这若干种人群，我们称之为“边疆社会”。而这个文化不同的现象是东南边疆所没有的。

但是人们要问：与中原文化不同的社会不仅限于西北西南诸边省，即在我国腹地如湖南、四川、贵州等省多少都有若干非汉语社区。这话是对的。因此，我们可以说，现在普通一般所谓“边疆社会”“边疆民族”等实在是指所有一切与中原汉语文化不同体系的诸非汉语社会而言。边疆社会一语的“边疆”一词的地理的含义在诸人心目中实已失去其显著地位了。这样则所谓边疆社会一词是不限于靠近边界诸省中非汉语人群而是指一切非汉语社会而言。这样，这边疆社会乃是“文化的边区”（cultural marginal area）的社会。前述的海外华侨社会乃是社会的边疆（social frontier），而东西南北诸边省是政治的边疆（political frontier）。

二　边政目的与重心

所谓边疆既然是文化的边区，则西北西南的边疆或边疆社会的问题实是个文化的问题。边政的方面甚多，不胜罗举，但其共同目的则为保卫边民加强团结，推进复兴大业。怎样能达到这个目的；我国不妨坦白的说，欲求全国真正的团结，全国各地各人群真正的打成一片，我们必得有统一的文化（历史上及当今各民族例子甚多，容另文详论），就是有同样的社会制度与文化模式，这样全国族乃成一个有机整体。从边社（即边疆社会之一简称，下同）着眼，则其文化，自近代眼光看去实不足以适应当今复杂的国际局势，则其故步自封不求改变或改变得不得当，将不足以保卫其生存，且将影响全国族复兴大业。但所谓文化的统一化并不是说主观的以固有的中原文化标准而把其他的同化，也不是说取某一个边社文化为标准而把中原文化与其他边社文化同化起来。所谓边社文化的改变，也并不是改变成固有的中原义化。这里所谓文化的统一化或文化的改变乃是把边社的文化也跟中原人群的文化一样的“近代化”起来。换言之，就是全国近代化的统一化！这里包括教育的近代化，经济的近代化，政治的近代化，军事的近代化，交通的近代化等等。

这近代化的政策也是我国上下数十年来努力的方向，是大家公认的国是，政府决定的国策。政府施之于沿海与中原诸省，同样的也是要实施于边疆。边疆社会在语言与文化与中原人群的差异无论是多么大，但在政治上、生存关系上，我们是一家，政府对中原人民有养育保卫之责，对边疆人民也有同样的责任，边疆人民的生存与中原人民或国族整个的生存，是个不可分的整体。这样，中原社会数千年来为适应环境，保卫自由之生存而近代化，则边社之近代化更为达到同样目的之必需途径。

政府的边政之重心是使边疆社会的文化改变为近代化的文化。边疆社会问题，自其全貌而言，就是文化变迁问题。怎样在原有社会中去推行新政策（无论其为教育、经济、交通、卫生、军事等等，总而言之是新的文化，新的生活方式），也就是推行这近代之文化模式，便是边疆行政人员的重要工作。

三　何以边政人员须受专门训练

边政目的与重心已如上述。本节所谓边政人员乃指边疆行政人员。言行政则是着重在政策上的实施之技术与方法。盖任何政策都要人去做，可以分作两方面去讲，一方面是负责实施某政策的人，一方面是接受而实现此政策的人。简言之，一方面是政策的推动者，一方面是被推动者。一种政策，无论其为教育的、交通的、卫生的、军事的，要想使它实现得快，实现得顺利，我们一方面固然要注意这行政人员对此项任务本身之专职（如交通中之工程，卫生中之医学等）如何。但另一方面我们也得要顾到这政策是要实施在什么样一个地方，怎样的一个社会。同一政策，欲求其在同一个文化的社会中各不同的阶级与团体里推行，我们不能用同一方法与手段。因为一个社会中各个阶级跟团体的旨趣不同，生活中若干方式不同，对此政策之了解程度也不同。我们必须选择适宜于此各别社团的各别方法与技术，才能使这政策顺利而迅速的实现。

以上所说，在理论上很易明了，但在实行上，我们往往忽略此点。在目前行政，如教育、经济、交通、卫生、军事等项政府对于负责人的人选非严慎，近年来此各方面之渐入轨道，实要归功于人选适宜。但这教育、经济、交通、卫生、军事等项政策是行施于中原文化的汉语社会，以地方言是在沿海各省与中原各地。其推动政策的方法与技术的准备是为适合于此社会、此区域的。今则政府重心西移，边疆社会对国家之重要性突然增加，边政之推行，刻不容缓。但无论任何一类之政策，除了推动者，还则注意到被推动者。以言教育则有了教师但还需有学生来就学；卫生则有医师需有人来诊治；交通、矿业，则有了工程师需有工人来工作；司法需有人来起诉、受审。在政策上，为加强团结，保卫生存，我们必得近代化，无论中原与边疆，政府对之一视同仁，而为团结近代化之统一化尤为重要。但于推行此政策之方法与技术，却不能不加甄别。上面我们已经说过，在一个社会之中各阶级或团体里推行一种政策，尚且不能用同一方法，何况要把一种政策推行到不同的文化里，推行技术方法之适用于中原社会未必适用于边疆社会。诸边疆社会各有其历史背景与文化模式，社会制度与生活重心。而推行新政乃是一种文化变迁交替问题。负责推行边政之行政人员必须有：关于人类文化之性质及其变迁交替一般过程之专门知识，以及各该行政人员奉命负责推行新政之各该边社之文化与生活之特殊知识与正确了解。然后于其固有制度中，觅取适当途径，以为新政推行之门路。换言之，边疆行政人员须有专门之训练，方足以负此推行重任。设以普通行政技术与方法，施之于边疆社会之中，则政策不但不能推行（无人愿被推动），反而引起误会、反感，甚至摩擦与冲突。

四　什么是文化及其性质

何以在边社中推行新政设无特殊适当方法易遇阻碍？我们在上面已经说过，使边社近代化问题就是个文化变迁、交替问题。等于两个文化相接触，近代化的推行就是新文化的播传。任何新文化在一个固有的合整的旧文化里播传不受到阻难的，何以会有这现象？我们须得从什么是文化及其性质入手。但这个题目太大，我们仅略述一下与我们问题有关的方面。

文化一现象我们可以从两方面看，一是文化的静的或形态方面，这里包括三部分，物质的，如食、衣、住、用等物质的原料与形式；社会的，如亲族政治、经济、教育、法律等社会制度；精神的，如宗教、道德、艺术、文学等精神表示方式。这三部分虽是如此的分了，但其彼此间相互影响，任何一部分莫不与其他两部分有关系，这个分类，正如其他任何分类是十分人工的。自一文化之动的或功能方面看，则一个人群的文化是这个人群历代明哲与社会力量依据环境而陶铸出来的一套生活方式与价值标准，一方面用以适应此人群之生物的与心理的需要，一方面也是用以规约个人的行动方式以求整个社会秩序之安定与合整（integration）。在本质上，此生活方式与价值标准实是一个理念的体系（a system of ideas）。换言之，即其人群之生活理想，而实际生活亦循此理念体系而活动。大家共同尊仰共守不渝。此不但在道德、宗教、艺术等精神活动上，政治、经济、法律、教育等社会生活上，而且在衣饰、食品、住居、用具等物质形式上也表现出来。（如衣饰等之形式、颜色、用法之一定规定；吾人自其形式颜色上，便可知晓着用者之社会身份。此在初民社会尤甚。）这样，则文化不是五花八门的零乱的一堆，而是一个有体系有机整体。唯其如此，一社会方能相安相得的生活下去，一社会才能有团结互助的团体精神。

至文化单位问题，则我们可以说这生活的理念体系，便是文化的单位。各个文化的分野就在此。此理念体系在实际生活的物质、社会、精神等方面的形式上，有机地表达出来，就是所谓一个文化的文化模式。

这样，则一人群中的分子，生于其文化背景之中，其信仰行为均为其传统的共守的理念与制度严密的规定起来。于是不知不觉中奉此传说之理念（即生活的理想以及由此而表现出的实际生活方式）为天经地义不可或改之生活的最高原则。此所以任何人群对其固有文化的一切，都有一种珍爱崇敬之情绪，反之，对于他群的文化则恒有鄙视心理。而当一新文化或他型文化意识的或非意识的将其文化播传于一固有文化之中，则此固有文化社会中分子对此外来文化之态度将由鄙视而变为恐惧，再变而为仇视。

根据以上，我们看看边疆社会。我们说，在国境之内有若干与中原文化不同的人群，即所谓边疆社会。这若干人群各有其各自的文化模式，就是说他们有他们的生活理念体系，其实际生活亦循此理想而活动。而此理念体系与中原汉语社会的不同。其自然的倾向是“尊己”而“轻人”。设如边疆真是了解他们客观局势之危急，看出了他们因为文化对现今局势之不能应付，则欲变迁他们的文化，还不十分困难，因为他们自己感觉到这个需要了。无如边社囿于环境，看不到这点，自然也就不感到改变的必需，更认识不到近代化是适宜的改变的方向。这样，设如我们推行近代化到边社，无论其态度为鄙视，其行为上取置之不理的方式；其态度为恐惧，其行为上取躲避方式；其态度为仇视，其行为上取反抗方式，均是对推行上不利的现象。而且，客观地说，推行近代化，在其实际生活上确会发生破坏作用，从边社本身立场来看。譬如：交通近代化，如修建公路铁路则是损失田地、破坏风水，教育近代化，如规定“学龄儿童”入学，有一定的上课时间，则为减低本社会的劳工（因若干边社中儿童是劳工重要分子之一），而各项教科书则为“里巫术”等等。这种例子举不胜举。由于边社主观的认为这些动作对他们是种破坏与损失，于是客观的，也真个在其社会中发生了心理的不安与生活的出轨，以致整个社会发生了骚扰。

然而政策就因而不推行了么！既定的国是，当然不顾一切困难要去推行，问题就是推行的方法与技术，这需要专门的训练。

五　怎样的专门训练

我们从什么里面可以得到对于边疆行政的适宜的训练？近代化现象中一个重要的因素就是科学化。科学的知识就是对某现象经过一番详细研究而后得出来的可以实证的结论。这样，则边疆文化的工作或边政工作应当依据研究文化与社会问题的科学知识。关于边政人员的专门训练我们可以分成两层讲。

（一）是普通的一般文化与社会之性质，及其变迁、交替，并各类型文化之形成原因与社会合整程序之知识准备，文化与社会之性质，及其变迁、交替并各类型文化之形成原因与社会合整程序乃人类学与社会学之研究对象。因之人类学与社会学实为边政人员必备之知识。（此两科学初为史学性质之纯粹科学，但近数十年来由于社会之需要与学者之努力，一变而为今日有重大实用意义之部门，英法于其殖民地设有所谓“政府人类学专员”，苏联于其边疆亦有类似之专家遣派以处理所谓“文化纠纷”。且于大学之内，如伦敦，设立殖民地行政人员训练班，每年抽调各殖民地行政人员轮流受训。英人此种训练之动机内幕吾人无从详悉，但其所以有此设备，盖以深知若干文化问题非普通行政人员所能了解，非军警枪弹所能解决者。）

（二）除上述人类学与社会学之知识准备外，边政人员更须有其服务所在地之特殊知识。盖人类学与社会学所能给予者为一般文化之性质及其变迁交替过程之规律。此虽能应用于任何文化或社会，但每个社会有其特殊的文化模式与重心。吾人须对其生活有深刻之认识始足以觅寻推行新政之适当途径。而此了解与认识则赖人类学与社会学之调查方法获得之。

六　几个例子

所谓特殊方法与技术，自然因时因地而异。现在我们仅举几个例子，以说明上述之理论，亦示纲领之一般。（甲）对原有文化与制度应作“存”“去”（即改）之选择，不宜全部废除。在边社文化中有若干制度与生活样法和近代化政策相悖的，我们要设法改变。（例如云南车里摆夷社会中之政治制度中之一部“土司制”，祭祀中之牺牲处死法，人畜共处的居住方式。）但另有若干方面与近代化相符合的，（例如平民阶级中之自由与一夫一妻之婚姻制度，政治制度中之“代议制”部分，经济制度中之“耕者有其田”部分。）复有若干方面与近代化无关的（例如衣饰之形样，饮食之方式，以及宴乐、舞蹈等）。更有若干方面，边社有其独到之成就（摆夷中之织锦、刺绣、银器、竹器等工业艺术，诗歌、音乐等创作风格）。此后三类，我们不但不必改变，而且要设法辅助使其发展。

（乙）避免形式而注重实际。换言之，若干应改革之制度与习俗，应存其原有形式而易以近代化内容，使于不知觉中渐次蜕变，至完全与近代精神吻合为止。（例如教育）摆夷中之佛教寺院即其教育机关。男儿自六七岁至十五六岁，视其家境与个人兴趣，多少都要到寺院里去当一回“和尚”。对于佛教兴趣大者，甚且终身为僧而不还俗。通常则住三五年八九年不等。所学的是摆夷文字、数学，佛教的天文、地理、道德观念、教条、经典，以及拜佛礼节等等，设如我们推行新式普通教育，我们即就原有寺院以为施教地点，不必另建校舍。在寺院中除其原有课程外，酌量先加一两门新教材。教师亦即居住在寺院里，甚至参加拜佛都无妨；人事方面，如对寺中长老及各级僧侣，应取友善互敬的态度。以后视情形而把新教材增加。这样，先由一土司地之“官寺”（即土司及贵族礼拜之寺，亦一地之地位最高崇之寺院）试行，渐次推及其他“地方的”寺院。于潜默中将新教育灌输其社会之中。又，设如推行新式职业教育，如棉纱纺织、瓷器制造，则摆夷中之纺织与制陶均为家庭工业，且为妇女工作。我们不妨遣派近代化之纺织或制瓷技工或技师携带工具前往摆夷原有此数手工业之家庭推行传授。无论何种新教育，待其内容与方法渐次为当地人士所相信而有若干人自动参加，然后再设立专门的学校，建筑校舍排课程，招生入学。如是，就不会有因为怕“学堂衙门”或“师爷命令”而花钱请人顶替上学的现象了。

又如在卡瓦社会（在云南西南边地）中有种风俗，就是每年春季遣人出山杀死行人，取其头颅以祭谷神，即所谓“猎头”风俗。此风俗是在取悦谷神，请他使谷子丰收。卡瓦相信，设不如此一定荒年。在我们看来丰收与祭头是两种毫不相关的事，但卡瓦人却有如此信仰。如不祭头则心上惶惶不安一若荒年已临。是则此举之功用在于安定人心。自近代眼光看去猎头是种残忍行为，势在必改。但设如我们一味去禁止它，则其社会必因之而呈不安现象，甚至引起反抗行为。这里我们欲求此风俗之顺利改革，必渐存其形式而易以内容，就是存祀神之形式而将祭祀之牺牲“人头”，用猴头或植物中似头形之硕果如芭蕉果，甚至以面粉做成馒头来替代。这种我们叫作“替代法”。（考诸野卡、半熟卡、熟卡之实际蜕变亦即依此程序。）

（丙）利用原有社会情势而转移其视线方向。在人类集中有个关于“团结”的社会定律就是“敌对律”（law of opposition）。例如在摆夷社会中，部落甚多。各部落小土司彼此间常常起小型战争。此战争的功用在借此而使本土司部落中人民团结情绪增强。换言之，就是有了外侮，兄弟也就不阋于墙了。自大处着眼，这种常常打仗不是一件好事。但设如政府下令去禁止或派军警与强行遏止，一方面劳师动众，极不经济，另方面这小型战争对其内部既有增加团结之功用，即使弹压一时，也不会长久清除。这样，我们不妨利用此原有情势而作抗敌宣传。把他们的“敌对”对象从彼此的对方部落转移到我们共同的敌人日本。摆夷诸部落可借此而团结，亦借此而与中原社会打成一片。

（丁）文化现象千头万绪，但彼此息息相关，改变一制度恒即牵动全面。故我们推行新政须从各个不同的方面入手。如教育，则与经济、宗教、政治等方面均有密切关系，我们欲推行新教育，须从各方面下手（如推行职业教育中的制瓷，我们必得顾到瓷器在其社会之用途，亦即瓷货之销路等等），以收滴水成渠之功。

总之，我政府的边政目的在加强团结，保卫自由、生存，以共建复兴大业。欲达此目的，边社之近代化乃刻不容缓之事。但当此抗战时代，我们不但要边社近代化的迅速，而且要它顺利。在此时期，绝不容再起摩擦。这样，我们必要注意到实施边政的技术与方法。唯其有了专门的知识与训练，边政人员才能完成此艰巨责任。至专门训练之适宜机关与办法，俟另文详述。

1941年10月30日写于呈贡

（本文原载《边政公论》第一卷第三四期合刊，1941）

书 信

邢公畹致冯文潜函（1942年5月）[1]

柳猗先生：

前在磨沙，奉云逵主任手书一通，近复得内子一笺，知兰以坚持调查态度及方法之故，云逵主任颇有指为矜骄之意，并云难与兰合作。兰来研究室服务之初，即以读书求学为目的，并无借此攫取名位之念，去留一层，不足挂齿；唯矜骄之说，欲有所释：云逵先生于兰，义同师辈，兰无可矜骄，亦不敢有所矜骄，自问虚怀若谷，然绝不能接受一“书房中之调查理论”。游谈无根，背弃师训，我不能为。兰自思今内所当为者有三，前已为长者陈之：

1. 明确地觅处当地语音系统；

2. 详细记下流行当地的神话、故事、传说、民谣及风俗等，以为他人研究之助；

3. 觅处该语言的文法系统。

其中一、三两项为主要目的，第二项只是材料。前曾将此意上呈云逵先生，然渠未置可否，且复书中对于一、三两项似尤不重视，此事极可怪，亦极令人棘手。先生之企图似欲建立一“机动的（dynamic）语言调查理论”。然我得助先生者仅此一“空名”，至其理论之大系，及实际调查方法，惜未能详闻。迭次云逵先生所惠书中虽曾述及一二具体办法，然皆与今日语言调查之手续相违，如废弃“词

〔1〕 本节“书信”部分选自南开大学校史研究室编《联大岁月与边疆人文》（天津：南开大学出版社，2004），特此致谢。——编者

汇调查表”，指物而问等等。就此一项而论，云逵先生对于采用“词汇表”似有极大误解，吾人借词汇表所调查者，实际为音素，此为唯一的，经济的，音素审知法；由此找出语音系统，然后方能着手记录长篇谈话；实际上词汇搜集工作仍在长篇谈话中做。如指物后问，不徒耗费时日，且不能得其全体。

兰极尊重云逵先生之意见，且了然其意旨，私心亦有所同然者——机动的、与其他人文科学打成一片的语言研究，在原则上，兰绝不反对，此等任何反对之理由，此意久已上告云逵先生，唯行远必自迩，为高楼者必深其基。今遽欲蔑弃音韵及文法上之重要性，则在今日之语言调查中将无事可做。云逵先生曾云：“纯音韵研究，本研究室不需要。”然则云逵先生所设计的“机动的语言调查理论”系建筑于“非音韵研究”之上乎？陈义之高，以至于此，兰几无法开口矣。箐密山高，暑途千里，渠所求于兰者，兰之所求将以报命于研究室者，两皆茫然。

古人为学，并未科分条目，举凡兴观群怨，事父事君，以及草木鸟兽之名，皆《诗》教也。迄乎知识之领域既扩，而一人一生之力有涯，乃各拈其细目。冀高明之士以总其全；博学而详说之，将以反说约也，初无分崩离析之意，分合相成，其揆一也。今吾人既有志于综合的、机动的研究，必先深其利器，各个细微处，必求能与之接触，能详说之，兼得众长，获其沟通脉络，然后盘根错节，方克有成。今贸然徒揭一名，以语言调查而论，即欲无视于纯音韵研究，此缘木求鱼，虽不得鱼，尤贻天下笑。兰固知云逵先生有望于兰者甚殷，故屡屡为我辩释，然兰之有冀于研究室前途者亦甚大，故不惜力与论难。

据内子所述，知云逵先生不满于兰者甚多。女子所传，未足深信；然繁言在耳，颇觉心灰。兰幼而家贫，故里有屋数椽，父作画为生，髫龄庭训甚严，长而就学于乡先辈，颇读古人书，因知礼数；拙于交游，此诚有之，指为矜骄，则吾不敢。故云逵先生虽瞩望有加，然实不能知我。囊有雄心，欲于艰辛中助领导者努力开拓，使吾人研究室在学术界中蔚成大国，四方学者，来相问讯，然跬步方跨，荆棘已生，好梦难成，终成画饼。思之心痛，夫复何言？

兰始首途时，云逵先生方寓西山，抵磨沙后，此印象始终盘桓脑际，加以工作未就绪，故一时未能修函报告，然此事殊不必赫然震怒，以至于此！研究室遣兰出发，系做语言调查工作，并非派出寄信，兰即不作一书，与研究室之律法亦不相违。

云逵先生为人，刚毅之气甚盛，前在昆明，兰即嘿然于此，因有履霜坚冰之感。然兰殊不愿无罪而为人所指。长者便中话及，愿得闻吾之衍果何在也。

元江气候至劣，唯近日稍得雨，颇觉凉爽。窗外栖霞二十五峰，迤逦南下，无黄山之奇峭，亦不及富春两峰之秀，地老天荒，殊非胜境。唯峰峦如洗，行云横巅，芳草渐绿，鹧鸪声苦，亦令故宅湖山，频来入梦耳。清夜自思，二十余年来远离故里，游学远方，然坎坷多舛，往往见疑；以不善交游，故见列异类，笑齿啼颜，都成罪状，念及此，感怆交集。

纸短言长，匆匆不尽，肃此即问安好

邢庆兰

5月27日

元江　漫漾

邢公畹致冯文潜函（1942年6月）

柳猗长者左右：

五月廿七日函未发即奉云逵先生五月廿一日及廿四日手书，知前疑尽释，极为欣慰。今廿七日函仍寄呈一阅，过目即置之可也。兰年稚学鲜，唯短中或有所长，倘云逵先生能善用其长，而指责其短，令其心诚悦服，无不俯首以听也。

此间水摆夷语调查，已告一段落，唯材料仅关乎婚丧生育方面者六千余言，仍不满足。红倮倮语音系即将整理就绪，近过录其经典为记音之用，并揣摩其笔画，分别部居得其部首数十，将来拟做《罗汉字典》一部，未知能如愿否！

最近有一机会，可往离此三十里外之大明庵寨小住，此为一黑倮族村落，闻藏书甚多。

元江工作，未知七月中旬能结束否？得内子笺，知玉部堆寓所已拆除。不知昆实小学男教员宿舍中有空房否？兰返昆后极愿住昆小，伙食即搭在该处。因另赁居，开销亦大，且不便于免之服务，倘能俱住昆小，兰既能安心整理所得材料，家书收接，家事商讨，俱不须辗转奔走，便中务祈。长者代为一询，可否之处，便告内子。

酸角花开，旱云如火，此间已大热，溽暑未知兴居何似，极为惦念，专此即请

大安

邢庆兰

6月2日

陶云逵致冯文潜函（1942 年 7 月）

潜老：

前寄一函，请汇五千元，想已收到。现黎国彬已去元江。弟等因鉴：一、去元江无夫马（怕兵征逃避一空），而步行道路崎岖而遥远，故不得已求下策。弟研究此间罗罗社区之宗教与巫术。高华年作窝尼（费九虎之力始觅得一适当人物）语言调查。黎宗瓛仍作街子汉夷互市研究，仅黎国彬一人去元江调查人文地理方面。二、因元江一带物价更高此约半倍。此间物价以花钱计，我们每人包饭，月三百元国币。高请了一个窝尼，除伙食外，月薪国币一百五十元，加上烟茶之类，每月连伙食共四百至四百五十元。言明一个月。弟请了一个㑩倮巫师同待遇，亦四百至四百五十元。黎宗瓛研究街子请人帮忙，每月费亦在四百元之谱。故花费甚大，必要时可在八月底即返，视情形而定。前请寄之五千元务请即时汇下，以便应用为荷。

为石佛调查，故此间完毕之后，尚需去新平县走一趟也。欲由中国银行汇至玉溪该行转扬武坝（新平县属）郭大队长正收。已详前函。

此次各人工作精神甚佳，成绩当不至于坏。此层请放心。所虑者经费问题。拟极力减省，然奈何此间物价过高何！

五千元请即寄为荷。专此即颂

教祺

弟　陶云逵上

7 月 17 日

陶云逵致冯文潜函（1942年8月）

柳猗吾兄：

前书计达。弟决定在本月28日由此间起程返昆明，个人工作已告完竣。黎国彬自元江返扬武，亦同返昆明。高华年、黎宗瓛须在下月10号左右工作始先完竣。（一）高月余以来工作极为努力，于本月初完成窝尼语语言研究，处自本月8号起作此间Nesu（罗罗之一种）语言和文字之调查，包括词汇、音系与文法三项，现已完成一半，本想赶在8月28日与弟偕返昆明，但时间又短不能作完，故延至下月10号左右。（再，27号高君换请牧师教授文字，如该牧师不能常教，或宜提前走。当行期尚在未决定中，盖该牧师患疟病也。）高君每日上午六时即起首，常已晚间八九时，且极颖慧颇难得。窝尼与昆历种调查，整理完竣，约有十二万字之篇幅（依油印张册而计）。（二）黎宗瓛作扬武摆夷互市调查，欲求市场对汉夷经济文化之影响，需按货品产地、制造、价目、售者、购者、运输，与盈余诸项目，并扬武之人口、职业，及一盘经济状况与参与（扬武以外）市场（即俗称“赶街”人）之诸人种，如倮倮，山苏、摆夷、汉人等之社会概况的调查，故所费时间亦长，且因事关经济资产，调查之时，须得十分仔细，方能得到较可靠之材料，盖此类事项，人多不愿坦白报述。人事方面经种种努力，幸得此间郭子正先生及其两位少君之帮忙，始能迎行。加之征兵、实征谷米诸政令，对于户口（如壮丁）及每家地亩谷粮收入情形之调查，尤感困难。但今尽力设法，限于9月10日以前完竣。盖因此间生活过高，能告段落，便暂结束。此文对石佛路上，颇能有所贡献。

以为汉东互市精确研究之鹄始。（三）黎国彬于上月16日离扬武去新平西南红河（即元江，又名礼社江）上游之磨沙，工作半月，离磨沙顺元江射击调查，至元江□之漫漾，及普飘村一带作“红河上游之摆夷及其环境”一题目，包括地形、物产、经济、户口估计及人体测量。此文之一部颇可供石佛之参考。因摆夷居河边，气候极热，且适有霍乱流行，故黎君不幸亦传染，颇重。幸得漫漾德教士（Herr Bromme）之医治得告痊好。自磨沙至元江之漫漾，共有德教堂四处之多。因弟写有德文介绍函（其中一教士与弟相识）故而执行特殷。黎君英文尚好，此文拟用英文写。弟个人作鲁魁山傈倮之社会组织与宗教（本拟写氏族体系，会将题目放广改为社会组织）。除本论外，附占卜四十则，神话与故事十九则。全文约五六万字。综观扬武部分之工作，尚称有点成绩，加上邢庆兰先生的语言调查，共可得六篇论文，字数当在三十万字，因方法尚慎重，精密，内容不致太坏，待回昆明后详加讨论整理，希望能于寒假以前写竣印行。以上为工作概况。

关于经费，则因此地使用花钱（即半开银币）生活极高，10日前一元花钱兑三十三元三角国币，本周又涨，国币一百元只兑得二元八角了。一个半月以来，调查费已用了九千元，到高、黎两君即此返抵昆明，则尚须用四千元之谱。弟等在此，除吃饭外，余均为与工作有关，而不能不用之款，但能撙油便就撙油。

此种物价高涨情形，实出黎、高意料之外。据黎国彬说元江猪肉卖三十六元国币一斤，包子五元一枚。而思普、车佛一带尤其贵不可言，除了因用花钱国币跌价而外，后因近来开往思普、车佛以及自缅甸开回昆明之军队连连不断，大兵到处鸡犬不宁，车佛一带摆夷均已相率逃走，田地荒弃，十室已九空。此为回车佛逃回元江之摆夷所述。谅系实情。经此一番变动，将来车佛诸地恐非为旧日之灿烂郁美，良可叹也。综计此次工作，连邢君在内，并筹备费，并高君酬金共在二万五千元左右。若以花钱计，则又不过七百五十元。仅战前国币之三百七十五元。国币不能通行此间，原因甚多，而夷人不识票子上的字亦一要因。生活程度愈近昆明，反而便宜。高、黎诸人对调查工作兴味甚浓，各人唯以工作自慰，亦以慰人。

弟详思吾人工作前途，研究室既已成立，而调查工作又为主旨，故无论如何，必须想法能继续设调查工作。经费一项须予筹备。弟个人返昆，拟画（花）全力促成增加经费，向各有关方面募款，即以印报告一项而论，依现在系款亦已不够用，以五万字一百页（page）论，三十万字即需六百页，即需六百张蜡纸，三百张贡川纸，设印一百份，即需三万张贡川纸，加上油墨等，恐需万元左右始交即行。除弟回昆与兄详计外，尚祈筹思募款门路早已进行。此其一；二、关于昆中借研究室的房屋事，闻联大英专均被赶出，昆中迁昆上课，故吾人计划恐不能实现。二黎寝室及研究室的房子事，敬祈早为设法，以便到昆之后对于整（个）工作不致妨碍。弟定28号起程前，当向郭子正先生取款四千元以备高、黎二人工作，此款在到昆明之后，由研究室拨还给郭子正先生之子郭桢君。郭桢在昆中念书，亦于28日由扬武起程返昆也。因汇款迟缓，此实两便之法。后因邮寄往返亦迟，故未及陈请尊见，即自此间拨取，实因有此需要也。关于本月郭子正先生处转到的五千元之详细账目，容整理后即奉。总之此次工作尚好，唯因生活过高，用款数目甚大，心中颇感不宁，亦实不得已也。唯有吾人努力募款，俾可继续工作，完成吾人理想。不来边荒不知边疆问题之严重，磨沙至元江之摆夷村对泰国已有羡慕之思，而思茅且有摆夷自设傣语新式学校。无论从学术，从实际政治，边疆工作实不容缓。书不尽言，余容面叙，专此即请

教安

弟　云逵上

8月25日

28日起程，30日可抵峨山，抵峨山后，当再有书奉达。如有余款，尚拟为石佛作一普通调查。否则，即直返昆，商计以后，于募得款项时再调查峨山。又及。

黎国彬致陶云逵函（1942年8月）

逵师：

彬十一号仍在病中，宗瓛总不见有信来，心甚焦急，望来信见示一切。在磨沙之工作已大致完毕，在元江已无甚工作可做，但为石佛铁路工作有下述数困难问题：1. 余病不能下乡；2. 做县调查报告仍需下乡方能得知确实；3. 元江有矿，如不到矿场实地调查，则其产量及面积都无从估计，但苦于病何！4. 全县人口在县府内亦不相知，需到各乡调查方可，如分函各乡，恐一二月尚未能复报！5. 总之，填写一县之报告，最低限度需将该县之重要乡镇调查清楚，方能着手工作，否则只能成以空壳而已！

直至今天，余尚在床上不能动作，在磨沙已量得50余人，希望能在元江量30左右。从元江有船到普漂，一天去，一天回，但普漂除了是槟榔之产地外，无甚特别。磨沙和元江之其后对余无甚难受之处，唯传染病太可怕，罢了！

昨天精神较好，曾学试走路，但不数步，却倒在地上，实出余意料外。甚至数日来，每日从八次至十二次之多，最初牧师诊断为霍乱，乃打针病势乃略好。

每天躺在床上真没味，望速来信指示一切。余精神不佳，写信甚为潦草不通。

生　彬上

11日

黎国彬致陶云逵函（1942年8月）

逵师：

余在磨沙停留17天之久，但最后4天余病。普雷特尔先生说余得了热带病，可余不信。病情在7月的最后一天恶化。余夜里突然发烧。不久便似五脏六腑往外倾冒，接着便是一片黑暗，直到普雷特尔先生给余打针余才清醒过来。8月的头两天，余也只能躺在床上，心情沉重，烦躁不安，根本无法出去工作。真是太倒霉了！ 8月3日，余感觉好了点，于是请求普雷特尔先生让余离开磨沙去元江并得到同意。一般情况下，从磨沙到元江有两天就够了。在冬天，可以乘小船，但现在是夏天，河里水流太急无法行船。于是，余只好找了两个小伙子步行前往，请他们帮余带行李。上路第一天余到了Nun-how并住了下来。可是，天晓得啊，先生！余又犯病了，相当严重，头痛得要命，不停地呕吐，浑身烧得厉害。余以前从来没受过此类磨难。余一夜无法入睡，不过这还没什么，最糟的是第二天早晨余头重脚轻，根本起不来。可余又急着马上赶往元江。于是，余只好请村里的头人立即准备一架滑竿椅，并找两个小伙子抬着余到另一个村子，再从那个村子换两个人抬余继续前行，一个村子一个村子地换人，前往漫漾。余等花了两天时间才从Nun-how走到漫漾。现在，多亏布朗纳先生的盛情，余住在他家里。但余仍然病得不轻。余想布朗纳先生能告诉您余得了何病。余无法行路，但很想工作。余真不知道如何是好。先生，请给余些指示，余等您回信。余盼能很快收到您的信。

在磨沙这个危险的地方，半个月中，就有35人死于斑疹伤寒，十多人死于霍乱和疟疾等疾病。人们怎能不受罪就离开那个地方？余记得，在 Nun-ga 时有一天晚上，余听说有一个六口之家，有父亲、母亲、女儿和儿子，还有姨妈和她的丈夫。他们家住在村子另一头。儿子在晚上 8 点死了，父亲两个小时后也去世，母亲在黎明时死了。姨妈第二天上午 9 点也死了。全村一片惶恐。姨妈的丈夫疯了，锁上门狂叫着跑出村子，跳进红河，一去不复返。真是太可怕了！疟疾、霍乱、斑疹伤寒和痢疾在这些地区到处肆虐。

先生多保重！

黎国彬　上

（原信为英文，张伟伟译）

杨成志致陶云逵函（1943年9月）

云逵我兄：

两接手教，因循未能即复，甚歉，甚歉。想吾兄主持边疆人文研究室，定必逐加展开研究工作，甚喜，甚贺！前三年，弟随校迁回坪石后，即辞研院秘书职，专职主持敝所，且曾帮助广东省府成立“广东边政指委会”，对于粤北瑶民稍加注意，同时进行本省沿海（海丰）新石器时代石陶器之收罗，亦得相当资料。本所设中国语言文学及历史两学部，内分语言、文学、历史及人类四学组，现有研究生十余人，专兼任教授十二人，助教等七八人。出版物有二：《民俗季刊》，《文科研究所集刊》。陈列室有二：古物陈列室，民俗物品陈列室，此可向老友稍提及也！在弟意想中，若能得如吾兄者肯来敝所任教，将来人类学组更可得到伟大之发展，而且现在中大各学院（文、史、法、理）有许多门人类科学课程，未审吾兄住久昆明想变换环境否？大概坪石生活程度比昆明便宜得多，每人必需生活费（食住）月约五百元，教授薪金（正薪480元）照目前计算，月可得三千元左右，由昆来坪可由校补助旅费四千元，未审尊意如何？若本学期未能抽身时，由下学期起亦无妨，总望吾兄决意变换环境，其余当可商量的。

弟因在中大颇久，亟想到美一行，今年若未能成功，当拟明年。就目前国际形势观察，我个人总望明年圣诞前跑回广州，吃圣诞餐，你意何如？

敝所出版物已另寄赠，尊著作亦希赐交换！专复　顺颂

著绥

嫂夫人暨令嫒郎等顺此问候

弟　成志启

9月11日

陈梦家致陶云逵函（1943年9月）

云逵先生：

日前匆匆一聚，未及畅叙，甚以为憾。自有一事请教，便请示复。汉策有仓颉因鸟迹造字之说，此事先秦文籍毫无记载，前睹西昌一杂志，述倮倮造字故事一则，谓系其始祖因见鸟迹而造文字，似汉人之说，本诸夷俗，不知关于倮倮此种传说尚有较详之记载否？又倮倮以外之非汉族，如□人是否已有造字之传说，并请拨冗见告，不胜感激之至。

专此　并请

教安

弟　陈梦家谨上

9月18日

龙泉镇邮局转或联大收发室转

吴定良致罗常培函（1944年2月）

莘田吾兄惠鉴：

久疏音候，时且驰思。

日昨得云逵先生逝世消息，曷胜哀悼。云逵兄近数年来，对于民族学工作颇为努力，不幸壮岁辞世，亦科学界一大损失也。去岁闻其一子夭折，不知尚有遗孤否？去年九月间，云逵兄来书云“弟虽学过体质人类学，奈因兴趣改变，今后恐不能致力此道，前集材料，兄如需要当奉赠”，并谓“关于我国种族源流支派问题，体质与文化双方研究均极重要，吾人异轨同趋，希若干年后，对此问题能获较清楚之答案”。此见解颇是，惟以后此项材料迄未寄来，其材料系前数年云逵兄代史语所在云南搜集者。想尚保存，无人整理，故请吾兄设法请其研究室职员全部检出寄下，将来当择要整理以纪念云逵兄也。此举谅为吾兄所赞同，邮费此间可以代付，得暇时赐教言。弟月初赴渝，三四星期即返李庄，知念并闻此请

教安

弟　吴定良　拜上

2月18日

附致陶夫人一函请饬工友转送。又，赙仪待会齐后，即奉上。

附录一　陶云逵生平

1904 年，出生在江苏武进。其父陶瑢（1872—1927），原名璐，字宝如，号剑泉，曾任河南临颍知县，辛亥革命后流寓京津，曾任财政部秘书。受家学影响，对古典诗书画艺有浓厚兴趣。

1921 年，进入天津南开中学就读初中。与国文教师罗常培多有过从，受其影响，对新知识开始有所向往。

1924—1927 年，进入南开大学念书。虽然读的是矿冶专业，但是由于当时南开汇集了一批国内外毕业的社会科学拔尖人才，开设一系列新兴社会学、人类学课程吸引着广大青年学生；陶云逵也是其中之一。尤其是李济执教的人类学，将李提摩太的“层位学”理论运用到考古研究之中，对他更有直接影响。

1926 年，父亲母亲接连亡故，陶云逵遭受重大打击，选择到陌生的国度求学以平复心情。立志入第一流大学，从第一流大师；凡遇任何日本同学，定须超越而胜之。

1927 年，至德国柏林大学，师从欧洲著名人类学家费舍尔（Eugen Fischer）。

1927—1933 年，在欧洲游学六年。时为中国学子在欧洲学习社会科学最盛的时代，有杨堃、杨成志、徐益棠在法国；吴定良、刘咸在英国，侧重体质人类学；陶云逵在德国，做的也是体质人类学研究；好事者谑称为“六君子”。欧洲求学期间，陶云逵为毕业论文搜集华欧人婚配后所生子女的材料，先后到柏林、巴黎、伦敦调查。至1931年，已完成柏林和巴黎两部分，随后转至伦敦。

1934年，回国。经李济引介，进入中央研究院历史语言研究所，任编辑员。即参加史语所组织的滇缅边界未界定民族考察，赴云南做田野调查。历时两年。调查组分成两路，凌纯声、勇士衡一路，陶云逵和赵至诚一路。陶云逵北穿云岭雪山、碧罗雪山和高黎贡雪山，南至普洱、澜沧，意欲寻找汉化最浅的区域及民族。

1936年，调查结束返京。此次调查积累了一批数量可观的体质与民族志材料。仅1935年在西双版纳的调查就有体质测量约1000个案；统计图表、照片、注释约10万字；照片数百张。当年，撰写了《华欧混合血种——一个人类遗传学的研究》《关于麽些之名称分布与迁移》《摆夷族之生育》《麽些族之羊骨卜及肥卜》。此时似为家室问题所苦恼，徐益棠称："云逵孤苦伶仃，幼即少骨肉之爱，故欲求所以慰藉之道。星期假日，仆仆京沪，亦不复常见。"但似终未有结果。

1937年，卢沟桥事变。迫于炮火，当年11月，北京大学、清华大学和南开大学三校联合南下，最终在昆明成立"国立西南联合大学"。陶云逵先随中研院西去长沙，后又去缅甸。在缅甸认识来自广州的林亭玉女士。

1938年，与林亭玉女士在广州湾结婚，随后一起到云南。在云南大学任教授，颇得吴文藻赞赏。

1939年，从10月起，兼任国立西南联合大学历史社会学系讲师，每周授课3小时。由于在昆明租不起房子，只能把妻儿安置在呈贡，每周乘坐滇越线火车到昆明上班。学校月送车马费60元。

1940年，年底接任云南大学社会学系主任。在前任吴文藻的基础上，继续开设社会学、人类学等课程。与吴文藻创立的社会学研究室诸位同人一起探讨。后来更将所居魁星阁让给社会学研究室，也即"魁阁"。研究室同人中，与费孝通交流最多，感情颇深。

1941 年，为《边政公论》撰稿，发表《论边政人员专门训练之必需》（第一卷第三四期合刊），后持续为《边政公论》撰稿，成为新兴的边政学研究的重要人物。发表《俅江纪程》（《西南边疆》第七卷第一期）。

1942 年，转入西南联大社会学系任教授，开设“体质人类学”课程，并为西南联大中文系和地质地理气象学系开设选修课“西南边疆社会”。后来依据上课内容撰写讲义，到去世时完成绪言和第二章的二、三、四节。

是年，南开大学秘书长黄子坚和南开大学哲教、历史系主任冯文潜拿到了云南省政府为修筑石佛铁路提供的调查经费，借此机会创办边疆人文研究室，聘请陶云逵为室主任。

6 月，研究室正式成立，拟建设边疆语言、人类学（包括社会人类学及体质人类学）、人文地理、边疆教育四组。最初聘请的其他研究人员有：黎宗瓛、黎国彬、邢庆兰；后来罗常培推荐其研究生高华年加入。

7 月，陶云逵即部署研究室同人分组在云南新平、元江及罗平调查。陶云逵、黎宗瓛和黎国彬负责社会、经济、文化和地理方面调查；邢庆兰和高华年负责语言调查。陶云逵调查了鲁魁山纳苏的社会组织与宗教。

在《边政公论》发表《云南土著民族研究之过去与未来》（第一卷第五六期合刊）；《云南摆夷族在历史上及现代与政府之关系》（第一卷第九十期合刊）。

1943 年，出版《边疆人文》学术刊物。在创刊号上发表《大寨黑夷之宗教与图腾制》一文。《边疆人文》自 1943 年至 1946 年在昆明油印三刊三卷，计 18 期，发表论文 31 篇，成为艰难的抗战环境中闪烁学术光芒的重要刊物。继而第二期，发表《西南部族之鸡骨卜》；此文被认为是他的代表作。

同年，带领研究室同人利用8个月时间对石佛铁路沿线社会经济开展思普沿边茶叶、澜沧江河谷地区土地利用、彝族社会组织及宗教、手工艺术等调查，并收集多种民族文献和文物。陶云逵搜集有摆夷历法，勐茫、车里、孟连等土司大事记，丽江民间故事，僳倮文法，摆夷文字等。研究室的调查成果形成多份研究报告提交石佛铁路筹备委员会，包括石佛沿线少数民族语言分布状况、铁路员工应用的语言手册和石佛铁路沿线社会的经济调查报告等，内中即有陶云逵的《纳苏宗教与巫术的调查》。

同时，陶云逵在边政学方面有更多发表，如《论边地汉人及其与边疆建设之关系》(《边政公论》第二卷第一二期合刊)；《人类学研究之实用问题》(《云南日报》1943年10月17日)；《关于边疆从政人员奖励条例》(《云南日报》1943年5月30日)。

不仅如此，在文化理论方面尝试总结，接连写作《文化的本质》(《自由论坛》第一卷第五六期合刊)、《文化的属性》(《自由论坛》第二卷第一期)、《个人在文化中的参与》(《自由论坛》第二卷第四期)。其中后两篇陆续于1944年发表。并且，开始思考神话研究，其未完成的文章《几个云南藏缅语系土族的创世故事》后由徐益棠1945年发表于《边疆研究论丛》。

遗憾的是，这一年陶云逵家中连遭不幸。先是爱子感染当地"大热病"，一夜之间被病魔夺去生命。而他自己在12月30日，因感染回归热卧病云大医院，竟致不起。

1944年1月26日，因贫病去世，享年四十岁。

是年，他发表的文章有：《16世纪车里宣慰使司与缅王室礼聘往还》(《边政公论》第三卷第一期)；《西南边疆社会·绪言》(遗著，《边政公论》第三卷第九期)；《社会与文化之性质及其研究方法》(遗著，《边政公论》第三卷第九期)；以及后来徐益棠发表他的《车里摆夷之生命环》(《边疆研究论丛》第三期，1949年)。

陶云逵去世震动了整个学界。2月16日，中国社会学学会、南开大学边疆人文研究室、西南联大社会学系、云南大学社会学系、西南联大文科研究所和南开大学校友会等六团体在联大图书馆召开追悼会。同日，《云南日报》《正义报》分别刊登追悼专栏，发表罗常培、袁家骅、冯文潜、曾昭抡、瞿同祖、高华年、李树青等人的悼文，并刊登潘光旦、邢庆兰写的七律挽诗。《边政公论》特辟一期《纪念陶云逵先生专号》（第三卷第九期）。

正如曾昭抡沉痛地说到的那样："此等学者，死去不需一秒钟，再生产一位，却要几十年。"

附录二　陶云逵论著目录

1936,《华欧混合血种——一个人类遗传学的研究》,《民族学研究集刊》第二期（北大）

1936,《关于麽些之名称分布与迁移》,《中央研究院史语所集刊》第七本第一分册

1938,《几个云南土族的现代地理分布及其人口之估计》,《中央研究院史语所集刊》第七本第四分册

1938,《碧罗雪山之傈僳族》,《中央研究院史语所集刊》第十七、十八集

1940,《开化边民问题》,《西南边疆》第十期

1941,《俅江纪程》,《西南边疆》第十二、十四、十五期

1941,《论边政人员专门训练之必需》,《边政公论》第一卷第三四期合刊

1942,《新平通讯》,《边疆研究通讯》第一卷第五、六期

1942,《云南土著民族研究之过去与未来》,《边政公论》第一卷第五六期合刊

1942,《云南摆夷族在历史上及现代与政府之关系》,《边政公论》第一卷第九十期合刊

1942,《云南怒山上的傈僳人》,《旅行杂志》第十六卷第十期

1942,《车里摆夷情书汉译》,《中国青年》第六卷第二、三期

1942,《一个摆夷神话》,《中国青年》第七卷第一期

1943,《论边地汉人及其与边疆建设之关系》,《边政公论》第二卷第一二期合刊

1943,《大寨黑夷之宗教与图腾制》,《边疆人文》第一卷第一期

1943,《西南部族之鸡骨卜》,《边疆人文》第一卷第二期

1943,《文化的本质》,《自由论坛》第一卷第五六期合刊

1943,《关于边疆从政人员奖励条例》,《云南日报》5 月 30 日

1943,《人类学研究之实用问题》,《云南日报》10 月 17 日

1944,《文化的属性》,《自由论坛》第二卷第一期

1944,《个人在文化中的参与》(遗著),《自由论坛》第二卷第四期

1944,《陶云逵先生的情诗》(遗著),《自由论坛》第二卷第五期

1944,《边疆与边疆社会》,《云南日报》2 月 16 日

1944,《16 世纪车里宣慰使司与缅王室礼聘往还》,《边政公论》第三卷第一期

1944,《〈西南边疆社会〉绪言及目录》(遗著),《社会与文化之性质及其研究方法》(遗著),《边政公论》第三卷第九期

1944,《纪念陶云逵先生专号》,《边政公论》第三卷第九期

1945,《几个云南藏缅语系土族的创世故事》(附地图,遗著),徐益棠编《边疆研究论丛》第二期

1948,《麽些族之羊骨卜及肥卜》,《中央研究院史语所集刊·人类学集刊》第一卷第一期

1949,《车里摆夷之生命环》,《边疆研究论丛》第三期

未刊手稿[1]：

《普洱茶——云南系茶区的茶叶地理》

《车里摆夷研究》

《十七、十八世纪车里宣慰使司史要》

《边疆社会》

《文化的需要》

"The Personality of The Land, Pant of The Upper Red River Valley in The Districts of Yuangkiang and Sinping, of Hua-yau-bai-yi"

"The Physical characteristics of The Sa-ni and Asi Jhikes in Lunan sien and Jhein Geographical Environment"

---

〔1〕 陶云逵的未刊手稿目录据南开大学梁吉生教授整理的《陶云逵献身边疆人文研究的一生》（载南开大学校史研究室编《联大岁月与边疆人文》，391—392 页）；据其校史研究室整理后记表明，这些手稿或有不完整或难以辨认之处，而他处亦恐无从得见。编者曾至南开大学图书馆等处寻觅未果，希待将来能再有相关整理出版。